# 牧民心書
## 목민심서

정약용 / 著
남만성 / 譯

明文堂

# 차 례

## 범 례

▌이 번역은 오직 다산(茶山) 정약용(丁若鏞)의 실학자적 사고의 태도를 알아보기 위함이고, 전문가적 고증(考證)이나 훈고(訓詁)를 목적으로 하지 않았다.

▌이 번역에서는 저자가 말하고자 하는 원문에 부수된 긴 설명문이나 예거(例擧)는 많은 부분을 생략하였다. 그런 것들은 일반 독자에게 도리어 원문의 주제를 파악하는 데 번거로운 혼란을 가져올 우려기 있다고 생각하기 때문이다.

▌이 번역은 광무(光武) 5년 황성중서하한동(皇城中署下漢洞) 광문사(廣文社) 신간(新刊) 양재건(梁在謇), 현채(玄采) 교열로 된 4책본(四冊本) ≪목민심서≫를 저본으로 하였다.

▌이 번역은 쉬운 말을 사용하였으며, 어려운 어구에는 간단한 주를 붙여 독자의 편의를 도모하였다.

# 목민심서 해설

≪목민심서≫는 오늘의 공무원들이 반드시 한 번 읽어 둘 필요가 있는 명저이다. 목민(牧民)이란 임금이나 수령이 백성을 다스려 기름을 말한다. 어린 것과 어리석은 것을 포함한 선량한 백성의 관리들, 특히 수령들이 어떻게 백성을 훈도하고 계몽하고 선도해야 하는가를 자세히 기록했다.

≪목민심서≫ 제4장 〈애민육조(愛民六條)〉에 수령의 백성 애호의 예를 설명하였다. 다음은 제1조 양로(養老－노인을 받들어 모심) 내용이다.

### 養老之禮廢 而民不興孝 爲民牧者 不可以不擧也.
양 로 지 례 폐　이 민 불 흥 효　위 민 목 자　불 가 이 불 거 야

나의 노인을 대우하듯이 다른 노인을 대우하는 것은 인정(仁政)의 제1 요소가 된다.

양로의 예는 사람의 아름다운 행동의 근원이 되는 어른을 공경하는 도를 권장해 백성의 교화를 도모한 것이다. 그런데 양로의 고례(古禮)가 없어졌으므로 백성이 효도를 행하는 사람이 없게 되었으니, 수령은 양로의 예를 다시 실시하고 그 효과를 길러야 할 것이다. 옛 예에 양로의 예가 있었으니 ≪예기(禮記)≫ 춘령(春令)에 봄철에 고아를 자애로써 양육하고, 추령(秋令)에는 늙고 약한 노인을 공경하고 모시는 기사가 있으니 수령은

반드시 남녀 80세 이상의 노인에게는 떡, 국 이외에 고기 네 접시, 그리고 90세 이상의 노인에게는 여섯 접시를, 100세 이상의 노인에게는 여덟 접시의 경로례를 행해야 한다. 이것은 백성에게 노인을 모시고 어른을 섬기는 도리를 알게 한 것이다.

### ▋ 양로례(養老禮)의 실행 방법

1. 여러 노인 중에서 최고 연령자로 주빈(主賓)을 삼고 예를 행하여 배읍(拜揖)하게 하고 중빈(衆賓)은 움직이지 않는다.

2. 행례(行禮) 전일 향교에 장소를 설치하고, 당일 밝기 전에 자리를 깔고, 수령의 자리는 동배서향(東背西向)하고 여러 노인이 앉을 자리는 북배남향(北背南向)한다.

3. 수령은 정각에 의관을 갖추고 자리에 나아가 동쪽에서 장의(掌議, 유생儒生의 임원 가운데 으뜸 자리) 한 사람은 손님을 인도해 문 바깥에서 서향북상(西向北上)한다. 서남(西南)의 장의 한 사람은 여러 노인을 인도해 문 바깥에서 동향북상(東向北上)하고, 동쪽 줄 한 사람이 주빈이 된다.

4. 예리(禮吏, 예방禮房의 구실아치)가 맨 먼저 손님에게 수령이 술과 음식을 갖추어 대우한다는 취지를 말한다.

5. 손님들은 우리 같은 부덕(不德)한 무리에게 이와 같이 은혜를 베푸는 것은 불가하다고 사양한다. 그런즉 예리가 삼근(三勤)한 후에 손님은 받는 예의 의사를 표한다.

6. 음악을 시작한다.

7. 예리가 수령을 인도해 문 안에 동립서향(東立西向)한다. 그러면 손님은 서쪽에서 들어와 동면(東面)한다. 이후에 수령이 한 번 읍(揖)하고 손님이 답하여 읍한다.

8. 수령이 위치에 나아가 자리에 오르지 않고 남면(南面)하고 선다.

9. 장의가 손님을 인도하여 동반(東班)에 들어가면 여러 노인이 뒤를 따른다.

10. 손님이 위치에 나아가 자리에 오르지 않고 북향(北向)하여 선다.

다음도 제4장 〈애민육조〉 제1조 양로 내용이다.

## 歲除前二日 以食物 歸耆老.
세 제 전 이 일　이 식 물　귀 기 로

섣달그믐 2일 전에 80세 이상의 노인에게 쌀 1두(斗, 열 되), 고기 2근(斤)씩을 돌려야 한다. 그리고 90세 이상의 노인에게는 쌀, 고기 외에 떡, 꿀, 꿩 등 약간씩을 첨가한다. 아무리 큰 읍(邑)이라도 80세 이상의 노인은 수십 명에 지나지 않고, 90세 이상의 노인은 몇 명에 불과할 것이니, 그 경비는 그리 많은 것이 아니며, 수령이 기녀를 데리고 하룻밤 유연(遊宴)하는 비용만도 못한 것이다. 이상과 같은 행사를 한다면 이속(吏屬)과 백성의 원망을 사지 않고 치민(治民)의 공적은 드러날 것이다. 다음에는 제4장 〈애민육조〉 제2조 자유(慈幼 -어린이를 사랑함)의 예를 든다.

## 慈幼者 先王之大政也 歷代修之以爲令典.
자 유 자　선 왕 지 대 정 야　역 대 수 지 이 위 령 전

고아를 불쌍히 여겨 사랑하고 보호하는 것은 또한 노인을 공경하는 것과 같이 인정(仁政)의 요소가 되니, 역대의 어진 임금들

이 이것을 힘써 행하여 법전(法典)으로 삼았다. 병란(兵亂)과 흉년(凶年)으로 떠돌아다니며 빌어먹는 아이, 자녀를 파는 사람, 길가에 아이를 버리는 사람, 일찍이 부모를 잃고 친척이 없는 아이, 5월에 낳은 아이를 꺼려 버리는 사람〔중국 풍속〕 등이 있으니, 수령은 이를 거두어 기를 방법을 강구해 실행해야 할 것이다.

## 古之賢牧 於此慈幼之政 靡不單心.
고지현목 어차자유지정 미부단심

역대의 어진 임금들만이 아닌, 고대의 현량한 수령도 이 자유(慈幼)의 정사에 힘을 다했다.
중국의 임몽득(任夢得)이 허창(許昌)의 수령이 되었을 때, 대홍수로 인하여 버려지는 아이가 많았다. 임몽득은 민간에서 수양부모를 정하고 상평창(常平倉)의 곡식을 나누어 수양을 잘한 부모에게는 상을 주어 장려하였다. 그리하여 구제된 고아가 3천8백여 명에 이르렀다고 한다.

## 至我聖朝 慈幼之政 度越前古 詳著法例 常勅令長.
지아성조 자유지정 도월전고 상저법례 상칙령장

즉 우리 성조(聖朝)에서는 어린이를 사랑하는 인정이 옛날보다 뛰어나니 그에 관련된 법령과 조례를 자세히 제정해 항상 관장(官長)에게 경계하고 신칙(申飭)했다. ≪국조보감(國朝寶鑑)≫의 기록에 의하면 중종·명종·현종 때에 버려진 아이를 수양하는 법령이 있었다.
≪속대전(續大典)≫에 흉년에 버려진 아이를 거두어 길러 아들과 종으로 삼는 법이 있는데, 버려진 아이는 3세 이내로 흉년에

는 8, 9세, 혹은 15세까지 기를 수 있고, 기른 후 3개월 내에 부모나 친척이 돌본다면 그간의 곡물을 배상할 것을 규정했다.

**若非饑歲　而有遺棄者　募民收養　官助其糧.**
약 비 기 세　이 유 유 기 자　모 민 수 양　관 조 기 량

흉년이 아닌데 아이를 버린 사람이 있으면 민간에서 기르기를 원하는 사람에게 기르게 하고, 관(官)에서 필요한 양식을 보조해야 할 것이다. 가난한 부녀자에게 기르게 할 때는 매달 백미 2두씩을 보조하고, 여름에는 보리 4두를 보조하여 2년간 계속할 것이다.

서울 변방과 도시 부근에 풍기문란의 결과로 굶어 죽은 아이가 많은데, 천지 생물의 이치가 부모의 죄로 그 아이를 죄 줄 수 없으니 거두어 길러야 할 것이다. 그리고 기르기를 원하는 사람은 어린이의 나이와 용모를 관에 보고하면, 관에서 그 아이의 부모와 이임(里任, 이장) 또는 이웃 사람에게 자세히 조사해 문안을 작성해 기르는 사람에게 양식을 지급한다.

다음은 제4장 〈애민육조〉 제3조 진궁(振窮 –불쌍한 사람을 구제함) 내용이다.

**鰥寡孤獨　謂之四窮　窮不自振　待人以起　振者擧也.**
환 과 고 독　위 지 사 궁　궁 부 자 진　대 인 이 기　진 자 거 야

늙어서 처가 없는 사람〔鰥, 홀아비〕, 늙어서 남편이 없는 사람〔寡, 과부〕, 어려서 아버지를 잃은 아이〔孤〕, 늙어서 자식이 없는 사람〔獨〕을 네 종류의 궁민(窮民)이라 한다. 이들은 모두 천지에 호소할 곳이 없는 불쌍한 사람들이다.

이와 같은 사람들은 너무나 궁해서 스스로 일어날 힘이 없는 약

한 사람들이니 다른 사람의 도움을 받아야 한다. 주(周)나라 문왕(文王)이 어진 정치를 행할 때 이 궁민을 먼저 구휼(救恤)한 이유이다. 진(振)은 일으켜 세운다는 말이다. 네 종류의 궁민 선정에도 세 가지 보는 법이 있으니 나이와 친척과 재산을 관찰하여 본인의 재산이 있는지, 친척이 있는지, 나이가 60세 미만이고 10세 이상이면 관에서 수양할 바가 안 된다.

## 過歲不婚娶者 官宜成之.
과 세 불 혼 취 자　관 의 성 지

남녀가 적당한 나이가 되면 혼인하는 것은 민생의 시초이며, 백 가지 복의 근원이다. 가난 때문에 나이가 많아도 혼인하지 못하면 사람은 천지의 화기(和氣)를 저해하고, 인류의 생육(生育)을 상실하는 결과를 초래하게 된다. 그러므로 수령은 관내에 이 같은 사람이 있으면 반드시 혼인하게 해야 한다.

중국의 월왕(越王) 구천(句踐)은 국민 증강의 방책으로 여자는 17세, 남자는 20세에 혼인하지 않으면 부모유죄(父母有罪)라는 법령을 내렸다. 남자는 30세에 유실(有室)하고, 여자는 20세에 성가(成嫁)하는 것이 최적의 나이이다.

## 勸婚之政 是我列聖遺法 令長之所 宜恪遵也.
권 혼 지 정　시 아 렬 성 유 법　영 장 지 소　의 각 준 야

혼기(婚期)가 넘은 가난한 백성에게 혼인을 권장하는 정사는 우리나라 역대 성왕이 남긴 법이니, 영장(令長)으로서 마땅히 그 법을 지성껏 준수해야 할 것이다.

≪경국대전(經國大典)≫에 사족(士族)의 자녀로 30세까지 집이 가난하여 혼인하지 못한 사람은 호조(戶曹)에서 결혼 비용

을 지급하는 법이 있다.

정조(正祖) 5년, 왕은 서울 내의 민간에 가난하여 혼기가 넘은 사람에게 전(錢) 5백, 포(布) 2단(段)으로 결혼 비용을 보조하는 칙령을 내려 매월 혼인 수를 알리게 했다.

대저 천지간에 마음이 답답하고 괴로움이 제일 큰 것은 혼기를 넘은 남녀가 혼자 사는 것이니, 수령과 부모는 반드시 유의해야 할 것이다.

다음은 제2장 〈율기육조(律己六條)〉 제1조 칙궁(飭躬 – 몸을 바르게 함) 내용이다.

## 興居有節 冠帶整飭 莅民以莊 古之道也.
홍 거 유 절  관 대 정 칙  이 민 이 장  고 지 도 야

사람은 평소에 절제하는 생활을 해야 비로소 심신의 안정을 얻으며, 심신이 안정된 후라야 양식(良識)이 밝아지고 사려(思慮)가 면밀해 모든 일에 실수가 없다. 그러므로 수령은 평소 일상생활에서 일정한 시간을 지키고, 의관을 정제하여 정중한 태도를 백성에게 보여야 할 것이다.

하루의 계획은 이른 새벽에 한다는 옛말이 있다. 아침 일찍 일어나서 세수하고 관복(冠服)하고 정좌하여 정신을 가다듬은 뒤에, 오늘 행할 사무를 취하여 선후와 완급의 차례를 정하고, 사건의 선처할 방법을 연구해 오직 공리(公理)를 따를 것이요 사욕에서 떠나야 할 것이다. 그런데 지금 수령들은 거칠고 호방함을 자랑하는 사람이 많으니 단지 탕건에 보통 의복으로 망건도 쓰지 않고 버선도 신지 않고 아전과 백성을 대하거나, 또는 옥당(玉堂, 홍문관) 출신이라고 교만하여 바둑 두는 것과 시 짓

는 것을 오락 삼고, 정사는 이속(吏屬)에게 맡겨 생민(生民)을 병들게 만드니 매우 옳지 않은 일이다.

**毋多言 毋暴怒.**
무 다 언   무 폭 노

'사람의 입은 재앙을 불러들이는 문(口禍之門)'이란 옛말이 있으니 말은 될 수 있는 대로 적어야 한다. 말이 많으면 실수하기가 쉬우므로 공자(孔子)는, '강직한 것과 의연한 것과 질박한 것과 어눌한 것은 인에 가깝다.(剛毅木訥, 近仁.)'라고 하였다. 정의에 입각한 도리에 맞는 일이라면 말하지 않는 것이 오히려 옳지 않으므로 말을 가려 하라는 옛 교훈이 있다.

이같이 다산은 ≪목민심서≫ 48권을 통하여 관리가 백성을 다스리고 기르는 데 필요한 요령을 기술하였으니 지금의 말로 표현한다면 '공무원의 마음가짐'이라고 해야 좋을 것이다. 제1장 〈부임육조(赴任六條)〉, 제2장 〈율기육조(律己六條)〉, 제3장 〈봉공육조(奉公六條)〉, 제4장 〈애민육조(愛民六條)〉, 제5장 〈이전육조(吏典六條)〉, 제6장 〈호전육조(戶典六條)〉, 제7장 〈예전육조(禮典六條)〉, 제8장 〈병전육조(兵典六條)〉, 제9장 〈형전육조(刑典六條)〉, 제10장 〈공전육조(工典六條)〉, 제11장 〈진황육조(賑荒六條)〉, 제12장 〈해관육조(解官六條)〉로 되어 있다.
다산의 방대한 저서 중에 관리로서 백성을 다스리고 기르는 처지를 생각해 사실대로 예를 든 것이라든가, 중국의 예를 많이 들어 선왕의 치도(治道) 지침을 기록한 것이 바로 이 ≪목민심서≫라 할 수 있다.

# 자서自序

옛날 중국의 순(舜)임금이 요(堯)임금의 뒤를 이었을 때 12명의 목(牧)이라는 지방관을 두어 그들에게 백성을 기르게 하였다. 주(周)나라의 문왕(文王)이 제도를 정할 때 사목(司牧)이라는 관리를 두어 목자(牧者)로 삼았다.

맹자(孟子)는 평륙(平陸)에서 목초(牧草)로 가축을 먹이는 것으로써 백성을 기르는 것에 비유하였다. 그러니 백성을 기르는 것을 목민이라고 한 것은 성현(聖賢)들이 남긴 뜻이다.

성현의 가르침에는 원래 두 가지가 있다. 사도(司徒, 당우唐虞 때의 관직. 교화를 맡음)는 만민(萬民)을 가르쳐서 각기 자신의 몸을 닦게 하였고, 태학(大學)에서는 국자(國子, 공경대부의 자제들, 대학생)를 가르쳐서 각기 자신의 몸을 수양해 백성을 다스리게 하였다.

백성을 다스린다는 것은 백성을 기르는 것〔牧民〕이다. 그런즉 군자의 배움은 자신의 수양이 반(半)이고, 목민이 반이다.

성현이 간 뒤 세월은 오래되고 그 말은 사라져서, 성현의 도(道)는 없어지게 되었다. 지금의 목민관들은 오직 사리(私利)를 취하기에만 급급하고 백성을 기를 줄은 모른다. 그렇게 되니 백성들은 피폐하고 곤궁하며, 병에 걸려 서로 줄을 지어 쓰러져서 구렁을 메우는데, 목민관은 좋은 옷과 맛 좋은 음식으로 자기 자신만 살찌고 있다. 어찌 슬픈 일이 아니겠는가.

나의 선친(先親)이 어진 임금의 지우(知遇)를 얻어 두 고을의 현감(縣監), 한 고을의 군수(郡守), 한 고을의 도호부사(都護府使), 한 고을의 목사(牧使)를 역임(歷任)하여 다 공적이 있었다. 비록 용(鏞)은 불초(不肖)하나 따라다니면서 배워 조금은 들은 것이 있으며, 따라다니며 보는 동안에 조금은 깨달은 것이 있었고, 물러 나와서 이것을 시험하여 조금은 징험(徵驗)한 것이 있었다. 그러나 이제 이미 귀양살이하는 몸이 되었으니 이것을 쓸 곳이 없어졌다.

멀리 떨어진 변방(邊方)에 궁하게 살아온 것이 18년이나 된다. 그동안에 오경(五經)과 사서(四書)를 가지고 되풀이 연구하여 몸을 수양하는 학문을 닦았다.

이미 학문이라고 말한다면, '수신(修身)과 치민(治民)으로 이루어지는 학문의' 반만을 배우게 된 셈이다. 이에 23사(史)와 우리나라의 여러 사기(史記)와 자집(子集)의 여러 사적을 가져다가 그중에서 옛날의 사목(司牧)들이 목민(牧民)한 사적을 뽑아서 위로 아래로 그 실마리를 찾고 종류별로 나누어 모아서 차례로 책을 만들었다. 그리고 여기는 남쪽 멀리 떨어진 곳이어서 전답의 조세(租稅)의 부과와 징수에 있어서 간사하고 교활한 아전들의 행위로 인하여 폐단이 어지럽게 일어난다. 이미 몸이 비천(卑賤)하기에 듣는 것이 매우 상세하다. 따라서 그것도 또한 분류하여 기록하였으며 나의 의견도 덧붙였다.

모두 12편으로, 1. 부임(赴任) 2. 율기(律己) 3. 봉공(奉公), 4. 애민(愛民)인데, 그다음은 이(吏), 호(戶), 예(禮), 병(兵), 형(刑), 공(工)의 육전(六典)으로 나누어 논술하였고, 11. 진황(賑荒), 12. 해관(解官)으로 되었다. 12편이 각기 6조(條)씩으로 되어 모두가 72조이다. 어떤 것은 두어 조(條)를 합하여 한 권으로 하고, 어떤 것은 한 조를 나누어 두 권으로 하기도 하였다. 통틀어 48권으로 한 질이 된다. 시대에 따르고 풍속에 따랐기 때문에 비록 위로 선왕(先王)의 헌장(憲章)에 합치할 수는 없으나, 목민(牧民)하는 일에 있어서 조례(條例)는 갖추어졌다.

고려 말기에 처음으로 오사(五事, 다섯 가지 목민을 위한 것)로써 수령의 성적을 평정(評定)하였고, 아조(我朝)에서 그대로 계속하다가 나중에 칠사(七事, 수령이 지켜야 할 일곱 가지 일)로 늘렸다. 수령이 해야 할 책무(責務)의 대강만을 가리켰을 뿐이다. 그러나 목민관 직책은 법전(法典)에 의하지 않는 것이 없다. 법전의 각 조문(條文)을 하나하나 열거하여 지시하여도 오히려 직책을 제대로 지키지 못할 것이 두려운데, 더군다나 수령 스스로 법을 상고해 스스로 시행하기를 바랄 수 있겠는가? 그래서 이 책에서는 첫머리와 말미(末尾)에 있는 두 편(篇)을 제외하고 나머지 10편에 열거한 것만으로도 오히려 60조나 된다. 진정 선량한 목민관이 있어서 자기의 직책을 다하기를 생각하여 이 책을 참고로 한다면 아마 거의 사리를 판단하지 못하는 일이 없을 것이다.

옛날에 부염(傅琰)은 ≪이현보(理縣譜)≫를 짓고, 유이(劉彝)는 ≪법범(法範)≫을 지었으며, 왕소(王素)는 ≪독단(獨斷)≫이 있고, 장영(張詠)은 ≪계민집(戒民集)≫이 있으며, 진덕수(眞德秀)는 ≪정경(政經)≫을 짓고, 호태초(胡大初)는 ≪서언(緖言)≫을 지었으며, 정한봉(鄭漢奉)은 〈환택(宦澤)〉편을 지었으니 다 이른바 목민을 위한 저서이다. 그러나 지금은 그 서적은 전하지 않는 것이 많고, 오직 음탕한 말과 기이한 글귀만이 온 세상에 기세를 펴고 유행된다. 그러니 나의 이 저서인들 어찌 전해질 수 있겠는가?

비록 그러하나 ≪역경(易經)≫에서 말하였다. '예전 말과 지난 일을 많이 알아서 그 덕(德)을 기른다.' 이 책은 본래부터 나의 덕을 기르기 위한 것이다. 어찌 반드시 목민하는 데 써야 하겠는가?

그 이름을 '목민심서'라고 하였는데, 심서라는 것은 무슨 뜻인가? 목민하고자 하는 마음은 있으나 몸소 실행할 수는 없다. 그런 까닭에 이렇게 이름 붙인 것이다.

> － 순조(純祖) 21년 신사년(辛巳年) 늦은 봄에
> 열수(洌水) 정약용 서문을 쓰다.

昔舜紹堯, 咨十有二牧, 俾之牧民, 文王立政, 乃立司牧, 以爲牧
석순소요   자십유이목   비지목민   문왕립정   내립사목   이위목

夫. 孟子之平陸, 以芻牧喩牧民, 養民之謂牧者, 聖賢之遺義也. 聖
부   맹자지평륙   이추목유목민   양민지위목자   성현지유의야   성

賢之敎, 原有二途. 司徒敎萬民, 使各修身, 大學敎國子, 使各修身
현지교   원유이도   사도교만민   사각수신   태학교국자   사각수신

而治民. 治民者, 牧民也. 然則君子之學, 修身爲半, 其半牧民也.
이치민   치민자   목민야   연즉군자지학   수신위반   기반목민야

聖遠言堙, 其道寢晦, 今之司牧者, 唯征利是急, 而不知所以牧之.
성원언인   기도침회   금지사목자   유정리시급   이부지소이목지

於是, 下民羸困, 乃瘰乃瘝, 相顚連以實溝壑, 而爲牧者, 方且鮮衣
어시   하민리곤   내라내족   상전련이실구학   이위목자   방차선의

美食以自肥, 豈不悲哉? 吾先子受知聖朝, 監二縣, 守一郡, 護一
미식이자비   기불비재   오선자수지성조   감이현   수일군   호일

府, 牧一州, 咸有成績. 雖以鏞之不肖, 從以學之, 竊有聞焉, 從而
부   목일주   함유성적   수이용지불초   종이학지   절유문언   종이

見之, 竊有悟焉, 退而試之, 竊有驗焉, 旣而流落, 無所用焉. 窮居
견지   절유오언   퇴이시지   절유험언   기이류락   무소용언   궁거

絶徼, 十有八年, 執五經四書, 反復硏究, 講修己之學, 旣而曰學
절요   십유팔년   집오경사서   반복연구   강수기지학   기이왈학

學半. 乃取二十三史及吾東諸史及子集諸書, 選古司牧牧民之遺
학반   내취이십삼사급오동제사급자집제서   선고사목목민지유

迹, 上下紬繹, 彙分類聚, 以次成編. 而南徼之地, 田賦所出, 吏奸
적   상하주역   휘분류취   이차성편   이남요지지   전부소출   이간

胥猾, 弊瘼叢興, 所處旣卑, 所聞頗詳, 因亦以類疏錄, 用著膚見.
서활   폐막분흥   소처기비   소문파상   인역이류소록   용저부견

共十有二篇, 一曰赴任, 二曰律己, 三曰奉公, 四曰愛民, 次以六
공십유이편   일왈부임   이왈률기   삼왈봉공   사왈애민   차이륙

典, 十一曰賑荒, 十二曰解官. 十有二篇, 各攝六條, 共七十二條.
전　십일왈진황　십이왈해관　십유이편　각섭륙조　공칠십이조

或以數條合之爲一卷, 或以一條分之爲數卷, 通共四十八卷, 以爲
혹이수조합지위일권　혹이일조분지위수권　통공사십팔권　이위

一部. 雖因時順俗, 不能上合乎先王之憲章, 然於牧民之事, 條例
일부　수인시순속　불능상합호선왕지헌장　연어목민지사　조례

具矣. 高麗之季, 始以五事, 考課守令, 國朝因之, 後增爲七事, 所
구의　고려지계　시이오사　고과수령　국조인지　후증위칠사　소

謂責其大指而已. 然牧之爲職, 靡所不典, 歷擧衆條, 猶懼不職, 矧
위책기대지이이　연목지위직　미소부전　역거중조　유구부직　신

冀其自考而自行哉! 是書也, 首尾二篇之外, 其十篇所列, 尙爲六
기기자고이자행재　시서야　수미이편지외　기십편소렬　상위륙

十, 誠有良牧思盡其職, 庶乎其不迷矣. 昔傅琰作≪理縣譜≫,
십　성유량목사진기직　서호기불미의　석부염작　이현보

劉彝作≪法範≫ 王素有≪獨斷≫ 張詠有≪戒民集≫, 眞德秀作
유이작　법범　왕소유　독단　장영유　계민집　진덕수작

≪政經≫ 胡大初作≪緖言≫, 鄭漢奉作〈宦澤〉篇, 皆所謂牧民之
정경　호태초작　서언　정한봉작　환택　편　개소위목민지

書也. 今其書多不傳, 唯淫辭奇句, 霸行一世, 雖吾書, 惡能傳矣?
서야　금기서다부전　유음사기구　패행일세　수오서　오능전의

雖然, ≪易≫曰: "多識前言往行, 以畜其德." 是固所以畜吾之德,
수연　역　왈　다식전언왕행　이휵기덕　시고소이휵오지덕

何必於牧民哉! 其謂之'心書'者何? 有牧民之心, 而不可以行於躬
하필어목민재　기위지심서자하　유목민지심　이불가이행어궁

也, 是以名之.
야　시이명지

當宁二十一年辛巳莫春, 洌水丁鏞, 序.
당저이십일년신사모춘　열수정용　서

【목민심서 제1권】

## 제1장 부임육조赴任六條

부임이란 임지(任地)에 간다는 말이다. 이 장은 수령(守令)이 임명을 받고 임지에 가서 처음으로 사무를 처리하게 되기까지 명심해야 할 일들을 여섯 가지 조항으로 나누어 설명한 것이다.

목민관(牧民官)이라는 성스러운 임무를 바로 눈앞에 그려보면서 수령으로서의 정신 자세와, 처음을 바르게 출발하기 위한 준비 자세를 간추리게 한다. 준비함이 있으면 당황하지 않고, 출발이 바르면 정당한 경로로 들어설 수 있을 것이다.

그 여섯 가지 조목으로 제배(除拜), 치장(治裝), 사조(辭朝), 계행(啓行), 상관(上官), 이사(莅事)를 들고 있다.

제배는 수령으로 임명되는 것, 치장은 임지로 가는 행장(行裝)을 차리는 것, 사조는 수령으로서 부임길에 오르기 전에 조정에 나아가 하직하는 절차, 계행은 길을 떠나는 것이니 여행 중의 태도, 상관은 처음 관청에 출근하는 것, 이사는 수령으로서 처음 일을 처리하는 것이디.

이 여섯 가지 조목에 잘못이 없다면 사전 준비에 최선을 다하였다고 말할 수 있을 것이다.

# �֎ 제1조 제배除拜
## [수령으로 임명됨]

## 1. 다른 벼슬은 스스로 희망해 얻어도 좋으나, 목민관은 스스로 구하여 얻어서는 안 된다.

**▌원문**

他官可求 牧民之官 不可求也.
타 관 가 구   목 민 지 관   불 가 구 야

**▌주**

**목민지관(牧民之官)** 백성을 돌봐 기르는 관원이라는 뜻이니 수령(守令), 즉 부윤(府尹), 목사(牧使), 부사(府使), 군수(郡守), 현감(縣監), 현령(縣令) 등을 총칭한 말이다.

▌ 각자의 생업(生業)에 힘쓰면서 위를 섬기는 일을 본분으로 하는 사람들을 백성이라고 하고, 백성을 어루만져 기르는 사람들을 선비[士]라고 한다. 선비는 벼슬하는 사람이다. 그러니 적어도 벼슬하는 사람이라면 어느 벼슬을 가리지 않고 다 백성을 어루만져 기르는 사람이다. 모두가 목민관 아닌 것이 없다. 그러나 벼슬에는 경관직(京官職)과 외관직(外官職)이 있다. 경관직은 중앙 관청에서 종사하는 벼슬이고, 외관직은 지방 관청에서 종사하는 벼슬이다. 수령(守令)은 지방의 고을을 맡아 다스리는 외관직이다.

경관직의 직무는 단순하다. 어떤 벼슬은 임금이나 윗사람을 모시고 보좌하는 것을 직책으로 하고, 어떤 벼슬은 어떤 것을 맡아 지키는 것을 책임으로 한다. 각기 자기에게 맡겨진 일정한 직무의 한계 안에서 조심하는 마음으로 삼가고 신중히 하기만 하면 거의 큰 죄과(罪過)는 없다.

그러나 수령이라는 벼슬만은 그렇게 단순하지 않다. 수령은 많은 백성을 맡아 다스리는 것이 직책이다. 하루에 천 가지, 만 가지 일을 처리해야 한다. 그것은 천하와 국가를 다스리는 일에 비교해 크고 작음은 비록 다르지만 그 위치는 같은 것이다. 옛날 상공(上公)이라고 일컫는 제후(諸侯)가 다스리는 봉지(封地)는 지방의 넓이가 백 리였고, 후(侯)나 백(伯)은 70리였으며, 자(子)와 남(男)은 50리였고, 50리가 안 되는 사람은 부용(附庸, 제후에게 부속된 작은 나라)이라고 했다.

그들은 다 제후이다. 지금 우리나라의 큰 고을은 그 땅의 크기가 상공과 비슷하고, 중간 고을은 후백(侯伯)과 같고, 하읍(下邑)은 자남(子男)과 비슷하며, 약하고 작은 고을은 부용(附庸)과 같다. 그 관작(官爵)의 이름은 비록 다르지만 그 직책은 옛날의 제후와 같은 것이다. 옛날의 제후에게는 정승이 있고, 삼경(三卿)이 있고, 대부(大夫)와 백관(百官)이 있어서 각기 자기가 맡은 일을 하였으니 제후 노릇은 어렵지 않았다. 하지만 지금의 수령은 오직 백성들 위에 고독하게 선다. 간사한 백성 3명으로 보조자를 삼고〔고을에는 삼공형三公兄이라고 하는 좌수座首·이방吏房·호장戶長이 있어서 수령을 보좌한다〕, 6, 70명의 교활한 아전들이 그를 도우며, 거칠고 호방(豪放)한 사람 두어 명이 막빈(幕賓)이고, 난폭한 수십 명의 하인을 두고 있다. 그들은 서로 한패가 되고 굳게 남몰래 단결하여 한 사람의 총명을 가리고, 거짓으로 속이며, 농간을 부려 백성들을 괴롭히는 것이 상례(常例)이다. 더군다나 이들 아전과 하인들은 대대로 그 고을에 살면서 뿌리를 내리고 덤불이 얽혀져 있다.

그런 가운데에 외로이 뛰어든 수령이 그나마 길어야 2년, 아니면 두어 달이면 바뀌어 가게 마련이다. 그동안 죄지은 자는 도망하였다가 수령이 바뀌면 다시 와서 편안하게 산다. 그들이 무엇을 겁낼 것인가. 그런 까닭에 수령 직책은 옛날 제후들보다 백 배나 어려운 것이다. 이러한 수령 벼슬을 어찌 스스로 원해서 요구할 수 있겠는가. 비록 덕망(德望)이 있더라도 위엄이 없으면 할 수 없고, 비록 뜻이 있으나 현명하지 않으면 할 수 없다. 수령이 책임을 다할 수 없으면 백성이 그 해(害)를 입게 된다. 백성이 해를 입게 되면 그 해독은 번지고 퍼져서 마침내 비난과 원망은 수령에게 집중되고, 그 업보(業報)는 자손에게 재앙을 끼치게 될 것이다. 수령이란 벼슬을 스스로 원하고 요구할 수 있겠는가? 스스로 구하여 수령이 되어서는 안 될 것이다.

무관(武官)이 몸소 전관(銓官, 인사人事를 맡은 관원)을 찾아다니며 자신이 수령되기를 청탁하는 일이 있다. 그것이 오랫동안 풍속을 이루어서 태연하게 부끄러운 줄 모른다. 그만한 재능이 있고 없음을 생각하지 않고 요구하고, 그것을 들어주는 사람도 또한 그의 재능의 있고 없음은 고려하지 않는다. 이러한 일은 본래부터 잘못된 것이니 말할 여지도 없거니와, 문관(文官)으로서 옥당(玉堂, 홍문관弘文館)이나 은대(銀臺, 승정원承政院)의 관원인 사람이 수령되기를 자원하는 예가 있다. 수령이 되어 부모를 편안히 봉양하겠다는 효성으로 수령되기를 바란다. 그러면 위에서는 그것이 효도라고 칭찬하여 허락한다. 습관이 오래되어 당연한 풍속처럼 되었다.

그러나 이것은 잘못된 일이다. 집안이 가난하여 늙은 어버이를 봉양할 수 없는 것은 가엾은 일이다. 그러나 그것은 사사로운 정(情)이다. 관(官)을 위하여 거기에 적합한 사람을 선택하는 것은 공리(公理)이다. 한 사람의 집안 사정을 위하여 만민을 다스리는 수령 자리를 함부로 내줄 수 있겠는가? 자신의 어버이를 봉양한다는 이유로 수령되기를 바라는 것이 이미 잘못이며, 그것을 허락하는 일도 잘못된 것이다. 이러한 풍습은 그냥 예전대로 할 수는 없다. 수령이란 벼슬은 스스로 원하고 요구할 수는 없다.

## 2. 임명된 직후에 재물을 함부로 뿌려서는 안 된다.

**▌원문**

**除拜之初 財不可濫施也.**
재 배 지 초　재 불 가 람 시 야

▌처음으로 수령에 임명되면 가슴이 설레고 마음이 부풀어 일종의 흥분 상태에 빠지기 쉽다. 그리하여 수령으로서 아직 부임도 하기 전에 재물을 함부로 뿌려 선심을 쓰고 호세를 부리는 자가 가끔 있게 된다.

그러나 수령의 봉급은 월별로 계정(計定)된 것이니 그것을 세분(細分)하면 하루에 얼마라는 액수가 정해져 있다. 그러니 달을 앞당겨 먼저 쓰고, 날을 앞당겨 초과하여 지출하는 것은 다 자신이 쓸 수 없는 돈이다. 자기 재물이 아닌 것을 쓴다는 것은 벌써 남의 것을 탐하는 것이다. 만일 수령이 임지에 도착하기 전에 바뀌는 일이 있다면, 그 사람은 그 고을의 재물은 조금도 사용할 수 없을 것이 아닌가? 몸이 아직 서울에 있으면서 임명을 받았다고 하여 그 고을의 재물을 사용할 수는 없다. 여러 가

지 관습에 따라 재물을 주어 선심을 베풀지 않을 수 없는 부득
이한 경우에라도 함부로 남용(濫用)해서는 안 된다.

우리나라의 오랜 관습으로 수령이 조정에 나가 하직하는 날에
는 액정(掖庭, 궐내闕內)의 하인[대전별감大殿別監]이나 정원(政
院, 승정원承政院)의 하인[정원사령政院使令]들이 예전(例錢, 관
례에 따라 선사하는 돈)을 강요한다. 그것을 궐내행하(闕內行下)
라고 한다. 행하(行下)는 하인에게 주는 혜시(惠施)라는 뜻이다.
이름은 혜시지만 실상은 강요하는 것이다. 많으면 수백 냥, 적
어도 5~60냥을 요구한다. 그 돈이 적으면 하인들은 수령을
모욕하기를 예사로 한다.

조정에서 백성을 위하여 목민관을 보내는 마당에서 그의 절약
을 타일러야 하는데, 먼저 하인들을 풀어놓아 명목 없는 금품을
강요해 그들의 유흥비로 충당하게 하고 있으니 이것이 무슨 예
절인가. 더군다나 고을의 사정은 제각기 다르다. 고을에 따라
서는 이러한 돈을 백성들에게서 짜내게 한다. 이것은 하인들을
내놓아 백성의 재물을 빼앗는 것과 무엇이 다르겠는가. 단연코
고쳐야 할 일이다. 수령이 여기에 휩싸여 부임도 하기 전에 함
부로 금품 뿌리는 일을 해서는 안 될 것이다. 빈궁한 친척이나
친구 중에 꼭 돌봐주어야 할 사람이 있더라도 모두 부임한 뒤
에 적절하게 처리하도록 하고, 사전에 돈부터 쓰는 일이 없어
야 할 것이다.

3. 경저(京邸)에서 통보를 내려 보낼 때 폐해가 될 만한 일
은 될 수 있는 데까지 생략하도록 지시해야 한다.

## 邸報下送之初 其可省弊者 省之.
저 보 하 송 지 초   기 가 생 폐 자   생 지

**저보(邸報)** 경저(京邸)에서 수령이 새로 임명된 것을 본군(本郡)에 알
리는 통보(通報). 경저는 사무 연락을 위하여 서울에 설치한 지방관
청의 연락사무소. 여기에 주재하는 아전을 경저리(京邸吏) 또는 경
주인(京主人)이라고 한다.

▌ 수령이 새로 임명되었을 때 그를 영접하는 절차를 신영(新
迎) 예절이라고 한다. 신영 예절에는 첫째, 선물을 올리는 일,
둘째, 관청의 사옥(舍屋)을 수리하는 일, 셋째, 기치(旗幟)를
들고 영접하는 일, 넷째, 풍헌(風憲)·약정(約正, 풍헌과 약정은
면장·이장과 같은 방리方里의 직원)의 문안, 다섯째, 중로(中路)의
문안 등의 절차가 있다. 그중에 폐단이 될 만한 것으로서 생략
할 수 있는 것이 있을 것이다.
경저(京邸)에서 사람을 보낸다는 보고가 있을 때, 미리 본군
(本郡)의 수석 아전에게 명령을 내려서, 선물은 술 한 병, 포
(脯) 한 조각으로 하고 다른 물품은 일체 올리지 말 것, 관청의
사옥 수리는 부임한 뒤에 지시를 기다려서 시행할 것, 고을에
들어가는 날 군(郡) 경계(境界)에는 다만 기(旗) 두 쌍만을 사
령을 시켜서 가지게 하고 그 밖의 것은 모두 생략할 것, 읍내거
나 촌이거나를 막론하고 한 명의 군졸일지라도 신영을 빙자하
고 금품을 강요하는 행위는 특별히 엄금할 것, 외촌(外村)의
풍헌·약정, 그리고 군관(軍官) 등은 모두 중로 문안을 그만두
게 할 것이며, 수령의 행차가 5리 거리에 도착할 때 한 번 문안

하고 물품 올리는 일은 하지 못하게 지시해야 한다.

이전에는 이 신영 예절 때문에 또는 그것을 빙자하여 많은 폐해가 있었다. 이것을 사전에 하지 못하도록 명령하라는 것이다.

4. 신영 때의 쇄마전(刷馬錢)은 이미 관(官)에서 주는 것을 받고 있다. 그 위에 또 백성에게서 거두어들인다면 이것은 임금의 은혜를 숨기고 백성의 재물을 약탈하는 일이므로 해서는 안 된다.

### ▌원문

**新迎刷馬之錢 旣受公賜 又收民賦 是匿君之惠而掠民財**
신 영 쇄 마 지 전　기 수 공 사　우 수 민 부　시 닉 군 지 혜 이 략 민 재

**不可爲也.**
불 가 위 야

### ▌주

**신영(新迎)** 새로 부임하는 수령을 맞이하는 것.

**쇄마전(刷馬錢)** 쇄마(刷馬)는 고용하는 말이니, 쇄마전은 말을 세내어 쓰는 데 필요한 돈, 즉 부임 여비.

▌≪속대전(續大典)≫에 규정한 법령을 살펴보면 지방관을 맞이하고 보내고 할 때 필요한 쇄마(刷馬) 비용, 즉 여비는 이수(里數)와 마필 수를 계산하여 많은 것은 4백여 냥, 적은 것은 3백여 냥을 주기로 되어 있다. 이 입법(立法)의 당초 취지는 지방과 영송(迎送) 때에 혹은 쇄마 비용의 명목으로 백성을 침해할 것을 염려하여 이 경비를 주어서 그 폐해를 막고자 한 데에 있을 것이다. 그런데 지금 신구관(新舊官)이 교대할 때는 관에서 주는 쇄마전을 받고, 또 민간에서 쇄마전을 강제로 징수

하며, 간혹 관에서 주는 액수보다 많거나, 적어도 그 액수와 같거나 많게 받으면서 아무런 부끄러움도 없이 태연하니 이 무슨 염치없는 행위인가?

어떤 사람은 이렇게 핑계 댈 것이다. 신관(新官)에게 쇄마전을 거두어 주는 것은 향청(鄕廳, 수령을 보좌하는 지방의 자치조직)에서 발령(發令)한 것이니 신관의 죄가 아니라고. 그러나 그 돈을 거둔 사람은 향청이지만 쓰는 사람은 수령이 아닌가. 어찌 그것으로 책임을 면할 수 있겠는가. 몇 푼의 예에 어긋난 돈을 탐내지 말고, 미리 금지령을 내려 수령의 청렴결백한 마음을 백성에게 밝히도록 하는 것이 현명할 것이다.


## ✳ 제2조 치장治裝

[임지로 가는 행장行裝]


1. 행장을 차릴 때 의복과 안장과 말은 모두 사용하고 있던 것을 그대로 사용하고, 새로 마련하지 말아야 한다.

▌**원문**

**治裝 其衣服鞍馬 竝因其舊 不可新也.**
치 장   기 의 복 안 마   병 인 기 구   불 가 신 야

▌백성을 사랑하는 근본은 재물을 절약해 쓰는 데에 있고, 절용하는 근본은 검소한 데에 있다. 검소해야 청렴할 수 있고, 청렴해야 백성을 사랑할 수 있기 때문이다. 그러므로 검소한 것은 목민관이 가장 먼저 힘써야 할 일이다.

어리석고 못난 사람이 고운 옷과 화려한 갓[冠]과 좋은 안장에 준마(駿馬)를 타고 한껏 위세를 부릴는지 모르지만, 노련(老鍊)한 아전은 수령이 새로 부임해 오면 그 수령의 무게를 저울질하기 위하여 먼저 그의 옷차림과 안장과 말이 어떤가를 묻는다. 만약 사치하고 화려하다면 그는 웃으며, "그만하면 알겠다."라고 말한다. 만약 검소하고 추하고 거칠면 그는 놀라면서, "두렵구나."라고 말한다. 사치한 차림 그 한 가지로 이미 아전에게 그의 약점은 잡히고 만 것이다.

거리의 아이들은 부러워할지 모르지만 사리를 아는 사람은 비루하게 여길 것이니 결국 무슨 유익함이 있겠는가? 어리석은 자는 남들이 나를 부러워한다고 생각할지 모르나 실은 부러워하지 않을 뿐 아니라 도리어 시기(猜忌)할 것이다. 나의 재물을 낭비하고, 나의 명예를 손상하며, 남의 시기를 받는다면 어리석지 않은가. 모든 사치는 본래 어리석은 사람이 하는 어리석은 일이다.

수령으로 나가는 사람은 반드시 경관직(京官職, 조선시대 중앙에 있던 관직을 통틀어 이르는 말)을 거쳐서 나가기 마련이니, 의복이나 안장, 말 따위는 반드시 대략 준비되어 있을 것이다. 그것을 그대로 사용하여 부임하는 것이 좋지 않은가. 한 가지 물건도 새로 마련하지 않아야 할 것이다.

## 2. 동행하는 사람을 많이 데리고 가서는 안 된다.

▌원문 ────────────────────

**同行者 不可多.**
동 행 자  불 가 다

▌수령은 부임하는 곳에 많은 사람을 데리고 가서는 안 된다. 첫째, 그 사람들을 부양하는 데 비용이 많이 들 것이다. 또 많은 사람이 수령의 측근에 있으면서 부정과 부패가 스며들 틈이 생기기 쉽기 때문이다.

자제(子弟) 한 사람은 마땅히 수행해야 한다. 노비도 데리고 가서는 안 된다. 다만 내행(內行, 부인의 행차)에 여자 종 한 명의 수행을 허락한다. 청지기는 관부(官府)의 큰 좀벌레와 같은 것이니 절대로 데리고 가서는 안 된다. 또 근대의 풍속에는 소위 책방(冊房)이 있어서 책객(冊客, 고을 원의 비서 일을 맡아보던 사람) 한 사람을 데리고 가서 회계 사무를 맡기는 습관이 있으나, 제도에 없는 일이니 마땅히 없애야 할 것이다. 그러나 만약 수령 자신이 문필에 서투를 경우에는 객원(客員) 한 사람을 데리고 가서 서기(書記)를 맡기는 것이 좋겠다.

## �֎ 제3조 사조辭朝

[조정에 나아가 하직하는 절차]

1. 두루 공경(公卿)과 대신(臺臣)과 간관(諫官)을 찾아다니며 하직할 때, 마땅히 자신의 자격과 재능이 부족하다고 스스로 낮추어 말할 것이고, 봉급의 많고 적은 것을 말해서는 안 된다.

▌**원문**

歷辭公卿臺諫 宜自引材器不稱 俸之厚薄 不可言也.
역 사 공 경 대 간　의 자 인 재 기 불 칭　봉 지 후 박　불 가 언 야

**공경(公卿)** 삼공(三公)·구경(九卿)의 약칭. 대신과 재상을 총칭한 말.

**대간(臺諫)** 대신(臺臣). 사헌부(司憲府)의 관원과 간관(諫官), 사간원(司諫院)의 관원.

∥ 고을의 봉록(俸祿)이 비록 박(薄)할지라도 열 사람 정도는 굶주리지 않고 살아갈 수 있을 것이다. 가는 사람이나 보내는 사람도 마땅히 그 고을의 폐단은 어떤 일이며, 백성의 고통은 무엇인가를 논의해야 할 것이며, 봉록이 풍부하니 박하니 말하는 것은 부끄러워할 만한 것이다.

재상이나 대신 가운데에 일찍이 수령이 부임하는 고을이 있는 도(道)의 감사를 지냈거나 가까운 고을의 수령을 지낸 사람이 있으면, 마땅히 풍속은 어떠하고 해 되는 일은 무엇인지를 자세히 묻고, 이어서 그것을 바로잡아 고치는 방법이 어떤 것인지 가르쳐 주기를 성심으로 청해야 한다.

2. 신임 수령을 맞이하기 위해 고을의 아전과 하인이 오면 그들과의 접촉은 마땅히 정중하고 온화하고 간결하고 과묵해야 한다.

新迎吏隷至 其接之也 宜莊和簡默.
신 영 리 예 지　기 접 지 야　의 장 화 간 묵

**이예(吏隷)** 아전과 하인.

**장화간묵(莊和簡默)** 장(莊)은 씩씩하고 정중한 모습, 화(和)는 부드러운 모습, 간(簡)은 간결, 묵(黙)은 과묵한 모습.

▌신임 수령을 맞이하러 온 수리(首吏, 수석 아전)의 주머니에는 언제나 조그만 책이 들어 있기 마련이다. 그 책 이름을 읍총(邑總)이라고 한다. 거기에는 봉록(俸祿)인 쌀과 돈의 수량이 기록되었으며, 그것을 여러 가지로 운용하여 늘리는 방법이 가지가지 열거되어 있다. 그것을 보이는 날, 수령이 받아보고 즐거워하는 빛을 얼굴에 드러내면서 한 가지 한 가지씩 물어서 그 기묘한 이치와 방법을 알려고 하는 것은 천하에 가장 수치스러운 일이다.

아전이 그것을 올리거든 그날로 즉시 도로 돌려주고 묵묵히 다른 말을 하지 않으며, 이어 자제(子弟)나 친한 손님에게 타일러서 그것을 검토하는 일이 절대로 없게 해야 한다.

다음 날 아침 수리(首吏)를 불러서 그 고을의 큰 고통이 되는 한두 가지 일을 묻고 나서는 침묵한 채 대답은 하지 않는다. 만약 반드시 고쳐야 할 큰 병폐(病弊)가 있거든 반드시 일찍이 감사를 지낸 사람에게 그것을 고치는 방법을 문의해야 한다.

맞이하러 온 아전들에게는 경솔히 굴어서 체면을 손상하는 일이 있어서는 안 되며, 또 긍지를 가지고 스스로 엄중하게만 해도 옳지 않다.

자제나 노비(奴婢)들에게도 타일러서 맞이하기 위해 온 아전이나 하인들과 더불어 말하지 말도록 엄중히 해두어야 한다. 금주(錦洲) 박정(朴炡)이 남원부사(南原府使)가 되었을 때, 신영 왔던 아전이 본부(本府)에 돌아가서 가만히 말하였다. "나이 젊은 양반이 말도 하지 않고 웃지도 않으면서 단정하게 앉아 있어서 그 속을 헤아릴 수 없었습니다." 그 이야기가 한때 세상에 전파되었다. 이것으로 금주화상(錦洲畵像)의 찬(贊)을 쓰게 되었다.〔≪회은집晦隱集≫〕

3. 임금 앞을 떠나 대궐문 밖으로 나오면 강개(慷慨)한 심정으로 백성들의 소망에 응하고, 임금의 은혜에 보답할 것을 마음에 새겨야 한다.

▌원문

辭陛出門 慨然以酬民望 報君恩 設于內心.
사 폐 출 문  개 연 이 수 민 망  보 군 은  설 우 내 심

▌주
**사폐(辭陛)** 어전(御前), 즉 임금 앞을 물러 나오는 것.

▌ 수령으로서 해야 할 일이 일곱 가지 있는데, 수령칠사(守令七事)라고 한다. ① 농업과 잠업의 흥성〔農桑盛〕, ② 호구의 증가〔戶口增〕, ③ 학교를 세움〔學校興〕, ④ 군정을 바로 함〔軍政修〕, ⑤ 부역의 균평〔賦役均〕, ⑥ 사송의 간소〔詞訟簡〕, ⑦ 간활함의 그침〔奸猾息〕이다.

임금 앞에 나아가 하직하는 날에는 이 일곱 가지를 혹은 임금 앞에서 외우기도 하고, 혹은 승정원(承政院)에서 강론(講論)하니 소홀히 여겨서는 안 된다. 대궐 안의 계단을 오르고 내리는 예절과 연석(筵席, 임금과 신하가 모여서 문답하는 자리)에서 일어나고 엎드리는 절차는 마땅히 미리 잘 아는 사람에게서 익숙히 배워서 실수함이 없어야 한다.

임금께 하직하고 나와서 대궐문 밖에 이르면 몸을 돌려 대궐을 향해 서서 마음속으로 묵묵히 자신에게 말한다. '임금이 아들처럼 사랑하는 천 명, 만 명의 백성들을 나 같은 조그만 신하에게 맡기시고 목민관으로 삼으셨으니 소신(小臣)이 그 뜻을 공경히 받들지 못한다면 죽어도 죄가 남을 것입니다.' 그리고 곧

몸을 돌려 말에 오르도록 해야 한다.

## ※ 제4조 계행啓行
### [부임길을 떠남]

1. 길을 떠나서 여행 도중에 있을 때도 또한 장중(莊重)하고 부드럽고 간결하고 과묵하여 말을 하지 못하는 사람처럼 해야 한다.

▌**원문**

**啓行在路 亦唯莊和簡默 似不能言者.**
계 행 재 로　역 유 장 화 간 묵　사 불 능 언 자

▌여행 중에는 반드시 아침 일찍 출발하고 저녁에도 반드시 일찍 쉬도록 한다. 말에 오르면 먼동이 트고, 말에서 내리면 아직 해가 남아 있도록 하는 것이 좋다.

수리(首吏)를 불러 약속하기를, '하인들이 밥을 다 먹고 나면 곧 진지(밥의 높임말)를 올릴 것이며, 말에 오른 때에 동이 트게끔 되면 좋겠다. 이렇게 알고 거행하라.'라고 해둔다.

아랫사람들의 사정을 알지 못하는 사람은 미리 약속도 하지 않고 일찍 일어나서 밥을 독촉해서 먹고는 곧바로 말에 오른다. 그러면 하인들은 밥을 받고도 먹지 못하고 일어나야 하는 사람이 많게 된다.

말을 달리지 말아야 한다. 말을 급히 달리면 성질이 경솔하고 조급한 것으로 알게 된다.

길이 굽어 꺾어진 곳에서라도 뒤를 돌아보지 말아야 한다. 뒤를 돌아보면 말을 탄 이속(吏屬)이 비록 진흙 속이라도 말에서 내리게 된다. 생각하지 않아서는 안 될 일이다. 오직 돌아보지 않을 뿐 아니라 형세를 살펴서 때로는 일부러 머리를 다른 데로 돌려서 아전들이 여유 있게 해주는 것이 좋을 것이다.

여행 도중에서도 아전이 비록 몸을 굽혀 경의를 나타내는 예절을 지키지 않는 사람이 있더라고 질책(叱責)하지 말고 말 못하는 사람처럼 묵묵히 있는 것이 좋다.

길에 있는 동안 매일 세 끼의 식사는 반찬으로 국 한 그릇, 김치 한 접시, 장 한 종지 외에 네 접시를 넘지 않게 해야 한다. 어떤 경우에도 이 수를 넘지 말고 줄이지도 않는 것이 좋다. 어떤 재료를 사용하든지 아랫사람들이 하는 대로 맡겨둘 것이고 잔소리해서는 안 되며, 비용이 얼마 들었는지 물어도 안 된다.

우리나라의 풍속에 권마성(勸馬聲)이 있다. 수령의 행차에 위세를 높이기 위해 앞에 선 하인들이 목청을 뽑아 길게 부르는 소리이다. 떠들지 않는다는 뜻이 못 된다. 행차가 교외에 도착하면 수리(首吏)를 불러 약속한다. '권마성을 나는 매우 싫어한다. 마을을 지나갈 때 한마디에 그치고, 읍(邑)을 지날 때는 읍으로 들어갈 때, 읍에서 나올 때, 역참(驛站)에 들어갈 때, 역참에서 나올 때 권마성은 세 마디를 넘지 않게 하라. 만약 이것을 어기면 너에게 죄가 있는 것이다.'

≪시경(詩經)≫에 말하였다. '그대 싸움터로 나가는데, 소문은 있으나 떠드는 소리는 없구나.(之子于征, 有聞無聲.)' 군자(君子)의 행차는 엄숙하기가 이러한 것이다. 우리나라 풍속은 떠드는 것을 좋아해 여러 마부가 수령을 둘러싸고 잡소리를 마구 외치니 백성들이 바라볼 때 엄숙하고 위엄 있고 무게 있어 보이는

기상이 없다. 엄격하고 생각이 깊은 사람이라면 누구나 반드시 이 소리를 좋아하지는 않을 것이다.

목민관은 비록 말 위에 있을지라도 마땅히 지혜를 짜내고 정신을 집중하여, 어떻게 하면 백성을 편안하게 하는 정치를 할 수 있을까를 생각해야 할 것이다. 만약 온통 들떠 있다면 어찌 침착하고 자세한 생각을 할 수 있겠는가.

근세(近世)에 아전의 풍습이 날로 오만해져서 조관(朝官)과 명사(名士)가 수령의 행차를 만나 말에서 내리는 때에도, 수령을 모시고 가는 아전은 말을 달리면서 돌아보지 않는 버릇이 있고, 수령은 그들의 행동을 도리어 비호하고 경계하지 않아 비난받는 일이 많다. 그러므로 길에서 선비를 만나 그가 수령을 위하여 말에서 내리면, 아전들은 반드시 말에서 내리도록 엄중하게 해두어야 한다.

여행 도중에 아전이나 하인이 죄과(罪過)가 있더라도 작은 것, 우발적인 것은 모두 불문(不問)에 부치고, 큰 과실과 고의로 저지른 것은 형리(刑吏)에게 넘겼다가 임지에 도착한 3일 뒤에 불러서 꾸짖고 용서하는 것이 좋다. 천리를 동행한 사람을 길에서 매질하거나, 고을에 도착한 뒤에도 용서하지 않는 것은 인정상 피해야 할 것이다. 다만 도저히 용서할 수 없는 죄라면 그럴 수는 없을 것이다.

여행 중에 본읍의 이방(吏房)이나 호장(戶長)으로부터 공문서의 보고가 왔을 때는 다만 '도부(到付, 받았음의 뜻)'라든가 '지실(知悉, 알았음의 뜻)'이라고만 써 주고 길게 사리를 논하지 않는다. 만약 중요한 용무가 있으면 수리(首吏)가 사사로 연락하게 한다.

도중에서 고을 백성이 소장(訴狀)을 올리는 일이 있으면 다만

'부임한 뒤에 고소하라.'라고 써 주고 사리를 논해서는 안 된다. 지나가야 할 길이 불길하다고 하여 그리로 가기를 꺼리고, 바른길을 버린 채 다른 돌아가는 곳이 있으면 마땅히 바른길을 그대로 지나게 하여 미신을 타파해야 한다.

2. 차례로 다른 고을의 관부(官府)를 방문하여 마땅히 먼저 그 도(道)의 수령으로 와 있는 사람에게서 백성 다스리는 도리를 익히 강론(講論)할 것이고, 농지거리로 밤을 보내서는 안 된다.

**원문**

**歷入官府 宜從先至者 熟講治理 不可諧謔竟夕.**
역입관부 의종선지자 숙강치리 불가해학경석

이미 그 도(道)에 들어오면 각 고을의 수령들은 다 동료로서 우의(友誼)가 있으므로 마땅히 찾아보아야 하고, 그냥 지나쳐서 오만한 태도를 보여서는 안 된다. 더군다나 그들은 그 도에서 수령으로 있은 지 이미 오래이니 그곳의 풍속과 물정(物情)과 고쳐야 할 폐단 등을 잘 알고 있어서 물어볼 만한 것이 반드시 있을 것이니, 새로 부임하는 수령으로서 그들에게서 정보를 얻을 수 있을 것이다.

## 제5조 상관上官

[관청에 출근함]

1. 처음으로 등청(登廳)하는 날을 반드시 택일할 필요는 없

다. 다만 그날 비가 온다면 개이기를 기다리는 것이 좋다.

■ 원문

上官 不須擇日 雨則待晴可也.
상 관   불 수 택 일   우 즉 대 청 가 야

■ 주
**택일(擇日)** 운(運)이 좋은 날을 가리는 일, 날 받음.

■ 수령이 부임하는 날을 택일한다는 것은 웃음거리이다. 모든 수령이 부임하는 날을 택일하지 않는 이가 없건만 그중에는 봉고파직(封庫罷職, 암행어사가 탐관貪官을 내쫓고 고을의 창고를 봉쇄하는 일) 당하는 사람이 있고, 성적이 나쁘므로 벼슬이 깎여 파면되는 사람도 있으며, 사고를 만나 물러난 사람도 있다. 그렇다면 앞에서 이미 한 일이 아무런 효과가 없다는 것을 나타내는 것이니, 어찌하여 또 그 미신의 관습을 따른단 말인가. 번번이 보면 새로 부임하는 수령이 이미 가까운 곳에 와서는 혹은 하루에 한 참(站)을 가기도 하고, 혹은 온종일 머물러 있기도 하여 길한 날을 기다리곤 한다. 그렇게 하면 본읍에서 기다리는 아전들은 가만히 비웃을 것이며, 수령의 사람됨이 총명하지 못함을 알게 된다. 한편 행차에 수행하는 관속(官屬)들은 집을 생각해 마음은 조급한데 앉아서 여비를 소비하게 되어 원망하게 된다. 그렇게 되면 길한 것이 도리어 원망하는 저주를 당해내지 못하게 될 것이다. 다만 부임하는 날에 바람이 불고 비가 와서 날씨가 어두우면 새 수령을 맞이하는 백성들의 이목(耳目)을 새롭게 하고 기분을 밝게 할 수 없을 것이니, 그런 때에는 비가 갤 때까지 조금 기다리는 것이 좋을 것이다.

기(旗)를 많이 들고 늘어서서 영접하는 것은 폐단이 있으니 다만 사령이 기 한 쌍만 들고 있게 하는 것이 좋다. 그 밖의 관속의 영접하고 문안하는 예절은 모두 전례(前例)대로 시행하게 허락한다.

고을에 들어가서는 말을 급하게 몰지 말 것이며, 길가에서 보는 사람들을 막지 않도록 한다. 읍 안에 들어가서는 더욱 말을 천천히 몰아서 백성들에게 무게 있게 보여야 한다.

말 위에서는 이리저리 한눈을 팔지 말며, 몸을 기울게 하지도 않아야 하고, 의관은 엄숙하고 정제(整齊)해야 한다. 이것이 백성에게 의젓함을 보이는 방법이다.

청사(廳舍) 밖에 도착하면 다시 한 번 복장을 고치고, 뜰에 들어가서 망궐례(望闕禮, 임금이 있는 대궐을 바라보며 절하는 예)를 행한다. 잠깐 동안 엎드러 있으면서 마음으로 자기 자신에게 말한다. '임금께서는 만 리 밖의 일도 환히 밝게 살피실 것입니다. 임금의 위엄이 눈앞에서 지척(咫尺)만큼도 떨어진 것 같지 않습니다. 소신이 감히 삼가 공경하지 않을 수 있겠습니까. 임금께서는 어린 아들처럼 사랑하는 많은 백성을 전적으로 다 소신에게 맡기셨으니 소신이 감히 그들을 기르는 일에 조심하지 않겠습니까.' 그리고 일어나 물러간다.

## 2. 곧 등청(登廳)하여 관속(官屬)들의 인사를 받는다.

**▮원문**

乃上官 受官屬參謁.
내 상 관  수 관 속 참 알

**▮주**

**관속(官屬)** 고을의 벼슬아치들.

**참알(參謁)** 들어와 인사하는 일.

▌좌수(座首)를 불러 앉히고 말한다. "급하지 않은 공사(公事)는 출관(出官) 때까지 기다리도록 하고〔등청한 지 사흘 만에 출관한다. 출관은 집무를 의미한다〕 만일 시급한 공사가 있으면 비록 오늘이나 내일이라도 구애받지 말고 결재를 받도록 하는 것이 좋다."

관청의 건물이 크고 아름다워도 좋다고 말하지 않으며, 퇴락(頹落)해도 누추하다고 말하지 않는다. 좌우에 있는 온갖 기물에 대해서도 좋다거나 나쁘다거나 말하지 않는다. 일체 침묵한다. 마치 눈은 못 보는 것 같고, 입은 말을 하지 못하는 것처럼 한다. 정숙해서 관부(官府) 안이 물을 끼얹은 듯이 고요하게 만든다.

수령이 등청하면 반드시 찬(饌)을 올리게 된다. 특생품(特牲品, 소의 희생)을 쓰는데, 그 작(爵, 술잔)은 헌(獻, 술 한 잔)이고, 식(食)이 2궤(簋, 떡과 국수 각 한 그릇)이며, 국〔羹〕은 3형(鉶, 국 그릇)이다.〔잡채에 고기 국물을 섞어서 만든다〕 그리고 고기는 3조(俎, 익힌 고기 한 접시, 구운 고기 한 접시, 물고기 회 한 접시)이며, 유물(濡物)은 4두(豆, 나물 두 접시, 어육 두 접시)이고, 건물(乾物)은 4변(籩, 과실 두 접시, 육포·어포 한 접시, 가루음식 한 접시)이니 그것보다 더 많아서는 안 된다. 옛날부터 정해져 있는 예절의 제도를 지키는 뜻이다.

자제 혹은 친한 손님으로서 수행한 사람에게는 특돈소품(特豚小品)을 써야 한다. 그 작(爵)은 1헌, 식(食)은 1궤, 1형(鉶), 2조(俎), 2두(豆), 2변(籩)이니 더 보태서는 안 된다.

만약 작은 고을로서 봉록이 박한 곳이면 수령이 등청하였을 때의 찬(饌)은 특돈삼정(特豚三鼎)을 써야 한다. 그것은 국이 1형(鉶)과 2두(豆), 2변(籩)이며 그 밖의 것은 특생(特牲)의 경우와 같다.

옛날 어진 제왕(帝王)들이 남긴 예절에 따르면 음식에 다섯 가지 등급이 있다. 1등은 태뢰(太牢), 2등은 소뢰(少牢), 3등은 특생(特牲), 4등은 특돈삼정, 5등은 특돈일정(特豚一鼎)이다. 거기에 따른 변(籩), 두(豆), 궤(簋), 형(鉶)의 수는 각기 일정한 수가 있으니 ≪삼례(三禮, 예기, 주례, 의례의 세 책)≫와 ≪춘추전(春秋傳)≫에 여기저기 보인다. 그 글은 내가 지은 제례고정(祭禮考定) 제2권에 자세히 실려 있다. 옛날에는 대부(大夫, 벼슬자리에 있는 사람)는 제사에는 소뢰(少牢)를 썼으며, 음식에는 특생(特牲)을 사용하였다. 사(士, 선비)는 제사에는 특시(特豕)를 쓰고 음식에는 특돈(特豚)을 사용한다. 그것을 넘어서는 안 된다. 예를 경솔히 버리는 사람은 반드시 국법도 가볍게 범할 것이다. 그러므로 군자는 예를 소중히 여긴다.

여행 도중에 미리 이러한 예절을 써서 수리(首吏)에게 주어 사사로이 연락해두는 것이 좋을 것이다.

수행한 아전과 하인에게는 3일간의 휴가를 준다. 그러나 수리(首吏)에게는 주지 않는다.

수리(首吏)와 수교(首校, 수석 장교)를 불러서 약속한다. '아침 출근은 동틀 무렵에 한다. 참알례(參謁禮, 일동이 들어와서 수령을 뵙는 조례朝禮)를 마친 때에 해가 처음 뜨게 되어야 한다.〔그러므로 일어나기는 동트기 전이 될 것이다〕퇴근은 2경(更, 밤 9시에서 11시 사이)에 한다. 성문(城門)을 닫은 뒤 보리밥이 익을 만할 시간이 된다.〔겨울밤이면 조금 늦어질 것이다〕매일 동이 틀 때 시노(侍奴, 시중을 드는 남자 종)가 출근 시간이 된 것을 알리면 나는 즉시 문을 열 것이다. 매일 밤 2경이 되어 시노가 퇴근 시간을 알리면 나는 퇴근하라는 명령을 내릴 것이다. 이 것을 오늘 알려서 각기 알게 하여라. 혹여 시간을 어기는 사람이 있으면 너에게 죄가 있다.'

색을 분간할 수 있을 만한 이른 아침에 조례(朝禮)를 거행하는 것은 예전부터의 예법이다. 군현(郡縣)이 비록 작더라도 조례는 마땅히 있어야 할 것이다. 그런데 매양 보면 수령의 자고 일어나고 하는 일이 절도가 없어서 해가 이미 높이 올라왔건만 목민관은 자느라, 아전과 군교(軍校)들은 문밖에 모여서 서성거리며, 소송을 제기한 백성들은 얽매여서 마침내 하루를 허비하게 된다. 모든 사무는 정체되고 온갖 일은 퇴폐하고 타락하게 되니 매우 옳지 못한 처사이다. 혹은 너무 일찍 일어나는 것도 아전들이 병으로 여기게 된다. 혹 비가 오고 눈이 오며 진흙 길이 수렁을 이루는 때에는 참알은 중지하는 것이 좋다.

3. 부임한 이튿날 향교에 나가서 공자(孔子)의 위패에 예배하고 나아가 사직단에 가서 삼가 살핀다.

### ▌원문

**厥明 謁聖于鄕校 遂適社稷壇 奉審唯謹.**
궐 명　알 성 우 향 교　수 적 사 직 단　봉 심 유 근

### ▌주

**궐명(厥明)** 그 이튿날.
**알성(謁聖)** 공자의 위패에 예배하는 것.
**봉심(奉審)** 능(陵), 묘(廟) 등을 받들어 살핌. 보살핌.

▌ 이튿날 먼동이 트기 전에 일어나 횃불을 들고 가서 촛불을

켜고 배례(拜禮)를 행한다. 배례를 마치면 전(殿)에 올라가서 살핀다. 그리고 또 동무(東廡)와 서무(西廡, 동무·서무는 유현 儒賢들을 배향配享한 문묘의 동쪽 행각行閣과 서쪽 행각)에 가서 살핀다.

그리고는 나와서 명륜당(明倫堂)에 앉아 참례(參禮)한 유생(儒生)들을 불러서 서로 보고 답배(答拜)한 다음에 유생들과 약속한다. '현직에 재임(齋任)을 맡은 선비들과 거재유생(居齋儒生, 학교에 유숙하여 공부하는 유생)들은 서로 만나지 않아서는 안 될 것이다. 그러나 사계절의 첫달 초하루의 분향(焚香)은 내가 당연히 몸소 이행해야 할 것이며, 봄·가을의 석전(釋奠)도 내가 당연히 몸소 거행할 것이니 그날에는 서로 볼 수 있을 것이며, 또 때로는 선비들을 시험 보이는 시장(試場)을 열 것이니, 그때에는 재임(齋任)이 마땅히 반열(班列)을 영솔(領率)하는 것이 예법이니 그날에도 서로 만날 수 있을 것이다. 혹은 백성의 일이나 고을의 폐단이 어떤 것인지 여론을 알고자 할 때는 내가 부를 것이니 그날 우리는 만날 수 있을 것이다. 그러나 제군(諸君)은 관아의 문에 이르러서 청알(請謁, 뵙기를 청하는 것)하는 일을 해서는 안 된다.'

돌아와서는 예리(禮吏, 예방禮房 아전)를 불러서 경계하기를, '약속이 이러하니 너는 그렇게 알고 그들이 뵙기를 청하는 일이 있더라도 통과시키는 일이 없게 하라.'라고 한다.

이어 사직단에 가서는 조복(朝服) 차림으로 받들어 살핀다. 여단(厲壇)과 성황단(城隍壇)에는 예감(禮監, 관청 별감)을 보내 보살피고 오게 한다. 그리고 관아에 돌아와 참알을 받는다.

## ※ 제6조 이사莅事

[사무를 처리함]

### 1. 다음 날 새벽에 개좌(開坐)하고, 공사(公事)를 처리한다.

**▮ 원문**

厥明開坐　乃莅官事.
궐 명 개 좌　내 리 관 사

**▮ 주**

**이(莅)** 이(莅)는 임(臨)과 같음.

**개좌(開坐)** 관아(官衙)의 장(長)이 등청하여 집무하는 것을 좌기(坐起)라고 하는데, 개좌는 관원이 모여서 좌기를 시작하는 것.

**관사(官事)** 공사(公事), 관청의 사무.

▮ 상급 관청에 보고할 문서로서 예규(例規)에 따른 것은 즉시 성첩(成帖, 서명하고 도장 찍는 것)하고, 그중에 사리를 논술해야 할 것은 반드시 아전이 초안(草案)한 것을 가져다가 수정하고 윤문(潤文)해서 다시 정서하게 한다.

민간에 발령(發令)하는 것은 글자 한 자, 말 한마디라도 소홀히 성첩해서는 안 된다. 반드시 이 책의 아래에 나오는 육전(六典)의 서른여섯 조항의 규정을 참고로 하여 하나하나 검사하고 거기에 털끝만큼의 간사한 점이나 거짓이 있지 않음을 확인한 뒤에 성첩해야 한다. 그중에 혹 의심나는 것이 있으면 부끄러워하지 말고 수리(首吏)를 불러 자세히 묻는 것이 좋다. 알지도 못하면서 아는 체하다가 아전들의 농간에 넘어가는 어리석음을 저지르지 않아야 한다.

그중에 혹은 본읍(本邑)에서 잘못된 전례(前例)가 계속되고 있는 것이나, 전혀 사리에 맞지 않는 것으로 그 기한이 절박하지 않은 안건은 우선 보류해 당장 성첩하지 말고 바로잡아 고치기를 힘써야 한다. 그러나 기한이 촉박하거나 사건의 얽힘이 많아서 갑자기 변경할 수 없는 것은 우선 발령하고 나서 천천히 바로잡아 고치도록 해야 한다.

부임 도중에 죄를 지어 기록된 사람은 이날 모두 훈계 방면할 것이며, 구태여 매질할 까닭은 없을 것이다. 그러나 혹 용서할 수 없는 중죄를 지은 사람은 가두어 두고 뒷날을 기다리는 것이 좋다.

등청한 뒤 10여 일 동안은 형벌을 쓰지 않는 것이 좋다. 그리하여 안팎으로 퍼지는 소문이 새로 부임한 수령은 관후(寬厚)하기만 하여 모질고 사나운 일을 하지 못하는 사람 같다고 전해지게 하는 것이 좋을 것이다.

2. 이날 사림(士林)과 일반 백성들에게 명령을 내려 무엇이 이 고을의 고통인가를 묻고 진언(進言)을 요구한다.

**▮원문**

**是日 發令於士民 詢瘼求言.**
시 일  발 령 어 사 민  순 막 구 언

**▮주**

**순막(詢瘼)** 순(詢)은 묻는 것, 막(瘼)은 병. 고통이나 폐단이 무엇인가를 묻는 것.

**구언(求言)** 진언(進言)을 요구함.

▌ 관내에 통첩을 내려 사림(士林)과 일반 백성들에게 알리기를 이렇게 한다.

'현령의 시행을 군민에게 알린다. 본관은 자격이 없으면서 잘못 국가의 은혜를 입어 이 고을의 수령으로 오게 되었다. 밤낮으로 근심하고 두려워하는 마음 어찌할 바를 모르겠다. 고을에 예전부터 내려오는 폐단이나 새로운 병폐가 있어서 백성들에게 병이 되고 고통을 주는 것이 있거든, 한 방리(坊里)에서 사리를 아는 사람 5, 6인이 함께 모여 자세히 의논한 뒤에 조항을 열거하여 구체적으로 서면에 써서 가져오라. 혹은 온 고을을 통한 공통의 폐해와 혹은 한 방리(坊里), 한 마을[村]에만 편재(偏在)한 고통을 각각 딴 종이에 쓰고 일방의 것을 총괄하여 각각 한 서장(書狀)에 갖추어서 지금으로부터 7일 이내에 일제히 바치도록 하라. 혹 아전, 군교(軍校), 호세(豪勢)한 사람들이 듣기 싫어하는 일로써 후환(後患)이 있을까 염려해 드러내 말하기를 좋아하지 않는 것이 있다면 나의 본의가 아니다. 그런 것은 각기 얇은 종이에 쓰고 풀로 봉해서 지정한 달의 정오에 각처에서 동시에 관칭의 뜰에 와서 나의 면전에서 직접 바치도록 하라. 만약 일종의 간사한 백성이 읍내에 와서 서성거리면서 고쳐 바꾸거나 삭제하거나 알맹이를 빼내는 사람이 있을 때는 마땅히 엄중한 징벌(懲罰)이 있을 것이다. 모두 그렇게 알라. 찾아내기는 비록 쉽더라도 바로잡아 고치기는 매우 어려운 것이다. 고칠 만한 것은 고치고, 고쳐서 안 될 것은 그대로 둘 것이니, 오늘에 혹은 들떠 좋아 날뛰는 일이 없어야 할 것이며, 뒷날에 혹은 실망하는 일도 없어야 할 것이다. 그리고 방리(坊里)의 사사로운 폐해를 혹 사심(私心)을 품고 헛되게 과장하여 그 실상을 숨기거나 뜬소문을 꾸미는 사람이 있다면 그들은 마침내 죄에 걸린다는 것도 아울러 조심하도록 하라.' 새 수령이 부임하면 몰래 소를 도살(屠殺)하는 일, 몰래 술을 담그는 일, 소나무의 채벌(採伐)을 금지하는 것을 거듭 강조하는 것이 상례(常例)처럼 되어 있으나, 이 통첩에 다 갖추어져 있으니 하지 않는 것이 좋다.

3. 이날 명령을 내려 두어 가지 일을 백성에게 약속하고 드디어 바깥문의 설주에 특히 북[鼓] 한 개를 달아 놓는다.

▎**원문**

**是日 發令以數件事 與民約束 遂於外門之楔 特懸一鼓.**
시 일  발 령 이 수 건 사  여 민 약 속  수 어 외 문 지 설  특 현 일 고

▎**주**

**설(楔)** 문설주.

▎ 현령(縣令)의 시행을 널리 알린다. 관(官)과 민(民) 사이에는 마땅히 약속해야 한다.

'아래에 적은 조건을 하나하나 타이르는 것이니 자세히 살펴서 그것에 의해 준수(遵守) 시행하고 혹 위반하는 일이 없게 하라. 만일 위반하는 사람이 있을 때는 엄중히 처벌하고 용서함이 없을 것이니 각기 주의하라. 조건은 아래와 같다.

① 백성의 소장(訴狀)은 반드시 한 사람 한 사람이 스스로 직접 제출할 까닭은 없다. 그 긴급한 것은 본인이 와서 제출하고, 급하지 않은 것은 서면(書面)을 풍헌(風憲)이나 약정(約定)에

게 부쳐서 그가 읍내에 들어오는 날에 한꺼번에 관(官)의 지시를 받아 가게 하라. 혹은 마을 안에 소장을 가지고 읍내에 들어오는 사람이 있거든 또한 그편에 부치도록 하라. 비록 한 사람이 열 사람의 소장을 제출해도 관에서는 구애받지 않을 것이다.

여러 사람이 연명(聯名)으로 등소(等訴, 여러 사람이 일제히 호소하는 것, 등장等狀)하는 소장은 그 일로 모여 의논할 때는 비록 열 명이 같이 서명하였더라도 그 소장을 가지고 읍내에 들어올 때는 특히 사리를 아는 사람 한 사람을 뽑아서 홀로 가게 할 것, 만약 일이 중대한 것이라면 혹은 두 사람이나 세 사람이 올 수도 있다. 비록 지극히 중대한 일에 관계된 것일지라도 세 사람을 초과할 수는 없다. 그리고 오고 가고 하는 비용과 술·밥 비용을 남용(濫用)해 백성의 고통이 되게 하지 않는다. 이렇게 약속한 뒤에 만약 많은 사람이 읍까지 따라와서 주인집에 숨어 있고 다만 관청에 들어오는 사람 수만 거짓 약속을 지킨 것처럼 꾸미거나, 그 술·밥 비용을 지나치게 쓴 사람이 있다면 반드시 후회함이 있을 것이니 각기 조심하라.〔명을 내린 뒤에 어느 방리坊里에서 중대한 사건의 소장을 제출하는 일이 있거든 비밀히 사람을 보내어 방리의 연락소에 가서 정탐하게 하고, 만약 뒤에 남은 사람이 있거든 붙잡아다가 치죄治罪한다〕

② 소장을 가지고 온 사람은 형리(刑吏)도 만나지 말며, 문에 있는 사령(使令)에게도 묻지 말고, 곧바로 바깥문에서 안문으로 들어와 직접 창문 앞에 바치게 하라. 그렇게 하면 형리나 사령이 뒤따라 들어와 중간에서 막는 일이 없을 것이다. 그리하여도 중간에서 막는 일이 있다면 바깥문의 설주에 특히 북 하나를 달아 놓았으니 새벽이나, 혹은 황혼이나, 혹은 뜻하지 않은 때

에 와서 이 북을 쳐라. 그리하면 관(官)에서 마땅히 불러서 물을 것이다. 이렇게 알고 있으라.

③ 소장에 대한 지령(指令)은 원고와 피고 쌍방을 대질심문(對質審問)하도록 한다. 만약 자기네끼리 화해하면 아무 일도 없겠지만 만약 화해도 하지 않고, 또 재판정(裁判廷)에 나오지도 않아서 원고로 하여금 피고가 관의 명령을 거역한다는 소송을 제기하게 되면, 관으로서는 면주인(面主人)을 보내거나 심한 사람이면 사령이나 군교(軍校)를 보내지 않을 수 없게 된다. 그렇게 되면 거리와 마을이 매우 소란하게 된다. 모든 관의 명령을 거역하고 오지 않는 사람은 반드시 엄벌로 다스려 거리와 마을을 고요하게 할 것이니 그가 비록 소송상의 사리는 바르다고 하더라도 거역한 죄는 죄대로 다스릴 것이니 그렇게 알라. 어떤 간사한 백성이 있어서 처음부터 재판정에 출석하라는 관의 지령은 상대에게 보이지도 않은 채, 피고가 거역한다고 무고(誣告)한 사람이 있어서 대질심문하는 날에 이 간사함이 드러나면 그는 마땅히 배나 더 엄벌로 다스리게 될 것이니 그렇게 알라.

④ 관의 전령(傳令, 전달하는 명령)은 시급한 것은 마땅히 면주인을 보낼 것이고, 급하지 않은 것은 혹은 풍헌이나 약정의 인편에 부치며, 혹은 소송 때문에 나온 백성의 인편에 부쳐서 거리와 마을을 고요하게 만들 것이다.

전령 안에 적혀 있는 일은 반드시 기한에 맞추어서 거행해야 한다. 그렇게 해야 군졸을 보내거나 차인(差人, 파견인)을 보내는 폐단이 없어질 것이다.

모든 관의 명령을 거역한 사람, 관의 명령을 지체시키는 사람, 거리와 마을을 소란하게 만든 사람은 반드시 처벌하고 용서하

지 않을 것이다.'

4. 이날 나무 도장 여러 개를 새겨서 여러 향회소(鄕會所)에 나누어 준다.

■ **원문** ─────────────────────

是日 刻木印幾顆 頒于諸鄕.
시 일  각 목 인 기 과  반 우 제 향

■ 나무 도장의 크기는 사방 2치〔주척周尺을 사용한다〕로 하고, 글자는 '모산방향회소지사인(某山坊鄕會所之私人)'이라고 새긴다.

향촌(鄕村)의 풍헌(風憲)이나 약정(約正)은 본래 인신(印信)이 없다. 그래서 그가 관청에 올리는 보고서는 혹은 중간에서 허위로 조작하는 것이 많다. 그 어설프기가 이와 같다. 마땅히 나무로 인장을 새겨서 신표(信標)로 삼게 하고, 먹을 찍어서 사용해도 좋으니 구태여 인주를 사용할 필요는 없다. 그중에 혹 향중이 모여 의논하여 제출하는 서장(書狀)이 있을 때도 또한 사용하기 위해 풍헌지인(風憲之印)이라고 하지 않으나 마땅히 풍헌이 주관하게 해야 할 것이다.

인장이 이루어진 뒤에는, '인장이 찍히지 않은 것은 무효이다.'라고 약속해둔다.

5. 관(官)의 일에는 기한이 있다. 기한에 믿음이 없으면 백성들은 드디어 관의 명령을 희롱할 것이니, 믿음 있게 지키지 않으면 안 된다.

官事有期 期之不信 民乃玩令 期不可不信也.
관사유기 기지불신 민내완령 기불가불신야

■ 주
**완령(玩令)** 관의 명령을 희롱함.

■ 여러 사람을 통솔하는 방법은 반드시 먼저 약속을 밝혀야 한다. 그리고는 세 번 거듭 명령하고 다섯 번 다시 단단히 타이르며, 또 반드시 그 기한을 여유 있게 정하여 그 안에 거행할 수 있게 한다. 그렇게 한 뒤에 기한을 위반하는 사람이 있으면 드디어 약속대로 처리해도 이의(異議)가 없을 것이다.

## 제2장  율기육조律己六條

율기(律己)는 몸을 단속한다는 뜻이다. 자기 자신을 바르게 관리하라는 것이다. 정신의 자세를 바로잡고, 몸가짐을 바르게 하고, 행동을 올바르게 하라는 것이다. 자기 몸을 바르게 관리하지 않고는 남을 다스릴 수 없기 때문이다. 그러기에 율기는 곧 치민(治民)의 기본이 되는 전제 조건이다.

여기에서는 칙궁(飭躬), 청심(淸心), 제가(齊家), 병객(屛客), 절용(節用), 낙시(樂施)의 여섯 조목으로 나누어 설명하고 있다. 칙궁은 몸을 바르게 하는 것이고, 청심은 마음을 청렴하게 가지는 것이며, 제가는 먼저 자기 집안을 정제(整齊)함이고, 병객은 관아(官衙)에 손님을 불러들이지 말라는 것이며, 절용은 재물을 절약함이며, 낙시는 재물을 주어 은혜를 베풀어야 할 사람에게 즐거이 은혜를 베푸는 것이다.

## ✖ 제1조 칙궁飭躬
### [몸을 바르게 함]

1. 일어나고 앉는 것에 절도가 있어야 하고 갓〔冠〕과 띠〔帶〕
차림은 단정해야 하며, 백성을 대할 때에는 의젓하고 정중
해야 하는 것은 옛 도(道)이다.

**▌원문**

**興居有節 冠帶整飭 莅民以莊 古之道也.**
흥 거 유 절  관 대 정 칙  이 민 이 장  고 지 도 야

▌날이 밝기 전에 일어나서 촛불을 켜놓고 세수한 뒤에 옷을
정돈하여 입고 띠를 띠고, 묵묵히 단정하게 앉아서 정신과 기
운을 함양(涵養)한다. 조금 뒤에 드디어 생각의 실마리를 풀어
서 오늘 마땅히 해야 할 일을 찾아낸다. 그리하여 먼저 선후(先
後)의 순서를 정한다. 제일 먼저 어느 통첩을 처리해야 하고
다음에는 어느 명령을 내릴 것인지를 분명히 마음에 정해지면,
드디어 제일 먼저 해야 할 사건을 놓고 그 최선의 처리 방법을
생각한다. 그다음에는 제2의 안건을 놓고 그 최선의 사리 방법
을 생각한다. 힘써 사욕(私欲)을 끊고 한결같이 천리(天理)만
을 따르도록 해야 한다.
동틀 무렵에는 촛불을 끄고 한결같이 단정하게 앉아 있다가 이
미 날이 밝아서 시노(侍奴)가 때가 되었다는 것을 알리면 곧 창
문을 열고 참알(參謁)을 받는다.

검은 베옷과 검은 갓은 본래 길을 다닐 때 볕을 가리기 위한 것으로서, 평상시에 입는 옷도 아니고 공복(公服)은 더욱 아니다. 백성에게 군림하는 사람은 마땅히 언제나 오사모(烏紗帽)에 푸른빛 창의(氅衣)를 착용해야 할 것이다. 지금 중앙관아의 관원으로서 입직(入直, 궁궐에 들어가 숙직宿直하던 제도)하는 사람은 모두 그렇게 한다. 지방관만이 그렇게 하지 않아야 할 까닭이 어디에 있는가.

만약 대좌기(大坐起, 중대한 일을 위한 좌기)를 열게 된 때에는 당연히 단령포(團領袍, 깃을 둥글게 만든 관복), 정대(鞓帶, 공복公服에 띠던 가죽 띠), 흑화(黑靴)를 신고 의자에 앉아서 참알을 받아야 한다. 만약 군사상의 일 때문에 대좌기가 있을 때는 마땅히 군복 차림을 갖춰야 한다. 호수립(虎鬚笠, 범의 수염을 꽂아 장식한 주립朱笠)을 쓰고 비단으로 만든 철릭(무관이 입던 공복)을 입고 칼을 차야 한다.

어떤 이는 소방(疏放)한 것을 즐기고 구속되는 것을 싫어하여 다만 종건(騣巾)만 쓰고 소매 좁은 옷을 입은 채, 혹은 망건도 쓰지 않고 버선도 신지 않은 차림으로 아전이나 백성을 대하는 사람을 볼 수 있는데 그러한 태도는 매우 좋지 않다. ≪시경≫에 말하였다. '조심조심 위의를 갖추니, 거기에 덕(德)이 있구나.(抑抑威儀, 唯德之隅.)' 또 ≪시경≫에, '공경하여 위의를 삼기니, 백성들의 본보기라네.(敬愼威儀, 惟民之則.)'라고 하였다. 이것은 옛사람의 도(道)이다. 위의가 이미 보잘것없으면 백성이 본받을 것이 없다. 백성이 본받지 않는다면 무엇으로 다스리겠는가. 저녁이 되면 퇴근을 명령한다. 가을과 겨울은 조금 늦게 하고 봄과 여름은 조금 일찍 한다.

지금 사람은 홍문관이나 승정원에서 나와 수령이 된 사람은 망령되게 스스로 교만하고 높은 체하여, 작은 일은 스스로 처리하지 않고, '문신(文臣)의 정치하는 방식은 음관(蔭官)과는 같지 않다.'라고 하면서 오직 장기, 바둑과 시 짓는 것을 즐기고 정사는 보좌관들에게 일임하여 백성들을 병 되게 한다. 이러한 자들은 마땅히 이 조(條)를 보는 것이 좋겠다.

조변(趙抃)이 성도(成都)의 수령이 되었을 때, 매일 한 일을 그날 밤에 반드시 의관을 갖추고 향을 피우고 하늘에 보고하였다. 하늘에 보고할 수 없는 일은 감히 하지 않았다.


2. 말을 많이 하지 말 것이며, 갑자기 몹시 성내지 말아야 한다.

▋원문

毋多言 毋暴怒.
무 다 언  무 폭 노

▋주
폭노(暴怒) 격렬하게 성냄. 갑자기 몹시 성냄.

▋ ≪역경(易經)≫에 말하였다. '군자가 방에서 선(善)한 말을 하면 천리 밖에서도 이에 호응한다. 하물며 그 가까운 곳에서랴! 방안에서 선하지 못한 말을 하면 천리 밖에서도 어그러지는 것이다. 하물며 그 가까운 곳에서랴!(君子居其室, 出其言善, 則千里之外應之, 況其邇者乎! 居其室, 出其言不善, 則千里之外違之, 況其邇者乎.) 또 ≪시경≫에는, '근심하지 않은 뜻밖의 일을 경계하고, 너의 말하는 것을 삼가라.(用戒不虞, 愼爾出話.)'라고 하였다. 백성의 위에 있는 사람은 삼가지 않으면 안 된다.

정선(鄭瑄)이 말하였다. '몸이 목민관이 되면 이 몸은 문득 모든 화살이 집중하는 과녁과 같은 존재가 되는 것이다. 그런 까닭에 한 번 말하고 한 번 행동하는 것을 근심하지 않을 수 없다.' 여본중(呂本中)이 《동몽훈(童蒙訓)》에서 말하였다. '모든 관원은 격렬하게 성내는 일을 경계해야 한다. 더군다나 수령은 형벌하는 권한을 잡고 있으니 모든 명령에 있어서 좌우에 있는 사람들은 순종할 뿐 거역하는 사람은 없다. 만약 그 격렬한 성냄을 그대로 옮겨 형벌을 시행한다면 형벌이 알맞지 않은 것이 많을 것이다.'

갑자기 몹시 성내는 병통이 있는 사람은 마땅히 평일에 마음에 '성날 때는 가두라.(怒則囚)'는 방법을 정하여 둔다. 그래서 성냄이 폭발할 때는 꾹 참고, 즉시 형벌하는 일을 그치고 범인을 우선 옥에 가두어 둔다. 그리고 밤을 샌 뒤에 생각하거나 3일이 지난 뒤에 생각하면 사리를 공정하게 판단할 수 있을 것이다. 원래 갑자기 성을 잘 내는 사람은 풀어지기도 쉽다. 머지않아 이성을 회복할 수 있을 것이니 조금만 참고 기다려서 화(禍)를 면하고 실수하지 않는다면 좋지 않겠는가.

3. 아랫사람을 관대하게 다루면 백성이 순종하지 않음이 없다. 그런 까닭에 공자(孔子)는 말하기를, "남의 위에 있어서 관대하지 않고, 예(禮)를 행하는 데에 공경하지 않는다면 내 그에게서 무엇을 볼 것이 있겠는가."라고 하였으며, 또 말하기를, "관대하면 여러 사람의 마음을 얻는다."고 하였다.

■ 원문

御下以寬 民罔不順 故 孔子曰 居上不寬 爲禮不敬 吾何
어 하 이 관   민 망 불 순   고   공 자 왈   거 상 불 관   위 례 불 경   오 하

**以觀之 又曰 寬則得衆.**
이 관 지  우 왈  관 즉 득 중

▌주
어하(御下) 아랫사람을 거느림.

▌사람들이 항상 말하기를, "수령은 사납게 하는 것이 제일이다."라고 한다. 이것은 속된 말이다. 그의 마음에 한 번 '사납게 한다.'라는 생각을 하고 나면 그 마음에 있는 것은 이미 호의(好意)는 아니다. 처음부터 악의를 품고 어찌 사리를 바르게 처리할 수 있겠는가. 죄 있는 자에게는 벌을 주는 것이다. 내가 형벌을 시행하는 것은 각각 그 죄에 알맞게 하면 그만이다. 어찌 반드시 사납게 해야 한단 말인가.

≪시경≫에서 말하였다. '너의 위의(威儀)를 공경하게 하면, 부드럽고 아름답지 않은 것이 없다.(敬爾威儀, 無不柔嘉.)' 부드럽고 아름다운 것이 가장 좋은 기상(氣象)이다. 내가 예전에 조정에 있을 때 보니 공경(公卿)이나 대신(大臣)은 그 말이나 얼굴빛이 대체로 부드럽고 아름다웠다. 후세의 사람이 옛사람 같지는 못하나 역시 반드시 부드럽고 아름다운 태도를 지닌 사람은 오래 벼슬을 유지하여 높은 지위에 이르고, 백성의 인심을 얻게 되었으며, 울분을 터뜨리고 갑자기 몹시 성내는 사람은 중도에서 실각(失脚)하는 사람이 많았다. 나는 이것으로써 부드럽고 아름다운 태도가 좋다는 것을 알았다.

4. 관부(官府)의 체면과 위신(威信)은 엄숙하기에 힘써야 한다. 수령 자리 곁에 다른 사람이 있어서는 안 된다.

官府體貌 務在嚴肅 坐側不可有他人.
관 부 체 모  무 재 엄 숙  좌 측 불 가 유 타 인

▌주

**체모(體貌)** 체면과 위신.

▌ 목민관의 위치는 존엄하다. 여러 아전은 엎드리고, 일반 백
성들은 뜰에 있어야 한다. 감히 다른 사람이 그 곁에 있을 수
있겠는가. 비록 자제나 친한 손님일지라도 모두 마땅히 물리치
고 우뚝하게 홀로 앉는 것이 예에 맞는다. 혹은 퇴근한 뒤의 낮
이나 고요한 밤에 일이 없을 때는 불러서 접대하는 것이 좋다.
수령으로서 어버이를 모신 사람은 새벽에 일어나서 어버이의
숙소에 가서 문안드리고 나와서 참알(參謁)을 받는다. 혹은 부
형이나 어른이 안채에 있어서 아침에 일어나는 것이 늦으면 공
사(公事)를 마친 뒤에 잠깐 수령 자신이 들어가서 뵙는다. 부
형이나 어른들이 정당(政堂)에 둘러앉게 해서는 안 된다.
정당은 위신이 존엄한 곳이므로 모든 상복(喪服) 입은 사람과
중〔僧〕과 야복(野服, 패랭이를 쓰고 소매 좁은 옷을 입은 것) 차림
의 사람을 정당에서 만나거나 접대해서는 안 된다.
위솔(衛率) 이술원(李述源)이 성천도호부사(成川都護府使)가 되었
을 때, 맏아들이 최복(衰服)을 입고 와서 대문 밖에 머물러 있
으면서 아전을 불러 들어가 뵙기를 청하였다. 이공(李公)이 말
하였다. "최복을 입은 사람은 공용(公用)의 문으로 들어올 수
없으며, 정당에 올라올 수 없다." 그리고는 담을 헐고 들어오게
하여 안채에 있게 하고 자신이 몸소 가서 만났다. 내가 곡산부
(谷山府)에 있으면서 이 이야기를 듣고 좋게 여겼다. 번암(樊

巖) 채제공(蔡濟恭)이 화성유수(華城留守)로 있을 때 인척(姻戚) 관계에 있는 집의 소년이 최복을 입은 채 관아 문으로 들어왔으므로 공이 그 문지기를 처벌하였다고 한다. 어찌 반드시 두 분뿐이겠는가. 옛사람들은 모두 그러하였다.

5. 군자가 무게 있게 행동하지 않으면 위엄이 없어 보인다. 백성의 위에 있는 사람은 자신을 무게 있게 가지지 않으면 안 된다.

■ **원문**

## 君子不重則不威 爲民上者 不可不持重.
군 자 부 중 즉 불 위  위 민 상 자  불 가 부 지 중

■ 중국 진(晉)나라의 사안(謝安)은 조카가 전쟁에 나가서 승리하였다는 보고를 받고도 두던 바둑을 그치지 않았으며, 한(漢)나라의 유관(劉寬)은 새로 지은 조복(朝服)에 국을 엎질렀을 때 놀라지 않았다는 옛이야기는 다 평일에 깊이 생각하는 바가 있으므로 일에 당하여 당황하지 않은 것이다. 부중(府中)에 호랑이가 나타나거나, 도적이 일어나거나, 수재(水災)·화재(火災)가 있거나, 담이 무너지고 집이 넘어지는 변고가 있을 때도, 혹은 지네나 독사 같은 것이 앉은 자리에 떨어진 때에도, 혹은 심부름하는 아이가 잘못하여 물그릇을 엎지르거나 화로를 뒤엎는 일이 있을 때도 모두 태연하게 앉아서 동요하지 않고 천천히 그 이유를 살펴야 한다. 혹은 암행어사가 출도(出道, 어사가 몰래 실정失政을 조사해 그것을 드러내어 처리하려는 것)하거나, 벼슬이 폄하(貶下, 깎여 낮아짐)된 통지가 갑자기 도착했을 때는 더욱 놀라서 말과 얼굴빛이 변하여 남의 비웃음이나 업신여

김을 받는 일이 없어야 한다.

배도(裵度)가 중서령(中書令)으로 있을 때, 관인(官印)을 잃었다는 보고가 있었다. 배도는 태연히 술을 마시고 있었다. 조금 뒤에 관인이 전에 있던 자리에 있는 것을 찾았다고 다시 보고가 들어왔다. 배도는 또한 아무런 대답도 하지 않았다. 어떤 사람이 그렇게 하는 까닭을 물으니 배도가 대답하였다. "이것은 반드시 어느 아전이 훔쳐서 문서에 찍느라고 한 일이 틀림없을 것이다. 일이 급하게 되면 물이나 불에 던져 버릴 것이고, 늦추어 주면 도로 제자리에 갖다 두리라고 생각했다." 사람들이 그의 도량에 탄복하였다.

6. 술을 끊고 여색을 멀리하며, 노랫소리와 악기의 음률(音律)을 물리치고 공손하고 단정하고 엄숙하기를 큰 제사를 받드는 것처럼 해야 하며, 감히 놀고 즐기는 것으로 정사를 거칠게 하고, 안일(安逸)에 빠지는 일이 있어서는 안 된다.

**▌원문**

斷酒絶色 屏去聲樂 齊遫端嚴 如承大祭 罔敢游豫 以荒
단주절색 병거성악 제속단엄 여승대제 망감유예 이황

以逸.
이일

**▌주**

**절색(絶色)** 여색(女色)을 멀리하는 것.

**제속(齊遫)** 정제(整齊)하고 공손하게 함.

**대제(大祭)** 국가의 큰 제사.

**유예(游豫)** 놀고 즐김.

▌정선(鄭瑄)이 말하였다. "사람의 총명은 한계가 있고, 할 일은 무궁하게 많다. 한 사람의 정신으로 여러 사람의 간사함을 막는 것이 이미 쉬운 일이 아니다. 그런데 술에 떨어지고 여색(女色)에 빠지며, 시 짓고 바둑 두고 하는 사이에 드디어 형옥(刑獄) 관계의 소송은 미결로 해를 넘기게 되고, 옳고 그른 것이 서로 뒤바뀌게 된다면 소송은 더욱 많아지고 일거리는 지나치게 불어날 것이다. 어찌 슬픈 일이 아니겠는가? 닭이 울 때부터 정사를 처리하는 데에 전심하여 집안의 사사로운 용무는 모두 물리칠 것이며, 주색(酒色)으로 인해 스스로 피곤하게 되는 일이 없고, 절제 없는 환락에 빠져서 스스로 몸을 손상하는 일이 없게 한다. 어느 일은 꼭 결재해야 하고, 어느 통첩은 꼭 보고해야 하며, 어느 세금은 마땅히 시비(是非)를 가려 주어야 하고, 어느 죄수는 마땅히 석방해야 하고, 때때로 살펴보고 부지런히 처리하며, 잠깐 내일을 기다리자고 말하지 말라. 그렇게 하면 일은 해결되지 않는 것이 없고, 마음도 또한 편안할 것이다."

술을 좋아하는 것은 모두 쓸데없는 헛된 기운이다. 그것을 세상 사람들은 자못 맑은 취미처럼 생각한다. 그래서 다음으로 또 다음으로 서로 전하면서 객기(客氣)를 낳는다. 습관이 오래되면 그 객기는 드디어 주광(酒狂)이 되어 술을 그치고자 하여도 그칠 수 없게 된다. 진실로 슬픈 일이다. 술을 마신 뒤에 주정하는 사람이 있고, 말이 많은 사람이 있고, 자는 사람이 있다. 술주정하지 않는 사람은 스스로 자기는 술을 마시더라도 아무런 폐 끼치는 일이 없다고 하겠지만, 잔소리와 쓸데없는 수작을 늘어놓으면 아전들은 그것을 고통으로 여길 것이고, 곤하게 잠이 들어 오래도록 누워 있으면 백성들은 원망할 것이다.

어찌 반드시 미쳐 날뛰고, 소리 지르며 형벌을 함부로 하고 지나치게 매질을 해야만 정사에 해롭다고 하겠는가. 목민관 된 자는 술을 끊지 않으면 안 될 것이다.

기녀가 음란하게 구는 것은 옛날 삼대(三代) 때의 선왕(先王)의 풍습은 아니다. 후세에 오랑캐의 풍속이 점차로 중국에 전염되고 드디어 우리나라에까지 파급된 것이다. 목민관은 단연코 기녀를 가까이해서는 안 된다. 한 번 기녀를 가까이한 일이 있으면, 그의 정사 한 가지, 명령 하나도 모두 남의 의심과 헐뜯음을 받게 되어 비록 지극히 공정한 처사일지라도 다 여자의 청탁으로 그렇게 한 것으로 의심받게 된다. 또한 딱한 일이 아니겠는가?

언제나 보면 옹졸하고 소박하게 깊은 곳에 들어앉았던 선비가 처음으로 한 번 기녀를 가까이하고 나면 빠지고 미혹함이 다른 사람들보다 더욱 심해진다. 침실에서 여자의 달콤한 말과 깊은 모략의 말을 금석(金石)처럼 굳게 믿고, 이 기녀라는 요물(妖物)은 보는 사람 모두에게 추파를 던지며, 사람다운 심성(心性)은 이미 없는 사람으로 따로 정부(情夫)가 있다는 것을 알지 못하고, 그에게 어떠한 비밀스러운 말도 다 누설하고 만다. 밤중에 귓속말로 속삭인 것이 아침이면 성안에 가득 퍼지고, 저녁이면 온 관내에 전해진다. 평생에 단정하던 선비가 하루아침에 드디어 바보가 되어 버린다. 어찌 애석하지 않은가.

노래와 풍악 소리는 민원(民怨)을 격발(激發)시키는 신호이다. 내 마음이 즐겁다고 좌우에 있는 사람들의 마음도 반드시 다 즐거운 것은 아니며, 좌우에 있는 사람들의 마음이 다 즐겁더라도 온 성내 남녀의 마음이 반드시 다 즐거운 것은 아니다. 한 성내 사람들의 마음이 다 즐겁더라도 온 관내의 모든 백성의 마음이 반드시 다 즐거울 수는 없다. 그중에 단 한 사람이라도 춥고 배고프며 빈곤 궁핍한 사람이 있거나, 혹은 형옥(刑獄, 예전에 형벌과 감옥을 아울러 이르던 말)에 걸려 울부짖으며 하늘을 봐도 빛이 없고 참담하여 세상을 살아가는 즐거움이라고는 없는 사람이 있어서 한 번 풍악 소리를 들으면 반드시 이마를 찌푸리고 눈을 부릅뜨고 길에서 욕하고 하늘에 저주할 것이다. 굶주린 사람이 들으면 더욱 주린 것을 한탄할 것이고, 옥에 갇힌 사람이 들으면 더욱 그 갇힌 신세를 슬퍼할 것이다. ≪맹자(孟子)≫ 〈금왕고악(今王鼓樂)〉 장을 깊이 음미하지 않을 수 없다. ≪시경≫에는, '궁궐 안에서 종을 치니, 소리가 궐문 밖에 들린다.(鼓鍾于宮, 聲聞于外.)'라고 하였고, ≪역경(易經)≫에는, '명예(鳴豫, 음악을 울리며 즐겨함)는 흉하다.(鳴豫凶.)'라고 하였다.

7. 한가하게 놀며 크게 즐기는 것을 백성은 좋아하지 않는다. 단정히 앉아서 움직이지 않는 것만 못하다.

▌**원문**

燕游般樂 匪民攸悅 莫如端居而不動也.
연유반락  비민유열  막여단거이부동야

▌**주**

**연유(燕游)** 한가하게 놀다.
**반락(般樂)** 크게 즐기다.

▌ 주박(朱博)이 세 고을의 수령을 지냈는데, 청렴하고 검소하며 주색(酒色)과 연회를 열어 노는 일을 좋아하지 않았다. 그는 빈천하던 때부터 부귀하기에 이르기까지 음식의 맛을 중하게 여기지 않아서 상 위에는 세 그릇을 넘지 않았다.〔반찬이 세

접시를 넘지 않았다는 뜻〕 밤에는 늦게 자고 아침에는 일찍 일어나서 아내가 그의 얼굴을 보는 일이 드물었다고 한다.

이급(李及)이 지항주(知杭州)가 되었을 때, 청렴하고 깨끗하였으며 전당(錢塘)의 풍속이 사치스러운 것을 미워하여 놀고, 연회를 열지 않았다.

정상순(鄭尙淳)이 평안감사가 되어 2년을 있었으나, 한 번도 연광정(練光亭)에 올라가지 않고 돌아왔다. 평일에 집에 있을 때는 그의 구조(救助)를 기다려서 끼니를 이어간 사람이 40여 호나 되었다고 한다.

8. 백성 다스리는 일도 이미 성과를 이루고, 백성의 마음이 이미 즐겁게 된 뒤라면 크게 풍류를 꾸며 백성과 함께 즐기는 것도, 또한 선배(先輩)들이 하던 훌륭한 일이다.

▌**원문**

**治理旣成 衆心旣樂 風流賁飾 與民皆樂 亦前輩之盛事也.**
치 리 기 성  중 심 기 락  풍 류 분 식  여 민 개 락  역 전 배 지 성 사 야

▌수령이 정치를 잘하여 모든 백성의 마음이 흐뭇하고 즐거워진 뒤라면 크게 놀이를 꾸며 백성들과 함께 즐기는 것이 얼마나 좋은 일이겠는가. 옛사람들은 그렇게 하였다. 그러나 모든 백성이 흐뭇해하고 즐거워하는 정치란 그리 쉬운 것이 아니다. 백성의 실정은 알지도 못한 채 수령이 자기 혼자 정치가 잘되었다고 생각하고 풍류를 즐긴다면 그 폐해는 더욱 클 것이다. 정한봉(鄭漢奉)이 말하였다. "어떤 두어 사람의 관원이 휴가를 만나 노래하고 춤추는 사람들을 데리고 절에 가서 놀다가, 술에 취해 옛사람의 시(詩)를 외웠다. '죽원(竹院)'을 지나다가

중을 만나 이야기하니, 또 한 번 부생(浮生)의 반나절 한가함을 얻었네.' 중이 듣고 웃으며 말하기를, '높으신 관원께서 반나절의 한가함을 얻는 데, 이 늙은 중은 3일 동안 바빠야 합니다.' 라고 하였다. 이 말은 '하루는 장막을 쳐야 하고, 하루는 모여서 노는 심부름을 하고, 하루는 청소해야 한다'는 것이다."

9. 공사(公事)에 여가가 있으면 반드시 정신을 집중하고 생각을 고요하게 하여, 백성을 편안하게 할 계책을 생각하고 성심껏 최선의 방도를 찾아야 한다.

▋**원문**

**公事有暇　必凝神靜慮　思量安民之策　至誠求善.**
공 사 유 가　필 응 신 정 려　사 량 안 민 지 책　지 성 구 선

▋ 한 가지 일을 만날 때마다 전례(前例)에 따라 검토 없이 그대로 시행해 넘겨서는 안 된다. 반드시 법도에 맞는지를 다시 한 번 살핀다. 그리고 그 법도 안에서 편리하게 변통하는 것을 생각해 백성을 편안하게 하고, 이롭게 해야 한다. 혹은 그 법도가 나라의 전장(典章)이 아니며, 현저하게 사리에 맞지 않는 것이 있으면 바로잡아 고치지 않으면 안 될 것이다.

10. 정당(政堂)에서 글 읽는 소리가 나면 그는 청렴한 선비라고 말할 수 있을 것이다.

▋**원문**

**政堂有讀書聲　斯可謂之淸士也.**
정 당 유 독 서 성　사 가 위 지 청 사 야

▌ 나라의 임금은 온갖 중요한 일을 살피며 매우 분주하지만, 날마다 경연(經筵)에 나가고자 하는 것은 진실로 성현(聖賢)의 훌륭한 말을 가슴속에 불어넣어서 그것이 겉으로 드러나 정치가 되면 저절로 세상을 널리 이롭게 하는 것이 많을 것이기 때문이다. 수령은 공사(公事)에 여가가 있으면 마땅히 ≪시경(詩經)≫·≪논어(論語)≫·≪중용(中庸)≫·≪대학(大學)≫과 송(宋)나라의 ≪명신록(名臣錄)≫·≪자경편(自警編)≫ 등의 서적을 가져다가 항상 외우고 읽고 하는 것이 좋다.

글만 읽고 정사를 돌보지 않는다면 본래부터 폄척(貶斥)되어야 할 것이다. 그러나 내가 말하는 것은, 때때로 성현의 서적을 한두 장(章)씩 읽어서 가슴에 스며들게 하고 감화되어 착한 마음을 유발(誘發)하게 하고자 할 뿐이다.

11. 만약 시나 읊고 바둑이나 두면서 아래 아전에게 정사를 내맡긴다면 그것은 매우 잘못된 일이다.

▌원문 _____

若夫哦詩賭棋 委政下吏者 大不可也.
약 부 아 시 도 기  위 정 하 리 자  대 불 가 야

▌주
아시(哦詩) 시를 읊음.
도기(賭棋) 내기바둑을 둠.

▌ 성종(成宗) 때 뇌계(㵢溪) 유호인(兪好仁)이 부모 봉양할 것을 청하여 산음현감(山陰縣監)이 되었다. 경상감사가 떠날 때 뜰에서 하직하니 임금이 불러 말하였다. "나의 친구 유호인이 산음현감으로 있으니 경은 잘 돌봐주라." 그러나 유호인이 백

성의 아픈 곳을 어루만지지 않고 시 짓는 일만을 계속하므로 감사가 그를 파면시켜 내쫓았다.

남창(南窓) 김현성(金玄成)이 여러 차례 주군(州郡)의 수령이 되어 깨끗하게 봉직(奉職)하니, 청렴하다는 소문이 세상에 드러났다. 그러나 성질이 매우 짜임새가 없고 얌전하기만 하여 사무 처리하는 일을 알지 못하므로, 다스리는 일을 돌보지 않고 담담하게 관부(官府)에 앉아서 온종일 시나 읊고 있었다. 남의 말하기 좋아하는 사람들이 말하였다. "남창은 백성을 아들 사랑하듯이 하건만 온 관내는 원성이 가득하고, 터럭만큼도 재물을 사사로 범하는 일이 없건마는 관(官)의 창고는 텅 비었다." 그리하여 한때 세상 사람들이 전해가며 웃었다.

바둑 두는 것은 오히려 우아한 면이나 있다. 근래의 현령들이 혹은 정당에서 저리(邸吏), 읍자(邑子, 읍내에 사는 유생儒生), 겸인(傔人, 양반집에서 잡일을 맡아보거나 시중들던 사람) 등을 데리고 투전 노름으로 날을 보내고 밤을 새니 체면과 위신의 손상이 이보다 더할 수는 없다. 장차 어찌하려는가.

## ※ 제2조 청심清心
### [마음을 청렴하게 가짐]

1. 청렴한 것은 수령의 본연의 의무로서 온갖 선정(善政)의 원천이 되고, 모든 덕행(德行)의 근본이 된다. 청렴하지 않고 목민관 노릇을 제대로 한 사람은 지금까지 없다.

# 廉者 牧之本務 萬善之源 諸德之根 不廉而能牧者 未之有也.
염자 목지본무 만선지원 제덕지근 불렴이능목자 미지유야

■ 육구연(陸九淵)의 《상산록(象山錄)》에서 말하였다. '청렴한 것에 세 등급이 있다. 최상으로 청렴한 사람은 자기 봉록 이외에는 아무것도 먹지 않는다. 그가 먹다가 남은 것도 또한 가지고 돌아가지 않는다. 돌아가는 날에는 다만 채찍 하나만 쥐고 간다. 이것을 옛날에 청렴한 관리라고 말하였다.

그다음은 자기의 봉록 이외에도 그 명목이 정당한 것은 먹고, 정당하지 않은 것은 먹지 않으며, 그가 먹다 남은 것은 자기 집으로 실어 간다. 이것은 중고(中古)에서 청렴한 관리라고 말하던 것이다.

최하급의 사람은 이미 규례(規例)를 이루고 있는 것이면 그 명목이 비록 정당하지 않은 것이라도 먹고, 규례로 되어 있지 않은 것은 자기가 먼저 나쁜 예를 만들지는 않는다. 그리고 향직(鄕職)이나 무슨 임(任)이니 하는 벼슬을 팔아먹지 않으며, 재난(災難)으로 핑계하여 재물을 도둑질하거나 곡식의 대출(貸出) 회수로 농간을 부리지 않으며, 송사와 형옥(刑獄)을 돈 받고 법을 굽히는 일을 하지 않으며, 조세나 공납(貢納)을 부풀려서 부과해 착복하지 않는다. 이것이 지금 세상에서 청렴한 관리라고 말하는 것이다. 모든 악행이란 악행을 다 하고 있는 사람은 지금 밀물과 썰물처럼 범람하고 있다.

최상급의 청렴한 관리가 된다면 진실로 좋은 일이다. 그러나 만약 그렇게 되지 못한다면 적어도 그다음의 등급은 되어야 할 것이다. 그 최하급이라고 일컬어지는 사람은 옛날이라면 반드시 삶아 죽이는 형벌에 처했을 것이다. 선(善)한 것을 즐겨하고 악한 것을 부끄러워하는 사람은 반드시 차마 그 최하급의 행위는 하지 않을 것이다.'

2. 청렴하다는 것은 천하의 큰 장사이다. 그런 까닭에 지나친 욕심은 반드시 청렴하려 한다. 사람들이 청렴하지 못한 까닭은 그의 지혜가 모자라기 때문이다.

**▌원문**

**廉者 天下之大賈也 故大貪必廉 人之所以不廉者 其智短也.**
염 자 천 하 지 대 고 야  고 대 탐 필 렴  인 지 소 이 불 렴 자  기 지 단 야

**▌주**
**대고(大賈)** 큰 장사.
**대탐(大貪)** 지나치게 욕심이 많은 것.

▌ 재물은 우리의 커다란 욕망의 대상이다. 그러나 우리의 욕망은 재물보다 더 큰 것이 있다. 그런 까닭에 재물을 버리고 취하지 않는 것이다. 비록 재물을 얻는 것만을 먹는다고 하더라도 또한 마땅히 청렴한 관리가 되어야 한다. 무슨 뜻인가?
언제나 보면 지벌(地閥)이 빛나고 귀현(貴顯)하며 재능과 명망이 뛰어난 자가 수백 꾸러미 정도의 돈 때문에 관직을 삭탈(削奪) 당하고 귀양살이를 하게 되어 10년 동안이나 등용되지 못하는 사람이 허다하다. 그중에는 비록 간혹 세력이 많고 세상의 형편이 유리하여 형벌이나 죽음을 면하는 경우가 있더라도, 세상의 여론은 그를 더럽게 여겨 침을 뱉을 것이며, 아름다운 명망은 추락할 것이다.

문관(文官)이 이렇게 되어 홍문관(弘文館)이나 예문관(藝文館)의 벼슬을 얻지 못하며, 무관이 이렇게 되어서 장수가 되지 못한 사람이 또한 얼마나 많았던가. 지모(智謀)가 원대하고 생각이 깊은 사람은 그 욕망이 크기 때문에 청렴한 관리가 되고, 지모가 작고 생각이 얕은 사람은 그 욕망이 적기 때문에 탐오(貪汚)한 관리가 되는 것이다. 적어도 이 일을 생각할 능력이 있다면 대다수 사람이 청렴하지 않은 사람이 없을 것이다.

3. 그런 까닭에 옛날부터 모든 지모(智謀)가 깊은 선비는 청렴한 것을 훈계로 삼고, 탐오(貪汚)한 것을 경계하지 않은 사람이 없다.

**▌원문**

**故自古以來 凡智深之士 無不以廉爲訓 以貪爲戒.**
고 자 고 이 래　범 지 심 지 사　무 불 이 렴 위 훈　이 탐 위 계

▌포효숙공(包孝肅公)이 가훈(家訓)에서 말하였다. '후세에 자손으로서 벼슬하다가 뇌물을 받고 부정을 저지르는 사람이 있을 때는 석방되어도 본집에 돌아오지 못할 것이며, 죽은 뒤에는 선영(先塋)의 경내에 장사하지 못할 것이다. 나의 뜻을 따르지 않는 사람은 나의 자손이 아니다.' 그리고 그 아래에 앙공(仰珙)이라고 서명하여, 이것을 집 동쪽 벽의 돌에 새겨서 후세를 교훈하였다.

나경륜(羅景倫)이 말하였다. "사대부가 만약 한 푼을 사랑하면 한 푼의 가치도 없는 사람이다."

송(宋)나라 간재(簡齋) 진여의(陳與義)의 시에, '예전부터 유명한 선비는, 명분 없는 돈을 쓰지 않는다.(從來有名士, 不用無名錢)'

라고 하였다.

양백자(楊伯子)는 말하였다. "사대부가 청렴하면 그것만으로 7분 정도의 사람이 된 것이다."

풍유룡(馮猶龍)은 말하였다. "천하의 한없는 좋지 못한 일은 모두 돈을 버리지 못하는 데서 일어나고, 천하의 끝없이 좋은 일은 모두 돈을 버릴 수 있는 데서 이루어진다."

정선(鄭瑄)이 말하였다. "얻기를 탐하는 사람이 만족함을 모르는 것은 모두 사치를 좋아하는 일념(一念) 때문이다. 만약 담담한 마음으로 만족할 줄 안다면 재물을 구해서 무엇에 쓴단 말인가? 청풍명월(淸風明月)은 돈 주고 사는 것이 아니며, 대나무 울타리와 띠로 덮은 집은 돈을 소비하지 않고도 마련할 수 있다. 글을 읽고 도(道)를 말하는 데에 돈이 필요하지 않고, 자기 몸을 결백하게 하고 백성을 사랑하는 데에 돈이 필요하지 않으며, 사람을 건져주고 남을 이롭게 하는 데에는 돈을 남겨서는 안 된다. 이렇게 마음을 가지면 세상맛에 초연할 수 있을 것이니, 탐욕이 또 어디에서 생기겠는가?"

4. 오직 백성의 고혈을 빠는 사람만이 탐관(貪官)은 아니다. 모든 먹을 것과 선물 보내온 것은 다 받아서는 안 된다.

**▌원문** ────────

**不唯剝民膏髓 乃爲貪也 凡有饋遺 悉不可納.**
불 유 박 민 고 수　내 위 탐 야　범 유 궤 유　실 불 가 납

**▌주**

**궤유(饋遺)** 먹을 것과 선물 보내온 것.

▌격(鬲) 고을의 수령 원의(袁毅)는 조신(朝臣)에게 뇌물을 보

내어 영예를 사려고, 일찍이 산도(山濤)에게 실 백 근(斤)을
보냈다. 산도는 남보다 특이하게 하지 않으려고 하여 실을 받
아서는 들보 위에 얹어두었다. 그 뒤에 원의의 일이 탄로 나니
산도가 들보 위에서 실을 가져다가 아전에게 내주었는데, 실이
이미 수년을 묵어서 먼지가 끼어 누렇고 검게 되었으며, 봉인
(封印)은 처음대로 있었다고 한다.

양속(羊續)이 여강태수(廬江太守)가 되었을 때, 부승(府丞)이 물
고기를 선물로 보냈다. 양속이 받아서 먹지 않고 걸어두었는
데, 뒤에 또 가져왔으므로 양속이 전에 가져온 물고기를 보여
주니 부승이 부끄럽게 여기고 그만두었다고 한다.

손신(孫薪)은 황보(黃葆)와 태학(太學)에서 같이 공부한 옛 친
구였다. 뒤에 황보가 어사가 되어 처주(處州)에 나갔다. 그때
어떤 아전이 황보에게 바치는 뇌물을 손신을 통해 보내려고 하
니 손신이 말하였다. "내게 들리도록 말하지 말기 바란다. 그
것은 귀로 들어오는 탐장(貪贓)이 된다."

조극명(曹克明)이 호광행성(湖廣行省)에 있을 때, 한 주부(主簿)
가 진사(辰砂, 주사朱砂) 한 함(函)을 보냈다. 미처 열어보지도
않고 상자 속에 버려두었다가 나중에 가져다 펴보니 그 속에
사금(砂金) 3냥(兩)이 섞여 있었다. 조극명이 놀라 한탄하여
말하였다. "그 사람이 나를 어떤 사람으로 알고 이런 일을 하였
단 말인가?" 그때는 주부가 이미 죽었으므로 그의 아들을 불러
서 돌려주었다.

가황중(賈黃中)이 지승주(知昇州)로 있을 때, 하루는 고을의
창고를 점검하니 자물쇠가 매우 엄중하게 잠겨진 곳이 있었다.
열어보니 보물 수천 궤가 발견되었는데 다 이씨(李氏) 궁위(宮
闈, 내전內殿)의 물건으로 장부에 실려 있지 않았다. 가황중이 모

두 기록하여 올리니 임금이 감탄해 말하였다. "부고(府庫)의 재물을 장부에 실려 있는 것도 욕심이 많고 속이 검은 사람은 금령(禁令)을 무릅쓰고 훔치는데, 더군다나 이 물건은 장부에도 적혀 있지 않은 것이 아닌가." 그리고는 돈 2백 냥을 하사하여 그 결백함을 표창하였다.

5. 청렴한 관리를 귀하게 여기는 까닭은 그가 지나간 곳은 산림(山林)도 천석(泉石)도 다 맑은 빛을 받기 때문이다.

▌**원문**

**所貴乎廉吏者 其所過山林泉石 悉被清光.**
소 귀 호 렴 리 자　기 소 과 산 림 천 석　실 피 청 광

▌오은지(吳隱之)가 광주자사(廣州刺史)가 되었을 때, 산해군(山海郡)에서 20리쯤 되는 곳에 탐천(貪泉)이라고 불리는 샘이 있었다. 그 샘을 마시면 반드시 탐욕스럽게 된다고 하였다. 오은지가 바로 가서 물을 퍼서 마시고 청렴한 절조(節操)를 더욱 힘쓰니 돌아갈 때 남은 재물이라곤 없었다. 상서(尙書)가 되었다가 태복(太僕)으로 영전했으나 대와 쑥대로 병풍을 만들었으며, 집안사람들이 이틀에 한 번이나 밥을 먹게 되어도 태연하였다.

당(唐)나라 이백(李白, 이태백李太白)이 우성령(虞城令)이 되었는데, 관사의 옛 우물이 물은 맑으나 맛이 썼다. 이백이 수레에서 내려 물맛을 보고 빙그레 웃으면서 말하였다. "나는 쓰고 또 맑은 사람이니 내 뜻에 맞다." 그리고 드디어 물을 퍼서 쓰고 고치지 않았는데, 쓴 우물이 변하여 단 우물이 되었다고 한다.

방준(方峻)이 자기 집 동북쪽에 우물을 하나 파서 준공한 뒤에 공복(公服)을 입고 분향(焚香)하여 기도하기를, "원하건대 나의 자손이 벼슬을 하게 된 때에는 청백하기가 이 물과 같게 하여 주소서."라고 하였다.

원위(元魏, 북위北魏)의 방표(房豹)가 악릉(樂陵)의 수령이 되었는데, 고을에 맛 좋은 물이 없었다. 모두 바닷가에 있는 우물이어서 맛이 짰다. 방표가 우물을 하나 파게 하여 드디어 맛이 좋은 물을 얻었다. 그러나 방표가 돌아간 뒤에는 물이 다시 짜게 되었다고 한다.

# 【목민심서 제3권】

## �֎ 제2조 청심淸心 – 계속

6. 모든 진기한 물품으로 본읍(本邑)에서 생산되는 것은 반드시 고을의 폐해가 되니, 하나라도 가지고 가지 않아야만 청렴한 사람이라고 말할 수 있을 것이다.

### ▌원문

凡珍物産本邑者 必爲邑弊 不以一杖歸斯可曰 廉者也.
범 진 물 산 본 읍 자   필 위 읍 폐   불 이 일 장 귀 사 가 왈   염 자 야

### ▌주
**진물(珍物)** 진기(珍奇)한 물품.

▌가령 강계(江界)의 산삼이나 초피(貂皮), 경북(鏡北)의 다리〔월자月子〕와 베〔布〕, 남평(南平)의 부채, 순창(淳昌)의 종이, 담양(潭陽)의 채색 상자, 동래(東萊)의 연구(煙具), 경주(慶州)의 수정, 해주(海州)의 먹, 남포(藍浦)의 벼루 같은 것은 수령이 돌아갈 때 상자 안에 한 가지도 있지 않아야 청렴한 선비의 행동이라고 할 것이다.

번번이 진기한 물품을 가지고 돌아온 사람이 그 진기한 물품을 좌우에 늘어놓고 있는 것을 볼 때마다 욕심 많고 더러운 빛이 안에서부터 밖으로 뻗어 나와서 남이 대신 부끄러운 생각이 나게 한다.

향산(香山) 백거이(白居易, 백낙천白樂天)가 말하였다. "오랫동안 소주(蘇州)의 관원 노릇을 하였으나, 태호(太湖)의 돌 한 조각도 나에게 갖다주지 않았다."

당(唐)나라의 주경칙(朱敬則)이 벼슬이 낮아져서 부주자사(涪州刺史)로 갔는데, 돌아올 때 회남(淮南)의 물건이라곤 하나도 없었으며, 타고 온 말은 단 한 필뿐이어서 아들 조(曹)는 도보로 따라왔다고 한다.

문충공(文忠公) 구양수(歐陽修)가 조카 통리(通理)에게 보낸 편지에서 말하였다. '어제 네 편지에 주사(硃砂)를 사가지고 오고 싶다고 하였으나 내게 그 물건이 없지 않다. 네가 재직하는 관하(管下)에서는 마땅히 청렴함을 지켜야 할 것인데, 어찌 관하의 물건을 살 수 있겠느냐. 내가 수령으로 있을 때는 먹는 물을 제외하고는 어느 물건도 사지 않았다. 이것을 보고 경계하는 것이 좋겠다.'

동사의(董士毅)가 촉주(蜀州)의 수령이 되니 부임할 때 아들들이 청하였다. "아버지의 뜻과 절조(節操)를 저희는 알고 있으므로 일체 살림살이에 관계되는 것은 감히 조금도 바라지 않습니다. 그러하오나 다만 아버지께서 연세가 많으신데, 촉주에는 좋은 목재가 많다고 하니 뒷일을 생각하셔야 하겠습니다." 공(公)이, "그렇게 하지." 하고 떠났다. 그가 돌아올 때 아들들이 물가에 나가 맞으면서 후사(後事)에 대한 것을 물으니 공이 대답하였다. "내가 들으니 삼나무[杉]가 잣나무[柏]보다 못하다고 하더라." 아들이 말하였다. "아버지께서 준비하신 것은 잣나무입니까?" 공이 빙그레 웃으며 말하였다. "내 여기에 잣나무 씨를 가지고 왔다. 심는 것이 좋겠다."

7. 교격(矯激)한 행동과 각박한 정사(政事)는 인정에 맞지 않으니 군자는 그것을 버려야 하고, 그렇게 해서는 안 된다.

**원문**

若夫矯激之行 刻迫之政 不近人情 君子所黜 非所取也.
약 부 교 격 지 행　각 박 지 정　불 근 인 정　군 자 소 출　비 소 취 야

**주**
**교격지행(矯激之行)** 지나치게 청고(淸苦)한 행동.

고제(高齊)의 고적간(庫狄干)의 아들 사문(士文)은 성질이 청고(淸苦)하여 관(官)의 급여도 받지 않았다. 그는 아들이 관에서 제공하는 음식을 먹었다고 하여 나무칼을 씌워서 여러 날을 가두고, 장(杖) 2백 대를 때리고, 걸어서 서울로 돌아가게 하였다. 간사하고 아첨하는 사람을 적발하고 한 자〔尺〕의 베, 한 말 서속(黍粟)의 뇌물 받은 죄도 너그럽게 용서하는 일이 없었다. 임금께 아뢰어 영남(嶺南)으로 귀양 보낸 사람이 천 명에 이르렀는데, 모두 풍토병에 걸려 죽었다. 그 친속(親屬)들이 울면 사문이 잡아다가 매를 치니 매 맞는 사람이 앞에 가득 차서 우는 사람은 더욱 많아지기만 하였다. 임금이 듣고 말하였다. "사문의 포학함이 맹수보다도 더하다." 그리고는 그를 파면시켰다.

정선(鄭瑄)이 말하였다. "예전에 어른들의 말을 들으니 상관이 탐욕스러운 것은 백성이 오히려 살길이 있지만, 상관이 청렴하고도 각박하면 백성들은 살길이 끊어진다고 하였다. 고금을 통해 청백리의 자손이 떨치지 못하는 사람이 많은 것은 바로 이 각박하게 한 탓일 것이다."

또 말하였다. "사대부가 덕(德)을 손상하는 것은 명성을 올리고자 하는 마음이 지나치게 급한 데서 생기는 경우가 많다."

양계종(楊繼宗)은 돼지머리 때문에 아내를 내쫓았고, 허자(許鎡)는 곤목(棍木)을 아들에게 주어서 그것을 밟고 돌아다니는 것으로 추위를 피하라고 한 것이 각박한 정치가 아니겠는가. 공개(孔凱)가 비단과 명주를 불에 던지고, 이견공(李汧公)은 물소 뿔과 상아(象牙)를 물에 던졌으니 교격한 행동이 아닌가. 이러한 일들은 모두 군자가 할 일이 아니다.

8. 모든 민간의 물품을 사들일 때 관에서 정한 값이 지나치게 헐하면 마땅히 시가(時價)로 사들여야 한다.

■ 원문

凡買取民物 其官式太輕者 宜以時直取之.
범 매 취 민 물　기 관 식 태 경 자　의 이 시 치 취 지

■ 주

**관식(官式)** 관에서 정한 가격.

**시치(時直)** 시가(時價).

■ 상고해보면 이전부터 관가(官價)가 있었다. 그것이 지금 말하는 관정식(官定式)이다.

관(官)에서 정한 가격은 대체로 싸게 정하기 마련이다. 간혹 그중에 값을 시가(時價)보다 후하게 정한 것이 있으면 관에서는 그것을 사용하지 않고 시가대로 사들인다. 관에서는 시가보다 싼값인 관정(官定) 가격으로 물화를 사들일 것을 강요하는 한편, 시가보다 후한 가격은 관정가격을 시행하지 않으니 물품

구입 사무를 맡은 아전이 견딜 수 있겠는가. 원래 물가라는 것은 때에 따라 변동하는 것인데 관정가격은 한 번 정해지면 백년을 가도 고치지 않으니, 현재의 가격과 맞지 않는 것은 당연한 사세이다. 관에서 내주는 값이 박하면 아전이 고통을 느끼고, 아전이 고통을 느끼게 되면 백성에게 값을 깎기 마련이다. 결국은 손해는 백성들에게 돌아간다. 아전이야 무슨 상관이겠는가. 원래 아전이 수령을 돕는 일이란 즐거우면 나서고 괴로우면 물러서는 것인데, 그들이 구실아치에서 물러나지 않는 것을 보면 그 속에 즐겨할 만한 구석이 있다는 것을 알 수 있다. 백성이란 즐거워도 그냥 살아야 하고, 괴로워도 그냥 머물러야 한다. 몸이 농지에 정착해 있어서 마치 묶인 채 매를 맞고 있는 것과 같다. 비록 떠나지 않더라도 고통이 없어서 떠나지 않는다고 말할 수는 없다.

수십 년 동안 소위 계방제역촌(契房除役村, 계를 모아서 금품을 거두어 관청의 아전들에게 바치고 부탁하여 부역의 면제를 받는 마을)이 날마다 달마다 불어나 부역은 선량한 일반 백성들에게 치우쳐서 고통을 가중하니 백성들이 살아갈 수 없다. 이 폐단을 개혁하려고 하면 아전들은 〔계방이 있는 마을의〕 백성들이 달아났기 때문에 부역을 못 시킨다고 속인다.

내가 그 까닭을 살펴보니 ① 각 고을이 감사(監事)에게 아첨하는 일이 날로 심해지는 것, ② 관정(官定)한 억지 가격이 공정하지 않은 것 때문이다. 아전이 손해를 입게 되면 반드시 물러나려고 할 것이다. 관에서 그를 붙잡아두려면 반드시 손해난 구멍을 메워야 할 것이다. 그러나 위에서는 이(利)를 차마 버리지 못하고, 아래로는 백성에게 그 이상 더 부과할 수도 없다. 이에 한 마을을 떼어 주어〔금품을 받고 부역을 면해 주는〕계방 마을이라는 것을 만들게 한 것이다. 천하에 얄밉고 간사하고 더럽고 인색함이 이보다 더한 일이 있겠는가? 그런 까닭에 수령이 처음 부임할 때 누구라도 계방을 없애고자 하지 않는 사람이 없었지만, 한 번 계방의 기묘한 이치를 알게 되면 묵묵히 속으로 그것의 타파(打破)를 막는 사람이 없다. 그 근본이 수령 자신에게 있다는 것을 알 수 있다.

모든 관용물품의 매상(買上) 가격은 마땅히 춘분(春分)과 추분(秋分) 때에 시가에 따라 개정하고, 시행한 지 반년 만에 고칠 것은 고치고 그냥 둘 것은 그냥 둔다. 시가에 따라 가격이 너무 깎인 것이나, 지나치게 높게 된 것이 없도록 하는 것이 좋지 않겠는가. ≪예기(禮記)≫, '낮과 밤이 같은 춘분과 추분이 되면 도량(度量)을 같게 하고, 형석(衡石, 저울)을 균평하게 하며, 두용(斗甬, 말)을 비교하고 권개(權槪, 저울추와 평미레)를 바르게 한다.'라고 한 것도 또한 이러한 뜻일 것이다.

9. 모든 잘못된 전례(前例)가 계속되는 것은 애써 바로잡아 고쳐야 하고, 간혹 그중에서 개혁하기 어려운 것이 있으면 나만은 그 잘못을 범하지 말아야 한다.

▌**원문**

凡謬例之沿襲者 刻意矯革 或其難革者 我則勿犯.
범 류 례 지 연 습 자　각 의 교 혁　혹 기 난 혁 자　아 즉 물 범

▌**주**

**유례(謬例)** 잘못된 전례.

**연습(沿襲)** 전례를 따름.

**각의(刻意)** 애써서.

▌ 서로(西路)의 방번전(防番錢), 산읍(山邑)의 화속전(火粟錢), 그 밖의 장세전(場稅錢), 무녀포(巫女布) 같은 것은 비록 잘못된 전례지만 다 조정에서 알고 있는 것이니 혹은 그대로 따를 수도 있겠지만, 서로의 와환채(臥還債, 자세한 것은 제6장 호전 육조戶典六條 제3조 곡부穀簿에 나옴), 남방의 은결채(隱結債) 같은 것은 전례를 따른 것이 비록 오래되었더라도 결코 착복해서는 안 된다. 하나하나 열거할 수는 없으나 목민관이 의리를 생각해서 천리(天理)에 어긋나고, 국법에 위반되는 것은 절대로 자신이 범해서는 안 된다. 그중에 혹은 얽히고 견제되어 타파할 수 없는 것이 있을 때는 적어도 나만은 범하지 말아야 한다.

10. 모든 관용의 포백(布帛)을 사들이는 사람은 반드시 인첩(印帖)을 갖게 한다.

▌ 원문
凡布帛貿入者 宜有印帖.
범 포 백 무 입 자  의 유 인 첩

▌ 주
**무입(貿入)** 사들임.
**인첩(印帖)** 관인(官印)이 찍힌 수첩.

▌ 아전이나 관노가 관용품을 사들일 때 관에서 산다고 핑계하고 베나 명주 따위를 싼값으로 강제로 사거나, 혹은 내사(內舍)나 책방(冊房)에서 사사로이 사들이고 몰래 값을 깎는 경우가 있어서 상인들에게 손해를 입히는 일이 있다. 모두 원망을 듣게 되는 일이니 그런 폐단이 없게 해야 한다.
수령이 부임한 처음에는 반드시 경리를 맡은 아전을 시켜서 포목 상인들에게 골고루 알리기를, '지금부터는 관에서 포백을 사들일 때 반드시 인첩을 갖는다. 만일 이 인첩을 휴대하지 않았으면 관에서 사는 것이 아니다. 받은 가격을 인첩 밑에 손수 적어서 아전에게 그것을 가지고 돌아와서 증거로 삼게 하라.'라고 일러둔다.

물건을 사고 나면 '상인 아무개'라고 상인이 자기 이름을 쓰고 한 줄 한 줄 물건과 값을 적어서 도로 바치게 한다.


11. 비록 온갖 기술자가 다 갖춰져 있을지라도 절대로 개인용 물건을 만들게 하는 일이 없어야 청렴한 선비의 관부(官府)이다.


**▋원문**

雖百工具備 而絶無製造者 廉士之府也.
수 백 공 구 비  이 절 무 제 조 자  염 사 지 부 야

**▋주**

제조(製造) 여기서는 수령이 개인의 가구(家具)를 만들게 하는 것을 가리키는 말.


▋관에 소속된 기술자에게 수령의 가구를 만들게 하는 것은 탐오(貪汚)하다는 남의 비웃음을 받을 뿐, 그것을 서울까지 가져가는 비용을 따지면 도리어 손해가 되는 어리석은 처사이다.


12. 모든 일용의 지출 장부는 깊이 따지고 들여다보아서는 안 된다. 빨리 말미(末尾)에 서명해야 한다.

凡日用之簿 不宜注目 署尾如流.
범 일 용 지 부　불 의 주 목　서 미 여 류

**서미(署尾)** 장부의 말미에 친히 서명하는 것, 즉 서명하는 것.

■ 학궁(學宮)이나 여러 창고의 경비는 마땅히 자세히 살펴야 하지만, 주방(廚房)의 아전이나 현사(縣司)의 경비는 깊이 따지지 말고 빨리 승인에 서명해야 한다.

13. 수령의 생일 아침, 아전이나 군교(軍校)의 제청(諸廳)에서 혹 성찬(盛饌)을 올리는 일이 있더라도 받아서는 안 된다.

牧之生朝 吏校諸廳 或進殷饌 不可受也.
목 지 생 조　이 교 제 청　혹 진 은 찬　불 가 수 야

**목(牧)** 목민관, 즉 수령.
**은찬(殷饌)** 풍성한 음식, 성찬.

■ 제청에서 올리는 음식은 다 백성들에게서 나오는 것이다. 계방(契房)의 돈을 걷기도 하고, 보솔(保率, 보인保人과 솔정率丁을 아울러 부르는 말)의 돈을 거두기도 한다. 그것을 핑계 삼아 가혹하게 거둬들여서 하지 않는 것이 없다. 어부의 물고기를 빼앗고, 촌민(村民)의 개를 때려잡으며, 국수와 참기름은 절에서 가져오고, 주발과 접시는 사기점에서 가져온다. 이것은 원

망을 거둬들이는 물건이니 어떻게 그것을 받아먹을 수 있겠는
가. 혹은 유기(鍮器) 한 벌, 고운 베〔細布〕 두어 필을 바치어
헌수(獻壽)가 있으면 더욱 받아서는 안 된다. 아버지나 어머니
의 생일에 바치는 것은 더욱 받아서는 안 된다.

14. 남에게 자기 재물을 희사(喜捨)한 일이 있을지라도 드
러내 말하지 말고, 덕(德) 보였다는 얼굴을 하지 말며, 남에
게 자랑하지 않으며, 앞사람의 잘못을 말하지 말라.

**▮원문**

凡有所捨 毋聲言 毋德色 毋以語人 毋說前人過失.
범 유 소 사  무 성 언  무 덕 색  무 이 어 인  무 설 전 인 과 실

**▮주**

**소사(所捨)** 버리는 것, 여기에서는 잘못된 전례에 의한 재물을 버린다
는 뜻.
**덕색(德色)** 유덕(有德)한 일을 하였다고 생각하는 얼굴빛.
**전인(前人)** 앞사람. 여기에서는 전임자를 의미함.

▮ 매양 청렴한 것이 지나쳐 모가 나는 사람을 보면, 혹은 잘못
된 전례에 따른 재물을 버리고 공정한 사리에 따랐거나, 혹은
자신의 봉록을 내놓아 백성에게 혜택을 베풀었을 때 그 일이
비록 착하나, 그것을 내놓았을 때는 반드시 기운을 내서 큰 소
리로 말하기를, "사대부가 어찌 이 재물을 쓰겠는가?"라고 외
친다. 아전이 혹은 전례를 들어 말하면 반드시 꾸짖고 매질하
여 자기의 청렴함을 드러낸다.
또 말하기를, "봉록(俸祿) 남은 것을 내 어찌 가지고 돌아가서
전답을 사겠는가?"라고 하면서 소리쳐 자랑한다. 큰 덕(德)이

나 베풀었다고 생각하는 얼굴빛을 하여 백성을 대하거나 손님을 대하거나, 항상 자랑을 늘어놓는다. 그의 마음은 수백 냥의 돈으로 굉장히 큰일이나 한 것처럼 보고 있는 것이니, 사리를 아는 사람이 곁에서 보면 어찌 비웃지 않을 수 있겠는가? 모든 재물을 받지 않고, 봉록을 희사(喜捨)하는 때에는 마땅히 두어 마디 지나가는 말로 관계 아전에게 타일러서 다시 말을 꺼내지 않게 할 것이다. 묻는 사람이 있으면, '지금 우선 받지 않지만 나중에는 아마 그렇지 않을 것이다.'라고 대답하고, 다른 말을 하여 그 일을 길게 말하지 않는다.

15. 청렴한 사람이 은혜로운 마음이 적으면 남들이 그를 병되게 생각한다. 책임은 자신에게 무겁게 지우고, 남에게는 가볍게 해야 한다. 사사로운 청탁이 행해지지 않으면 청렴하다고 말할 수 있을 것이다.

▌원문 ──────────

**廉者寡恩 人則病之 躬自厚而薄責於人 斯可矣 干囑不行**
염 자 과 은　인 즉 병 지　궁 자 후 이 박 책 어 인　사 가 야　간 촉 불 행

**焉 可謂廉矣.**
언　가 위 렴 의

▌주

**간촉(干囑)** 사사로운 청탁.

▌아전이나 관노(官奴) 무리는 배우지 않아 무식하여 욕심만 있고 천리(天理)는 모른다. 내가 애써 힘쓸 것이지 어찌 남을 책망하겠는가? 예(禮)로써 나 자신을 다스리고, 일반 서민에 대

한 예(例)로써 남을 다루면 원망을 없게 하는 방법이 될 것이다. 아전이나 관노가 법 밖에서 백성을 학대하는 행위가 있다면 법은 마땅히 그러한 행위를 엄금해야겠지만, 그들이 잘못된 전례를 답습하여 떳떳한 봉록처럼 생각하게 된 것은 너그럽게 보아주는 것이 좋을 것이다.〔가령 색락미色落米라든가 부표채付標債 같은 것〕

매양 보면 속물(俗物)인 관리는 그의 가난한 친구나 빈궁한 친족을 만나면 자기 봉록의 나머지를 베풀기를 싫어하고, 따로 그 사람에게 어떤 일을 요구하게 하여 그의 청탁을 들어준다. 이것은 백성의 재물을 약탈하여 나의 친족을 구제하는 것이다. 비록 그들이 돌아갈 때 주머니가 두둑해 칭송하는 소리를 할지라도 그런 일을 해서는 안 된다.

16. 뇌물을 주고받는 일은 누구나 비밀히 하지만, 밤중에 한 일이 아침이면 이미 널리 퍼지게 마련이다.

▮ **원문**
___

**貨賂之行 誰不秘密 中夜所行 朝已昌矣.**
화 뢰 지 행  수 불 비 밀  중 야 소 행  조 이 창 의

▮ **주**
**화뢰(貨賂)** 뇌물.
**창(昌)** 성(盛)하다는 뜻이니 여기에서는 널리 퍼진다는 뜻.

▮ 아전들은 매우 간사하고 경박(輕薄)하다. 들어와서는 말하기를, "이 일은 비밀입니다. 아는 사람이 없습니다. 말하면 자기에게 해되는 일인데 누가 말을 내겠습니까?"라고 한다. 수령이

그 말을 믿고 기꺼이 뇌물을 받는다. 그러나 겨우 문밖에 나가면 함부로 말을 퍼뜨리고 숨기지 않는다. 그리하여 자기의 경쟁자를 막는다. 잠깐 사이에 사방에 퍼지건만 수령은 깊은 곳에 고립되어서 아무것도 모르고 있다. 진실로 가엾은 일이다. 옛날 양진(楊震)이 말한, "하늘이 알고, 신(神)이 알고, 내가 알고, 자네가 안다."라고 한 사지(四知) 이외에도 남이 아는 것을 방지할 수는 없다.

## �֍ 제3조 제가齊家
### [집안을 바르게 통솔함]

1. 자기 몸을 바르게 가진 뒤라야 집안을 바로 이끌어 갈 수 있고, 집안이 바로 이끌어져 가게 된 뒤라야 나라를 다스릴 수 있다는 것은 천하에 통하는 원칙이다. 그러므로 그 고을을 잘 다스리고자 하는 사람은 먼저 그 집안을 바르게 이끌어가야 한다.

**▌원문**

修身而後齊家 齊家而後治國 天下之通義也 欲治其邑者 先
수신 이후제가  제가이후치국  천하지통의야  욕치기읍자 선

齊其家.
제 기 가

▌내행(內行, 부인의 행차)이 내려올 때는 여행 차림은 마땅히 매우 검약(儉約)해야 한다.

국법(國法)에 다만 어머니, 아내, 그리고 자제 한 사람만이 상주하는 가족으로 수령의 임지에 같이 살 수 있다. 그 밖의 가족이 수령과 함께 와서 있는 것은 모두 규정을 초과한 것이다. 쌍마교(雙馬轎, 말 두 필이 끄는 가마)를 타는 것은 좋은 제도가 아니다.〔태평거太平車만 못하다〕 그러나 여자들은 평생에 쌍교(雙轎) 타기를 바란다. 그러니 어머니를 모신 사람은 사용하지 않을 수 없을 것이다. 하지만 아내라면 어찌 반드시 쌍교를 사용할 까닭이 있겠는가. 부녀가 무식하여 마음으로 원한다면 남의 쌍교를 빌려 타고, 한 참(站)이나 혹은 하루 정도 탄 뒤에 그만두는 것이 좋다. 독마교(獨馬轎)에 청익장(靑翼帳)을 두르고 붉은 주렴을 드리운 차림으로 고을에 도착하는 것이 어찌 영광스럽지 않단 말인가. 쌍교는 하루만 타도 소원은 성취되는 것이다. 어찌 반드시 10일을 타야만 마음에 만족하겠는가.

어머니의 가마, 아내의 가마 이외에는 그 일행을 모시는 하인과 말은 관청의 하인이나 관용마(官用馬)를 사용해서는 안 된다. 자기 집의 인마(人馬)와 고용한 인마를 사용하는 것이 예(禮)에 맞는 일이다.

자제는 반드시 초교(草轎, 덮개가 없는 교자轎子)를 타야 하며, 관청의 하인으로 좌우를 호위하게 하는 것은 예가 아니다. 소년은 말을 타야 한다.

자제가 관아의 문을 출입할 때는 정문(正門)을 통과하는 것은 예가 아니다. 마땅히 옆문으로 다녀야 한다.

2. 국법에 어머니를 모시고 가서 봉양하면 국비를 지급하고, 아버지의 봉양에는 그 비용을 회계해주지 않는 것은 이유가 있는 일이다.

**國法 母之就養 則有公賜 父之就養 不會其費 意有在也.**
국법 모지취양 즉유공사 부지취양 불회기비 의유재야

■ 수령이 임지에 아버지를 모시고 가서 봉양하게 되면 수령의
친구들은 그를 춘부(椿府)라고 부르고, 아전과 관노들은 그를
대감(大監)이라고 말한다. 대감의 나이가 60이 넘어 노쇠하면
모시는 자들은 봉양에 마땅히 애써야겠지만, 그렇게 노쇠한 사
람이 아니면 비록 효성이 있는 아들이 간청하더라도 가볍게 따
라가서는 안 된다.

만약 부득이 임지에서 아버지를 모셔야 할 경우라면 마땅히 내
사(內舍, 속칭 내아內衙)에서 따뜻한 방 하나를 골라서 깊숙이
들어앉아 요양(療養)하는 것이 좋을 것이며, 외인(外人)과 접
촉하지 않는 것이 예도(禮度)에 맞는 일이다. 매양 보면 춘부
(春府, 남의 아버지를 높여 이르는 말)가 예도를 알지 못하여 바
깥채에 자리를 차리고 앉아서 아전과 하인을 꾸짖고, 기녀와 놀
고 손님을 맞아들이며, 심한 사람은 소송과 형옥(刑獄) 관계를
돈을 받고 떠맡아 관청의 행정을 어지럽게 해 저주(咀呪)하는
사람이 성내에 가득하고, 비난하는 사람이 고을 안에 가득하게
만든다. 이러한 사람은 아버지의 도리와 아들의 처지를 함께 손
상하고, 공(公)과 사(私)를 병 되게 하는 것임을 몰라서는 안
될 것이다.

3. 안과 밖의 구별을 엄격히 하고 공과 사의 한계를 명확하
게 하라. 법을 세워서 단단히 타일러 경계하고 금지하기를,
천둥처럼 두렵게 하고 서리처럼 싸늘하게 해야 한다.

嚴內外之別 明公私之界 立法申禁 宜如雷如霜.
엄 내 외 지 별 　명 공 사 지 계 　입 법 신 금 　의 여 뢰 여 상

■ 안채[內舍]의 문을 예전에는 발자리문[簾席門]이라고 하였다.
주렴으로 가리고 자리로 막았기 때문이다. 집안의 노비(奴婢)
와 관청의 노복(奴僕)들이 서로 대면할 수 없었으니, 안채와 바
깥의 구별을 엄중하게 하기 위한 것이었다.

근세(近世)에 와서 이 법이 없어져서 집안의 종이 자기 마음대
로 이 문 밖에 나오고, 관의 종[官婢]이 이 문 안을 함부로 들
어가게 되었다. 주렴은 걷어 버리고 자리는 치워졌다. 귀에 대
고 말을 하고 무릎을 맞대고 앉게 되니 명령은 여러 곳에서 내
리게 되어 온갖 폐단이 여기에서 생긴다. 어찌 한심한 일이 아
니겠는가.

발자리문 밖에 장방형의 책상 같은 돌[섬돌을 어금枒禁이라는
그릇 모양으로 만든 것] 한 개를 놓아두고 명하기를, '매일 아
침 관청 창고지기나 원두한(園頭漢, 채소밭을 가꾸는 사람)은 그
가 바치는 물건을 이 돌 위에 놓고 방울 줄을 흔들어 안채에 알
리고는 30보(步) 밖에 물러가 서 있으면[마땅히 땅에 그어 표
를 정해 둔다], 안채의 종이 방울 소리를 듣고 문에 와서 자리
를 걷고 물건을 가져다가 바친 뒤에 곧 빈 그릇을 도로 돌 위에
갖다 둔다. 그리고 들어간 뒤에 한참 있다가 바깥 하인이 빈 그
릇을 가지고 나온다. 감히 얼굴을 마주 보거나 말을 건네는 자
가 있으면 안팎의 종을 다 엄중하게 태형(笞刑)을 결행(決行)
할 것이다.'라고 해둔다. 자제가 혹 상경(上京)할 때나 집에 돌
아올 때나, 혹은 가까운 고을에 유람을 나갈 때에는 마땅히 개

인 소유의 노복과 사유의 말을 사용해야 한다. 번번이 보면 수령의 자제가 다닐 때 관청의 말을 타고 관청의 하인을 거느리고, 좌우로 호위하며 벽제 소리를 치곤 하여 관원(官員)과 같은 모양을 하고 다니는 모습은 보는 사람이 민망하다.

4. 사사로운 일로 뵙기를 청하는 일이 없어진 뒤라야 가법이 엄하고, 가법이 엄한 뒤라야 정치와 명령이 맑아진다.

**▌원문**

干謁不行然後 家法嚴 家法嚴而後 政令淸.
간 알 불 행 연 후　가 법 엄　가 법 엄 이 후　정 령 청

**▌주**

**간알(干謁)** 사사로운 일로 뵙기를 청하는 일. 뵙고 청탁하는 것.

**정령(政令)** 정치와 명령.

▌내 지위가 높게 되면 나의 처자(妻子)부터 다 나의 총명을 가리고 나를 속이며 저버리는 사람이 된다. 남편을 존경하지 않는 아내가 없으며, 어버이를 사랑하지 않는 아들이 없는데 어째서 총명을 가리고, 속이며 저버리는 마음이 있겠는가. 그것은 사물의 도리를 아는 사람이 드물기 때문이다. 혹은 안면(顔面)이나 사정(私情)에 끌리고, 혹은 뇌물에 유혹된다. 그렇게 되면 여기서부터 청탁과 간알을 행하게 된다.

혹은 어느 벼슬아치는 제거하라고 하고, 혹은 어느 부하는 칭찬해 추천한다. 혹은 갑(甲)이란 사람의 소송사건은 여론이 그를 원통하다고 한다고 말하고, 혹은 아무개의 형사사건은 관의 판결이 잘못된 것이 있다고 말한다. 아래에 있는 모든 간사한

사람들이 온갖 계략을 써서 뚫고 들어와 서로 멀어지게 하면, 마음 착한 아내와 어린 아들은 스스로 그것이 공론(公論)인 줄 알 뿐 그것이 사사로운 음흉한 술책인 것을 깨닫지 못하게 된다. 나는 이러한 사람을 많이 보았다.

이런 말을 들을 때는 그 즉시 믿지 말고 오직 공정한 사리로 천천히 살펴보아야 한다. 만약 그가 말한 것이 충실한 것이면 겉에 드러내지 말고 잠자코 움직여서 선처(先處)하고, 간사한 자의 계략이라면 그 경로를 찾아내어 그 간계의 소굴을 적발하고, 본래의 사건에 대한 죄 이외에 간알의 죄를 병과(倂科)하여 수령의 마음 쓰는 법을 명백히 보이고 크게 징계하는 일을 하지 않아서는 안 된다.

만약 처자(妻子)는 나를 사랑하는 사람이니 그의 말은 반드시 충성스러운 것이라고 말한다면, 매우 잘못된 생각이다. 처자도 이미 그러하니 하물며 그 밖의 사람들이야 오죽하겠는가?

한 재상이 청음(淸陰) 김상헌(金尙憲)에게 말하였다. "우리 집안사람은 번번이 뇌물을 받는다는 비방(誹謗)을 받습니다. 장차 어떻게 하면 좋겠습니까?" 김상헌이 말하였다. "부인이 청탁하는 것을 하나도 들어주지 않으면 비방은 없어질 것입니다." 그 재상이 크게 깨닫고 한결같이 그의 말대로 하였다. 그 부인이 항상 김상헌을 욕하여 말하였다. "저 늙은이가 자기나 청백리(淸白吏)가 되었으면 그만이지 어째서 남에게 본받게 만들어서 나를 이렇게 고생시킨단 말인가?"〔정재륜鄭載崙의 ≪인계록因繼錄≫〕

5. 검소하고 절약해 화사(華奢)함이 없고, 관(官)에 있는 것이 집에 있는 것과 같으며, 온 집안이 따라서 감화(感化)해 원망

하고 꾸짖는 일이 없다면 이것은 군자(君子)의 집안이다.

**▌원문**

**儉約無華 處官如家 一室從化 無攸怨罵 則君子之家也.**
검 약 무 화　처 관 여 가　일 실 종 화　무 유 원 매　즉 군 자 지 가 야

▌조찬(曹璨)은 빈(彬)의 아들이다. 절도사(節度使)가 되어 그
의 어머니가 하루는 집의 창고를 검열(檢閱)하여 돈 수천 꿰미
를 쌓아둔 것을 보고 조찬을 불러 가리켜 보이면서 말하였다.
"너의 아버지 시중(侍中)께서는 내직(內職)과 외직(外職)을 고
루 역임하셨으나 일찍이 이렇게 쌓아둔 재물은 없었다. 네가
아버지에 미치지 못함을 알 수 있다."
고려의 유응규(庾應圭)는 지조와 행동이 바르고 굳었다. 일찍
이 남경(南京, 지금의 양주楊州) 수령으로 있을 때 정치가 청렴
개결(介潔)한 것을 숭상하였다. 그의 아내가 아이를 낳은 뒤
유통(乳痛)이 심했으나 다만 나물국뿐이므로 한 아전이 몰래
꿩 한 마리를 보냈더니 부인이 말하였다. "남편이 평일에 남이
보내주는 것을 받지 않았다는데, 어찌 나의 구복(口腹) 때문에
남편의 깨끗한 덕행을 더럽힐 수 있겠는가?" 아전이 부끄러워
하며 물러갔다고 한다.

# 【목민심서 제4권】

## ✳ 제4조 병객屏客

[관아에 손님을 불러들이지 않음]

1. 대체로 관부에 객원(客員)이 있는 것은 좋지 않다. 오직 서기 한 사람을 두어 내아의 일도 겸하여 보살피게 하는 것이 좋다.

**▌원문**

**凡官府不宜有客 唯書記一人 兼察內事.**
범 관 부 불 의 유 객  유 서 기 일 인  겸 찰 내 사

**▌주**

**병객(屛客)** 객원(客員)을 없앤다는 뜻. 병(屛)은 물리친다는 뜻이고, 객(客)은 손님이니 여기에서는 객원을 의미한다. 객원은 직원 이외의 인원.

**관부(官府)** 관청.

▌지금의 풍속에 소위 책객(冊客)을 한 사람 두어서 회계(會計)를 맡기고, 매일의 출납기록을 보살피게 하는 것은 예도(禮度)가 아니다. 관부의 회계에는 모든 공용(公用)이건 사용(私用)이건 간에 포함되지 않는 것이 없다. 여러 아전과 많은 하인이 여기에 관계되지 않는 사람이 없다. 그런데 이에 직위(職位)도 없고 명목도 없는 사람을 시켜서 이 권한을 도맡아 다스

리게 하여 날마다 아전이나 관노(官奴)의 재물을 맡은 사람과 많다, 적다, 허위다, 사실이다 하며 따지게 하는 것이 어찌 사리에 맞겠는가? 이 사람이 간사한 것을 잘 적발하고 숨긴 것을 밝혀낸다면 원망은 수령 자신에게 돌아오게 될 것이고, 그 사람이 허물과 잘못을 말하지 않고 숨겨 준다면 손해가 수령 자신에게 돌아오게 될 것이니 장차 무슨 유익함이 있겠는가?

일용의 자질구레한 지출은 살펴볼 만한 가치도 없다. 수령이 현명하면 아전이 저절로 속이지 못한다. 비록 쥐도둑 같은 작은 속임이 있다고 한들 1년 동안의 손실을 합해도 만전(萬錢, 백 냥)은 안 될 것이다. 회계를 맡은 객원(客員)을 쓰면 1년 동안 그 사람을 부양하는 경비가 적어도 3~4만 전은 될 것이니, 얻는 것이 손실을 보충할 수 없으며 한갓 나에게 누(累)만을 더할 뿐이다. 마땅히 제거해야 할 가외의 존재이다.

오직 서기 한 사람은 쓰지 않을 수 없다. 수령의 모든 집안일을 처리하기 위해 반드시 가재(家宰, 집안일을 맡아보는 사람) 한 사람이 있어야 한다. 집안의 모든 자질구레한 일을 수령 자신이 관리하면 체면이 손상되고, 자제에게 시키면 비천(鄙賤)하게 되기 때문이다.

가재(家宰), 즉 서기를 두어 제사에 쓰는 물건과 남에게 보내는 선물을 싸서 표지(標識)하는 일은 이 사람에게 맡겨야 하며, 내사(內舍)에서 쓰는 모든 물건과 그것을 출납하는 것도 마땅히 이 사람에게 맡겨야 한다. 다만, 이 사람에게 관의 아전이나 하인에게 한마디의 명령이나 한마디 말이라도 하지 않게 해야 한다. 그리고는 틈을 타서 동헌(東軒)에 가서 아뢰고 명령을 받게 한다. 또 모든 편지의 주고받는 것을 만약 자제 중에 대신 수고할 사람이 없으면 그것도 마땅히 이 사람에게 맡겨야 할 것이다. 이 일을 하는 사람을 기실(記室)이라고 한다.

2. 고을 사람과 이웃 고을 사람들을 맞아들여 접견(接見)해서는 안 된다. 관부(官府) 안은 마땅히 엄숙하고 깨끗해야 한다.

■ 원문

凡邑人及隣邑之人 不可引接 大凡官府之中 宜肅肅淸淸.
범 읍 인 급 린 읍 지 인　불 가 인 접　대 범 관 부 지 중　의 숙 숙 청 청

■ 주

**읍인(邑人)** 그 고을에 사는 사람.

**인접(引接)** 인견(引見)하고 접대하는 일.

**숙숙(肅肅)** 엄숙한 모양.

**청청(淸淸)** 깨끗하고 맑은 모양.

■ 요즘 풍속에 존문법(存問法, 찾아보고 문안함)이 있다. 지방의 세력 있는 사람이나 간사한 민간인이 조정의 고관(高官)들과 결탁하고 있어서, 수령이 부임하는 길에 오르기 전에 조정에 하직하러 가면, 조정의 고관이 수령에게 그를 존문하고 매사를 잘 보호할 것을 부탁한다.

예전에 참관 유의(柳誼)가 홍주목사(洪州牧使)로 갔을 때, 존문하라는 고관의 부탁을 하나도 시행하지 않으므로 내가 그에게 너무 융통성이 없다고 말하였더니 유공(柳公)이 말하였다. "임금께서 이미 홍주의 백성 전체를 나 목신(牧臣)에게 맡겨서 그들을 불쌍히 여기게 하고 보살피게 하였다. 조정 고관의 부탁이 중하나 어찌 이러한 임금의 명령보다 더할 수가 있겠는가? 만약 내가 치우치게 한 사람을 골라서 그 사람만을 문안하

고, 그 사람만을 보호한다면 이것은 임금의 명령을 어기고 사사로운 명령을 받는 것이 된다. 내 어찌 감히 그렇게 할 수 있겠는가?"

나는 그의 말에 깊이 감복하여 다시 논란(論難)할 수 없었다. 대체로 존문이란 것을 경솔히 해서는 안 된다.

문리(門吏, 예방禮房의 승발承發 등)를 엄중히 단속해 약속하기를, '읍내의 모든 사람, 가령 비록 현임(現任)의 학궁(學宮, 향교)의 임원이나 새로 존문 받게 된 사람일지라도 통과시키지 말 것이고, 만일 어기는 일이 있으면 네가 벌을 받을 것이다.' 라고 해야 한다.

3. 가난한 친구와 빈궁한 친족으로 먼 곳에서 찾아온 사람은 마땅히 즉시 맞아들여 접견하고, 후하게 대우해서 보내야 한다.

### ▎원문

**貧交窮族 自遠方來者 宜卽延接 厚遇以遣之.**
빈 교 궁 족　자 원 방 래 자　의 즉 연 접　후 우 이 견 지

▎선인(先人)이 일찍이 말하기를, "가난한 친구와 빈궁한 친족을 잘 대우하기란 매우 어려운 일이다."라고 하였다. 진실로 청빈(淸貧)한 선비와 지조 높은 벗이라면, 벗을 찾아 혹은 친족을 찾아서 관청에 오지는 않는다. 나를 찾아오는 사람은 대체로 구차하고 비루한 사람이 많다. 언어와 행동이 달갑지 않고, 혹은 무리한 부탁을 하며, 혹은 지나친 요구를 하는 경우가 있어서 미워할 만하다. 그러므로 이런 사람에게 부드럽고 원만하게 대하기란 매우 어렵다. 그럴수록 잘 대우하는 것이 고수(高

手)이다. 그런 사람을 대할 때에는 반갑게 영접하여 즐거운 표정으로 담소(談笑)하고, 좋은 음식과 새 옷을 주며, 여비를 넉넉하게 주어서 보내야 한다. 다만 그를 영접하는 날에 만약 아직 참알(參謁)이 끝나지 않았거나, 혹은 아전과 백성이 관정(官廷)에 있는 경우라면 마땅히 그들을 바로 책방(冊房)에 가게 하고, 일이 끝난 다음에 존장(尊長)이면 수령이 몸소 가서 인사하고, 평교(平交) 이하면 동헌에서 접견한다. 그리고 약속하기를, '지금부터 돌아갈 때까지는 책방에 거처하고, 정당(政堂)에는 나오지 마십시오.'라고 한다. 간혹 밤이 깊어 관의 용무가 끝난 뒤에 정당에서 술을 데우게 하고 고기를 구워서 같이 즐기는 것은 좋다.

## 4. 잡인(雜人)의 출입은 엄중히 금지해야 한다.

**▌원문**

閽禁不得不嚴.
혼 금 부 득 불 엄

**▌주**

**혼금(閽禁)** 관청에 잡인의 출입을 금지하는 것.

▌지금의 수령 중에 어떤 사람들은 관부의 모든 문을 활짝 열어 놓는 것을 덕행(德行)으로 생각하고 있다. 이것은 덕행이 될지 모르나 정치를 모르는 행동이다. 나의 직책은 백성을 잘 다스리는 것이고, 손님을 접대하는 일은 아니다. 평생에 한 번 본 일도 없는 사람들을 어찌 다 만나야 한단 말인가? 문을 지키는 아전에게 명령하기를, '손님이 문밖에 오면 먼저 좋은 말

로 사절하고, 곧 몰래 나에게 알려서 처분을 기다리도록 하라.'
라고 한다. 그렇게 하면 실수함이 없을 것이다.

≪경국대전(經國大典)≫에 규정하기를, '사사로운 일로 관부에
출입하는 사람은 장(杖) 1백 대의 형에 처한다. 다만, 아버지,
아들, 사위, 형, 아우는 예외로 한다.'라고 하였다.

나라의 금령(禁令)이 이와 같으니 몸을 수양하고 행동을 삼가
는 선비는 반드시 법을 위반하는 행동은 하지 않을 것이다.


## ✳ 제5조 절용節用
### [재물을 절약함]


1. 수령 일을 잘하는 사람은 반드시 자애롭다. 자애하고자
하는 사람은 반드시 청렴해야 하고, 청렴하고자 하는 사람
은 반드시 절약해야 한다. 그러니 절용하는 것은 수령이 제
일 먼저 해야 할 임무이다.


▌**원문**

**善爲牧者 必慈 欲慈者 必廉 欲廉者 必約 節用者 牧之首**
선 위 목 자　필 자　욕 자 자　필 렴　욕 렴 자　필 약　절 용 자　목 지 수

**務也.**
무 야


▌**주**

**목(牧)** 목민관, 즉 수령.

**자(慈)** 자애(慈愛).

**수무(首務)** 제일 먼저 해야 할 일.

▮ 배우지 못한 사람이 어쩌다가 한 고을의 수령이 되면, 방자하고 교만하고 사치하게 되어 아무런 절제도 없이 멋대로 돈을 남용(濫用)한다. 그래서 그 빚이 이미 큰 액수에 이르게 되면 사세가 반드시 욕심이 많게 되고, 욕심이 많게 되면 반드시 아전과 공모하여 이득(利得)을 나누어 먹게 된다. 그렇게 되면 백성의 고혈(膏血)을 빨게 된다. 그러므로 절약해서 쓰는 일은 백성을 사랑하기 위해 제일 먼저 해야 할 일이다.

2. 절용은 제한을 지키는 일이다. 의복과 음식에는 반드시 법식이 있고, 제사를 지내고 빈객(賓客)을 대접하는 데에도 반드시 법식이 있다. 법식을 지키는 것이 절용의 근본이 된다.

▮ 원문

節者限制也 衣服飲食 必有式焉 祭祀賓客 必有式焉 式
절 자 한 제 야   의 복 음 식   필 유 식 언   제 사 빈 객   필 유 식 언   식

也者 節用之本也.
야 자   절 용 지 본 야

▮ 주
**절(節)** 절용, 절도.
**식(式)** 법식, 일정한 예식(例式).

▮ ≪주례(周禮)≫〈천관총재(天官冢宰)〉편에 보면 아홉 가지 법식으로 재용(財用, 제사나 손님 접대 등)을 규정하였다. 천자(天子)의 부(富)를 가지고도 반드시 먼저 법식을 정하여 재용을 절약했는데, 하물며 한 작은 고을의 수령이겠는가. 법식을 정하지 않아서는 안 된다.

유원성(劉元城)이 마영경(馬永卿)에게 말하였다. "자네는 봉록(俸祿)이 박하니 수입을 봐서 지출해야 한다."

의복은 거칠고 검소한 것을 입는 것에 힘써야 한다.

아침저녁의 식사는 밥 한 그릇, 국 한 그릇, 김치 한 접시, 장 한 종지 외에 4첩에 그쳐야 한다. 4첩이란 옛날의 2두(豆), 2변(邊)이다. 구운 고기 한 접시, 어포(魚脯) 한 접시, 저(菹, 절인 나물) 한 접시, 해(醢, 젓갈 즉 육장肉醬) 한 접시이다. 이보다 더해서는 안 된다.

근래의 관장(官長)들은 모든 일에 다 체통을 세우지 못하면서 오직 음식에만 망령되게 스스로 존대(尊大)한 체하여 옛 법을 쓴다고 말하고는, 크고 작은 두 개의 상에 홍반(紅飯, 붉은 팥으로 물들인 밥)과 백반(白飯)을 갖춰 차리고, 내외(內外) 두 군데의 반찬은 수륙(水陸)의 진미를 갖추어 늘어놓는다.〔내사內舍와 외주外廚에 각각 성찬을 내놓는다〕 그리고는 스스로, '관장의 체면은 본래 당연히 이러해야 한다.'라고 생각한다. 그리고 먹고 남는 것은 노비와 기녀들에게 은혜를 베푼다고 한다. 나의 직책을 다하지 못하였으니 박찬(薄餐)도 오히려 검소하게 해야 할 것을 알지 못하고, 그 직책에는 힘쓰지 않으면서 다만 그 음식만 찾고 있으니 어찌 우습지 않은가. 넘치게 낭비하면 재정이 곤란하게 되고, 재정이 곤란하게 되면 백성을 해치게 된다. 보이는 것은 노비나 기녀뿐, 백성을 해쳐서 기녀를 살찌게 하는 것이 무슨 유익함이 있단 말인가.

또 어떤 사람은 처음 취임한 때에는 그 어리석은 호기를 멋대로 부리다가, 두어 달도 못 되어 처음의 상태를 이어갈 수 없게 되어 박하고 적게 하는 사람이 많다. 그렇게 하면 아전과 백성들이 서로 전해가면서 그의 꾸준하지 못함을 비웃을 것이니 또한 부끄럽지 않은가.

3. 제사를 받들고 손님 접대하는 것은 비록 사사로운 일인 경우에라도 마땅히 일정한 법식이 있어야 한다. 잔약한 작은 고을에서는 법식보다도 줄여야 할 것이다.

■ **원문**

## 祭祀賓客 雖係私事 宜有恒式 殘小之邑 視式宜減.
제 사 빈 객　수 계 사 사　의 유 항 식　잔 소 지 읍　시 식 의 감

■ 공적(公的)인 제사에는 일정한 공식의 법도가 있다. 사삿집의 제사는 마땅히 옛 제도를 따라 대부(大夫) 이상은 마땅히 소뢰(少牢)의 제물(祭物)을 써야 하고〔통정대부通政大夫 이상〕 당하관(堂下官)은 마땅히 특생(特牲)인 제물을 써야 한다.〔통훈대부通訓大夫 이하〕 두(豆)를 더하고 변(籩)을 더하는 것은 적당한 정도에서 따라야 한다.

소뢰는 그 잔은 세 번 드리고, 그 식(食)은 4궤(簋, 밥 한 그릇, 국수 한 그릇, 떡 두 그릇)·3형(鉶)·5조(俎)·6두(豆)·6변(籩)이다.〔저菹·해醢 등 젖은 제물은 두에 담고, 포脯·율栗 등 마른 제물은 변籩에 담는다〕 그리고 그 위에 더 차리는 것은 두(豆)에 담은 것이 두 가지를 넘을 수 없으니 이어(酏魚, 속명으로 어전魚煎)와 삼육(糝肉, 속명으로 간남肝南)이 그것이다. 변에 담은 것도 두 가지를 넘을 수 없으니 연이(蓮飴, 속명으로 정과正果)·율고(栗糕, 속명으로 다식茶食) 등이 그것이다. 군현의 녹(祿)은 경관(京官)보다 많으니 두를 더하고, 변을 더할 수 있을 것이다.

위에서 말한 것은 시제(時祭)나 기제(忌祭) 때의 제물을 말한

것이다. 춘분·추분에 지내는 시제와 동지·하지에 지내는 천신(薦新)의 제례는 대부는 특돈삼정(特豚三鼎, 1헌·2궤·1형·3조·2두·2변)이고, 당하관은 특돈일정(特豚一鼎, 1헌·1조·2두·2변)을 쓴다. 더해서는 안 된다.

초하루 제사에는 대부는 특돈일정, 당하관은 포(脯)·해(醢)뿐이다.〔1헌·1두·1변〕

청명(淸明)·한로(寒露) 때에 묘제(墓祭)가 있다. 대부, 사(士) 모두 특돈삼정을 쓴다.

이 제례의 법식은 내가 참고삼아 적어본 것뿐이다. 집마다 각기 예(禮)가 있고, 국가에서 정한 제도가 있는 것이 아니니 마땅히 각기 자기네의 집안 법식에 따라야 할 것이다.

공적인 빈객(賓客)을 접대하는 데에는 공식(公式)이 있다.〔《오례의五禮儀》〕

사적인 빈객의 접대에는 마땅히 2등급으로 구분하여 나이 많은 웃어른에게는 4첩, 나이 어린 아랫사람에게는 2첩으로 한다. 그 음식의 후하고 박한 것은 그 고을의 재력에 따른다.

4. 안채에서 사용하는 모든 물품은 그 예식(例式)을 정하고, 한 달 동안 쓸 것은 모두 초하루에 납품하게 한다.

**▌원문**

**凡內饋之物 咸定闕式 一月之用 咸以朔納.**
범 내 궤 지 물   함 정 궐 식   일 월 지 용   함 이 삭 납

**▌주**

**내궤지물(內饋之物)** 내아(內衙) 즉 관가의 안채에서 음식에 쓸 물건.

▋ 안채에서 쓸 식료품은 반드시 일정한 한계를 정해야 한다. 그러므로 안식구가 도착하면 관주(官廚)에서 날마다 그 소용되는 물품을 바치게 한다. 그래서 10일이 되면 그동안 여러 가지 납입한 물품을 합계하여 그것을 3배로 한다.〔한 달은 30일이므로 3배 한다〕그것을 한계로 예식(例式)을 정하고 초하루에 한꺼번에 바치게 한다.

관부의 정령(政令)은 깨끗하고 간단한 것이 좋다. 자질구레한 쌀이니 소금이니 무엇이니 하여 날마다 일일이 하인들을 부르고 명령하고 납품하고 검수하고 회계한다면 매우 소란하고 혼란할 것이다. 그래서 한 달치를 초하루에 바치게 한다. 그러나 생선이나 쇠고기, 기타 한꺼번에 바칠 수 없는 것은 미리 바치는 시기를 적당히 정해둔다.

5. 공적인 손님의 음식 접대도 또한 반드시 먼저 그 예식(例式)을 정해둔다. 기일(期日)에 앞서서 물품을 준비해 예리(禮吏)에게 주고, 비록 접대하고 남는 것이 있더라도 회수하지 않아야 한다.

▋원문

**公賓之餼 亦先定厥式 先期辦物 以授禮吏 雖有贏餘 勿**
공 빈 지 희  역 선 정 궐 식  선 기 판 물  이 수 례 리  수 유 영 여  물

**還追也.**
환 추 야

▋주

**공빈(公賓)** 공식(公式)으로 접대해야 할 공적(公的)인 손님.
**희(餼)** 음식 대접.

**예리(禮吏)** 예방(禮房)의 아전. 손님의 접대는 예리의 소관이다.

▌공적인 손님을 대접하는 품급(品級)은 모두 예전조(禮典條)에 나온다.

관찰사를 접대하는 음식은 마땅히 옛 예에 따라야 한다. 혹 옛 예가 불편한 바 있으면 마땅히 고을의 전례에 따라야 할 것이다. 이 경우에는 10년간의 전례[예例라고 말하는 것은 등록謄錄이다]를 가져다가 그중에 너무 사치한 것과 너무 검소한 것을 버리고, 그 중간 정도 것을 취해 사치하지도 않고 검소하지도 않은 것을 골라 일정한 법식으로 정하고, 접대를 맡은 아전에게 필요한 물품을 내준다. 남는 것이 있어도 다시 말하지 않는다.

혹 일정한 법식 외에 손님이 따로 청하는 것이 있으면 아전이 그 요구에 응하고, 따로 작은 장부에 기록했다가 손님이 떠난 뒤에 회계토록 한다.

평안도와 황해도의 중국으로 가는 사신(使臣)과 각 도의 어사, 경시관(京試官, 서울에서 파견하던 시험관), 반사관(頒赦官, 죄인을 용서해주는 일을 알리는 벼슬아치) 등 모든 공적인 손님에 대해서도 모두 이 예에 따라 시행한다.

6. 무릇 아전이나 관노가 공급하는 것으로 회계에 포함되지 않는 것은 더욱 절약해야 한다.

▌**원문**

**凡吏奴所供 其無會計者 尤宜節用.**
범 리 노 소 공  기 무 회 계 자  우 의 절 용

■ 관부에서 사용하는 모든 물품은 결국 어느 것이나 다 백성의 부담이 아닌 것이 없지만, 그중에서도 그 대가(代價)를 관부의 회계에서 지출하지 않는 것은 백성에게 폐해를 끼침이 더욱 심한 것이다. 그 물품은 하늘에서 떨어지거나 땅에서 솟아오른 것이 아니고 다 백성의 부담에서 나오는 것이므로, 그것의 사용을 절약하고 그 폐해를 살펴 백성에게 피해가 조금이나마 적게 해주는 것이 좋지 않겠는가.

채소나 오이, 호박 같은 것은 원노(園奴, 속칭 원두한園頭漢)가 바친다. 그 대가로 창고지기가 좁쌀이나 쌀을 함부로 거두어 〔이를 색락미色落米라 한다〕 바치는 것을 충당하니, 그렇게 함부로 거두는 것을 금하지 않으면 백성이 해를 입고, 갑자기 엄금하면 창고지기가 파산하게 된다. 그러니 어찌 그 근원을 맑게 하여 그 폐단의 흐름을 막는 것만 하겠는가?

모든 채소나 오이, 참외 등은 마땅히 엄중한 예식(例式)을 정하여 하루에 몇 근(斤)을 바치게 하고 그것을 넘지 않게 한다. 한 줌, 두 줌이니 한 묶음, 두 묶음이니 하는 것은 우리나라의 어설픈 계산법이다. 줌은 큰 것, 작은 것이 있고, 묶음은 무거운 것, 가벼운 것이 있을 수 있다. 마땅히 저울을 사용해야 한다.

7. 천지가 만물을 생산하여 사람에게 소용에 따라 사용하게 하였으니, 한 가지 물건이라도 버리는 것이 없게 한다면 재물을 선용(善用)한다고 말할 수 있다.

■ 원문
**天地生物 令人享用 能使一物無棄 斯可曰善用財也.**
천 지 생 물  영 인 향 용  능 사 일 물 무 기  사 가 왈 선 용 재 야

▌도간(陶侃)이 형주(荊州)에 있을 때, 조선관(造船官)을 감독해 나무의 톱밥을 모두 모아다가 눈[雪]과 진흙 위에 펴서 그 장해(障害)를 막는 데 사용했으며, 대나무의 굵은 마디를 산처럼 모아 쌓아두게 하여, 나중에 환온(桓溫)이 촉(蜀)을 치려고 배를 만들 때 못으로 사용했다.

패항(貝恒)이 동아(東阿)의 수령이 되었을 때, 관에 있는 비록 작은 물건일지라도 반드시 생각이 백성에게 미쳤다. 건축하고 수리한 후 사용하고 남은 폐철(廢鐵), 못쓰게 된 가죽, 헌 새끼[索], 종이 따위를 모두 보관하게 했다가 공장(工匠)이 한가한 때에 가죽은 끓여서 아교를 만들고, 쇠는 녹여서 절굿공이를 만들며, 종이와 헌 새끼는 두드려서 양의(禳衣, 볏대)를 만들어 창고에 저장했다. 마침 임금이 순행하게 되어 칙사(勅使)가 석전(席殿)의 건조(建造)를 독촉했다. 전부터 저장했던 물건들이 모두 급한 용도에 쓰이게 되어 백성들의 힘을 소모하지 않았다.

## ✖ 제6조 낙시樂施

[즐거이 은혜를 베풂]

### 1. 가난한 친구와 빈궁한 친족은 힘을 헤아려서 돌봐주라.

▌**원문**

**貧交窮族 量力以周之.**
빈 교 궁 족　양 력 이 주 지

주지(周之) 구제함.

■ 한집안에 사는 사람은 비록 데려올 수는 없더라도 그중에 가난하여 끼니를 잇지 못하는 사람이 있다면 그 식구를 계산하여 그들의 매월의 생계를 돌봐주지 않을 수 없다. 소공친(小功親, 5개월 동안 상복을 입는 친척)으로 가난하여 끼니를 잇지 못하는 사람이 있으면 마땅히 반 달치 생계비를 계속 지출하지 않을 수 없다. 그 밖의 사람들은 급할 때만 도와주면 그만이다. 가난이 심하지 않은 사람은 이따금 조금씩 보내주면 된다.

가난한 친구가 와서 돌봐주기를 원하면 후하게 대우해야 한다. 그에게 주는 정도는 여비를 계산해 집에 돌아갈 때 여유가 있을 만큼이면 된다.

결국은 나에게 남는 힘이 있어야 남을 돌봐 줄 수 있다. 만약 관에 대한 채무(債務)가 많은 경우 마땅히 그 실정을 친척, 친구에게 알리고 조금 여유가 생길 때를 기다려서 오게 해야 할 것이다.

## 2. 권문세가를 후하게 섬겨서는 안 된다.

**權門勢家 不可以厚事也.**
권 문 세 가  불 가 이 후 사 야

**권문세가(權門勢家)** 권세 있는 집.

■ 권세 있는 집에 선물을 보내는 것을 후하게 해서는 안 된다.

내가 은혜를 입고 있으나 서로 잘 지내기를 의뢰(依賴)하는 사람에게 때로 선물을 보낼 때는 식품 두어 가지를 넘어서는 안 된다. 그 밖의 초피(貂皮)라든가 삼(蔘)이라든가 비단, 명주 같은 보배로운 물건은 절대로 보내서는 안 된다. 재상이 청렴하고 사리에 밝은 사람이라면 다만 그러한 귀중품은 받지 않을 뿐 아니라 도리어 나를 비루한 사람으로 알 것이다. 혹은 임금에게 고하여 처벌하기를 청한다면 이것은 재물을 손상하고 몸을 망치는 위태한 길이 될 것이고, 만약 재상이 뇌물을 즐겨 받고 끌어 올려 주는 사람이라면 그 사람은 머지않아 반드시 몰락할 것이다. 그때 공론(公論)은 나를 그의 연루(連累)된 사람으로 지적하거나, 적어도 그와 사사로이 가까운 사람이라고 하여 쫓겨나게 될 것이다. 어찌 애써 그런 일을 할 것인가?

신당(新堂) 정붕(鄭鵬)이 청송부사(靑松府使)로 있을 때, 재상 성희안(成希顔)이 잣과 꿀을 요구하니 정공(鄭公)이 대답하였다. "잣나무는 높은 봉우리의 정상에 있고, 꿀은 촌집의 벌통 속에 있으니, 수령이 어떻게 구할 수 있겠습니까?" 성희안이 부끄러워하며 사과했다.

## 제3장 봉공육조 奉公六條

'봉공(奉公)'은 공무를 봉행(奉行)한다는 뜻이다. 여기서는 수령의 직무 수행상 가장 근본적인 일인 첨하(瞻賀), 수법(守法), 예제(禮際), 보문(報聞), 공납(貢納), 왕역(往役) 여섯 조목을 들고 있다.

첨하는 임금과 조칙(詔勅)을 받드는 예절, 수법은 국법의 준수, 예제는 예(禮)로 교제하는 것, 보문은 보고 문서의 처리, 공납은 세금과 공물(貢物)을 받아 바치는 일, 왕역은 수령 고유의 직무 이외의 특별한 임무의 명령을 받았을 때의 복무 자세를 제시하였다.

# ✖ 제1조 첨하瞻賀

[임금과 조칙詔勅을 받드는 예절]

1. 왕궁을 향한 망하(望賀) 예는 마땅히 엄숙하고 화순(和順)하고 공경하게 하여 백성이 조정의 존엄함을 알게 해야 한다.

**▌원문**

凡望賀之禮 宜肅穆致敬 使百姓知朝廷之尊.
범 망 하 지 례  의 숙 목 치 경  사 백 성 지 조 정 지 존

**▌주**

**첨하(瞻賀)** 왕궁을 멀리 우러러보며 하례하는 일. 망하(望賀).

▌≪예기(禮記)≫에, '변색(辨色)에 조하(朝賀)한다.'라고 하였다. 변색은 먼동 틀 때라는 뜻이다. 먼동 틀 때 예를 거행하려면 반드시 닭이 울 때 일어나서 세수하고 머리 빗고 옷을 갈아입어야 늦지 않을 것이다.

입정(入庭)하여 망하(望賀) 예가 끝나면 반드시 한참 동안 엎드려서 지난 15일 동안 한 일이 우리 임금에게 부끄러움이 없는가를 묵묵히 생각하기를 진정 임금이 위에서 내려다보는 것처럼 한다. 만약 마음에 부끄러운 것이 있으면 마땅히 급히 고쳐서 나의 하늘에서 받은 떳떳한 마음을 기른다.

지금의 풍속은 오직 초하루, 보름에만 망하의 예를 하고 있다. 그러나 임금의 생일이나 나라에 경사가 있어 진하(陳賀)하는

날에는 모두 망하의 예가 있어야 마땅하다. 비록 남들과는 어긋나더라도 거행하지 않아서는 안 된다.

2. 망위(望慰) 예는 오로지 의주(儀注)에 따라야 한다. 그러니 옛 예를 강구하지 않을 수 없다.

### 원문
**望慰之禮 一遵儀注 而古禮不可以不講也.**
망 위 지 례  일 준 의 주  이 고 례 불 가 이 불 강 야

### 주
**망위(望慰)** 국상(國喪)이 있을 때 수령이 왕궁을 향하여 조위(弔慰)의 뜻을 표시하는 예절.
**의주(儀注)** 국가의 전례(典禮) 절차.

▌나라에 국상이 있을 때, 수령이 거행하는 망위(望慰)의 예는 의주의 정한 바에 따라 옛 예대로 가장 경건하고 신중하게 행해야 한다.

3. 나라의 기일(忌日)에는 사무의 처리를 중지하며, 형벌을 집행하지 않고, 음악을 중지하는 것을 다 법례대로 한다.

### 원문
**國忌廢事 不用刑 不用樂 皆如法例.**
국 기 폐 사  불 용 형  불 용 악  개 여 법 례

### 주
**국기(國忌)** 나라의 기일(忌日). 즉 왕과 왕비의 제삿날.

▌나라의 기일 하루 전에 좌재(坐齋, 제사 전날의 목욕재계)하고, 태형(笞刑)이나 장형(杖刑, 지금 풍속은 장형만을 용형用刑이라고 한다)을 집행하지 않으며, 문을 여닫을 때도 군악(軍樂)을 사용하지 않는다. 그 이튿날 재계를 파한 뒤라야 비로소 태형이나 장형을 집행한다.

지금 사람들이 나라의 기일에 잔치를 벌이고 놀며 풍악을 울리는 자가 있다. 아전과 백성들이 그 예(禮) 아닌 행동을 비난하여 온 고을 안이 떠들썩하건만 수령 자신은 듣지 못한다. 조심하지 않아서는 안 될 것이다.

예묘(禰廟, 아버지의 사당)와 왕고묘(王考廟)는 내가 섬긴 일이 있으니, 그 기일에는 마땅히 엄숙히 재계하고, 술을 끊으며 육류를 먹지 않는 것을 자신의 부모의 기일과 다름없이 해야 한다. 그렇게 해야 비로소 예에 맞는 일이다.


4. 조서(詔書)나 명령이 내리면 마땅히 조정의 은덕(恩德)한 취지를 널리 선포해서 백성에게 나라의 은혜를 충분히 알게 해야 한다.

▌**원문**

**詔令所降 宜宣布朝廷德意 使百姓深知國恩.**
조 령 소 강　의 선 포 조 정 덕 의　사 백 성 심 지 국 은

▌조서는 임금이 백성을 위로하고 타이르는 것이다. 어리석은 백성은 문자를 알지 못하기 때문에 직접 귀에 들려주고, 얼굴을 보고 일러주지 않으면 조서가 내리지 않은 것과 같다. 조서가 한 번 내리면 수령은 패전(牌殿)의 문밖에서 친히 입으로 설명하여 자세히 알려주어서 백성에게 나라의 은덕을 충분히 알

게 해야 한다. 그런데 번번이 보면 왕명이 내리면 급히 등사하여 풍헌(風憲)과 약정(約正)에게 보낸다. 만약 그들 자신이 조서의 취지에 위반되는 일을 하고 있으면, 아전과 풍헌 약정은 숨기고 선포하지 않는다. 세곡(稅穀)의 징수를 정지 혹은 연기하는 일이나, 환곡(還穀)을 감면한다는 등의 은덕의 조서 같은 것은 열 번 내리면 여덟, 아홉 번은 숨긴다. 수령의 여러 가지 죄 중에 이 죄가 가장 크다. 사형을 당해도 당연하다. 이러한 죄를 범해서는 안 된다.

## ✳ 제2조 수법守法
### [국법의 준수]

1. 법은 임금의 명령이다. 법을 지키지 않는 것은 임금의 명령을 따르지 않는 것이다. 신하로서 그 어찌 감히 할 수 있는 일이겠는가?

▌**원문**

法者君命也 不守法 是不遵君命者也 爲人臣者 其敢爲是乎.
법 자 군 명 야  불 수 법  시 부 준 군 명 자 야  위 인 신 자  기 감 위 시 호

▌책상에 ≪대명률(大明律)≫ 한 권, ≪대전통편(大典通編)≫ 한 권을 놓고 항상 펴서 법조문을 자세히 알아두어야 한다. 그리하여 거기에 따라 자신이 법을 지키고, 거기에 따라 법령을 시행하며, 거기에 의지하여 소송을 판결하고, 거기에 따라 모든 사무를 처리해야 한다. 적어도 법의 조문에서 금하고 있는 것

은 티끌 하나라도 어겨서는 안 된다.

그 고을에서 전부터 내려오는 관례가 있어서 비록 이미 오랫동안 따르고 있는 것일지라도 적어도 국법에 뚜렷이 위배되는 것이면, 그대로 따라서 법을 범해서는 안 될 것이다.

2. 읍례(邑例)는 한 고을의 법이라고 할 수 있으니, 그중에 사리에 맞지 않는 것은 고쳐서 지켜야 한다.

▍**원문**

**邑例者 一邑之法也 其不中理者 修而守之.**
읍 례 자  일 읍 지 법 야  기 부 중 리 자  수 이 수 지

▍**주**

**읍례(邑例)** 그 고을에서 시행되고 있는 전례(前例), 관례(慣例).

▍ 각 고을의 모든 창고에는 예로부터의 관례가 있다. 그것을 절목(節目)이라고 이름 지어 부른다. 그것은 대체로 처음 만든 목적이 원래 좋지 못한 것이 많다. 거기다가 나중 사람들이 더욱 어지럽게 변경해 보태고 빼고 해놓았다. 모두가 사심(私心)에서 자기에게 이롭게 하고 백성을 괴롭히는 데 맞도록 고쳐놓았다. 그것이 너무 거칠고 뒤섞이고 구차하고 더럽게 되어서 그대로 따라 시행할 수 없으면, 드디어 그 절목은 폐지하고 새로운 영(令)을 제멋대로 만들어 시행한다. 모든 백성을 괴롭히는 조항이 해마다 달마다 불어나서, 백성들이 살아갈 수 없게 된다.

수령이 새로 부임해 두어 달이 되면 모든 창고의 절목을 가져다가 한 조목 한 조목씩 따져 물어서 그중 사리에 맞는 것은 드

러내 쓰게 하고, 사리에 어긋나는 것은 폐지해야 한다.

정밀하게 생각하고 자세히 살펴서 용단(勇斷)을 가지고 후일의 폐단을 방지하며 민정(民情)에 순응하는 법을 만든다면 이것을 시행하여 마음에 부끄러움이 없을 것이다. 내가 떠난 뒤에 오는 사람이 따르고 안 따르는 것은 비록 알 수 없는 일이지만, 내가 있는 동안 그렇게 시행하는 것이 또한 좋지 않겠는가? 옛날에 쓰던 절목과 식례(式例, 이름을 등록謄錄이라고 한다)는 하나하나 거두어 모아서 불에 태우거나 찢어 버려서 영구히 그 뿌리를 없애야 한다. 만약 한 조각이라도 남겨두면 뒷사람 중에는 옛 관례라고 핑계하여 폐해가 다시 처음과 같게 될 위험이 있기 때문이다.

3. 무릇 국법에서 금지한 것, 형률(刑律)에 실려 있는 것은 마땅히 벌벌 떨며 두려워하여 감히 어겨서는 안 된다.

**▮원문**

凡國法所禁 刑律所載 宜慄慄危懼 毋敢冒犯.
범 국 법 소 금　형 률 소 재　의 률 률 위 구　무 감 모 범

**▮주**

**율률위구(慄慄危懼)** 벌벌 떨며 위태롭게 여기고 두려워하는 것.
**모범(冒犯)** 위반, 법을 어기는 것.

▮ 한 가지 일을 처리할 때마다 반드시 나라의 법전을 살펴보아야 한다. 만약 조금이라도 법에 어긋나고 형법에 저촉되는 것이면 절대로 해서는 안 된다. 수령 자신이 먼저 법을 지켜야 한다. 만약 전임자가 법을 어겨 나에게 넘어온 것이 있으면 마땅

히 거듭 그에게 시정을 요구하고, 그래도 듣지 않으면 단연코
감사에게 보고해야 하고, 덮어두어서는 안 된다.

번번이 한 가지 일을 할 때, '내가 하는 일을 감사가 들어도, 어
사가 알아도 나를 공격하거나 나무랄 것이 없는지' 반성해 근
심할 바가 없음을 확신한 뒤에 시행해야 한다.

너무 일직선으로 법을 고수하는 것이 때로는 융통성 없는 처사
가 되어 도리어 백성을 해롭게 하는 경우도 있다. 요는 자신의
마음이 천리(天理)의 공정함에서 나오고 백성에게 이익 됨을 위
한 것이라면, 혹은 때에 따라 법의 운용에 융통성이 있을 수 있
을 것이다.


## �֎ 제3조 예제禮際

### [예禮로 교제함]


1. 예의로 남과 교제하는 것은 군자가 조심해 지켜야 할 일
이다. 공손하게 해서 예에 가깝게 되면 치욕(恥辱)을 멀리
할 수 있을 것이다.

**▌원문**

**禮際者 君子之所愼也 恭近於禮 遠恥辱也.**
예 제 자　군 자 지 소 신 야　공 근 어 례　원 치 욕 야

▌관원(官員)과 관원이 접견(接見)하고 대우하는 데에는 일정
한 예(禮)의 절차가 있다. 반드시 이 절차를 지켜서 관리의 질
서를 바르게 해야 한다. 관리, 특히 지방관인 수령이 다른 관원

과 접촉하는 예의 절차는 ≪경국대전(經國大典)≫에 규정되어
있다.

2. 연명(延命) 예를 감영(監營)에 나아가서 행하는 것은 옛
예가 아니다.

▌원문

### 延命之赴營行禮 非古也.
연 명 지 부 영 행 례　비 고 야

▌주
**연명(延命)** 명령을 맞이한다는 뜻.
**영(營)** 감영(監營), 즉 감사의 영문.

▌ 연명(延命)은 고을을 지키는 신하가 자기의 임지에 있을 때
선화(宣化, 임금의 교화를 선포한다는 뜻)하는 신하가 순행해 본읍
에 도착하면, 수령이 패전(牌殿, 궐패闕牌를 모신 객사客舍)의 뜰
에서 공손히 교서(教書)를 받고 첨하(瞻賀)의 예를 행하는 것
을 말한다. 대체로 조정의 조칙(詔勅)이나 유고(諭告)를 공손
히 받는다는 뜻이다. 그런 까닭에 순행하는 선화관이 본읍에
오지 않으면 수령은 마침내 연명하지 못하는 자가 있게 된다.
이것이 옛 예이다.
영조(英祖) 초까지는 옛 예를 지켰는데 지금은 상관을 섬기기
에 아첨하여 감사가 도내(道內)에 도착하면 열흘도 되기 전에
수령이 감영으로 달려가서 급히 연명의 예를 행하게 되었다.
이것은 연명이 아니고 참알(參謁)이다. 이것은 조정을 존경하는
것이 아니고 상관에게 아첨하는 것으로서 모두 시속(時俗)의

폐단이다. 지금은 이미 습속(習俗)이 이루어졌으니 옛 예에만 얽매일 필요는 없다. 그러나 그렇게 허겁지겁 달려가서 식자 (識者)의 웃음거리가 되어서는 안 될 것이다. 천천히 수십 일 뒤에 어쩔 수 없으면 남들처럼 연명하는 것이 좋을 것이다.

3. 영하판관(營下判官)은 상영(上營)에 대해 마땅히 공경하 고 공손하여 예를 극진히 해야 할 것이다. 그것은 선배(先輩)의 고사(故事)가 있다.

## ▌원문

**營下判官於上營 宜恪恭盡禮 有先輩故事.**
영 하 판 관 어 상 영　의 각 공 진 례　유 선 배 고 사

## ▌주

**영하판관(營下判官)** 감영(監營) 아래에 있는 판관. 판관은 관찰부(觀察府), 유수영(留守營)과 주요 주부(州府)에 배치하였던 진방장관의 속관(屬官)이다.

**상영(上營)** 여기서는 감영, 유수영의 상관이라는 뜻으로 쓰고 있다.

▌ 조석윤(趙錫胤)이 진주목사(晉州牧使)가 되었을 때, 매일 새 벽에 병마사(兵馬使)에게 문안하며 말하기를, "내가 이렇게 하 는 것은 임금의 명을 존경하기 때문이다."라고 하고 끝까지 그 치지 않았다고 한다. 민유중(閔維重)이 경성판관(鏡城判官)이 되었을 때, 병마사에게 문안하는 것을 조석윤처럼 하였다고 한 다.〔≪동평문견록東平聞見錄≫〕

지금 사람들은 망령되게 스스로 교만하게 굴어서 굽혀 상관을 섬기기를 좋아하지 않고, 상관과 사단(事端) 일으키기를 좋아 하는 것은 온당한 일이 아니다. 그의 하는 일이 혹 사리에 어긋

날 때 다투는 것은 좋다.

4. 상급 관청이 자신이 다스리는 고을의 아전과 장교를 추문(推問) 치죄(治罪)할 때, 비록 일이 사리에 어긋나는 것일지라도 순종하고 어기지 않는 것이 좋다.

▌**원문**

**上司推治吏校 雖事係非理 有順無違焉 可也.**
상 사 추 치 리 교　수 사 계 비 리　유 순 무 위 언　가 야

▌**주**
**상사(上司)** 상급 관청.
**이교(吏校)** 아전과 장교.

▌ 자신이 다스리는 고을의 아전과 장교에게 죄가 있어서 상급 관청에서 문책하는 것은 본래부터 말할 나위가 없으나, 죄가 없는 것을 무리하게 추문하고 치죄하려고 하는 경우도 그 명령에 순종할 수밖에 없다. 다만 사정을 자세하게 간곡히 진술한 의견서 같은 것을 보내어 변명하는 것이 좋다.

5. 과실(過失)이 수령에게 있는 것을 상급 관청이 수령 스스로 그의 아전과 장교를 치죄(治罪)하게 할 경우는, 마땅히 그 죄수를 다른 수령에게 옮겨서 치죄하기를 청한다.

▌**원문**

**所失在牧 而上司令牧自治其吏校者 宜請移囚.**
소 실 재 목　이 상 사 령 목 자 치 기 리 교 자　의 청 이 수

▌ 아전과 장교의 과실 원인이 수령 자신에게 있는데, 수령 자신

이 그 죄를 다스린다는 것은 공정한 처리를 기대하기 어렵다. 설사 공정한 처리를 시행해도 남에게 의심받기 쉽다. 그런 경우에는 이웃 고을에 사건을 옮겨서 처리하도록 하는 것이 사리에 맞다.

6. 예를 지키면 공손하지 않을 수 없고, 바른 도리〔義〕를 지키면 결백하지 않을 수 없다. 그러므로 예와 의 두 가지 모두 완전하면 온화하고 도에 맞을 것이니 이런 것을 군자라고 한다.

▌**원문**

**禮不可不恭 義不可不潔 禮義兩全 雍容中道 斯之謂君子也.**
예 불 가 불 공  의 불 가 불 결  예 의 량 전  옹 용 중 도  사 지 위 군 자 야

▌**주**

**의(義)** 사람이 지켜야 할 바른 도리.

**옹용(雍容)** 온화한 모습.

7. 이웃 고을과는 서로 친목하고 예로써 대하면 허물이 적을 것이다. 이웃 고을의 수령과는 형제 같은 우의(友誼)가 있으니, 저쪽에서 비록 잘못된 일이 있을지라도 서로 미워하는 일이 없게 하라.

▌**원문**

**隣邑相睦 接之以禮 則寡悔矣 隣官有兄弟之誼 彼雖有失**
인 읍 상 목  접 지 이 례  즉 과 회 의  인 관 유 형 제 지 의  피 수 유 실

**無相猶矣.**
무 상 유 의

**과회(寡悔)** 회는 허물이라는 뜻이니 허물이 적은 것.

**인관(隣官)** 이웃 고을의 수령.

**상유(相猶)** 유는 병(病)이라는 뜻으로 서로 병 되게 여긴다는 말. 여기
서는 시기하고 미워하는 것.


8. 교대한 전임자와 후임자는 동료로서의 우의(友誼)가 있
다. 전임자가 후임자에게 잘못된 일이 있을지라도, 후임자
는 전임자의 과실을 비난하지 말아야 원망이 적을 것이다.

■원문

交承有僚友之誼 所惡於後 無以從前 斯寡怨矣.
교 승 유 료 우 지 의 　소 악 어 후 　무 이 종 전 　사 과 원 의

■주

**교승(交承)** 교대해서 받음. 즉 전임자와 후임자가 교체(交遞)하는 것.


■ 전임자와 후임자 사이는 같은 고을의 수령을 살게 된 동료로
서의 우의(友誼)가 있는 것이다. 전임자가 잘못된 일이 있더라
도 후임자는 될 수 있는 대로 그를 덮어주고, 그의 치적을 칭찬
해 준다. 후임자가 자기의 잘하는 것을 더욱 뚜렷이 드러내기
위해 전임자를 비난 공격하는 일이 가끔 있다. 그러나 그것은
자신의 인격을 손상하는 결과를 초래할 뿐이다. 남들이 그를
비겁하게 보기 때문이다. 공금 착복과 같은 두드러진 죄가 있
을 때는 무조건 덮어 숨길 수는 없을 것이다. 그러나 힘써 전임
자를 아끼고 보호하는 선의에서 원만한 해결책을 모색해야 한
다. 이것은 후임자로서, 동료로서 원만하고 선의에 찬 태도일
것이다.

# ✳ 제4조 보문報聞

[보고 문서의 처리]

## 1. 보고 문서는 마땅히 정밀하게 수령 자신이 작성해야 하고, 아전의 손에 맡겨서는 안 된다.

**▌원문**

**公移文牒 宜精思自撰 不可委之於吏手.**
공 이 문 첩　의 정 사 자 찬　불 가 위 지 어 리 수

**▌주**

**공이문첩(公移文牒)** 발송하는 공문서(公文書). 보고 문서.

▌ 발송할 공문이 예식(例式)에 따라 기입하는 것이라면 아전에게 맡겨도 무방할 것이다. 그러나 백성을 위해 폐단을 설명해 개혁을 도모하는 것이나, 혹은 상급 관청의 명령을 거역하여 그대로 봉행(奉行)하지 않으려는 것을 만약 아전의 손에 맡긴다면, 반드시 사심을 품고 간사함을 생각해 요긴한 말은 빼고 쓸데없는 말을 늘어놓아 그 일을 잘못되게 할 것이니 어찌 아전에게 맡길 수 있겠는가? 만약 무인(武人)이나 세상일에 익숙하지 않은 선비여서 이문(吏文)에 능통하지 못하다면 마땅히 기실(記室) 한 사람만 데리고 충분히 의논해 작성하는 것이 좋을 것이다.
원장(原狀) 말미에는 서명과 화압(花押, 수결手決)을 갖추고, 서목(書目, 원장의 대강을 적은 것)에는 서명이 있으나 수결은 두

지 않는다. 처음 벼슬하는 사람은 알아두어야 한다.

2. 보고 문서를 지체해서 상급 관청의 독촉과 문책 받는 것
은 공무를 집행하는 사람의 도리가 아니다.

■원문
文牒稽滯 必遭上司督責 非所以奉公之道也.
문 첩 계 체　필 조 상 사 독 책　비 소 이 봉 공 지 도 야

3. 모든 백성을 위해 은혜를 구하거나 백성을 위해 병폐(病
弊)를 제거하기 위한 공문서에는 반드시 지극한 정성이 말
에 드러나도록 작성해야 남을 감동하게 할 수 있다.

■원문
凡爲民求惠 爲民除瘼者 須至誠達於辭表 方可動人.
범 위 민 구 혜　위 민 제 막 자　수 지 성 달 어 사 표　방 가 동 인

■주
제막(除瘼) 막(瘼)은 병이니, 즉 병폐를 제거하는 것.

■ 원래 목민관은 백성을 보호해 기르기 위해 존재하는 것이다.
백성을 위해 은혜를 베풀어야 할 일이라든가, 백성에게 병이
되는 폐단을 제거해야 할 일이 상납 관청의 결심과 용단과 힘
을 얻어야 할 것이라면 상급 관청에 그 의견을 올려야 할 것이
다. 그러한 일을 상급 관청이 결행할 결심이 일어나도록 하려면
상급 관청이 보고 감동할 수 있도록 공문을 작성해야 할 것이
다. 그것은 수령의 진심에서 나오는 지극한 정성이 글에 나타
나야 비로소 가능할 것이다. 진정한 성의만이 남을 감동하게

할 수 있기 때문이다.

4. 상급 관청이나 아래 백성들과 주고받은 모든 문서는 마땅히 목록을 붙여서 책으로 매어두고 참고와 검사에 대비해야한다. 그중에 기한이 정해진 문서는 따로 작은 책을 만든다.

**▌원문**

**凡上下文牒 宜錄之爲冊 以備考檢 其設期限者 別爲小冊.**
범 상 하 문 첩　의 록 지 위 책　이 비 고 검　기 설 기 한 자　별 위 소 책

5. 농사 상황을 보고하는 문서로서 예규(例規)에 따라 5일마다 한 번씩 내는 것은, 비록 이웃 인편에 부쳐도 무방할 것이다.

**▌원문**

**農形文報例間五日 雖付隣便 亦無傷也.**
농 형 문 보 례 간 오 일　수 부 린 편　역 무 상 야

6. 월말 보고 문서로서 생략해도 될 만한 것은 상급 관청과상의해 없애도록 하는 것이 좋다.

**▌원문**

**月終文報 其可刪者 議於上司 圖所以去之.**
월 종 문 보　기 가 산 자　의 어 상 사　도 소 이 거 지

▌ 생략해도 될 만한 것은 생략해 사무의 간소화를 도모한다. 그러나 그것이 상급 관청에 제출되는 것이면 이미 예규(例規)로 되어 있으니, 마땅히 상급 관청에 의견을 말해 그 허가를 받아야 할 것이다.

# 【목민심서 제6권】

## �֎ 제5조 공납貢納
### [조세租稅와 공물貢物]

1. 재물은 백성에게서 나오고, 받아서 바치는 사람은 수령이다. 아전의 농간을 잘 살피면 백성에게서 받아들이는 것을 비록 너그럽게 해도 무방하지만, 아전의 농간을 살필 줄 모르면 비록 아무리 급하게 독촉해도 무익할 것이다.

**▌원문**

**財出於民 受而納之者 牧也 察吏奸 則雖寬無害 不察吏奸**
재 출 어 민　수 이 납 지 자　목 야　찰 리 간　즉 수 관 무 해　불 찰 리 간

**則雖急無益.**
즉 수 급 무 익

▌ 조세(租稅)와 공물(貢物, 나라에 바치는 물건)은 백성의 본분이다. 백성도 그것을 인정하고 있다. 조세와 공물을 이유 없이 바치기를 거부한다면 그것은 용납될 수 없는, 사리에 맞지 않는 행위이다. 매양 보면 사리에 어두운 수령 중 백성을 사랑한다고 하는 사람은 조세와 공물의 납기(納期)를 어기고, 국가에 봉공(奉公)한다고 자처하는 사람은 뼈에 사무치도록 백성의 살을 깎아내고 있다.

수령이 진실로 현명하여 아전들의 농간을 막아, 백성들이 생업

에 안정할 수 있게 한다면 조세와 공물은 독촉하지 않고 너그 럽게 해도 백성들은 기한을 어기지 않게 될 것이지만, 아전들의 농간을 살피지 못하여 온갖 수단으로 백성을 못살게 하면 아무리 급하게 독촉해도 소용없을 것이다. 그들에게 부담 능력이 없기 때문이다.

세미(稅米) 한 가지를 예로 든다면 호조(戶曹)에 바칠 것이 4천 석이면, 백성에게서 받는 것은 만 석을 훨씬 넘는다. 그 가외의 6천 석은 온갖 명목과 온갖 간사한 수단으로 아전들이 사사로이 착복하는 것이다. 공납을 잘하려면 먼저 아전들의 농간을 살펴야 할 것이다.

2. 간사한 백성의 해독은 간사한 아전보다도 심한 것이 있다. 공납을 제때 수납하고자 하는 사람은 먼저 백성의 간사한 행위를 살펴야 한다.

■ 원문

姦民之害 甚於姦吏 欲貢納及期者 先察民姦.
간민지해 심어간리 욕공납급기자 선찰민간

■ 내가 오랫동안 민간에 있어 보니 풍헌·약정(約定)·별유사(別有司, 호적 및 공공 사무를 맡아보던 사역使役)·방주인(坊主人, 군현과 방坊 사이의 심부름을 맡아 하던 사람) 무리가 농간을 부려 폐단을 만드는 것이 아전보다도 더했다. 모든 상납(上納)하는 물품이 한번 그들의 손에 들어가면 반 이상은 사라진다. 아랫돌을 빼내어 윗돌을 괴는 식으로 이리저리 미봉해 가는 동안에 마침내 수백 냥의 거액을 잘라먹고는 향리(鄕吏)들을 매수해 또다시 백성들에게서 강제로 받아들이곤 한다. 수령은 먼

저 이들의 농간부터 막아야 할 것이다.

3. 돈은 숫자가 일정하고 쌀에도 품질의 등급이 많지 않다.
오직 포목(布木)은 일정한 규격이 가장 없다. 포목을 수납
할 때는 이 점을 생각하지 않을 수 없다.

**▌원문**

錢有定數 米無多品 惟布之爲物 最無程式 不可以不慮也.
전 유 정 수   미 무 다 품   유 포 지 위 물   최 무 정 식   불 가 이 불 려 야

**▌주**

**정식(程式)** 일정한 규격.

▌ 나라에서 수납하는 금품은 돈이 가장 폐단이 없다. 그것은 수
가 일정하기 때문이다. 쌀로 받는 것도 그다지 염려될 것은 없
다. 쌀의 품질의 등급은 그다지 많지 않기 때문이다. 가장 속
이기 쉬운 것은 포목이다. 포목은 품질의 등차가 너무나 많다.
곱고 거친 등급이 그러하고, 좁고 넓은 차이가 그러하다. 여기
에 간사한 아전과 간사한 백성의 농간의 여지가 있다. 좁고 넓
은 것을 대신 바친다. 포목을 수납할 때 특히 유의해야 한다.

4. 상급 관청의 명령이 불법한 것이거나, 혹은 지금 백성의
정상(情狀)으로 보아 강행힐 수 없는 것이 있으면, 마땅히
그것이 불가하다는 것을 굳게 주장해 그대로 받들어 행하는
일이 없도록 한다.

**▌원문**

上司所命 或係非理 或今民情不可强督 宜執不可 期不奉行.
상 사 소 명   혹 계 비 리   혹 금 민 정 불 가 강 독   의 집 불 가   기 불 봉 행

▌ 상급 관청의 명령일지라도 그것이 불법하거나 사리에 맞지 않을 경우, 또는 백성의 형편이 그것을 감당할 수 없는 것이라면 따르지 않도록 노력해야 한다.

5. 정상적인 조세(租稅)와 정상적인 공물(貢物) 이외의 상급 관청이 진기(珍奇)한 물건을 바치라고 요구하는 것은 그대로 따라서는 안 된다.

▌원문
常賦常貢之外 上司求獻奇物 不可承也.
상 부 상 공 지 외   상 사 구 헌 기 물   불 가 승 야

▌주
**상부(常賦)** 정상적인 납세.
**상공(常貢)** 정상적인 공납(貢納).

6. 상급 관청이 사리에 맞지 않는 일을 강제로 군현에 배정해 시키는 일이 있을 때는, 수령은 반드시 이(利) 되고 해(害) 되는 점을 자세히 진술하여 시키는 대로 행하는 일이 없도록 해야 한다.

▌원문
上司以非理之事 强配郡縣 牧宜敷陳利害 期不奉行.
상 사 이 비 리 지 사   강 배 군 현   목 의 부 진 리 해   기 불 봉 행

▌ 상급 관청이 도리에 어긋나는 일을 강제로 군현에 배정하여 강행하고자 할 때는, 수령은 먼저 그렇게 하는 일의 이(利) 되고 해 되는 사유를 자세히 설명하여 반대 의견을 진술하고, 무조건 따르는 일이 없어야 한다. 이 일 때문에 파면될지라도 굴복

하지 말아야 한다.

## ✠ 제6조 왕역往役

1. 상급 관청에서 출장 보낼 때에는 마땅히 언제나 정성껏 순종해야 한다. 사고를 핑계 대거나 병을 핑계하여 자신의 편안만을 도모하는 것은 군자의 도리가 아니다.

**▌원문**

上司差遣 竝宜恪順 託故稱病 以圖自便 非君子之義也.
상사차견 병의각순 탁고칭병 이도자편 비군자지의야

**▌주**

차견(差遣) 출장을 명령함.
각순(恪順) 정성껏 순종함.

▌제관(祭官)·시관(試官)·사관(査官)·추관(推官)·기타 수령 고유의 직무 이외의 일로 상급 관청에서 출장을 명령한다면 순순히 명령을 받아들여 성의껏 직무를 이행해야 한다. 상급 관청은 명령할 권한이 있고, 수령은 그에 순종할 의무가 있다. 그것은 모두 나라를 위한 일이기 때문이다.

2. 이웃 고을에 살인사건이 생겼을 때, 검시(檢屍) 명령을 받으면 더욱 회피해서는 안 된다.

■ 원문 ────────────────────

## 殺獄檢官 尤不可謀避.

살 옥 검 관  우 불 가 모 피

■ 주

**살옥(殺獄)** 살인사건.

**검관(檢官)** 피살(被殺)된 사람의 시체를 검시(檢視)하는 임시 직무.

■ 피살자의 사체검안(死體檢案)은 일정한 기일이 있는 것으로 조금도 늦춰서는 안 된다. 살인사건이 있으면 이웃 고을의 수령에게 명령해 검시(檢屍)하고, 가까운 이웃 고을의 수령이 사고가 있으면 먼 이웃 고을 수령에게 검시를 명령하는 것이 법례(法例)이다. 이러한 하기 거북한 일일수록 명령을 회피해서는 안 된다. 내가 회피하면 대신 누군가 그것을 하게 된다. 결국 하기 싫은 것을 남에게 전가하는 것이 된다. 군자가 해서는 안 될 행위이다.

3. 모든 출장 명령에는 마땅히 성심껏 부여된 직책을 충실히 이행해야 하고, 구차하게 해서 하루 책임을 메꾸어서는 안 된다.

■ 원문 ────────────────────

## 凡有差遣 宜亦盡心職事 以塞一日之責 不可苟也.

범 유 차 견  의 역 진 심 직 사  이 색 일 일 지 책  불 가 구 야

4. 혹 풍랑에 표류하여 우리나라 해안에 도착한 외국 선박의 정상을 조사하라는 명을 받았을 때는, 일의 형편은 급하고 할 일은 어려운 것이니 더욱 조심해야 한다.

其或問情於漂船者 機急而行艱 尤所惕心.
기 혹 문 정 어 표 선 자　기 급 이 행 간　우 소 척 심

**문정(問情)** 정상(情狀)을 물어봄.
**척심(惕心)** 두려워하는 마음. 조심함.

■ 표류하다 도착한 외국 선박의 정상을 조사할 때 유의할 것이
다섯 가지이다.

① 외국인에게 깍듯한 예의를 지켜야 한다. ② 국법에 표류 선
박 안에 있는 문서는 인쇄한 것이거나 사본(寫本)이거나 막론
하고 다 베껴서 보고하게 되어 있다. 그러나 몇백 권, 몇천 권
의 서적이 있을 경우는 그 책의 명칭과 권수(卷數)를 기록하고
방대하여 베끼지 못한다고 사유를 적어야 할 것이다. 모든 일
은 사리에 맞도록 처리해야 할 것이다. ③ 표류 선박의 문정은
반드시 바다의 섬에서 하기 마련인데, 섬 백성이란 본래 호소
할 곳 없는 잔약한 존재이다. 아전과 관노(官奴)로 문정에 따
라간 자들이 여러 가지 핑계로 도민(島民)의 재산을 빼앗는 예
가 있다. 수령은 그런 일이 일어나지 않도록 경계해야 할 것이
다. ④ 지금 외국 선박은 그 체제가 기묘한 것이 많아서 운행에
편리하다. 표류 선박을 문정할 때 배의 구조, 대소(大小), 광
협(廣狹)과 사용한 재목, 운전법, 속력, 기타의 장치와 계기
(計器) 등을 자세히 묻고 자세히 기록해 우리나라 조선 기술의
향상에 기여하기를 꾀해야 한다. ⑤ 조난(遭難)한 외국인에 대
해서는 인자하고 가엾게 여기는 빛을 보이며, 음식과 의복 등
의 제공은 힘써 신선하고 깨끗한 것으로 하게 할 것이다. 성의

와 호의를 표시하여 그들이 호감을 품고 돌아가게 해야 할 것
이다.

# 제4장  애민육조愛民六條

저자는 이 애민육조를 쓰면서 다음과 같이 설명하고 있다.

수령이 해야 할 일이 어찌 농업과 잠업의 흥성[農桑盛], 호구의 증가[戶口增], 학교를 세움[學校興], 군정을 바로 함[軍政修], 부역의 균평[賦役均], 사송의 간소[詞訟簡], 간활함의 그침[奸猾息]의 이른바 수령의 일곱 가지 일에만 그치겠는가. 요즘 위에서도 이것을 잘하라고만 타이르고, 아래에서도 그것만을 받드는 것으로 능사(能事)가 다한 것처럼 생각한다. 그러므로 신진(新進) 기예(氣銳)한 수령이 있어서 비록 적극적으로 일을 하려고 하여도 이른바 일곱 가지 일 이외에는 무엇을 해야 할 것인지 막연하기만 하다. ≪주례(周禮)≫ <대사도(大司徒)>의 보식육정(保息六政)은 실로 수령이 첫째로 할 일이다. 여기 그 뜻의 대강을 따서 애민육조를 만든다.

양로(養老), 자유(慈幼), 진궁(振窮), 애상(哀喪), 관질(寬疾), 구재(救災)의 여섯 조목으로 되어 있다.

## ✳ 제1조 양로養老
### [노인을 받들어 모심]

1. 노인을 받들어 모시는 예절이 폐지되면 백성들은 효심(孝心)을 일으키지 않게 될 것이다. 백성의 목자(牧者)가 된 수령은 양로의 예를 거행하지 않아서는 안 된다.

▌**원문**

**養老之禮廢 而民不興孝 爲民牧者 不可以不擧也.**
양 로 지 례 폐   이 민 불 흥 효   위 민 목 자   불 가 이 불 거 야

▌ 나라에서 노인을 존경하고 받들어 모시는 예절이 없어지면 나라의 풍속이 노인을 소중하게 여기는 풍습이 없어지게 되고, 노인을 존경하지 않게 되면 백성들은 자기 부모에게 효도하는 마음이 줄어들기 마련이다. 그러나 효도는 인간의 모든 선행의 근본이 되니 수령은 양로의 예절을 소홀히 해서는 안 된다.
수령은 1년에 한 번씩 가을이면 추위지기 전에 양로연(養老宴)을 베풀어야 한다. 남자 80세 이상인 노인들을 초청하여, 80세 이상에는 밥, 떡, 국 이외에 네 접시 반찬을, 90세 이상은 여섯 접시의 반찬을 대접한다. 만약 100세 이상 노인이 있으면 이날 수령은 여덟 접시 반찬을 갖추어서 수석 아전을 보내어 몸소 그 집에 가서 드리게 한다.

2. 섣달그믐 2일 전에 식품을 60세 이상 노인에게 돌려주

어야 한다.

■ 원문

歲除前二日 以食物歸耆老.
세 제 전 이 일  이 식 물 귀 기 로

■ 주
세제(歲除) 해가 감, 즉 섣달그믐날.
기로(耆老) 60세 이상의 노인. 기(耆)는 예순 살을, 노(老)는 일흔 살
  을 말한다.

■ 남자 80세 이상에게 각기 쌀 한 말, 고기 두 근을 예단(禮
單)과 문안 편지를 갖추어 보낸다.〔여자의 경우에는 조금 줄여
도 무방함〕90세 이상에게는 특별한 진미(珍味) 두 그릇을 더
보낸다.
아무리 큰 고을이라도 80세 이상은 수십 명에 지나지 않을 것
이며, 90세 이상은 몇 사람에 지나지 않을 것이니 쌀이라야 두
어 섬, 고기도 60근을 넘지 않을 것이다. 이것을 어찌 아낄 수
있겠는가? 기녀와 광대를 불러 하룻밤의 유흥비에 만전(萬錢)
도 가볍게 여기는 수령이 얼마든지 있지 않은가.


�֎ 제2조 자유慈幼
[어린이를 사랑함]


1. 어린이를 사랑하는 일은 선왕(先王)의 큰 정사로서 역대
의 임금들이 지켜서 법령으로 삼고 있다.

慈幼者 先王之大政也 歷代修之 以爲令典.
자유자 선왕지대정야 역대수지 이위령전

**선왕(先王)** 옛날의 어진 임금.
**영전(令典)** 국가의 법령.

▮ ≪주례(周禮)≫ 〈대사도(大司徒)〉에, '보식(保息) 정책 여섯 가지로 만민을 기른다.'라고 하였는데, 그 첫째가 어린이를 사랑하는 일[자애慈愛]이고, 둘째가 노인을 받들어 모심[양로養老]이고, 셋째가 곤궁한 사람이 떨치고 일어나게 하는 일[진궁振窮]이라고 하였다.

≪급총주서(汲冢周書)≫에는, '근인(勤人)을 두어 고아를 맡게 하고, 정장(正長)을 세워서 어린이를 보호한다.'라고 하였다.

≪관자(管子)≫에는, '나라의 수도(首都)에는 다 고아를 맡아 보호하는 벼슬아치가 있으며, 한 명의 고아를 양육하고 있는 사람의 아들 한 명에게는 병역(兵役)을 면제한다.'라고 했다.

≪한시외전(韓詩外傳)≫에는, '백성 중에 어른을 공경하고 고아를 불쌍히 여길 줄 아는 사람이 있으면, 그의 임금에게 보고해 장식한 쌍두마차를 탈 수 있게 한다.'라고 했다.

이러한 일들은 모두 어린이를 사랑하는 정책이다. 천지의 화기를 잃고 마음을 가장 슬프게 하는 일이, 어려서 부모를 잃은 것보다 더한 것은 없다. 어린이를 사랑하고 구휼하는 정책을 소홀히 할 수 있겠는가?

2. 옛날의 어진 목민관은 이 어린이를 사랑하고 구휼하는 정

책에 마음을 다하지 않은 사람이 없었다.

**▌원문**

古之賢牧 於此慈幼之政 靡不單心.
고 지 현 목   어 차 자 유 지 정   미 부 단 심

**▌주**

**단심(單心)** 탄심(殫心)과 같으니 심력(心力)을 다한다는 뜻이다.

3. 우리나라의 어린이를 사랑하고 구휼하는 정책은 옛날보다도 훨씬 훌륭하여, 법례(法例)에 자세히 규정하고 항상 수령들을 계칙했다.

**▌원문**

至我聖朝 慈幼之政 度越前古 詳著法例 常勅令長.
지 아 성 조   자 유 지 정   도 월 전 고   상 저 법 례   상 칙 령 장

**▌주**

**도월(度越)** 보다 뛰어남.

**▌** ≪국조보감(國朝寶鑑)≫에 중종(中宗) 6년에는 중앙과 지방에 명령을 내려 버려진 고아를 거두어 기르게 했고, 명종(明宗) 3년에는 명령을 내려 굶주린 백성이 버린 아이를 기두어 기른 사람은 영구히 그 사람에게 준다고 하여 거듭 옛 법을 밝혔다.
현종(顯宗) 3년 정월에는 중외(中外)에 명령해 버려진 고아를 거두어 기르도록 유시(諭示)하였다. 대사간 민정중(閔鼎重)의 진언(進言)을 받아들인 것이다.

현종 12년 4월에는 유기아수양법(遺棄兒收養法)을 만들었다. 길거리에 버려진 고아를 거두어 기른 사람은 한성부(漢城府)에 신고해 관의 증명서를 받은 뒤에, 아들로 삼거나 종으로 삼거나 그 사람 마음대로 한다는 것을 규정했다.

4. 만약 흉년이 아닌 해에 아이를 버린 일이 있으면 백성 중에서 거두어 기를 사람을 모집해 아이를 주고, 관아에서 그 식량을 보조해야 한다.

**▌원문**

若非饑歲 而有遺棄者 募民收養 官助其糧.
약 비 기 세　이 유 유 기 자　모 민 수 양　관 조 기 량

**▌주**

**기세(饑歲)** 흉년.

▌진휼(賑恤, 흉년을 당하여 가난한 백성을 도와줌) 업무를 개설한 해라면 마땅히 그 진휼하는 곳에서 식량을 보조하겠지만, 평년이면 백성 중에서 수양할 사람을 모집해서 맡긴다. 가난한 부녀자가 응모하였으나 스스로 기를 수 없을 때는 마땅히 수령이 식량을 내주어 보조해야 한다. 매월 쌀 2말, 여름에는 매월 보리 4말씩 주어 만 2년간 보조한다.

흉년 때문에 버려진 것 이외에 서울의 개천에는 간혹 버려지는 아이가 있다. 그 아이는 간음(奸淫)으로 인하여 낳은 일이 많다. 그러나 천지가 만물을 낳는 이치는 그의 부모가 죄가 있다고 하여 아이에게 죄 줄 수는 없으니, 마땅히 백성에게 거두어 기르게 하고 아들로 삼거나 종으로 삼는 것을 허락해야 한다.

## ✳ 제3조 진궁振窮

### [불쌍한 사람을 구제함]

1. 홀아비·과부·고아·늙어 자식이 없는 사람을 사궁(四窮)이라고 한다. 궁(窮)하여 스스로 떨치고〔振〕 일어설 수 없어서 남이 일으켜 주기를 기다린다. '떨친다'는 말은 들고 일어선다는 뜻이다.

**▌원문**

**鰥寡孤獨 謂之四窮 窮不自振 待人以起 振者擧也.**
환 과 고 독  위 지 사 궁  궁 부 자 진  대 인 이 기  진 자 거 야

**▌주**

**환(鰥)** 늙어서 아내가 없는 사람.

**과(寡)** 늙은 과부.

**고(孤)** 어려서 아비가 없는 사람.

**독(獨)** 늙어서 자식이 없는 사람.

**궁(窮)** 곤궁, 빈궁.

▌옛날 주(周)나라 문왕(文王)이 어진 정치를 시행할 때 반드시 사궁에 대한 것을 먼저 했다. ≪주례(周禮)≫〈대사도(大司徒)〉 보식육정(保息六政)에 '진궁(振窮)'이라고 했으니 곧 이것을 말한다. 그러나 ≪시경≫에는, '넉넉한 사람들이야 좋고

말고, 쇠약하고 외로운 사람들만이 불쌍하구나.(哿矣富人, 哀此  
惸獨.)'라고 했다. 그러니 오직 가난하고 의지할 곳 없는 사람  
만을 사궁이라고 한다. 그들 중에 재산이 있는 사람이라면 비  
록 육친(六親, 부모·형제·처자)이 없더라도 사궁으로 논할 수  
는 없다.

나이로 보아 스스로 설 수 없고, 친척이 없어 의지할 곳이 없으  
며, 스스로 부양할 수 있는 재산도 없는 사람만이 사궁에 해당  
하는 사람이다. 이러한 사람은 관에서 부양해야 한다.

늙은 홀아비로서 아들이 없는 사람은 매월 곡식 5두(斗)를, 늙  
은 과부로서 아들이 없는 사람에게는 매월 곡식 3두씩 주고,  
또 부역을 전부 면제해주며, 이웃의 덕 있는 사람의 집에 붙여  
두고 접대하게 한다.

≪대명률(大明律)≫에서 말하였다. '환과고독(鰥寡孤獨)과 독  
질(篤疾), 폐질(廢疾)에 걸린 사람으로서 빈궁하고 의지할 친  
속도 없어서 스스로 생존할 수 없는 사람은 소재지의 관청에서  
당연히 거두어 부양해야 한다. 거두어 부양하지 않는 사람은  
장(杖) 60대의 형에 처한다. 만약 당연히 주어야 할 옷과 식량  
을 관리가 깎아 감한 사람은 감수자도(監守自盜, 관아에서 관리  
하는 물품을 관리하는 사람이 돈이나 곡식 따위를 몰래 훔치는 일) 죄  
를 적용한다.'

2. 혼인해야 할 나이가 지났으나 혼인하지 못한 사람은 마  
땅히 관에서 혼인하게 해야 한다.

▌**원문**

**過歲不婚娶者 官宜成之.**  
과 세 불 혼 취 자　관 의 성 지

▌ 예전에, '나이 30세가 되면 아내를 맞이하고, 20세가 되면 시집간다.'라고 한 것은 넘겨서는 안 되는 최대한의 경우를 말한 것이다. 남자는 반드시 25세를 한계로 삼아야 할 것이다. 반드시 예전 법에 얽매일 필요는 없다.

3. 혼인을 권장하는 정책은 우리나라 역대 임금이 남긴 법이다. 수령은 마땅히 정성껏 준수해야 할 것이다.

▌**원문**

**勸婚之政 是我列聖遺法 令長之所宜恪遵也.**
권 혼 지 정  시 아 렬 성 유 법  영 장 지 소 의 각 준 야

▌ ≪경국대전≫에서 말하였다. '사족(士族)의 딸로서 나이가 30세에 가깝도록 가난해서 시집가지 못한 사람은 담당 조(曹)에서 왕에게 아뢰고 자재(資財)를 재량(裁量)해주며, 그 가장(家長)은 무거운 죄로 다스린다.'
정종(正宗) 15년에는 백성이 가난해 남녀의 혼인이 때를 넘기는 것을 딱하게 여겨, 서울의 5부(部)에 명령해 혼인을 권장하게 하고, 혼기가 지난 사람이 혼인하게 되면 관청에서 혼수 비용으로 돈 5백, 베 2필을 주게 했으며, 매월 상황을 보고하게 했다.
백성의 목민관 된 사람은 마땅히 임금의 어진 뜻을 본받아야 할 것이다.

4. 매년 첫봄에 혼인할 나이를 지나고도 혼인하지 못한 사람을 골라서 모두 중춘(仲春)에 혼인하게 한다.

每歲孟春 選過時未婚者 並於仲春成之.
매 세 맹 춘 선 과 시 미 혼 자 병 어 중 춘 성 지

■ 고을의 남자 나이 25세, 여자 20세 이상을 골라 부모가 재산
이 있는 사람은 성혼을 독려하고, 의지할 곳도 재산도 없는 사람
은 이웃의 유력한 사람에게 중매하게 하고, 관(官)에서 약간의
돈과 포목을 주어 돕는다.

5. 독신(獨身)으로 있는 사람들을 짝지어 주는 정책도 또한
할 만한 일이다.

合獨之政 亦可行也.
합 독 지 정 역 가 행 야

■ 홀아비와 과부를 중매하여 양쪽의 합의(合議)를 얻어 짝지어
주는 것도 또한 선정(善政)이다.
≪관자(管子)≫에서 말하였다. '모든 나라의 수도(首都)에는 다
장매(掌媒, 중매를 맡은 관리)가 있어서 홀아비와 과부를 중매하
여 양쪽의 합의로 짝을 짓게 한다. 이것을 합독(合獨)이라고
한다.'

❋ 제4조 애상哀喪

[상사喪事에 관한 일]

1. 상사(喪事)에 애도(哀悼)의 예를 표하는 것은 백성의 목
민관이 마땅히 해야 할 일이다.

哀喪之禮 民牧之所宜講也.
애 상 지 례　민 목 지 소 의 강 야

■ 옛날에는 조신(朝臣)이 상(喪)을 당하면 임금이 반드시 몸소 조상하고 그 소렴(小斂), 대렴(大斂)을 보살폈으며, 염(斂)에는 수의(壽衣)를 보내주고, 장사에는 부의(賻儀)를 보냈었다. 그 뜻을 미루어, 수령도 그 고을의 아전을 위해 또한 애도와 조문의 예가 있어야 할 것이다. 아전이나 군교가 죽거나 부모상을 당한 경우, 향관(鄕官)으로 일찍이 가까이 있던 사람, 향교의 재임(齋任), 외촌의 풍헌이 상을 당한 경우는 각기 차등 있게 부의를 보내고, 조의(弔意)를 표해야 하며, 관내의 조관(朝官) 출신자, 태학생(太學生) 혹은 문필이 뛰어난 사람에게도 부의와 조문이 있어야 하며, 시노(侍奴)와 문졸(門卒) 등 모든 관속에게도 모두 상중에 죽을 보내어 위문하는 것이 좋다.

2. 상중(喪中)에 있는 사람에게 요역(徭役)을 면제하는 것은 옛날의 법이다. 요역뿐 아니라 수령이 자기 힘으로 할 수 있는 것은 모두 면제해주는 것이 좋다.

有喪蠲徭 古之道也 其可自擅者 皆可蠲也.
유 상 견 요　고 지 도 야　기 가 자 천 자　개 가 견 야

견(蠲) 제거하다, 떨어 버리다.

■ 일정한 법을 만들어 모든 부모상을 당한 자에게는 백 일 이

내에는 모든 연호잡역(煙戶雜役, 집마다 부과하는 잡역)을 면제하는 것이 좋을 것이다.

3. 백성 중에 매우 빈궁해서 죽은 사람을 거두어 장사하지 못하고 개천과 구렁에 버리게 된 사람이 있으면, 관에서 돈을 내어 장사 지내야 한다.

▋원문

民有至窮極貧 死不能斂 委之溝壑者 官出錢葬之.
민 유 지 궁 극 빈  사 불 능 렴  위 지 구 학 자  관 출 전 장 지

▋주
구학(溝壑) 개천과 구렁.

▋ ≪시경≫에, '길가에 죽은 이가 있으니, 아마 묻어 주어야겠네.(行有死人, 尚或墐之.)'라고 하였다. 길 가는 사람도 그러한데 하물며 백성의 부모 된 수령이야 말할 필요가 있겠는가. 평소에 백성들에게 널리 알려두어 만약 이러한 사람이 있으면 즉시 보고하게 하고, 이미 친척이나 이웃에서 도울 수 없는 사람이면 관에서 돈을 내어 그 시체를 염습하고 이웃과 친척들에게 매장하게 한다.

4. 혹 흉년과 전염병으로 사망하는 사람이 잇달아 생길 경우는, 그 시체를 거두어 매장하는 일을 진휼(賑恤) 작업과 병행해야 한다.

▋원문

其或饑饉癘疫 死亡相續 收瘞之政 與賑恤偕作.
기 혹 기 근 려 역  사 망 상 속  수 예 지 정  여 진 휼 해 작

**여역(癘疫)** 전염병.

**수예(收瘞)** 거두어 매장함.

**진휼(賑恤)** 흉년에 곤궁한 백성을 구제하는 일.

■ ≪속대전(續大典)≫에서 말하였다. '서울과 지방에 전염병이 퍼져서 온 집안이 모두 죽어 거두어 매장하지 못하는 사람은 휼전(恤典)으로 행해야 한다.' 휼전은 정부에서 이재민을 구제하는 은전(恩典)이라는 뜻이다.

5. 혹 먼 지방의 객지(客地)에서 벼슬 살던 사람의 널〔櫬〕이 고을을 지나는 일이 있을 때는, 그 운반하는 일을 돕고 비용을 보조해 성의껏 후하게 하는 데에 힘써야 한다.

■원문

**惑有客宦遠方 其旅櫬過色 其助運助費 務要忠厚.**
혹 유 객 환 원 방　기 려 츤 과 읍　기 조 운 조 비　무 요 충 후

■주

**객환(客宦)** 객지에서 벼슬 사는 것.

**츤(櫬)** 널. 영구(靈柩).

## ※ 제5조 관질寬疾

[병든 사람을 너그럽게 대우함]

1. 폐질(廢疾)이나 독질(篤疾)에 걸려 제힘으로 먹고 살아갈 수 없는 사람은 의지할 곳과 살아갈 길을 마련해주어야

한다.

■ 원문
## 廢疾篤疾 力不能自食者 有寄有養.
폐 질 독 질　역 불 능 자 식 자　유 기 유 양

■ 주
**폐질(廢疾)** 불치의 병.
**독질(篤疾)** 위독한 병. 큰 병.

■ 맹인, 절름발이, 손발 장애인, 나병 환자 같은 사람들은 사람들이 싫어하는 무리이다. 또 육친(六親)이 없어서 일정한 안주할 곳 없이 떠돌아다니는 사람에게는 그의 종족(宗族)을 타이르고, 관에서 그들에게 맡겨서 안주하게 해야 한다.
그들 중에 전연 의지할 친척이 없는 사람은 그 고을의 덕 있는 사람을 골라 맡기고, 그의 잡역을 면제하며 그를 돌보는 경비를 관에서 부담하게 한다.

2. 잔질(殘疾)에 걸린 백성에게는 군적(軍籍)에 등록하는 것을 면제한다.

■ 원문
## 凡殘疾之民 免其軍簽.
범 잔 질 지 민　면 기 군 첨

■ 주
**잔질(殘疾)** 불구(不具)의 병.
**군첨(軍簽)** 군적(軍籍)의 등록.

▌지금의 어떤 수령은 강포하고 어질지 않다. 시골 여자가 젖먹이를 안고 관가의 뜰에서 호소하기를, "이 아이가 아궁이에 기어 들어가 지금은 이미 팔다리 장애인이 되었습니다. 이 아이의 병역을 면제해 주십시오."라고 하니 수령이 말하기를, "그렇더라도 밭 가운데 세워 놓은 풀로 만든 허수아비보다는 낫지 않느냐?"라고 하였다고 한다. 이러고도 목민관이라고 말할 수 있겠는가? 모든 맹인, 벙어리, 절름발이, 고자 등은 군적(軍籍)에 넣을 수 없으며, 요역(徭役)을 시킬 수도 없다.

3. 악성 전염병이 유행하거나, 혹은 이름도 없는 유행병 때문에 백성이 사망하고 요절(夭折)하는 사람을 이루 셀 수 없게 되었을 때는 관에서 구조 활동을 벌여야 한다.

▌**원문**

天行瘟疫 或無名時氣 死亡夭札不可勝數者 自官救助.
천 행 온 역　혹 무 명 시 기　사 망 요 찰 불 가 승 수 자　자 관 구 조

▌**주**

**온역(瘟疫)** 악성 전염병.

**시기(時氣)** 시질(時疾). 유행병.

**요찰(夭札)** 요사(夭死). 젊어서 죽음.

▌≪경국대전(經國大典)≫에서 말하였다. '병들었으나 가난해서 약을 살 수 없는 사람에게는 관에서 약을 내어주고, 지방에서는 그 고을의 관가(官家)에서 의약(醫藥)을 주어야 한다.' 송(宋)나라 가우(嘉祐) 연간에 황주(黃州)에 전염병이 크게 유행하였는데, 성산자(聖散子)를 얻어 쓰고 완치된 사람이 이루 다 기록할 수 없을 만큼 많았다. 소동파(蘇東坡, 소식蘇軾)가 글을

지어 돌에 새겨서 널리 선전하여 성산자의 효과가 더욱 드러났다고 한다.

목민관은 만약 악성 전염병이 유행하는 때를 만나면, 마땅히 수만금을 쓰더라도 약을 대량으로 제조해서 의료에 종사하는 아전에게 싼값으로 팔게 하여 널리 구조 활동을 펴는 것이 좋다. 그 약값은 본래 싼 것이므로 가난한 백성이라도 복용하기 어렵지 않을 것이다.


## ✳ 제6조 구재救災
### [재난에서 구제함]


1. 수재 · 화재에는 국가에 휼전(恤典)이 있으니 오직 신중히 시행해야 하겠지만, 항전(恒典)에 없는 것은 마땅히 수령이 스스로 생각해 구제해야 할 것이다.

▌**원문**

**水火之災 國有恤典 行之惟謹 宜於恒典之外 牧自恤之.**
수 화 지 재　국 유 휼 전　행 지 유 근　의 어 항 전 지 외　목 자 휼 지

▌**주**

**휼전(恤典)** 정부에서 이재민을 구제하는 법정의 은전(恩典).
**항전(恒典)** 일정한 법령에 의거한 정례(定例)의 은전.

▌≪비국요람(備局要覽)≫에 말하였다. '물에 유실(流失), 매몰(埋沒)되었거나 무너지고 눌려 쓰러졌거나, 불에 타버린 인가(人家)가 백 호 미만일 때는 전례를 상고해 구제한다. 대호(大

戶)에는 쌀 7두, 중호(中戶)에는 쌀 6두, 소호(小戶)에는 쌀 5두씩을 준다. 백 호를 초과하는 경우는 각별히 구제해야 한다. 이런 경우에는 대호에는 쌀 9두, 중호에는 쌀 8두, 소호에는 쌀 7두를 준다. 물에 빠져 죽었거나, 범에게 물려 죽은 경우, 불에 타 죽은 경우는 휼전(恤典)은 각각 피잡곡(皮雜穀, 찧지 않은 잡곡) 1섬[5두를 1섬이라고 한다]씩을 주어 구제하게 되어 있다.'

휼전에 의하여 환미(還米, 봄에 빌려주고 가을에 받아들이는 정부미. 환상미還上米라고도 한다)로 내주는 것이 상례(常例)인데, 환미에는 쭉정이와 겨가 많다. 구제용 환미를 내어 줄 때는 수령이 보는 앞에서 찧고 키질을 해서 그 부족량을 내주어야 한다. 이재민에게는 1년 동안 부역을 면제하고, 집을 잃었거나 파괴당한 자에게는 목재를 주선해주는 것이 좋다.

2. 무릇 백성에게 재액(災厄)이 있을 때는 불에 타는 것을 구출하고 물에 빠진 것을 건지기를 마땅히 자신이 불에 타고 자신이 물에 빠진 것처럼 해야 하며, 구제를 늦추어서는 안 된다.

**▍원문**

凡有災厄 其救焚拯溺 宜如自焚自溺 不可緩也.
범 유 재 액  기 구 분 증 닉  의 여 자 분 자 닉  불 가 완 야

**▍주**

**재액(災厄)** 재난(災難)과 액운(厄運).

3. 장래의 환난(患難)을 미리 생각해 예방하는 것은 재난이 일어난 뒤에 은전(恩典)을 베푸는 것보다 낫다.

## 思患而豫防 又愈於旣災而施恩.
사 환 이 예 방　우 유 어 기 재 이 시 은

■ 장래를 염려해 미리 준비하는 사람에게는 급박한 사태가 없고 당황함이 없다. 화재가 발생하였을 때 급히 달려가서 머리를 태우고 이마를 데면서 불에서 구하는 작업을 하는 것이, 평소에 굴뚝을 굽게 만들고, 인화성(引火性) 물건들을 옮겨 놓는 것만 못하다.

골짜기의 민가(民家)가 땅은 낮고 물이 가까운 곳에 있으면 평지에 옮겨 살게 할 것이며, 이미 큰 마을을 이루어서 옮길 수 없거든 제방을 단단히 쌓고, 만일에 대비해 배를 준비해둔다. 또 화재에 대비하는 방법은 마을에 못을 파서 물을 저장하고, 집마다 물 담아두는 단지를 준비하며, 그 밖의 모든 화재의 예방과 불에서 구하는 기재(器材)와 시설을 갖추며 화기 단속을 엄중히 해둔다면 거의 급박한 재난을 면할 수 있을 것이며, 비록 재난이 오더라도 대책에 당황하지 않을 수 있을 것이다.

4. 모든 재난을 당했을 때 마땅히 이재민과 함께 근심을 같이하여 어질고 측은하게 여기는 마음을 발휘해야 한다. 정성껏 애썼으나 힘이 미치지 못한 것은 백성들도 용서할 것이다.

## 凡遇災 當與同憂 致其仁惻 力所不逮 民恕之也.
범 우 재　당 여 동 우　치 기 인 측　역 소 불 체　민 서 지 야

■ 예전에 교리(校理) 김희채(金熙采)가 장련현감(長連縣監)이

되었을 때, 큰비에 구월산(九月山)이 무너져 30리를 덮으니 죽은 사람과 농작물의 피해를 이루 다 계산할 수 없었다. 공(公)이 나가 보니 백성이 현감을 맞이해 통곡하였다. 김공이 말에서 내려 백성의 손을 잡고 같이 우니 백성들이 감격해 죽어도 여한이 없다고 했다.

# 제5장 이전육조 吏典六條

예전 우리나라의 모든 정치제도는 국법에 여섯 가지로 나누어 규정하고 있다. 이른바 육전(六典)이니, 이전(吏典)·호전(戸典)·예전(禮典)·병전(兵典)·형전(刑典)·공전(工典)이다.

육전에 규정된 사항은 다시 이조(吏曹)·호조(戸曹)·예조(禮曹)·병조(兵曹)·형조(刑曹)·공조(工曹) 등 여섯 가지 기구를 설치해 나누어 관장하게 하였다. 이조에서는 이전(吏典)에 규정된 사항을 분담해 문관(文官)의 인선(人選), 훈봉(勳封), 고과(考課) 등 주로 인사(人事)에 관한 사무를 처리했다.

지방의 고을에서도 이에 따라 이방·호방·예방·병방·형방·공방 등 육방(六房)을 설치하고, 육전에 규정된 사무 중 군현(郡縣)에서의 해당 사무를 분담시켰다.

이전육조에서는 이전(吏典)에 소속된 일, 특히 군현의 인사에 관계되는 일을 설명하고 있는데, 속리(束吏), 어중(馭衆), 용인(用人), 거현(擧賢), 찰물(察物), 고공(考功)의 여섯 조목으로 되어 있다.

# ✖ 제1조 속리束吏

[아전을 단속함]

1. 아전을 단속하는 근본은 수령 자신의 몸을 규율(規律)하
는 데 달렸다. 자신의 몸이 바르면 명령하지 않아도 시행되
지만, 자신의 몸이 바르지 않으면 비록 명령해도 시행되지
않을 것이다.

**▌원문**

**束吏之本 在於律己 其身正 不令而行 其身不正 雖令不行.**
속리지본 재어률기 기신정 불령이행 기신부정 수령불행

**▌주**

**율기(律己)** 자신의 몸을 다스림.

▌고을 백성을 괴롭히고 못살게 하는 온갖 폐단과 갖은 간사하
고 악랄한 해민(害民) 행위는 다 아전들의 농간에서 생긴다. 아
전의 이러한 악행과 간계를 단속하지 않고 고을을 잘 다스릴
수는 없다. 그러나 아전을 단속하려면 수령 자신이 먼저 공명
정대하고 청렴결백한 바른 몸가짐을 해야 가능한 것이다. 수령
자신이 부정부패하고 간악(奸惡)하면서 아전을 단속할 수 없
을 것이다. 제아무리 명령하고 엄벌을 한들 근원이 이미 혼탁
한데 지류가 어찌 맑을 수 있겠는가. 그것은 헛수고일 뿐이다.

2. 수령이 좋아하는 것을 아전이 비위를 맞추지 않는 것은

없다. 내가 재물을 좋아하는 줄 알면 반드시 이(利)로써 나를 유혹할 것이다. 한번 유혹을 당하면 곧 그들과 함께 죄에 빠지고 말 것이다.

▌원문

牧之所好 吏無不迎合 知我好財 必誘之以利 一爲所誘 則
목 지 소 호  이 무 불 영 합  지 아 호 재  필 유 지 이 리  일 위 소 유  즉

與之同陷矣.
여 지 동 함 의

▌주

**영합(迎合)** 비위를 맞춤. 사사로운 이익을 위하여 아첨하며 좇음.

▌ 번번이 보면 수령이 처음 취임하면 명령이나 시책(施策)이 볼 만한 것이 많다가, 두어 달 되면 아전에게 유혹되어 혀를 뒤집어 놓은 것처럼 말이 없고, 썩은 쥐가 으르렁거리는 격이 되어 버린다. 그들은 이미 함께 죄에 빠진 것이다.

3. 알지 못하면서 아는 체하여 물 흐르는 것처럼 술술 결재(決裁)하는 것은 수령이 아전의 계략에 빠진 이유이다.

▌원문

不知以爲知 酬應如流者 牧之所以墮於吏也.
부 지 이 위 지  수 응 여 류 자  목 지 소 이 타 어 리 야

▌주

**수응(酬應)** 요구에 응함.

▌ 우리나라 사람들은 문관(文官)은 젊어서 시(詩), 부(賦)나 배우고, 무관(武官)은 활쏘기나 익힌다. 그밖에 배우는 것은 도

박이나 하고, 기녀를 끼고 노는 일과 술 마시는 일뿐이다. 그중
에서 위로는 태극음양(太極陰陽)의 이치가 어떠니, 하도낙서
(河圖洛書)의 수(數)가 어떠니 하고 더할 나위 없는 학설을 말
하지만 이러한 것들은 인간 만사에 아무런 소용이 없는 것뿐이
다. 오직 활 쏘는 것은 실무(實務)이다. 그러나 역시 수령으로
서 백성을 다스리는 실무에는 관계없는 일이다.

사람이 하루아침에 천리 먼 곳에 나가서 갑자기 뭇 아전과 만민
(萬民)의 위에 우뚝 앉아서 평생에 꿈도 꾸지 않던 일을 담당
하게 되니, 일마다 아무것도 모르는 것은 당연한 일이다. 그런
데 수령이 모른다고 하는 것은 수치라고 생각해 모르면서 아는
체하고, 모든 명령도, 지시도, 내용도, 이유도 묻지 않고 물 흐
르듯 척척 결재의 수압(手押, 예전에 도장 대신 자필로 글자를 쓰
던 일)을 하곤 한다. 이것은 아전의 농간에 떨어지기 마련이다.
마땅히 캐묻고 따지고 들어가서 근거와 경로와 결말을 이해하
고, 생각하고 스스로 판단한 뒤에 처리하도록 해야 할 것이다.

4. 아전을 예로써 질서를 세우고, 은정(恩情)으로 대우하라.
그렇게 한 뒤에 법으로 단속해야 한다. 만약 그들을 업신여
기고 억눌러서 혹사(酷使)하며, 조리도 순서도 없이 임기응
변으로 마음 내키는 대로 대우한다면 그들은 단속을 받지
않을 것이다.

▌원문

齊之以禮 接之有恩 然後束之以法 若陵轢虐使 顚倒詭遇
제 지 이 례  접 지 유 은  연 후 속 지 이 법  약 릉 력 학 사  전 도 궤 우

不受束也.
불 수 속 야

**능력(陵轢)** 업신여겨 억누르다.

**학사(虐使)** 혹사(酷使).

**전도궤우(顚倒詭遇)** 질서도 선후도 없이 마음 내키는 대로 대우하는 것.

▋ 수령이 예(禮)로써 아전을 대우하면 그들이 수령에게 예를 지키지 않을 수 없으니 질서는 정연하게 될 것이다. 수령이 온정을 가지고 그들을 대하면 그들은 수령에게 감사할 것이다. 감사한 마음은 곧 심복(心服)을 의미한다. 질서가 정연하고 아전이 수령에게 심복하면 명령하지 않아도 저절로 단속될 것이다. 그렇게 하고도 농간하는 아전이 있다면 그때에는 법에 비추어 엄중히 처단하면 그들은 두려워하고 부끄러워해서 수령의 단속은 효과를 나타낼 수 있을 것이다.

만약 수령이 아전들을 업신여기고 천대하고 혹사하며, 조리도 순서도 없이 마음 내키는 대로 명령하고 대우한다면 아전들은 원한과 분노와 업신여기는 마음을 가질 것이다. 그들이 수령의 단속을 받아들일 리 없고, 더욱 농간과 궤계(詭計)는 늘어날 것이다.

5. 이속(吏屬)이 참알할 때는 흰 옷과 베 띠[布帶] 차림은 하지 않는다.

▋원문

**吏屬參謁 宜禁白衣布帶.**
이 속 참 알  의 금 백 의 포 대

▋ 참알 받을 때 수령은 조관(朝冠, 오사모烏紗帽)을 착용한다.

아전들이 어찌 흰 옷과 베 띠 차림으로 뜰에 들어올 수 있겠는
가. 지금 서울의 각 관사(官司)에서는 참알하는 서리(書吏)들
은 다 홍단령(紅團領, 조관朝官이 입던 관복)을 입는다. 법이 본
래 그러하다. 다만 상중(喪中)에 있는 사람이 명령을 받고 직
무에 나오는 경우에만 검은 갓, 검은 띠 사용을 허락한다.〔어
버이의 상중에 있는 사람은 뜰에 들어와 참알하지 못한다. 다
만 부중府中에 드나들면서 사무에 대한 것을 품의稟議할 뿐이
다〕

6. 아전들이 모여 연회(宴會)를 열고 즐기는 것은 백성들의
마음을 상하게 한다. 엄중히 금지하고 거듭 경계하여 감히
유흥에 빠지는 일이 없도록 해야 한다.

**▌원문**

**吏屬遊宴　民所傷也　嚴禁屢戒　毋敢戲豫.**
이 속 유 연　민 소 상 야　엄 금 루 계　무 감 희 예

**▌주**
희예(戲豫) 놀며 즐김. 유흥에 빠짐.

▌관리가 기녀를 데리고 모여 앉아 술을 마시는 것은 본래 형
률(刑律)에 어긋나는 행위이다. 근래에 수령이 제멋대로 유흥
에 빠져 기녀를 데리고 산과 들에서 노래하고 춤추니 백성들이
원수처럼 미워한다. 더군다나 아전들이 유흥에 빠지면 그 해독
은 백성에게 미치고, 원망은 수령에게로 온다. 마땅히 엄중히
금지해야 한다.

7. 아전들이 청(廳)에서 매질하는 벌을 행하는 행위는 마땅히 금해야 한다.

▌원문

吏廳用笞罰者 亦宜禁之.
이 청 용 태 벌 자  역 의 금 지

▌주
**이청(吏廳)** 아전이 사무 보는 곳.

▌ 태형(笞刑)은 국가 형벌의 일종이다. 수령도 법에 의하지 않고는 집행할 수 없는데, 아전이 감히 사사로이 태형을 할 수 있겠는가. 일반 백성에 대해서는 매 한 대 치는 일도 허락할 수 없다. 미리 엄중히 타일러서 범하는 일이 없게 해야 한다. 다만 관에 예속된 노예에게 10도(度) 미만의 태벌(笞罰)은 묵인해도 좋을 것이다.

8. 교활한 아전으로서 파산(破産)한 사람이 마을에 나가서 구걸하는 행위도 반드시 그런 일이 있기 전에 경계하여 하지 않게 해야 한다.

▌원문

猾吏敗散者 出村求乞 必先事戒之 俾勿犯.
활 리 패 산 자  출 촌 구 걸  필 선 사 계 지  비 물 범

▌주
**활리(猾吏)** 교활한 아전.
**패산자(敗散者)** 패가산재(敗家散財)한 사람. 살림과 재산이 다 없어진 사람.

▌교활한 아전이 사치하고 방탕하게 생활하다가 가산(家産)을 모두 탕진하고는, 마을을 돌아다니며 금품을 구걸하여 백성을 괴롭히는 일이 있다. 수령이 미리 경계하여 그러한 일이 없도록 엄중히 금해야 할 것이다.

# 【목민심서 제8권】

## �֎ 제1조 속리束吏 — 계속

9. 아전의 정원(定員)이 적으면 일없이 놀고 있는 사람이 적을 것이며, 혹독하게 거두어들이는 일도 심하지 않을 것이다.

**▮원문**

員額少 則閑居者寡 而虐斂未甚矣.
원 액 소  즉 한 거 자 과  이 학 렴 미 심 의

**▮주**

**원액(員額)** 일정한 규정에 의하여 정한 인원 수.
**학렴(虐斂)** 혹독하게 거두어들임.

▮옛날 중국의 우(虞)·하(夏)·은(殷)·주(周) 같은 나라의 제도에는 아전 수가 매우 적었다. 옛날 성인(聖人)들이 백성을 생각함이 이와 같았다. 그런데 우리나라 제도는 전연 옛것을 본받지 않았다. 중앙과 지방의 아전 수는 혼란하지 않은 곳이 없다. 서울의 관청에는 그런대로 오히려 정원이란 것이 있지만 지방의 고을에는 아전의 정원이 전연 규정되어 있지 않다. 무제한 마음대로 둔다. 그래서 많은 곳은 혹은 수백 명〔안동安東, 나주羅州〕에 이르고, 적은 곳이라도 60명 미만인 곳은 없다. 그 많은 아전이 무리 지어 파당(派黨)을 만들어 서로 알력과 반목을 일삼는다. 그리하여 풍속을 손상하며 하는 짓이란 음흉

하고 간악한 일뿐이다. 그러나 그들에게 주어지는 일정한 직책이 있는 직위(職位)는 큰 고을이라야 열 자리, 작은 고을이면 대여섯 자리에 지나지 않는다. 머리를 싸매고 경쟁하여 겨우 그 한 자리만 얻으면 팔을 걷어붙이고 한 살림 두둑이 마련할 것을 생각한다. 그리하여 도둑질하고 농간을 부려서 백성의 가죽을 벗기고 피를 빠는 일을 그치지 않는다. 향리(鄕吏)의 정원을 법으로 정하자는 논의는 이미 오래전부터 있었다. 그러나 조정의 대신이나 도(道)의 감사는 필요 없는 일로 생각하고 그대로 버려둔다. 한스러운 일이다.

지금 고을 아전의 정원을 그 고을 전결(田結, 전지의 조세租稅)을 기준으로 해서 전세(田稅) 천 결(結)에 아전 5명을 두고, 만 결에 50명을 두도록 정한다면 적당할 것이다. 그렇게 해서 사람 수가 적으면 일없이 앉아 있는 아전이 적을 것이고, 그에 따라 백성에게서 가혹하게 거두어들이는 일도 조금은 적어질 것이다.

10. 지금의 아전들은 재상과 결탁하고 감독관청과 내통하여, 위로는 수령을 가볍게 여기고 아래로는 백성에게서 빼앗는 일을 한다. 이러한 사람들에게 굽히지 않는다면 훌륭한 수령이다.

■ 원문

今之鄕吏 締交宰相 關通察司 上藐官長 下剝生民 能不爲
금지 향리  체교 재상  관통 찰사  상묘 관장  하박 생민  능불위

是所屈者 賢牧也.
시 소 굴 자  현 목 야

■ 주
**향리(鄕吏)** 시골 고을의 아전.

**관통(關通)** 관(關)도 통(通)도 다 통한다는 뜻이니 내통(內通)하는 것.

**찰사(察司)** 찰은 감찰, 사는 관청이란 뜻이니 감독관청.

**묘(藐)** 가벼이 보다, 업신여기다.


■ 선조(宣祖) 이전에는 아전들의 횡포가 그다지 심하지 않았는데, 임진왜란 이후로 사대부의 봉록이 박해서 집안이 가난한데다가 나라의 모든 재물은 오군문(五軍門)에 집중적으로 군사를 양성하는 데 지출하게 되었다. 여기에서 탐오(貪汚)한 풍습이 점점 늘고, 따라서 아전들의 버릇은 무너지게 되었다. 그리하여 수십 년 동안에 하루하루 심해져서 지금은 극단에 이르게 되었다. 내가 민가에 있으면서 폐해(弊害)의 근원을 더듬어 보니 조정의 고관이 뇌물을 받는 것이 그 원인의 하나이다. 감사의 자봉(自封, 백성의 재물을 긁어모아 부자가 되는 것)이 또 하나의 원인이며, 수령이 아전과 공모하여 그 부정부패한 재물을 나누어 먹는 것이 또 한 가지의 근원이다.


11. 수리(首吏)는 권한이 크니 어떤 특정인에게만 치우치게 장기간 맡겨서는 안 되며, 수리를 자주 불러들여 논의하지 말아야 하며, 죄가 있으면 반드시 치벌하여 백성에게 의혹을 사는 일이 없게 해야 한다.

■ 원문 ────────────

首吏權重 不可偏任 不可數召 有罪必罰 使民無惑.

수 리 권 중　불 가 편 임　불 가 삭 소　유 죄 필 벌　사 민 무 혹

▎어둡고 어리석은 수령은 반드시 수리(首吏)를 마음 놓고 일을 맡길 수 있는 부하로 믿고 밤중에 불러들여 여러 가지 사무를 묻는다. 아전이 수령에게 아첨하고 수령을 기쁘게 하는 수단은, 세금을 속이고 창고의 양곡으로 농간을 부려서 그 부당 이득을 얻게 하며, 소송과 형사사건을 미끼로 하여 뇌물을 받도록 부추기는 것뿐이다. 수령이 하나를 먹으면 아전은 그것의 백 배를 훔쳐먹는다. 그래서 삶아 죽일 죄가 발각되면 오직 수령만이 죄를 입게 된다. 이 또한 슬픈 일이 아닌가.

12. 수령이 부임한 지 두어 달 되면 아래 아전들의 이력표(履歷表)를 만들어 책상 위에 두어야 한다.

▎원문

**上官旣數月 作下吏履歷表 置之案上.**
상 관 기 수 월　작 하 리 리 력 표　치 지 안 상

▎이력표는 아전들의 성명, 취임 연월일, 아전으로서의 사무 담임의 경력 등을 기록한다. 10년 혹은 20년간의 상황표를 만드는 것이 좋다. 그 이력표를 살펴보면 사람의 능력과 간교(奸巧), 우직(愚直) 상태를 짐작할 수 있고, 사람을 쓰는 데 공평하고 기회균등의 정책을 시도할 수도 있게 될 것이다.

13. 아전이 간사한 일을 하는 데는 사(史)가 주모자가 되기 마련이다. 아전들의 간계(奸計)를 방지하려면 사를 두려워하게 하고, 아전들의 간사한 일을 적발하려면 사를 끌어넣어 심문해야 한다.

吏之作奸 史爲謀主 欲防吏奸 怵其史 欲發吏奸 鉤其史.
이 지 작 간  사 위 모 주  욕 방 리 간  출 기 사  욕 발 리 간  구 기 사

■ 주

사(史) 문서 기록을 맡은 사람.

■ 사(史)는 서객(書客)을 말한다. 창고의 양곡이, 또는 조세(租稅)가 얼마나 어떻게 빼돌려지고 착복되었음을 사는 모두 알고 있다. 그러므로 수령은 사를 조종하고 추궁해 아전의 죄과를 적발할 수 있을 것이다.

�֎ 제2조 어중馭衆

[여러 사람을 통솔함]

1. 군교(軍校)는 무인(武人)으로 거칠고 호기(豪氣) 있는 무리이다. 그들의 횡포를 방지하는 일은 마땅히 엄중하게 해야 할 것이다.

■ 원문

軍校者 武人麤豪之類 其戢橫宜嚴.
군 교 자  무 인 추 호 지 류  기 즙 횡 의 엄

■ 주

군교(軍校) 군무(軍務)에 종사하던 낮은 벼슬아치.
추호(麤豪) 거칠고 호기(豪氣)를 부림.
즙횡(戢橫) 횡포한 것을 막아 하지 않게 함.

▌성중(城中)의 모든 배우지 못하여 무식하고, 거칠고 사나우며 가르칠 수 없는 무리가 으레 군교에 투신(投身)한다. 그리고 기녀를 끼고 모여서 술 마시는 것을 직분처럼 알며, 남을 구타해 돈을 빼앗는 것을 일상 도리처럼 여긴다. 그 직종에 세 가지가 있으니 첫째는 장관(將官)으로 천총(千總)·파총(把總) 등이고, 둘째는 군관(軍官)으로 병방(兵房)·장무(掌務) 등이고, 셋째는 포교(捕校)로 토포도장(討捕都將) 등이다. 이들이 제각기 직권을 남용하여, 또는 직권을 빌미로 각기 특수한 방법으로 백성을 괴롭히고 재물을 침탈한다. 수령은 이 점을 특히 살펴서 그들의 횡포를 막아야 할 것이다. 그 횡포를 막는 방법은 엄중한 경계와, 범법자에 대해서는 엄벌해야 할 것이다.

2. 문졸(門卒)은 옛날의 조례(皁隷)이니 관속(官屬) 중에서 가장 가르칠 수 없는 사람들이다.

▌**원문**

**門卒者 古之所謂皁隷也 於官屬之中 最不率敎.**
문 졸 자   고 지 소 위 조 례 야   어 관 속 지 중   최 불 솔 교

▌**주**

**문졸(門卒)** 관의 하례(下隷)로 일수(日守), 사령, 나장(羅將)들.
**조례(皁隷)** 문졸의 옛 이름.

▌문졸은 떠돌아다니는 뿌리 없는 가장 천하고 교화하기 어려운 하민(下民) 출신들이다. 이들이 지닌 권한이 다섯 가지 있다. 첫째, 혼권(閽權)으로 문에 지켜 서서 사람을 들여보내고 금지하는 일이다. 둘째, 장권(杖權)으로 매를 실제로 치는 것은 이들이 한다. 셋째, 옥권(獄權)으로 죄수에게 나무칼이나 수갑,

족쇄(足鎖) 같은 것을 씌우고 벗기는 일을 맡아 한다. 넷째, 저권(邸權)으로 외촌(外村)의 저인(邸人, 면주인面主人)으로서 보수를 마을 사람들에게서 받는 일이다. 다섯째, 포권(捕權)으로 범죄 혐의자를 체포하는 일을 한다.

이들은 이 다섯 가지 직권을 최대한 악용해 갖은 악독한 방법으로 잔약한 백성을 괴롭히고 재물을 빼앗는다. 수령은 이것을 엄밀히 살펴서 위법한 사람은 엄중히 처단해야 할 것이다.

3. 관노(官奴)가 농간(弄奸) 부리는 것은 오직 창고에 있다. 거기에는 담당한 아전이 있으니 관노가 주는 피해는 그다지 심하지 않을 것이다. 은정(恩情)으로 어루만지고, 이따금 그의 지나친 행위가 없도록 해야 한다.

**▋원문**

官奴作奸 惟在倉廒 有吏存焉 其害未甚 撫之以恩 時防其濫.
관노작간 유재창오 유리존언 기해미심 무지이은 시방기람

**▋주**

**창오(倉廒)** 미곡(米穀) 창고.

▋ 모든 관속(官屬) 중에서 관노가 가장 힘들다. 시노장(侍奴長)은 계단 위에 줄곧 서 있어서 잠시도 떠날 수 없다.〔급창及唱이라고 한다〕 수노(首奴)는 팔고 사는 것을 맡고, 공노(工奴)는 공장(工匠)으로 제작을 맡는다.〔공방 창고지기工房庫直〕 구노(廏奴)는 말을 기르고 수령이 출입할 때 일산(日傘)을 잡는다.〔구종驅從〕 방노(房奴)는 온돌을 덥게 하고 변소를 관리한다.〔방자房子〕 수령이 외출할 때는 여러 관노가 다 따라가야

한다. 그들의 노고는 이러한데 그들의 노고에 보답하는 길은
포노(庖奴, 고깃간지기肉直)와 주노(廚奴, 관청고직官廳庫直), 그
리고 여러 창고지기를 시키는 것뿐이다. 그래서 거기서 생기는
근소(僅少)한 나머지를 얻어먹는다. 어찌 가엾지 않은가. 하인
을 부리는 도리로서 그들을 어루만져 주고 후하게 온정을 베풀
어야 할 것이다. 오직 그들의 농간을 막아야 할 것은 창고지기
에 대한 것뿐이다. 그러나 거기에는 담당 아전이 있으니 관노
의 농간은 대단치 않을 것이다. 혹은 고을에 따라서는 관노가
강성(强盛)하여 농간하고 지나친 행위를 하여 폐해가 많은 곳
이 있다. 그러한 고을에서는 마땅히 엄밀히 감찰해서 그러한
횡포를 막아야 할 것이다.

4. 시동(侍童)은 어리고 약하므로 수령은 마땅히 어루만져
길러야 하고, 죄과(罪過)가 있을 때는 마땅히 가장 가벼운
법에 따라 처리해야 할 것이다. 그러나 그의 체격이 장년(壯
年)처럼 장대하면 아전과 같이 단속해야 할 것이다.

▌원문
侍童幼弱 牧宜撫育 有罪宜從末減 其骨格已壯者 束之如吏.
시동유약 목의무육 유죄의종말감 기골격이장자 속지여리

▌주
**시동(侍童)** 통인(通引). 지인(知印).
**말감(末減)** 가장 가벼운 죄를 적용하도록 죄를 감(減)하여 가볍게 하는
　　것.

▌시동은 통인(通引)이다. 시동이 간사한 짓을 하는 사례는 허

위문서에 관인(官印)을 훔쳐 찍거나, 과강(科講) 때 공첩(空帖, 조흘첩照訖帖)을 훔쳐내거나, 백일장(白日場)을 볼 때 답안지를 바꿔치는 일들이다. 대체로 수령의 행동 상황을 살펴서 바깥사람에게 알리며, 근거 없는 말을 교묘하게 꾸며서 남을 참소하는 일을 하는 경우가 있다. 그러므로 그 체구가 작다고 소홀히 다루어서는 안 된다. 그러나 어린아이의 죄는 매로 치는 것을 넘을 수는 없다. 지금 사람들이 시동에게 곤장(棍杖) 치는 형벌을 쓰는 것은 매우 옳지 못한 일이다.

## ※ 제3조 용인用人
[사람을 잘 등용함]

1. 나라를 잘 다스리는 일은 사람을 잘 등용하는 일에 달렸다. 군현이 비록 작으나 인재를 등용하는 것은 나라의 경우와 다를 것이 없다.

▌원문

**爲邦在於用人 郡縣雖小 其用人 無以異也.**
위 방 재 어 용 인  군 현 수 소  기 용 인  무 이 이 야

2. 향승은 현령을 보좌하는 사람이다. 반드시 한 고을 안에서 훌륭한 사람을 골라 이 직책을 맡겨야 할 것이다.

▌원문

**鄕丞者 縣令之輔佐也 必擇一鄕之善者 俾居是職.**
향 승 자  현 령 지 보 좌 야  필 택 일 향 지 선 자  비 거 시 직

▋ 좌수(座首)는 향대승(鄕大丞), 별감(別監)은 좌부승(左副丞)·우부승이라는 명칭을 붙이고, 모두 종사랑(從仕郎)의 위계(位階)를 주며, 매년 근무 성적을 평가하였다가 감사 어사가 식년(式年)마다 각각 9명을 천거하게 하고, 그중 3명을 선발하여 경관직(京官職)을 주도록 해야 할 것이다. 이 일은 조정에서 마땅히 강구해야 할 일이다.

3. 만일 향승에 적임자를 구하지 못하면 자리나 둘 뿐, 적임자가 아닌 사람에게 여러 정사를 맡겨서는 안 된다.

▋ 원문 ─────────

**苟不得人 備位而已 不可委之以庶政.**
구 부 득 인　비 위 이 이　불 가 위 지 이 서 정

▋ 수령이 일에 밝지 못하여 스스로 처리하지 못하는 사람은 정사를 향청(鄕廳)에 맡겨, 모든 군정(軍政)과 부세(賦稅)에 관계되는 소송까지도 모두 향청이 조사 보고하게 한다. 여기에서 좌수(座首)는 아전과 결탁해 혹은 뇌물을 받고 사사로운 정으로, 간사한 것을 숨겨 주고 곧은 것을 굽다고 무고(誣告)한다. 좌수의 권세가 온 고을에 떨치게 되는 것은 모두가 이 때문이다. '조사 보고하라.'라는 말은 절대로 입 밖에 내어서는 안 된다. 만약 반드시 향청에 자문(諮問)하지 않으면 안 될 것이 있을 때는 직접 면전에 불러 물어보도록 한다. 백성이 뜰에 엎드려 그의 대답하는 것을 듣고, 만약 의심나는 것이 있으면 백성이 스스로 해명하게 한다. 그렇게 하면 일은 쉽게 판단할 수 있고 백성은 원통하다고 말하는 일이 없을 것이다.
간사한 향원(鄕員)은 모든 군정(軍政)에 대한 소송이 있을 때,

'조사 보고하라.'라는 명을 수령으로부터 받으면 드디어 제소(提訴)한 백성에게서 수천(數千, 수십 냥)의 뇌물을 받고 그의 이름을 군적(軍籍)에서 삭제해준다. 그러나 군사 사무를 담당한 아전이 뇌물이 마음에 차지 않으면 실제로는 그 사람을 빼고 대신 다른 사람을 군적에 넣는 일을 하지 않는다. 그래서 군포(軍布, 군인이 현역에 복무하지 않는 대신 바치는 포목)를 수납하는 때가 되면 농간을 부린 향원이 자기가 군포를 마련해 군리(軍吏)에게 준다. 그리고 만 2년이 지난 뒤에는 도로 그 백성에게서 군포를 받는다. 그러니 향원이 처음 뇌물로 받아먹은 것은 수천(數千)이고, 향원이 물어낸 것은 4백뿐이다.〔군포 한 필의 대전代錢은 2백이다〕백성이 깜짝 놀라 부르짖으면 간사한 향원과 교활한 아전은 서로 미루고 핑계한다. 백성이 관에 고소하려고 하면 범 같은 무리가 문을 지키고 들여보내지 않는다. 그래서 백성은 쓸쓸히 돌아가고 만다. 이러한 것이 향리(鄕里)에 항상 있는 일이다. 수령은 이러한 사정을 알고도, '조사 보고하라.'라는 말을 입 밖에 낼 수 있겠는가.

정치 잘하는 수령 아래에서는 좌수는 한가하고 심심함을 견디지 못해 장기, 바둑으로 날을 보내며, 하품과 기지개하며 낮잠을 잔다. 그리하여 열흘이 되면 휴가를 받고 한 달이 되면 그만두기를 빈다. 이렇게 되어야 현명한 수령이다. 비록 그렇게 되더라도 만 2년이 되기 전에는 해임(解任)하지 않아야 한다.

4. 풍헌과 약정은 모두 향승(鄕丞)이 추천한다. 추천된 사람이 적임자가 아닐 때에는 임명장을 회수해야 한다.

# 風憲約正 皆鄕丞薦之 薦非其人者 還收差帖.
풍 헌 약 정   개 향 승 천 지   천 비 기 인 자   환 수 차 첩

**차첩(差帖)** 임명장.

■ 대체로 풍헌이나 약정을 임명할 때 향승은 다만 그 뇌물만 비교해서 추천한다. 그 뇌물을 바치고 임명되기를 바라는 사람은 반드시 간악한 백성이다. 농사는 하지 않고 술 마시는 것을 일삼으며, 성내(城內)와 관부(官府)에 드나들면서 다년간 간악한 짓만 해서 백성을 좀먹는 사람일 것이다. 매번 풍헌과 약정을 임명할 때 향승에게 거듭 말하기를, "성의를 다하여 인선하라. 만약 적임자가 아닐 때는 차첩을 회수할 것이다."라고 해둔다. 이렇게 타일렀으나 오히려 바른 사람을 추천하지 않았을 때는 말한 대로 해야 할 것이다.

시골의 미천한 무리는 풍헌을 영화로운 벼슬로 여기는 사람이 많다. 그래서 새로 임명된 사람이 비록 쫓겨나는 일을 당할지라도 만약 그 차첩을 회수하지 않으면 향승이 받아먹은 뇌물은 토해 내지 않는다. 그런 까닭에 관의 명령이 엄중하더라도 사람을 바로 선택하지 않는다. 그러므로 차첩을 회수하는 것이 가장 좋은 방법이다.

풍헌을 존위(尊位)라고 일컫기도 한다. 고을에 따라서는 풍헌이 군인과 보인(保人, 군에 직접 복무하지 않고 현역 군인을 경제적으로 보조하는 병역의무자)을 첨정(簽丁, 군인·보인의 명단을 작성하는 것)하기도 하고, 약정이 하기도 한다. 한번 첨정하는 권한을 갖게 되면 거리와 마을을 돌아다니며 백성들의 재물을 빼앗

는다. 아이가 태어나면 그 이름을 명단에 올리고, 곱사등이가 새로 들어와 살면 먼저 그 흉터를 적는다. 그러니 따로 염탐하여 실제의 증거를 잡아서 법대로 엄중히 처단해야 한다.

또 대체로 이 무리는 군전이나 세금을 다 착복하고, 횡령한 금액이 많아지면 백성들에게 두 번씩 받아내는 것이 한 해에 수만에 이른다. 이것은 다 포악한 향원과 교활한 아전이 공모하여 그 도둑질한 것을 나누어 먹는 것이다. 풍헌이나 약정을 임명하는 날에 좌수와 군리(軍吏)를 불러, "이 사람이 공금을 개인적으로 소비한 때에는 좌수와 군리가 그것을 변상해야 할 것이며, 나는 결코 식언(食言)하지 않을 것이며 결코 민간에게 다시 징수하지 않을 것이다."라고 말해둔다. 그리고 만일 그런 일이 생기면 마땅히 곧 그 말대로 해야 한다.

5. 군관이나 장관으로 무반(武班)에 서는 사람은 모두 굳세고 용맹하며, 외부로부터의 모욕을 막아낼 만할 기색이 있으면 좋다.

▌**원문**

軍官將官之立於武班者 皆桓桓赳赳 有禦侮之色 斯可矣.
군 관 장 관 지 립 어 무 반 자  개 환 환 규 규  유 어 모 지 색  사 가 의

▌**주**

**환환(桓桓)** 굳센 모양.
**규규(赳赳)** 용맹한 모양.

▌ 수교(首校)가 뇌물을 받고 임명하는 것은 수향(首鄕, 향청鄕廳의 우두머리)의 경우와 같으니 거듭 경계하나, 임명장을 회수하는 일을 모두 앞에서 말한 방법과 같게 하면 적임자를 구할

수 있을 것이다. 모든 사람을 보는 것은 그 사람의 위의(威儀)를 보는 것이지만, 무인(武人)의 경우에는 더욱 그러하다. 난쟁이 같고 누추하기가 천한 백성 같으며, 물고기 입에 개 이마의 형용(形容)이 이상한 사람을 무인의 반열(班列)에 서게 하여 함께 백성의 위에 나서게 할 수는 없다. 가령 급박한 일이 생겼을 경우, 평소에 부내에서 서로 가깝게 지낼 만한 영걸(英傑)하고 호기 있는 무리가 없다면 어떻게 급박한 일에 대응할 수 있겠는가. 시대가 비록 태평하고 고을이 비록 잔약할지라도 인재를 거두어 모으는 일에 마음을 다하지 않을 수는 없다.

# 【목민심서 제9권】

## ✳ 제4조 거현擧賢
### [현능賢能한 사람을 천거함]

1. 현능한 사람을 천거하는 것은 수령의 직책이다. 비록 예전과 지금이 제도가 다르나, 그렇다고 현사(賢士)를 천거하는 일을 잊어서는 안 된다.

**■ 원문**

**擧賢者 守令之職 雖古今殊制 而擧賢不可忘也.**
거 현 자  수 령 지 직  수 고 금 수 제  이 거 현 불 가 망 야

■ 우리나라에서는 원래 옛 법을 모방해서 매 식년(式年, 자子, 오午, 묘卯, 유년酉年)이면 군현(郡縣)에서 현사(賢士)를 추천하게 하였다. 중세(中世) 이래로는 당론(黨論)이 점점 나빠져서 자기네 당이 아니면 군현에서 추천한 사람을 다시 뽑아 쓰지 않게 되었다. 그런 까닭에 이 법은 형식에 지나지 않는 공문(空文)이 되었다. 그러나 어진 사람을 덮어 가린 죄는 상서롭지 않은 데로 돌아간다. 차라리 보내어서 등용되지 않을지언정 어찌 천거하지 않을 수 있겠는가. 지금 군현의 추천장을 보면, '해당사항 없음'이라고 쓰는 것이 상례(常例)이니 또한 잘못된 일이 아니겠는가. 먼 시골의 한미(寒微)한 가문에서는 벼슬하는 혜택을 받지 못한다. 만일 그들이 한 번 추천하는 보고를 얻게

되면, 그 자손들이 대대로 칭송할 것이다. 진실로 그럴 만한 사람이 있는데 어찌 '해당 없다'고 말할 수 있겠는가. 한 사람에게 모든 것이 갖추어지기를 기대할 수는 없다. 한 고을에서 착하다고 하는 사람이나, 옆집에서 충성스럽다고 할 만한 사람은 반드시 있을 것이니 천거를 멈춰서는 안 된다.

≪속대전≫에서 말하였다. '각 도에서 전함(前銜, 일찍이 벼슬한 일이 있는 사람)과 생원(生員)·진사(進士, 경서經書로 소과小科에 합격한 사람을 생원, 시부詩賦로 합격한 사람을 진사라고 한다)와 유학(幼學, 과거에 급제하지 않은 사람)으로서 재능과 덕행이 드러난 사람을 매 식년 초에 고을 사람들이 수령에게 추천하면 수령은 관찰사에게 보고하여 관찰사가 뽑아서 조정에 추천한다. 〔하삼도下三道에서는 3명, 상오도上五道에서는 2명을 초과하지 못한다〕 혹 추천된 사람이 이름과 실제가 맞지 않거나, 나이를 속여 기록한 사람은〔생원·진사는 30세 이상, 유학은 40세 이상이라야 한다〕 처벌을 받는다.'

한 고을의 공론(公論)을 채택하여 물정(物情)에 맞게 하면 잘못은 없을 것이다. 내가 보니 요새 사람을 추천하는 일도 또한 뇌물을 표준으로 해 선택하기도 하고 버리기도 한다. 부자로서 오래도록 인심을 잃고 있는 사람이 효행(孝行) 있는 사람을 추천하는 명단에 드는 일이 많다. 그러니 더 이상 무슨 말을 할 수 있겠는가.


2. 과거(科擧)에 응시하는 선비를 수령이 추천하는 것은 비록 국법은 아니지만, 마땅히 문학에 능한 선비를 거장(擧狀)에 천거해야 하고 법에 구애될 필요는 없다.

科擧鄕貢 雖非國法 宜以文學之士 錄之于擧狀 不可苟也.
과 거 향 공  수 비 국 법  의 이 문 학 지 사  녹 지 우 거 장  불 가 구 야

■ 주
**향공(鄕貢)** 고을의 수령이 인재를 조정에 천거하는 것.
**거장(擧狀)** 천거하는 서장(書狀). 추천장.

■ 과거제도는 고려 광종(光宗) 때 후주(後周) 사람 쌍기(雙冀)
가 조서(詔書)를 가지고 오는 사신(使臣)을 수행하여 우리나라
에 왔다가 병으로 본국에 돌아가지 못했는데, 그가 우리나라에
과거법을 전했다. 당시에 어째서 향거(鄕擧, 고을에서 인재를 천거
하는 법) 제도는 자세히 밝혀서 전해주지 않았는지 알 수 없다.
중국의 제도는 예전부터 지금에 이르기까지 천거가 있어야 과
거에 응시할 수 있다. 우리나라에서는 천거가 없으면서 외람되
게 응거(應擧, 과거에 응시한다는 뜻)라고 말한다. 이름과 실제
가 맞지 않음은 다 이런 이유 때문이다. 과유(科儒, 과거 보는
선비)는 항우(項羽)니 패공(沛公)이니 하는 문제를 놓고 20구
의 운문(韻文)으로 풍진팔년(風塵八年)의 시구(詩句)를 지을
수 있으면 재사(才士)라고 일컫는다. 나머지 사람들은 글씨나
익혀서 대필(代筆)이나 하고, 남의 것을 베껴 쓰곤 한다. 이것
이 그들 중의 상수(上手)이며, 나머지 사람들은 남을 위해 막
(幕)이나 쳐주고 일산(日傘)이나 들어 주며 싸움이나 하는 사
람들로서, 수종(隨從)·노유(奴儒)라는 이름으로 불린다. 그런
까닭에 시험장은 혼란해져서 서로 인격을 짓밟고 죽이곤 하는
일이 생긴다. 가끔 과거에 급제하는 사람이 이들 중에서 나오
는 일이 있다. 부잣집 자녀는 글자 한 자를 몰라도 글을 사고

글씨까지 사며, 뇌물을 바치고 합격자의 정원에 들어가는 사람이 반수를 넘는다. 국가가 사람을 등용하는 길이 오직 이 길뿐이니 어찌 한심한 일이 아니겠는가.

이번 식년(式年) 가을에는 군현에서 부거장(赴擧狀, 과거에 응시하는 것을 알리는 서장)을 써서 경시관(京試官)에 보고하게 하였다. 어떤 사람이 말하기를, 이 법은 옛날 향거(鄕擧) 제도가 남긴 뜻이라고 한다. 수령이 부거장을 쓸 때는 오직 과거에서 자기 손으로 글을 지을 수 있는 사람만을 기록해 책을 만들고, 함부로 섞여 들어가는 글을 알지 못하는 사람이 덮어놓고 부거(赴擧)하는 것을 엄금한다면 선비의 풍습이 조금은 청신(淸新)해지고, 백성들의 가산(家産)이 파탄되는 일이 없어질 수 있을 것이다. 비록 거대한 홍수의 범람을 한 손으로 능히 막을 수는 없더라도, 나 자신의 손으로 물결을 더 이상 일으키는 일을 하지 않는다면 또한 마음에 부끄러움이 없을 것이다.

## ❈ 제5조 찰물察物
[물정物情을 살핌]

1. 수령은 고립되어 있다. 평상 한 개의 밖은 모두 나를 속이려는 사람들이다. 사방을 살필 수 있도록 눈을 밝게 하고, 사방의 소리를 들을 수 있도록 귀를 밝게 하는 것은, 오직 제왕(帝王)만이 그러한 것은 아니다.

▌**원문**

牧孑然孤立 一榻之外 皆欺我者也 明四目 達四聰 不唯
목 혈 연 고 립   일 탑 지 외   개 기 아 자 야   명 사 목   달 사 총   불 유

# 帝王然也.
제 왕 연 야

**▋주**

**혈연(孑然)** 고독한 모양.

**명사목(明四目)** 사방을 다 살필 수 있는 눈을 밝게 함. 널리 살핌.

**달사총(達四聰)** 사방의 소리를 다 들을 수 있도록 널리 민간의 여론을
　 듣는 것.

▋ 전체에 밝은 사람이 마음을 다해 잘 다스리기를 바란다면 이
책의 대강령(大綱領)이 되는 아홉 장(章)의 54조〔진황賑荒은
계산에 넣지 않는다〕에 대해 한 건 한 건 자세히 살피고 힘써
실행하라. 그렇게 한다면 군내의 잘 다스려짐과 다스려지지 않
는 것은 반드시 묻지 않아도 좋을 것이다. 아전이 저절로 농간
을 부리지 못하고, 호세(豪勢)한 백성은 저절로 함부로 날뛰지
못하게 될 것이다. 그렇게 되면 귀를 막아 듣지도 않고, 연못
속의 물고기를 살피지 않더라도 만물을 즐겁고 편안하게 할 수
있을 것이다. 그러나 아전과 향원과 군교들이 가만히 수령의
상태를 엿보아 수령의 뜻을 빙자해 팔아먹고 농간하는 것은 생
각하지 않을 수 없다.〔수령의 뜻을 헤아려 알아서 그것을 자기
공功인 것처럼 내세운다〕 문졸과 저졸(邸卒, 면주인面主人)이 몰
래 민가에 나가서 재물을 거둬들이고, 악행을 저지르는 것을
살피지 않을 수 없으며, 부모에게 효도하지 않고, 형제간에 우
애하지 않으며, 시장을 멋대로 돌아다니며 빼앗는 사람을 금지
하지 않을 수 없으며, 시골의 촌락을 위력으로 억누르면서 강
한 것을 믿고 약한 사람을 업신여기는 행동을 하지 못하게 하
지 않을 수 없다. 그러니 따로 염탐꾼을 두어 정보를 수집하는

일은 하지 않을 수 없다.

2. 사계절의 첫 달 초하루에는 향교에 통첩을 내려 백성들의 질고(疾苦)를 묻고, 각기 이로운 것과 해로운 것을 지적해 진술하게 해야 한다.

▌원문

**每孟月朔日 下帖于鄕校 以問疾苦 使各指陳利害.**
매 맹 월 삭 일  하 첩 우 향 교  이 문 질 고  사 각 지 진 리 해

▌주

**맹월(孟月)** 사계절의 첫 달.
**질고(疾苦)** 질병과 고통.

▌ 향교는 정치를 논의하는 곳이다.〔정자산鄭子産이 향교를 헐지 않은 기록이 ≪춘추전春秋傳≫에 나온다〕태학(太學)에는 정록청(正錄廳)이 있어서 옛날에는 밀통(密筒)이란 것을 걸어두고 여러 생도가 시정(時政)의 득실을 논평하게 했다. 그러니 향교에 백성의 병이 되고, 고통이 되는 일을 묻는 것은 근거가 있는 일이다.
먼저 여러 향인(鄕人) 중 나이가 많은 노인으로 몸을 닦고 사리를 아는 사람을 캐물어서 한 향교에서 4명을 선택해 향로(鄕老)로 삼는다.〔임명장을 만드는 것은 좋지 않다. 다만 그의 이름만 기록해 책상에 놓아두는 것이 좋다〕그 뒤에 그들에게 통첩을 내려 민간의 병폐와 이해를 묻도록 한다.

3. 자제나 친한 빈객(賓客)으로서 마음을 단정염결(端正廉潔)하게 가지고, 겸하여 사무도 능숙하게 아는 사람이 있으

면 그에게 몰래 민간의 사정을 살피게 하는 것이 좋다.

▌원문

**子弟親賓 有立志端潔 兼能識務者 宜令微察民間.**
자 제 친 빈  유 립 지 단 결  겸 능 식 무 자  의 령 미 찰 민 간

4. 모든 미세한 과실과 작은 흠은 마땅히 더러운 것을 머금고 병을 감추듯 덮어둬야 한다. 자세하게 빈틈없이 밝혀내는 것이 밝은 것은 아니다. 모르는 척하다가 이따금 간사한 것을 적발하여 알아채는 것을 신(神)처럼 해야 백성들은 이에 두려워할 것이다.

▌원문

**凡細過小疵 宜含垢藏疾 察察非明也 往往發奸 其機如神**
범 세 과 소 자  의 함 구 장 질  찰 찰 비 명 야  왕 왕 발 간  기 기 여 신

**民斯畏矣.**
민 사 외 의

▌주

**함구장질(含垢藏疾)** 더러운 것을 머금고 병든 것을 감추어 드러내지
  않는 것.
**찰찰(察察)** 밝고 썩 자세한 모양.

▌ 한 고을의 장(長)인 사람이 아전이나 백성의 한두 가지 숨은 과실을 들고 큰 이익이나 얻은 것처럼, 간사하고 숨긴 것을 적발해 폭로하는 것으로, 자기가 자세하고 밝음을 자랑하는 것은 천하에 제일가는 박덕(薄德)한 행동이다. 큰일은 적발하지만 작은 일은 버려두기도 하고 모르는 체하기도 하며, 혹은 비밀

히 본인을 불러서 순한 말로 타일러 스스로 새롭게 되도록 해야 한다.

관대(寬大)하면서 방종하지 않게 하며, 엄중하면서도 가혹하지 않아서 온화하고 덕이 있어서 감복하고 기쁘게 만드는 것이 아랫사람을 통솔하는 도리이다. 연못의 물고기를 들여다보듯 자세히 살펴서 경솔하게 가혹한 형벌을 시행하는 것이 어찌 어진 수령이 할 일이겠는가.

5. 미행하는 것은 물정(物情)을 바로 살피기에는 부족하고, 한갓 위신만 손상하는 것이니 해서는 안 된다.

■ 원문

**微行不足以察物 徒以損其體貌 不可爲也.**
미 행 부 족 이 찰 물　도 이 손 기 체 모　불 가 위 야

■ 주
**미행(微行)** 남몰래 다니는 것.

■ 수령은 한 번의 행동을 경솔하게 해서는 안 된다. 혹 숨은 간사한 사람을 미행으로 조금 알아낼 수 있다고 하더라도 오히려 해서는 안 될 일인데, 하물며 밤중에 한 번 미행을 나가면 아침이면 이미 온 성안이 웃음의 도가니가 되고 만다.〔수령의 미행은 그렇게 비밀이 미리 알려지는 것이다〕그들의 사사로운 말과 비밀스러운 의논을 어찌 얻어들을 수 있겠는가. 한갓 여염집 부녀들의 길쌈하는 등불만 끄게 만들 뿐이다. 근래에 수령들이 미행을 좋아하는 것은 그 뜻이 몸소 기녀의 집을 살펴서 몰래 놀고 있는 소년들이나 붙잡아서 스스로 명찰(明察)하다고 하

는 데 있을 뿐이다. 수령이 미행하는 것을 고을의 백성들은 도깨비가 나다닌다고 이름 붙이고 있다.

미행하는 것은 첫째, 창고의 농간을 적발하고, 둘째, 옥 안의 간사한 일을 적발하는 데에 목적이 있다고 한다. 그러나 창고의 양곡을 도둑질하는 것은 붓끝으로 허위문서를 조작하는 데 있지 쌀섬을 짊어지고 밤에 내가는 것은 아니다. 또 옥의 죄수는 정말로 칼을 벗겨 주지 않는다면 잠시도 살 수 없으니, 설혹 그 것을 벗겨 주는 일이 있을지라도 어진 사람이 반드시 그렇게 되지 못하도록 살펴야 할 일은 아니다. 그렇다면 미행으로 무엇을 한단 말인가.

6. 좌우에 가까이 있는 사람들의 말을 그대로 믿어서는 안 된다. 비록 쓸데없는 지나가는 말 같지만, 그들의 말에는 다 사사로운 뜻이 포함되어 있다.

**▌원문**

左右近習之言 不可信聽 雖若閑話 皆有私意.
좌 우 근 습 지 언　불 가 신 청　수 약 한 화　개 유 사 의

**▌주**

**근습(近習)** 가깝고 친숙한 사람.
**한화(閑話)** 한가로운 이야기. 쓸데없는 말.

▌ 호태초(胡大初)가 말하였다. "수령이 정밀하고 강직(剛直)하여 아전에게 맡겨두기를 좋아하지 않으면, 아전들은 널리 도리를 설명하여 완곡하게 치켜세운다. 그래도 수령이 또 듣지 않으면 반드시 수령이 편안히 앉아 있는 곳에서 저희끼리 서로 사사로이 논평하는 척하여 그 말이 은연중에 수령의 귀에 들어가

게 한다. 수령이 그것을 알아차리지 못하고 그들이 아무런 마음 없이 한 말이라고 생각하고 그 말을 믿는다면, 알지 못하는 사이에 이미 그들의 계략에 떨어진 것이다."

시기(侍妓)·시동(侍童)·시노(侍奴) 등이 저희끼리 사사로이 묻고 대답하다가 거짓말하지 못하게 나무라는 체해서 중지시키는 것은, 실은 수령의 귀에 흘러 들어가게 하는 것이 많다. 간사하게 속이는 방법은 천 가지 만 가지 형태로 나타난다. 어찌 유의하지 않을 수 있겠는가.

## �֎ 제6조 고공考功

### [공과功過를 평가함]

1. 관리가 한 일은 반드시 그 공적(功績)을 평가해야 한다. 관리들은 공적을 평가하지 않으면 힘써 일하지 않는다.

▌**원문**
**吏事必考其功 不考其功 則民不勸.**
이 사 필 고 기 공　불 고 기 공　즉 민 불 권

▌고려의 제도에 서인(庶人)으로서 벼슬에 있는 사람은 주사(主史)·영사(令史)·서예(書藝)·기관(記官)·서수(書手)·직성(直省)·전리(電吏)·문복(門僕)·조마(照磨)·역리(譯吏)·통사(通事)·지인(知印)·계사(計史)·산사(算史)·별가(別加)·통인(通引)·장수(杖首)·녹사(錄事)·지반(知班)·기사(記事)·소유(所由)·공목(孔目)·감사(監史)·감작(監作)·주의(注

衣)·막사(幕士)라는 명칭이 있었다. 매년 6월과 12월에 9품(品) 이상의 부사(府史)·서도(胥徒)와 함께 그들의 취임 연월일의 차례를 따지고, 그 노고와 안일(安逸)의 정도를 나누며, 그 공적과 과실(過失)을 표시하고, 그 재능의 유무를 논평해 모두 책에 기재한다. 이것을 정안(政案)이라고 한다. 중서(中書)에서 그들의 승진과 파면의 시안(試案)을 만들어 문하(門下)에 아뢰고 제칙(制勅)을 얻어 시행한다. 이것을 도목(都目)이라고 한다. 즉 고려에는 소리(小吏)들의 고공(考功) 제도가 있었다.

대체로 사람 다루는 방법은 다만 권(勸)과 징(懲) 두 글자가 있을 뿐이다. 공로가 있는데 상(賞)이 없으면 백성은 힘껏 일하지 않을 것이며, 죄가 있어도 처벌하지 않으면 백성을 징계할 수 없다. 힘껏 일하게 권하지 않고, 죄를 징계하지도 않는다면 모든 백성의 마음은 흩어지고, 모든 일은 무너질 것이다. 백관(百官)과 뭇 아전도 다를 것이 없다. 요즈음 죄를 지으면 벌은 있으나, 공이 있어도 상은 없다. 이것이 아전의 풍습을 날로 간악한 데로 달려가게 만드는 까닭이다.

2. 국법에 없는 일을 홀로 시행할 수는 없다. 그러나 그들의 공로와 과실을 적어 두었다가 연말에 공을 평가하여 의논해서 상 주는 일은 오히려 하지 않는 것보다 좋다.

▎원문 ──────────────────

國法所無不可獨行 然書其功過 歲終考功 以議施賞 猶賢
국법소무불가독행　연서기공과　세종고공　이의시상　유현

乎已也.
호이야

▌책을 하나 마련하여 한 장에 한 사람씩 이름을 적는다. 여러 향원(鄕員)과, 여러 군관(軍官)과, 뭇 아전과 하인 모두의 그 공과(功過)를 기록한다. 죄과(罪過)가 있을 때는 그때그때 즉시 죄를 다스리고, 공적이 있으면 연말에 평가하여 9등급으로 나눈다. 그래서 그 상위(上位) 3등은 새해의 임명에 반드시 중요한 자리를 주고, 중위 3등은 차등 있게 상을 주고, 하위 3등은 한 해 동안 쉬게 하여 임명하지 않는다. 이렇게 한다면 아마 선한 것을 권장하는 데 어느 정도 도움이 될 것이다.

3. 한 임기를 6주년으로 정해 수령이 먼저 오래 재임하게 된 뒤라야 공(功)의 평가를 논의할 수 있을 것이다. 만일 그렇게 하지 못한다면 신상필벌을 정확하게 해 백성이 명령을 믿게 하는 길이 있을 뿐이다.

▌**원문**

六期爲斷 官先久任 而後可議考功 如其不然 唯信賞必罰
육 기 위 단　관 선 구 임　이 후 가 의 고 공　여 기 불 연　유 신 상 필 벌

使民信令而已.
사 민 신 령 이 이

▌**주**

**육기(六期)** 6주년, 만 6년.
**신상필벌(信賞必罰)** 공이 있는 사람에게는 반드시 상을 주고, 죄가 있는 사람에게는 반드시 벌을 주는 것.

▌20년 동안 수령이 자주 바뀌어 오래 있는 사람이라야 2년이고, 그 나머지는 1년이면 바뀐다. 이 법이 고쳐지지 않으면 아전이나 백성이 다 오랜 계획을 하지 않을 것이다. 그런 사람들

에게 공을 평가하는 방법을 말하는 것은 웃음거리가 될 것이다.

공자(孔子)가 문인들의, "병(兵)과 식(食)과 신(信) 가운데서 어쩔 수 없어서 버려야 한다면 어느 것을 버리겠느냐?"라는 물음에, "병을 버리고 다음으로 식을 버리라."라고 하면서, 마침내 신(信)을 버리라고 하지는 않았다. 명령을 믿게 한다는 것은 백성을 대하는 제일 으뜸 되는 요무(要務)이다. 명령을 내려 말하기를, '어느 죄를 범한 사람은 어느 벌을 받는다.'라고 해놓고는 그뿐, 그렇게 하지 않으며, '어떤 공을 세우면 어떤 상을 받을 것이다.'라고 해놓고 그뿐, 그렇게 하지 않는다면 모든 호령과 명령이 내려도 백성들은 믿지 않을 것이다. 평상시에 오히려 큰 해(害)는 없겠지만, 만약 나라에 외국이 침략해 오는 근심이 생긴다면 이때를 당해 평소에 진실한 믿음을 얻지 못했다면 장차 어떻게 하겠는가. 명령을 믿음 있게 하는 것은 수령의 급선무이다.

## 제6장 호전육조 戶典六條

이 장에서는 호전에 규정된 사항 중에서 군현(郡縣)에 관계되는 중요한 사항을 논술하고 있다.

전정(田政), 세법(稅法), 곡부(穀簿), 호적(戶籍), 평부(平賦), 권농(勸農)의 여섯 조목으로 되어 있다.

# ✖ 제1조 전정田政

### [농지農地에 관한 일]

1. 수령의 직책은 54조 중에서 전정이 가장 어렵다. 우리나라의 농지제도가 잘 되어 있지 않기 때문이다.

**▎원문** ────────────────

**牧之職 五十四條 田政最難 以吾東田法 本自未善也.**
목지직 오십사조 전정최난 이오동전법 본자미선야

▎중국에서는 경(頃) · 묘(畝) 등의 면적 단위로 농지를 계산하고, 우리나라에서는 결(結) · 부(負) 등으로 토질(土質)의 비옥(肥沃)하고 척박(瘠薄)함을 표준으로 계산한다. 그 길고 짧고 넓고 좁은 것은 형체가 있지만, 비옥하고 척박하고, 기름지고 메마른 것은 농지의 성질이므로 형체가 없다. 그런데 형체가 있는 것은 예전이나 지금이나 변함이 없지만 형체가 없는 토질은 때에 따라 달라진다.〔땅이 비옥하고 척박한 것은 사람의 공력功力에 달려 있다〕결 · 부로 밭을 계산하는 것은 좋은 제도가 아니다.

원래 전결(田結)이라는 명칭은 ≪관자(管子)≫ 금장편(禁藏篇)에서 처음 생긴 것이다. 그런데 신라 때에 이미 결부(結負)가 있었다. 그런 까닭에 최치원(崔致遠)의 〈산사비명(山寺碑銘)〉에, '농지 10결을 내려주었다.(賜十結)'라는 말이 있다. ≪고려사(高麗史)≫ 식화지(食貨志)에는 '산전(山田) 1결(結), 평전

(平田) 2결'이라는 말이 있다. 그러나 거기에서 말한 1결이나 1부(負)라는 말은 그냥 1경(頃) 1묘(畝)라는 뜻으로 쓴 것이고, 지금의 제도처럼 농지의 비옥하고 척박함으로 그 면적을 등수에 따라 더하는 계산법으로 말한 것은 아니다.〔자세한 것은 전제고田制考 참고〕

고려 말기에 처음으로 3등급의 자〔尺〕를 만들어 그것으로 밭을 측량했다. 조선 초기에는 5등급의 자를 만드니 그 차등(差等)은 더욱 많아졌다. 그래서 토질의 비옥하고 척박함을 5등급으로 나누어 전안(田案, 농지 장부)에 등기하였을 뿐이고, 5등급의 농지의 실지 면적은 모두 같았다. 세종 말년에 고쳐서 6등급의 양전척(量田尺)을 제정하고, 전제상정소(田制詳定所)를 설치해 크게 농지제도를 고쳤다. 그러나 그 면적을 계산하는 방법은 지금과 같지는 않았다. 효종(孝宗) 때에 이르러 각지의 농지를 다시 측량해 비로소 준수해야 하는 책(冊)을 나누어 주었으니, 이에 1등은 100부(負), 2등은 85, 3등은 70, 4등은 55, 5등은 40, 6등은 25부로 해서 차이를 두어 정하고, 금석(金石)처럼 변하지 않는 법이 되었다. 이 제도는 옛날에는 있었던 증거가 없다. 황제(黃帝)는 들에 구획을 그었으며, 우왕(禹王)과 후직(后稷)은 묘(畝) 사이에 도랑을 파서 정지(井地)와 연옥(衍沃) 제도를 만들기에 이르렀고, 상앙(商鞅)은 천맥(阡陌)을 개척하는 법을 세웠으며, 이회(李悝)가 수리전(水利田)을 창설했으나 모두 실지 면적으로 계산했고, 비옥하고 척박함의 차이는 따로 등급을 나누었을 뿐이다. 지금 우리나라의 체가법(遞加法)은 비록 예수(隷首)가 계산하고, 이주(離朱, 중국 고대의 전설상의 인물. 매우 시력이 뛰어났다고 함)가 자〔尺〕를 살펴더라도 그 도수(度數)를 소상하게 할 수는 없을 것이다. 지금의 수령들은 장차 무엇으로 그 농간하는 것을 적발할 수 있을 것인가.

2. 지금 시행되고 있는 전산법(田算法)에는 방전·직전·구전·제전·규전·사전·요고전 등 여러 가지 이름이 있다. 그것을 헤아려 계산하는 방식은 이미 사법(死法)이 되었으니 다른 농지에는 통용할 수 없다.

■ 원문

時行田算之法 乃有方田 直田 句田 梯田 圭田 梭田 腰鼓
시 행 전 산 지 법　내 유 방 전　직 전　구 전　제 전　규 전　사 전　요 고

田諸名 其推算打量之式 仍是死法 不可通用於他田.
전 제 명　기 추 산 타 량 지 식　잉 시 사 법　불 가 통 용 어 타 전

■ 주

**방전(方田)** 정사각형 논밭.

**직전(直田)** 직사각형 논밭.

**구전(句田)** 직각삼각형 논밭.

**제전(梯田)** 사다리꼴로 생긴 논밭.

**규전(圭田)** 이등변삼각형으로 생긴 논밭.

**사전(梭田)** 베 짜는 북같이 생긴 논밭. 마름모꼴 모양.

**요고전(腰鼓田)** 허리가 장구처럼 들어간 논밭.

■ 전산법(田算法, 농지 넓이를 계산하는 법)에 말하기를, '산서(算書)에는 길이 5척(尺), 넓이 5척을 1보(步)'라고 했는데 이것을 지금의 양전법(量田法)으로 말한다면 마땅히 1척이 된다. 10척이 1속(束), 10속이 1부(負, 통속적으로는 복卜으로 쓴다), 1백부가 1결(結), 8결이 1부(夫)가 된다.〔1속 미만은 마땅히 척

이라고 해야 하는데 통속적으로는 파把라고 한다]

현행의 산전(算田) 방법은 가령 방전·직전·구전·제전·규전·사전·요고전 등 몇 개의 표준형에 대한 산출 방법을 설명하여 보이고 이것의 이치에 따라 다른 모양의 논밭도 계산하라고 하고 있으나, 이것은 실지에 있어서는 전연 추이 적용할 수가 없다. 천 가지 만 가지 형상을 하고 있는 전지를 이 간단한 쉬운 예시를 추리하여 산출할 수 없기 때문이다. 이 전산법은 이미 사문(死文)에 불과하다. 이 방법은 고쳐야 할 것이다.

3. 논밭의 측량을 고치는 것은 농지제도의 중대한 시책(施策)이다. 〔수령이 단독으로 할 수는 없다.〕 그러나 묵정밭〔진전陳田, 오래 버려두어 거칠어진 밭〕을 조사하고, 은결(隱結, 불법으로 부과 대상에서 누락한 농지)을 밝혀내서 구차히 안정하기를 도모할 수밖에 없다. 정 하지 않을 수 없다면 고쳐 측량하기를 힘쓸 것이지만, 그다지 큰 폐해가 없는 것은 모두 예전대로 두고, 그중에서 매우 심한 것만을 바로잡아서 원래의 액수에 충당한다.

## ▌원문

改量者 田政之大擧也 查陳覈隱 以圖苟安 如不獲已 黽
개 량 자 　진 정 지 대 거 야 　사 진 핵 은 　이 도 구 안 　여 불 획 이 　 민

勉改量 其無大害者 悉引其舊 鳌其太甚 以充原額.
면 개 량 　기 무 대 해 자 　실 인 기 구 　이 기 태 심 　이 충 원 액

## ▌주

**사진핵은(查陳覈隱)** 묵정밭을 조사하고 은결을 밝혀내는 것.

**원액(原額)** 원래의 정한 수. 고을에는 전안(田案), 즉 공부(公簿)에 등록된 원정(原定)의 논밭 수가 있다.

▌ 우리나라의 농지제도는 예전부터 좋지 않았다. 만약 어진 임금과 현명한 신하가 조정에서 의논하고 농지제도의 대개혁을 단행하여, 결부(結負)제도를 없애고 경묘(頃畝)로 고치며, 널리 공전(公田)을 두어 정전법(井田法)을 참고로 쓴다면, 수령으로서 이 일을 맡은 사람은 정신을 분발하고 지혜를 다해서 합당한 결과를 가져오도록 힘씀으로써 터럭만큼도 유감없게 해야할 것이다. 그러나 지금 이 결부제도는 법의 기구(崎嶇)함이 이보다 더 심할 수는 없을 것이다. 비록 어떤 현명한 사람에게 맡겨도 다 잘할 수는 없다. 더군다나 농지의 비옥하고 메마름은 때에 따라 변한다. 결부로 전지를 계산하는 법은 본래부터 사리에 맞지 않으니, 어찌 그것으로 세상을 다스리고 백성을 기를 수 있겠는가. 여기에서 고쳐 측량한다는 것은 결부를 고쳐서 또 결부로 하는 것이니, 근본이 좋지 않은데 어떻게 잘 변경할 수 있겠는가. 그런 까닭에 어쩔 수 없는 그중 가장 심하게 잘못된 것만을 바로잡도록 힘쓰라고 말한 것이다.

4. 농지 형상은 천 가지 만 가지로 다르다. 방전·직전·규전·구전·제전 형상은 그 대강을 예거(例擧)한 것뿐이다. 그것을 표준으로 하여 추산할 수는 없다.

▌**원문**

田形萬殊 方田 直田 圭田 句田 梯田之形 擧其大綱 不足
전 형 만 수 방 전 직 전 규 전 구 전 제 전 지 형  거 기 대 강  부 족

憑驗.
빙 험

▌ 농지 형태는 천 가지 만 가지로 다르다. 반드시 여기에서 예

거한 것에 일치하지는 않는다. 또 같은 방전·구전이라 해도 그것이 모두가 동일한 형태일 수는 없다. 그 각양각색의 형상을 한 농지를 측량하는 법은 실은 다 직전(直田)의 계산법을 이용하고 있는 것으로, 그 방법은 정확하지 않다.

5. 농지를 측량하는 정치는 오직 먼저 적당한 인재를 얻어야만 논의할 수 있다.

▌원문

量田之政 唯先得人 乃可議也.
양 전 지 정 　유 선 득 인 　내 가 의 야

▌지혜로운 사람은 반드시 간사하고, 소박한 사람은 반드시 사물에 밝지 못하다. 남에게 속지 않을 만한 사람은 나를 속이는 사람이 되기 쉽고, 나를 속이지 않을 사람은 남에게 속기 쉽다. 이 점이 적당한 인재를 구하기 어려운 것이다. 그러나 사람을 부리는 방법 여하에 따라서는 지혜 있는 사람이 나를 속이지 않을 수 있을 것이다.

6. 경기(京畿)의 농지는 비록 척박하나 본래 전세(田稅)를 가볍게 정하였고, 남쪽 지방의 전지는 비록 비옥하나 본래 이미 무겁게 정한 것이니, 모든 그 부속(負束)의 수는 예전대로 따라야 한다.

▌원문

畿田雖瘠 本旣從輕 南田雖沃 本旣從重 凡其負束 悉因
기 전 수 척 　본 기 종 경 　남 전 수 옥 　본 기 종 중 　범 기 부 속 　실 인

其舊.
기 구

7. 묵정밭으로 묵힌 전지는 그에 대한 세액(稅額)을 밝혀서, 세가 과중하다면 등급을 낮추지 않으면 안 된다.

■ 원문

**唯陳田之邃陳者 明其稅額過重 不可不降等也.**
유진전지수진자　명기세액과중　불가불강등야

■ 농지가 묵정밭이 되는 것은 마을이 없어지거나 흉년이 들어서 그렇게 되는 것도 있으니, 반드시 세액이 과중한 탓이라고 말할 수는 없다. 그러나 그 세액이 진정 가볍다면 때로는 경작하고, 때로는 묵는 일이 있을지라도 한결같이 묵기만 할 까닭은 없을 것이다. 모든 전후의 묵정밭은 모두 등급을 낮추는 것이 마땅하다. 마을이 가깝고 농지가 비옥한 것은 5등으로, 마을이 멀고 메마른 것은 6등으로 낮추어 결부(結負)를 고쳐 정하고, 백성을 모집하여 경작을 권하는 일을 소홀히 할 수 없다.

8. 묵정밭의 등급을 낮추면 자호(字號)가 옮겨 변경되므로 장차 백성들의 소송이 많을 것이다. 모든 그 자호가 변한 것은 모두 증명서를 주어야 한다.

■ 원문

**陳田降等 字號遷變 民將多訟 凡其變者 悉給牌面.**
진전강등　자호천변　민장다송　범기변자　실급패면

■ 주
**자호(字號)** 천자문(千字文)의 글자를 차례로 가져다가 번호를 매기는 것. 가령 천자(天字) 제1, 제2, …지자(地字) 제1, 제2, 제3 … 등과 같이 쓴다.
**패면(牌面)** 증명서.

▋ ≪속대전(續大典)≫에서 말하였다. '묵정밭이나 경작하고 있는 밭을 가리지 않고 5결(結)이 되면 하나의 자호(字號)를 매겨 표시한다.' 또, '모든 농지는 사방의 경계표와 주인의 이름을 기록한다. 묵정밭도 또한 모두 주인을 기록한다. 주인이 없는 것은 주인이 없다고 기록한다.'라고 하였다.

묵정밭은 본래 3등으로서 70부(負)였는데, 강등해 5등이 되면 40부에 불과하게 되며, 6등으로 강등하면 25부에 지나지 않게 된다. 만약 그렇게 되면 차례로 다음 자호에 속하는 농지를 당겨 올려서 1결이 되게 해야 하니 차례로 자호가 바뀐다. 이러한 사람에게는 증명서 한 장을 주어서 매매할 때 차례로 전해주어 증거로 해야 한다.

9. 농지를 측량하는 법은 어린도(魚鱗圖)로 하여 방전을 만드는 것보다 더 좋은 것은 없으나, 모름지기 조정의 명령이 있어야 시행할 수 있는 것이다.

▋ **원문**

總之量田之法 莫善於魚鱗爲圖 以作方田 須有朝令 乃可
총 지 량 전 지 법 막 선 어 어 린 위 도 이 작 방 전 수 유 조 령 내 가

行也.
행 야

▋ 방전법(方田法)으로 전지를 측량하는 설은 본래 장횡거(張橫渠, 장재張載)에게서 시작되었고, 주자(朱子)는 어린도를 만들었으니 역시 방전법이다. 명(明)나라 홍무(洪武) 초년에 칙명으로 이 법을 시행했으며, 지금은 더욱 완비되었으니 이 법을 제외하고 다시 더 좋은 법은 없다. 그러나 한 고을의 수령이 홀

로 이 법을 시행하려면 노력은 많이 들고 비용도 많이 들어 폐해를 바로잡는 데 유익함이 없을 것이다. 반드시 온 나라 안이 모두 시행하게 된 뒤라야 비로소 좋은 법이 될 것이다.

성호(星湖, 이익李瀷) 선생이 말하였다. "어린도는 대체로 농지의 형상을 골고루 도면(圖面)으로 그린 것이니, 지금의 방역(邦域) 지도와 같다. 모든 들, 모든 골짜기 할 것 없이 세밀한 부분은 큰 것 속에 통합된다. 큰 것은 전도(全圖)가 되고, 세밀한 것은 분도(分圖)가 된다. 구릉(丘陵), 물가의 평지, 천택(川澤) 등 경작하지 않는 땅과, 진지(陳地)·황지(荒地)로서 경작하지 않는 것도 모두 빠짐없이 기록하고, 산법(算法)에 의해 그 넓고 좁음, 길고 짧은 것을 쓰며, 또 총도(總圖) 위에 어디에서 어디까지가 몇 자라고 쓴다. 또 그 사지(四至, 사방의 경계표)에 대하여도 반드시 제 몇 호 전(田), 혹은 산, 또는 개천이라고 기록해 참고와 증거에 대비한다. 어찌 다시 숨기거나 빠뜨릴 염려가 있겠는가?"

10. 묵정밭을 조사하는 것은 전정(田政)의 큰 조목이다. 묵정밭에 세를 부과하면 원망이 많으니 묵정밭을 조사하지 않을 수 없다.

**▌원문** ────────────────────

**查陳者 田政之大目也 陳稅多寃者 不可不査陳也.**
사 진 자  전 정 지 대 목 야  진 세 다 원 자  불 가 불 사 진 야

**▌주**
**사진(査陳)** 묵정밭을 조사함.
**진세(陳稅)** 묵정밭에 잘못으로 세를 부과한 것.

▎≪속대전≫에서 말하였다. '매년 묵정밭을 개간한 곳을 하나하나 기록해 본조(本曹)에 보고하고, 세를 반감(半減)한다. 이미 개간하였다가 도로 묵힌 것은 세를 부과하지 말라.'

묵정밭을 조사하는 것은 두 가지 목적이 있다. 첫째, 거짓으로 묵정밭이라고 속이는 것을 찾아내는 일이고, 둘째, 정말 묵정밭인 것을 잘못해 묵정밭 아닌 것으로 처리하고 있는 것을 찾는 일이다. 묵정밭이 아닌데 묵정밭으로 해 면세하는 것은 나라에 손해이고, 묵정밭을 묵정밭 아닌 것으로 처리하고 과세하는 것은 백성에게 원통한 것이니, 어느 것이나 조사하지 않아서는 안 된다.

11. 묵정밭을 개간하는 일을 백성의 힘만 믿어서는 안 된다. 수령은 마땅히 정성껏 경작하기를 권유하고, 또 따라서 그것을 도와주어야 한다.

▎**원문**

陳田起墾 不可恃民 牧宜至誠勸耕 又從而助其力.
진 전 기 간　불 가 시 민　목 의 지 성 권 경　우 종 이 조 기 력

▎옛날의 훌륭한 수령은 반드시 소를 빌려주고 식량을 도와주어 백성에게 묵정밭의 경작을 권하였다. 더군다나 어리석은 백성이 법의 뜻을 알지 못하고, 오직 묵정밭을 한 번 경작하면 무거운 세를 짊어지게 될 것만을 두려워하기 때문에 쉽게 개간하려 하지 않는다. 수령이 몸소 마을에 가서, 묵정밭을 경작하면 3년 동안 세를 면해 준다는 것을 설명하고, 수령이 스스로 그렇게 지령문(指令文)을 써서 백성에게 믿을 수 있는 증거가 되게 하고, 또 따라서 도와주기를 옛날의 훌륭한 수령처럼 한다

면 아마 묵정밭을 개간하는 사람이 날마다 불어날 것이다.

12. 은결·여결은 해마다 달마다 늘어나고, 궁결·둔결도
해마다 달마다 늘어나며, 원전(原田)으로서 국가에 납세하
는 것은 해마다 달마다 줄어만 가니 장차 어떻게 할 것인가.

▋원문

隱結 餘結 歲增月衍 宮結 屯結 歲增月衍 而原田之稅于
은결　여결　세증월연　궁결　둔결　세증월연　이원전지세우

公者 歲減月縮 將若之何.
공자　세감월축　장약지하

▋주

**은결(隱結)** 숨겨서 토지대장에 올리지 않은 논밭.

**여결(餘結)** 농지의 원정수(原定數)에 들지 않은 논밭. 은결과 같다.

**궁결(宮結)** 각 궁과 관아(官衙)에 소속된 논밭.

**원전(原田)** 그 고을의 원정(原定)의 논밭.

▋ 서울에서 벼슬하는 사람들은 다 은결(隱結)이라는 이름을 듣
고 있다. 그러나 모두 마음속으로 생각하기를, '심산궁곡에 조
금씩 황무지를 개간한 것이 은결이 되었을 것이다.'라고 할 뿐
이고, 원전의 총 결수(結數)가 그 이외의 것으로 넘쳐나는 수
가 은결이 된다는 것은 알지 못한다. 잡초가 우거진 황폐한 농
지, 홍수에 무너지고 사태가 난 밭, 백성들이 떠돌며 내버리고
간 농지 등 이런 것으로 원전의 총 결수에 충당시키고, 그 기름
지고 완전하고 확실하고 기름지게 가꾸어 옥토가 된 논밭은 다
은결로 만들어 놓았다. 세를 받을 때가 되면 먼저 온 고을 안에
서 가장 좋은 농지만을 뽑아서 그것을 은결로 빼돌려 놓고, 그

러고 나서는 황무지와 온갖 나쁜 논밭만을 나라의 세금을 징수하는 대상으로 삼는다. 그것이 버릇되어서 아주 당연한 것처럼 여기게 된 것이 이제 수백 년이 되었다. 이것은 한 고을의 수령이 바로잡을 수 있는 것은 아니다.

궁결과 둔결이 원전을 침식(侵食)해 들어가니 다만 국가의 세입이 날로 줄어들 뿐 아니라, 모든 부역은 다 전결(田結)을 기준으로 하여 부과되는데 한 번 궁결에 편입되면 온갖 부역은 면제된다. 그래서 1만 결(結)을 가진 고을에서 요역에 응하는 백성은 3천 명을 넘지 못하니, 백성의 부역은 지나치게 고통을 주어서 떠돌며 도망하는 사람이 계속 생긴다. 이것도 한 고을의 수령이 바로잡을 수 있는 것은 아니다. 그러므로 전정(田政)은 할 수 없다고 말한다. 장차 어떻게 되겠는가.

# 【목민심서 제11권】

## ※ 제2조 세법稅法 상上
### [세금의 부과와 징수]

1. 농지제도가 이미 그러하니 세법이 문란해졌다. 연분(年分)제도에서 잃고, 황두(黃豆)의 수납에서 잃어서 국가의 세입은 얼마 되지 않는다.

**▌원문**

**田制旣然 稅法隨紊 失之於年分 失之於黃豆 而國之歲入**
전 제 기 연  세 법 수 문  실 지 어 년 분  실 지 어 황 두  이 국 지 세 입

**無幾矣.**
무 기 의

**▌주**

**연분(年分)** 농작의 흉풍(凶豊)에 따라 매년 정하는 전세(田稅)의 비율. 상상(上上), 상중(上中), 상하(上下)와 중상(中上), 중중(中中), 중하(中下), 그리고 하상(下上), 하중(下中), 하하(下下)의 9등으로 구분하여 일정한 비율로 재해 농지의 세금을 경감한다.

**황두(黃豆)** 콩, 대두(大豆). 대두를 심은 밭과 기장, 피, 목화, 삼 따위를 심은 밭의 세는 황두로 받았다.

▌ 처음에 농지를 측량할 때 이미 비옥하고 척박한 것에 따라 6등급으로 나누어서 척박한 땅을 측량하는 데에 사용하는 자는

길이가 더 길게 하였다. 그러므로 같은 단위로 표현하였지만 실지의 면적은 아래 등급의 농지는 위 등급의 농지보다 크다. 그러니 1등전의 1결(結)과 6등전의 1결은 그 수확량은 같다. 그러니 그 세액도 당연히 같아야 할 것이다. 그런데 여기에다가 연분구등(年分九等)법을 실시해 하하(下下)는 4두(斗), 하중(下中)은 6두, 하상(下上)은 8두 이렇게 위로 거슬러 올라가서, 상상(上上)은 20두를 세로 거두는 것으로 세법을 세워서 피차 서로 모순되고, 앞뒤가 서로 맞지 않아서 혼란해 실마리를 잡을 수가 없다. 그러나 이미 이 법을 세웠으면 마땅히 그 분등(分等)은 해마다 같지 않아야 할 것이다. 그런데 소위 연분법은 하하(下下)의 농지 몇천 결은 계속 하하(下下)이고, 하중(下中)의 농지 몇천 결은 계속 하중(下中)이다. 이것은 연분이 아니고 바로 토분(土分, 토질의 비옥과 척박에 따른 분류)이다. 이미 6등급으로 나눌 때 농지의 품질에 따라 분류하였는데, 또 9등의 연분에서 또다시 농지의 품질로 분류하고 있으니 이미 정당하지 못하다. 비록 그러하더라도 법이 이미 이와 같으니 그대로 준행(遵行)해야 하는데, 그것을 아래 백성들에게서 세를 거둘 때 9등의 전지에서 똑같이 6두씩을 징수한다. 국가에서 수납하는 것은 차등이 있고, 백성이 바치는 데는 다르지 않으니 또 무슨 뜻이란 말인가.

밭에 대한 세는 국법에 본래 황두(黃豆)를 받게 되어 있다. 위태(位太)와 세태(稅太)가 있으니 위태는 기장, 피, 목화밭, 삼밭의 세로 콩을 받는 것이고, 세태는 콩밭에 대해 콩으로 받는 세이다. 지금의 법은 위태나 세태를 다 쌀로 환산해 콩 두 섬에 쌀 한 섬을 받아서 서울의 당해 관사(官司)에 바치게 되어 있다. 법의 예식(例式)은 그러하지만 실제로는 밭 1결에 세로 쌀

6두를 받고 있어서 논의 세미(稅米)와 다름이 없다.

2. 집재(執災), 표재(俵災)는 전정(田政)의 말단 일이다. 큰 근본이 이미 거칠어졌기 때문에 조리(條理)가 다 문란한 것이다. 비록 마음을 다할지라도 만족할 수 없다.

▐ 원문

執災俵災者 田政之末務也 大本旣荒 條理皆亂 雖盡心力而
집 재 표 재 자　전 정 지 말 무 야　대 본 기 황　조 리 개 란　수 진 심 력 이

爲之 無以快於心.
위 지　무 이 쾌 어 심

▐ 주

**집재(執災)** 재해 상황을 조사하여 기록하는 일.
**표재(俵災)** 흉년에 재해 입은 농지의 조세를 감(減)하는 것.

▐ 수령의 전정(田政)은 조세를 감해 주는 일뿐이다. 여기에서 조세를 감하는 것을 자세히 살피는 것을, 상례(喪禮)에서 시마(緦麻)와 소공(小功)을 살피듯 해야 한다. 그러나 역시 알기 어려운 일이니 오직 자신의 몸을 규율하고 아전들을 단속해 평소에 위신이 분명하면 아전의 농간도 그렇게 몹시 심한 데 이르지 않을 것이다. 조금도 착오가 없게 한다는 것은 방도가 없다. 조세를 감하는 데 있어 농간에는 온갖 교활하고 간악한 방법이 있다. 그 방법은 대체로 위재(僞災)와 허집(虛執)이다. 위재는 돈을 받고 부잣집의 풍작인 전지를 거짓 재해지(災害地)로 보고하고, 그 세를 정말로 재해를 입은 가난한 백성들의 전지에 전가하는 것이다. 허집은 아전이 재해 조사를 위해 답사(踏査)할 때 자기 혼자서 재해를 더 많이 잡아두었다가 돈을 받고 농

민에게 팔아먹는 행위이다.

그러나 이러한 것을 수령이 농지마다 경작자 이름을 쓴 표목을 세우게 하고, 하나하나 자신이 다시 답사하는 것은 도리어 웃음거리가 된다. 이름은 대체로 노비의 이름을 쓰는 것이니 이렇게도 저렇게도 고칠 수 있고, 서로 뒤바꿀 수도 있으며, 표목도 갑의 것을 을에, 을의 것을 병의 밭에 꽂을 수도 있으니, 수령의 한 필 한 필 실지 답사는 아무 효과가 없다.

오직 들을 둘러보는 방법은 수령이 두어 하인을 데리고 관내를 순행하여 말 위에서 그 대략의 흉작, 풍작 상태만을 파악해서 아전의 농간이 심하지 않게 하는 정도로 그칠 수밖에 없다.

3. 서원(書員)이 재해 조사를 위해서 들에 나가는 날, 수령이 면전에 불러놓고 온화한 말로 타이르고 위협적인 말로 두려워하게 하면서, 진심으로 백성을 가엾게 여기고 슬퍼함이 그를 감동하게 하는 데 부족함 없게 한다면 유익함이 없지 않을 것이다.

▌ 원문

書員出野之日 召至面前 溫言以誘之 威言而怵之 至誠惻怛
서 원 출 야 지 일   소 지 면 전   온 언 이 유 지   위 언 이 출 지   지 성 측 달

有足感動 則不無益矣.
유 족 감 동   즉 불 무 익 의

▌ 주

**서원(書員)** 아전의 하나. 문서의 기록과 관리를 맡아보던 하급의 구실아치.

▌ 서원이 재해를 조사하러 나갈 때 지성으로 타이르고, 서원이

조사를 마치고 재해를 기록한 재책(災冊)을 가지고 모두 돌아오면, 수리(首吏)와 도리(都吏, 도서원都書員)를 불러서 그들이 서청(書廳)에 모여서 서로 의논해 지나치게 많이 잡은 허위의 재해 숫자를 깎으라고 명령한다. 그들이 올리는 재해조사서가 수령의 의사에 맞고 그들의 변경이 진정에서 나온 것이 인정될 때는 더 추궁하지 않는다. 그러나 만약 그 말하는 것이 교묘하게 꾸미기를 일삼으며, 오직 그대로 밀고 나가려고만 하거든 즉시 따로 염탐꾼을 보내어 그들의 비행을 조사하게 한다.

4. 큰 흉년이 든 해에 모내기하지 못한 논을 답사할 때는 사람을 가려서 그 일을 맡겨야 한다.

**▌원문**

大旱之年 其未移秧踏驗者 宜擇人以任之.
대 한 지 년  기 미 이 앙 답 험 자  의 택 인 이 임 지

**▌주**

**이앙(移秧)** 모내기.

**답험(踏驗)** 실지를 가보고 조사하는 일.

▌ 답사하는 일은 아전이나 향원에게 맡기지 않고 수령이 스스로 훌륭한 사람을 가려서 조사하도록 한다. 사람을 가리는 방법은 여러 방리(坊里)의 향로(鄕老)에게 서한(書翰)을 보내어 간곡히 부탁하고, 청렴하고 근신하며 사리를 깨달아 뇌물을 탐내지 않을 인물을 각기 두 사람씩 추천하기를 청한다. 추천장이 도착하면 수령이 그중 두 사람을 불러 정성껏 타일러서 그들이 성심과 바르고 결백한 마음으로 이 일을 처리하게 한다.

그들의 조사가 끝난 뒤에 수령이 그 조사서 중에서 한두 곳을 골라 직접 나가서 재심(再審)한다.

5. 재결(災結)을 상급 관청에 보고하는 것은 오직 실제 숫자대로 해야 하며, 혹시 상급 관청에서 재결의 수가 많다고 하여 삭감하라는 명령이 있을 경우는 책임 질 것을 각오하고 전대로 거듭 보고해야 한다.

▌**원문**

## 其報上司 宜一遵實數 如或見削 引咎再報.
기 보 상 사　의 일 준 실 수　여 혹 견 삭　인 구 재 보

▌속된 수령은 상급 관청에 재결(災結)을 보고할 때 반드시 가외의 수를 더 적어 넣는다. 마치 거간꾼이 물건을 매매할 때 먼저 많은 값을 불러서 에누리하는 것처럼 해놓고, 상급 관청이 삭감하기를 기다리곤 한다. 이것은 장사꾼의 술책이다. 그런 일은 해서는 안 된다. 만약 내가 속임수 부린 것을 상급 관청이 진정으로 받아들여 보고한 수대로 삭감한다면 나는 장차 어떻게 처리하겠는가. 실제보다 많은 가외의 면세액을 국고에 반납하면 죄를 받게 될 것이니, 오직 삼켜버리는 수밖에 없을 것이다. 그렇게 하고 마침내 허물이 없을 수 있겠는가. 내가 실제로 정직하게 보고한 것을 만일 상급 관청이 믿지 않고 삭감한다면, 나는 마땅히 두 번이고 세 번이고 거듭 보고해 자신의 진퇴를 각오하고 기어이 통과시켜야 할 것이다. 만약 조정에서 재해로 면세할 액수를 할당한 것이 원래 적어서 각 고을에 골고루 비율에 따라 삭감하지 않을 수 없으므로 삭감된 것이라면 반드시 진퇴를 걸고 다툴 까닭은 없다. 다만 그것을 적당하게

분배 결정할 뿐이다.

6. 재해를 입은 농지에 대하여 조세를 감액해 주는 일도 또한 어려운 작업이다. 만약 상급 관청으로부터 인정받은 감세액이 고을에서 조사한 액수보다 적을 때에는 평균하게 비례(比例)에 따라 각각 얼마만큼씩 줄여야 한다.

### ▎원문

**俵災亦難矣 若其所得 少於所執 平均比例 各減幾何.**
표 재 역 난 의　약 기 소 득　소 어 소 집　평 균 비 례　각 감 기 하

### ▎주

**소득(所得)** 여기서는 감세액(減稅額)으로 상급 관청에서 인정받은 것을 가리키는 말.
**소집(所執)** 여기서는 감세 대상으로 조사한 액수를 가리킨 말.

▎ 상급 관청으로부터 재해를 입은 농지로 인정받은 것이 고을에서 조사한 것과 일치하면 농민 각자에게 감세(減稅)는 어렵지 않다. 그러나 신청한 액수에서 삭감을 당했다면 그 삭감당한 액수를 농민 각자에게 비례에 따라 평등하게 감세액을 줄이는 수밖에 없다. 가령 본래 조사한 것이 5백 결인데 인정된 것은 4백 결이라면 모든 감세액에서 5분의 1씩 감한다. 50부(負)는 40부가 되고, 40부는 32부가 되는 것과 같다. 그러나 혹은 아주 심한 재해지와 가벼운 재해지가 있을 경우는 가벼운 재해지의 감세를 중지하고, 매우 심한 재해지의 감세는 줄이지 않는 것이 좋을 수도 있다.

7. 조세 감액이 끝나면 곧 작부(作夫)하는데, 이사 오고 이

사 가는 것을 일체 엄금한다. 세미(稅米)를 징수하는 장부
는 편리에 따라 작성하도록 허락한다.

俵災旣了 乃令作夫 其移來移去者 一切嚴禁 其徵米之簿 許
표 재 기 료　내 령 작 부　기 이 래 이 거 자　일 체 엄 금　기 징 미 지 부　허

令從便.
령 종 편

**작부(作夫)** 1백 부(負)가 1결(結)이고, 8결이 1부(夫)인데, 영세한 것
　을 모아 한 사람을 호수(戶首)로 세워 그에게 세미(稅米)를 거두게
　하는 것.

▋ 작부 명부는 먼저 나누어 주고 세미징수부(稅米徵收簿)는 뒤
따라 나누어 준다. 그러므로 백성에게 내주는 장부는 두 가지
이다.

이사 가고 이사 오고 하는 것을 금지하는 것은 그것이 여러 가
지 협잡의 바탕이 되기 때문이다. 가령 동쪽 마을 백성이 밭을
서쪽 마을에 팔고 가버리면 밭은 동쪽 마을에 있는데 세결(稅
結)은 서쪽 마을로 옮겨진다. 또 마을뿐 아니라 면(面)의 경우,
군현의 경우에는 더욱 혼란해진다. 이렇게 납세의무자가 이동
하는 사이에 행방을 알 수 없게도 되고, 그 틈을 노려 아전이
중간에서 세미(稅米)를 받아 착복하기도 한다. 그러니 세미 징
수가 끝날 때까지는 이사 다니는 것을 일체 엄금해야 한다. 그
곳의 세미는 그곳에서 징수하게 한다.

세미를 징수하는 장부만은 그 마을 것은 그 마을의 장부에만
반드시 기록하지 않고 편리에 따라 작성하는 것을 허락해야 한

다. 세미징수부의 기록을 일체 옮겨 쓰는 것을 금지한다면 매우 불편한 일이 있다. 한 사람의 전지(田地)가 각처에 흩어져 있어서 여러 소작인이 경작하는 경우, 그것을 지주 한 사람의 이름에 합계해 기록하지 않고, 소작인이 사는 곳에 따라 따로따로 적는다면 세를 창고에 바칠 때 막대한 비용과 노력을 허비하게 된다. 그러므로 징수부의 기재는 동쪽 마을 것을 서쪽 마을에 옮겨 함께 기록하는 것을 허락해야 한다.

8. 간사한 서원(書員)과 교활한 아전이 몰래 민결(民結)을 제역촌(除役村)에 옮겨 기록한 것은, 명백하게 조사하고 엄중히 금지해야 한다.

▌원문

**奸吏猾吏 潛取民結 移錄於除役之村者 明査嚴禁.**
간 리 활 리  잠 취 민 결  이 록 어 제 역 지 촌 자  명 사 엄 금

▌주

**민결(民結)** 백성의 경지(耕地).
**제역지촌(除役之村)** 요역(徭役)이 면제된 마을.

▌≪속대전≫에서 말하였다. '민결을 빼앗아 역가(役價)를 강제로 징수하는 사람은 훔친 죄의 경중을 계산해 도형(徒刑)이나 유형(流刑)으로 죄를 다스린다.' 이것이 이른바 양호(養戶)이다. 〔옛날에는 세력 있는 집에서 잔약한 민호民戶를 몰래 숨겨두고 사사로이 일하게 하면서 공역公役에 응하지 않게 하는 것을 양호라고 하였다〕
방납(防納, 지방의 아전들이 백성들에게 조세를 감액해 기한 전에 납

입시킨다. 이것을 방납이라 하고 아전들은 이것을 착복한다)은 아전들이 복호(復戶), 은결(隱結), 허위 재결(災結), 잉여미(剩餘米, 하하下下분에서 생기는 쌀과 황두黃豆, 환미에서 생기는 쌀) 등을 계산해서 몇 결(結)이 되면 백성에게 방납하게 하여 농지 1결에 돈 12, 3냥을 받고 혹은 쌀 45두를 받는다.〔혹은 30두를 받는다〕 그래서 한푼도 국고에 바치지 않고 모두 자기가 먹어버린다. 그리고는 방납해 준 백성에게는 일체의 농지에 수반하는 요역을 시키지 않는다. 이것을 방납이라고 한다.

양호(養戶)는 간악한 아전들이 8결을 합하여 1부(夫)를 구성하는 날에 스스로 민결을 요역이 면제된 마을에 옮겨 적고 마침내 그것을 경작하는 농민에게 방납의 경우와 같은 방법으로 쌀을 바치게 한다. 그리하여 가령 백성에게서 쌀 45두를 받으면 20여 두는 세로 바치고 나머지 25두는 자기가 착복한다.

제역촌(除役村)은 많다. 읍내(邑內), 계방촌(契房村), 점촌(店村), 학궁촌(學宮村), 서원촌(書院村), 역촌(驛村), 원촌(院村), 사촌(寺村), 창촌(倉村), 궁전촌(宮田村), 둔전촌(屯田村), 포촌(浦村), 도촌(島村), 영촌(嶺村) 등이 있다. 또 병영(兵營)이나 수영(水營)이 있는 곳은 그 영문에서 4리 거리는 모두 제역촌이다. 이렇게 제역촌이 많으니 그것을 일일이 살피기는 어렵다. 그러나 전안대장(田案大帳)을 가져다가 원정수를 조사한 뒤에 그중에서 금년의 재해로 감한 수를 제외하면 제역촌에 옮겨 적은 것을 알아낼 수 있을 것이다.

9. 장차 8결을 모아 부(夫)로 구성하려고 할 때는 먼저 충실한 민호를 골라 따로 한 책(冊)을 작성해, 그의 세미(稅米)로써 국세의 정액(定額)에 충당하게 한다.

將欲作夫 先取實戶 別爲一冊 以充王稅之額.
장 욕 작 부  선 취 실 호  별 위 일 책  이 충 왕 세 지 액

**실호(實戶)** 충실한 민호. 부호(富戶).

10. 작부(作夫)한 장부에는 거기에 허액(虛額)이 있어서 그 속에 뒤섞여 있는 것이 있다. 검사하지 않아서는 안 된다.

作夫之簿 厥有虛額 參錯其中 不可不查驗.
작 부 지 부  궐 유 허 액  참 착 기 중  불 가 불 사 험

**허액(虛額)** 부과할 실지의 대상이 없는 가공의 세액. 이것을 아전들이 백성에게 더하여 징수함으로써 착복한다.

■ 《속대전》에서 말하였다. '감관(監官), 서원(書員)의 무리가 가공의 세액, 즉 허액(虛額)을 조작해 백성들에게 나누어 징수한 자는 장(杖) 1백 대, 유(流) 3천 리(里) 형에 처하고 수령 중에 그것을 적발하지 못한 사람은 처벌한다.'

허액에도 몇 가지 종류가 있다. 걸복(乞卜)·조복(助卜)·첨복(添卜)이 그것이다. 복(卜)은 부(負)이다.〔우리나라 법에 1백 부를 1결(結)이라고 하는데, 부負를 짐任이라고 하고, 짐을 복卜이라고 한다. 이에 부를 복이라고 한다.〕

걸복(乞卜)은 각 마을에서 납세조직의 단위인 부(夫)를 구성하고는 거기에 난데없이 10부(負) 혹은 20부를 더 부과해 그

마을의 경작자가 나누어 추가 납부하여 서원의 수고료로 제공하게 하는 것이다. 경기에서는 걸복이라 하고, 남쪽 지방에서는 조복(助卜)이라고 한다. 그러니 걸복과 조복은 같은 것이다. 첨복(添卜)은 실제 세액보다 더 보탠 세액을 말한다. 가령 갑마을 이모(李某)의 전세(田稅)는 본래 7부인데, 올해 난데없이 9부로 부과하는 것과 같은 것이다. 첨복이 생기는 이유는 몇 가지 있다. 뇌물을 받고 다른 사람의 세액을 줄여서 다른 사람에게 덧붙이는 경우, 아전이 어리석은 백성을 업신여겨서 까닭없이 더 부과한 경우, 유리(流離) 도산(逃散)한 백성의 농지가 황폐해 세익이 줄어든 것을 그 일족, 이웃 등에 가져다 덧붙이는 경우가 있으며, 또 이미 부과한 세금을 징수할 때 도산(逃散)한 사람의 세액을 그 이웃 사람들에게 나누어 강제로 징수하는 경우가 있다. 은결(隱結)의 폐단은 이런 것에서 생기는 것이다. 검사해 밝혀내야 한다.

## ※ 제2조 세법稅法 하下

1. 작부(作夫)를 마치고 나면 곧 계판(計版)을 작성한다. 계판의 내용은 세밀히 살피고 엄중히 밝혀야 한다.

**▌원문**

**作夫旣畢 乃作計版 計版之實 密察嚴覈.**
작 부 기 필  내 작 계 판  계 판 지 실  밀 찰 엄 핵

**▌주**

**계판(計版)** 세액의 비율을 산출한 계산표.

▌계판은 도리(都吏, 도서원都書員)와 여러 아전이 의논하여 금년 세액의 비율을 산출하는 것으로 세 가지 구분이 있다. 첫째, 국납(國納, 관고에 바치는 것), 둘째, 선급(船給, 배의 운임, 하역비 등으로 지급하는 것), 셋째, 읍징(邑徵, 고을에서 징수하는 것)이다. 이 세 가지 징수 방법에 세 가지 예가 있으니 첫째는 결렴(結斂)이고, 둘째는 쇄렴(碎斂)이며, 셋째는 석렴(石斂)이다. 국납(國納)의 계수(計數)는 농지 1결마다 전세미(田稅米) 6두, 대동미(大同米) 12두, 삼수미(三手米) 1두 2승, 결미(結米) 3두이다.〔지금 결전結錢으로는 5전에다 이전耳錢(귓돈) 1푼分을 낸다〕 해서(海西) 지방에는 또 별수미(別收米) 3두가 있는데 역시 결렴이다.

또 창작지미(倉作紙米) 2석(石), 호조작지미(戶曹作紙米) 5석, 공인역가미(貢人役價米)가 5석이다. 이상은 다 쇄렴이다. 또 1석마다 가승미(加升米) 3승, 곡상미(斛上米) 3승, 경창역가미(京倉役價米) 6승, 하선입창가미(下船入倉價米) 7홉 5작(勺)이 있다. 이상은 모두 석렴이다.

이처럼 결렴이란 매 1결에 대해 받아들이는 것이고, 쇄렴이란 위와 같이 2석 또는 5석 이렇게 고정된 수량을 수천 결에 나누어 받아들이는 것이며, 석렴은 상납하는 원석수(原石數)에 대해 그 1석마다 위와 같이 첨가해 받는 것이다.

결렴, 석렴에도 협잡하는 방법이 있고, 특히 쇄렴에는 단수(端數)를 절상(切上) 징수해 막대한 여분을 거두어들인다. 어느 것이나 자세히 살피고 엄중히 밝혀야 한다.

2. 계판(計版)이 이미 완성되면 조목조목 열거해 책을 만들어 여러 마을에 나누어 주어 후일의 참고로 삼게 해야 한다.

計販旣成 條列成冊 頒于諸鄕 俾資後考.
계 판 기 성  조 렬 성 책  반 우 제 향  비 자 후 고

■ 수령이 마음 쓰는 것은 겉치레를 꾸며서 명예를 구하거나 눈
앞의 책망이나 면할 짓을 생각해서는 안 된다. 영원한 은혜를
남김이 있기를 생각하고 튼튼한 법을 세워야 한다. 비록 내일
그 법이 도로 무너지는 일이 있더라도 내가 마음 쓰는 것은 마
땅히 그렇게 해야 한다.

세미(稅米)가 몇 말, 무엇이 몇 말이라는 것을 백성들은 막연
히 알지 못하고 오직 명령대로 따를 뿐이다. 다만 백성만이 그
런 것이 아니라 수령도 또한 그러하다. 계판이라는 이름은 백
성들이 비록 듣고 있으나 일찍이 한 번도 제 눈으로 보지는 못
했다. 그들에게 책을 만들어 나누어 주어서 보게 하는 것이 또
한 좋지 않은가. 그리하여 국납(國納)이 얼마, 선급(船給)이 얼
마, 읍징(邑徵)이 얼마이며, 어느 것은 결렴이고, 어느 것은 석
렴이며, 어느 것은 쇄렴이고, 원결(原結)은 얼마, 면결(免結)은
얼마, 선결(羡結, 은결隱結)은 얼마라는 것을 백성들이 시원하
게 알게 한 뒤에 거두는 것이 좋지 않겠는가.

## 【목민심서 제12권】

### 제2조 세법稅法 하下 - 계속

### 3. 계판에 기록된 것 이외에도 모든 전역(田役)은 아직도 많다.

**원문**

**計販之外 凡田役尙多.**
계 판 지 외 범 전 역 상 다

**주**

**전역(田役)** 여기서는 전지(田地)에 따른 부담의 뜻.

계판에 기재한 것 이외에 감영(監營)에 바치는 것으로 규장각(奎章閣) 책지가(冊紙價)라는 것을 매 1결에 3푼씩 받는다. 고을〔官〕에 바치는 것으로 신관쇄마비(新官刷馬費, 부임 여비) 3백여 냥〔많으면 4백 냥〕, 구관쇄마비(舊官刷馬費, 구관의 귀향 여비, 관급官給이 없기 때문에 신관의 배를 받는다) 6백여 냥, 신관 부임 때 관아(官衙) 수리비 1백여 냥을 쇄렴한다.
아전이 받아먹는 것은 매 1결에 서원(書員) 고급(考給)이 조(租) 4두씩, 방주인근수(坊主人勤受)가 조 2두씩 결렴한다.
그 외에 전지를 표준해 거두어들이고, 혹은 호(戶)에 따라 거두어들이는 것이 있으니, 민고전(民庫錢)이니 표선전(漂船錢)이니 하여 민고전은 매 1결에 매년 돈으로 1냥 2, 3전(錢), 벼〔租〕로 30~40두를 징수한다.〔20년 전에는 아무리 많아도 3,

4두 이내였다〕 표선(漂船) 잡비는 매 1결에 혹은 돈으로 3, 40
전, 혹은 5, 60전을 걷는다.

시험 삼아 한번 생각해보라. 이렇게 하고도 백성이 견뎌낼 수
있겠는가. 1결의 전지에서 수확되는 곡식은 많은 것은 8백 두
(斗), 적은 것은 6백 두, 하등은 4백 두에 불과하다. 농부는 대
개가 소작이다. 6백 두를 추수한 농부는 지주가 반을 가져가
면, 남는 것은 3백 두뿐이다. 그것으로 종자를 제하고, 꾸어
먹은 것을 갚고, 세전의 양식을 제하고 나면 남는 것이 백 두도
되지 않는다. 그런데 세와 잡부(雜賦)로 이렇게 긁어가고 빼앗
으니, 슬프다 이 아래 백성들이 어떻게 살겠는가. 백성의 목민
관이 교활한 아전의 원망을 면하기 위해 아전이 하는 대로 맡
겨두고 다스리지 않는다면, 반드시 그 자손들에게 큰 재앙을 남
길 것이다.

4. 그런 까닭에 선결(羨結)의 수를 정하지 않을 수 없다. 결
총(結總)에서 이미 남음이 있으면 전부(田賦)는 약간 관대하
게 해야 할 것이다.

▌**원문**

故羨結之數 不可不定 結總旣羨 田賦稍寬矣.
고 선 결 지 수  불 가 부 정  결 총 기 선  전 부 초 관 의

▌**주**

**선결(羨結)** 토지대장에 기재된 이외의 전결(田結), 은결(隱結), 여결
(餘結), 위결(僞結) 따위.

**결총(結總)** 전결의 총계(總計).

**전부(田賦)** 논밭에 대한 부세(賦稅).

▎전결은 세 가지 이름으로 나누어 부른다. 원결(原結), 면결(免結), 선결(羨結)이다.

원결은 그 고을의 원정(原定)된 전결수(田結數)의 총계로서 대장에 실린 것이다. 면결은 여러 가지 이유로 면세된 전지이니 궁방전(宮房田), 둔전(屯田), 역전(驛田), 아록전(衙祿田), 이복전(吏復田), 학전(學田), 원전(院田), 관공서의 대지(垈地), 사찰의 대지, 진부전(津夫田), 참부전(站夫田) 등 일체의 면세전과 예전부터의 묵정밭, 지금의 묵정밭, 개천이 되어 버린 전지, 모내기하지 못한 논, 재해로 감세된 전지 등 모든 금년의 세가 면제된 농지이다.

선결(羨結)은 새로 생긴 이름이다. 은결, 여결로서 본래 농지는 대장에 없고, 오직 전결의 총계 중에서 국세에 충당하고 남은 것이다. 그러나 실은 이 은결을 여결이라고 할 수는 없다. 어떠한 흉년이나 재해에도 국세는 감면될지언정 이 은결만은 아전이 가장 좋은 전지의 잘된 곡식에서 그것부터 받아들여 빼돌리기 때문이다. 결총을 정할 때 아전을 엄중 단속해 은결, 위결, 방납(防納), 여결 등을 엄중히 밝혀낸다. 그리고 국세에 충당하고 여유가 있으면 그 여유의 여결로 충당하고 전지에 대한 잡부(雜賦)는 조금 관대하게 할 수 있을 것이다.

5. 정월에 창고를 열고 세미(稅米)를 수납하는 날은 수령이 친히 나가서 받아야 한다.

▎원문 ─────────────────────

**正月開倉 其輸米之日 牧宜親受.**
정 월 개 창   기 수 미 지 일   목 의 친 수

▌세미를 받아들일 때 마질(곡식이나 가루 등을 말로 되어 헤아리는 일)은 너무 빠듯하게 해서는 안 된다. 마땅히 옛 관례에 따를 뿐이다. 그러나 만약 그날 수령이 현장에 나가지 않으면 함부로 난잡해서 절도가 없고, 민심이 해이(解弛)하며, 수납하는 자도 또한 태만하게 될 것이니 수령은 마땅히 일정한 기일에 현장에 나가서 수납을 감독해야 할 것이다. 수령이 수납 현장인 창고에 나갈 때에는 수행원과 하인을 최소한으로 줄여서 비용이 많이 나지 않게 해야 한다.

색락미(色落米)니 타석미(打石米)니 하는 것은 이미 정해진 전례가 있으나, 예외의 것은 쌀 한 톨이라도 함부로 받아서는 안 된다. 세미를 바치고 자루에 남은 쌀이 있는 사람이 있거든 그 마을에서 아직 세미를 바치지 않은 사람 것을 대납하게 하고, 그에게 척문(尺文, 쌀을 받았다는 수표手標)을 내주도록 한다.

6. 장차 세미를 수납하기 위해 창고를 열려고 할 때는, 창고가 있는 마을에 고시(告示)를 내걸어 잡된 무리를 엄금한다.

▌원문 ────────────────

將開倉 榜諭倉村 嚴禁雜流.
장 개 창　방 유 창 촌　엄 금 잡 류

▌주
방(榜) 게시(揭示).
잡류(雜流) 잡된 무리.

▌창고가 있는 마을에서 출입을 금지해야 할 사람은 ① 우파(優婆, 방언에 사당舍堂), ② 창기(娼妓, 노퇴老退한 기녀), ③ 주파(酒婆, 소주·약주 따위의 술을 팔고 앉아 있는 여자), ④ 화랑(花郞,

광대), ⑤ 악공(樂工, 거문고, 피리를 부는 가객歌客), ⑥ 뇌자(儡子, 초라니), ⑦ 마조(馬弔, 두전頭錢), ⑧ 도사(屠肆, 소를 잡고돼지를 잡음)로 이 여덟 가지 잡된 무리는 성색(聲色)과 주육(酒肉)으로 갖은 유혹을 해 창고를 지키는 관리가 거기에 빠지고, 뱃사공이 빠지곤 해 함부로 낭비하게 된다. 그렇게 되면 탐욕이 더욱 깊어져서 함부로 부정하게 거두어들여서 그 구멍을 메우려고 할 것이니 이들은 마땅히 엄금해야 한다. 일정한 벌을정해 미리 알려서 위반하지 않게 해야 한다.

7. 비록 백성이 납기를 어겼더라도 아전을 보내어 독촉하는것은 호랑이를 양(羊) 우리에 내놓는 것과 같으니 반드시 해서는 안 된다.

▌ 원문

**雖民輸愆期 縱吏催科 是猶縱虎於羊欄 必不可爲也.**
수 민 수 건 기  종 리 최 과  시 유 종 호 어 양 란  필 불 가 위 야

▌ 주

**최과(催科)** 조세의 납입(納入)을 재촉함.

▌ 세미를 징수하는 마무리에 아전과 교졸(校卒)을 풀어놓아서민가를 수색하는 것을 검독(檢督)이라고 한다. 검독하는 사람은 백성에게는 승냥이와 호랑이와 같다. 목민관으로서 차마 이런 짓을 할 수 있겠는가. 은결(隱結), 방결(防結)로 넉넉한 집의 세미를 누락하는 일만 없다면 세액(稅額)은 저절로 충당될것이니 설혹 시기를 어기는 사람이 있더라도 수령이 따뜻하고자애로운 말로 백성을 타이른다면 백성은 납기를 넘기는 일이없을 것이다. 검독이 한 번 나가면 그 수령이 어떤 사람임을 알

수 있으니 다시 말할 것이 없다.〔소동파蘇東坡는 세금 독촉하는
아전을 호랑이에 비유한 바 있다〕

8. 그 장발(裝發)과 조운(漕運)은 모두를 모름지기 법조문
을 자세히 검토해 조심스럽게 지킬 것이며, 어기는 일이 없
어야 한다.

### ▌원문

**其裝發漕轉 並須詳檢法條 恪守毋犯.**
기 장 발 조 전　병 수 상 검 법 조　각 수 무 범

### ▌주

**장발(裝發)** 실어 보내는 것. 여기서는 육지의 운반을 뜻함.
**조전(漕轉)** 조선(漕船, 세곡 운반선)을 운반하는 것.

▌≪대전통편(大典通編)≫ 호전(戶典) 조전조(漕轉條)에 조례
가 자세히 규정되어 있다.

조선(漕船)에 세곡 이외의 물건을 더 싣는 것을 금지하는 규정
이 엄중하지만, 수령으로서 이것을 범하는 사람이 있으며 이 일
때문에 파면되고 잡혀가는 사람이 없는 해가 없으니 어찌 의혹
스럽지 않은가. 조선에 물건을 곁들여 실어 보내서 소득이란
선임(船賃) 약간에 불과한 것이다. 이 때문에 작록(爵祿)을 모
두 잃으니 지혜롭지 못함이 지나친 행동이다.

바닷가에 있는 고을에서는 조선이거나 임선(賃船)이든 세곡을
서울로 수송하기는 어렵지 않다. 그러나 내륙에서 조창(漕倉)
까지 운송하는 것은 백성이 지고 밀고 수백 리 밖까지 운송해야
한다. 수령은 백성의 노고를 생각해 그들의 노고를 조금이라도

덜어 줄 것을 꾀해야 한다.

9. 궁방전(宮房田)·둔전(屯田)으로 백성의 고혈을 빠는 일
이 지나친 것은 수령이 살펴서 너그럽게 해야 한다.

**▌원문**

宮田屯田 其剝割太甚者 察而寬之.
궁전둔전 기박할태심자 찰이관지

**▌주**

**박할(剝割)** 가죽을 벗기고 살을 도려낸다는 뜻이니 탐관오리가 백성의
　재물을 빼앗는 행위를 가리킨 말.

▌ 각 궁방(宮房)의 면세전(免稅田)과 중앙 관아의 둔전(屯田)
의 도장(導掌, 둔전, 궁방전을 관리하고 매년 일정한 도조賭租를 관
아와 궁에 바치는 일을 맡은 사람)으로 내려온 사람이 혹은 사람
을 보내어 수납해 본처(本處)에 바치기도 하고, 자기 자신이
그 도조를 사서 거두어 먹기도 한다. 그런데 침탈하는 일이 많
고, 은혜를 베풀어 불쌍히 여기는 일은 적다. 그러나 또 궁방전
이나 둔전을 경작하는 백성들은 거의 모두 요역(徭役)이 면제
되어서 본현(本縣)의 요부(徭賦)에는 응하지 않는다. 그런 까닭
에 그들이 살찌거나 수척하거나, 괴롭거나 즐겁거나 고을의 수
령은 안중에 두지 않는다. 하지만 그들도 똑같은 내 고을의 백
성인데 어찌 넓은 눈으로 보지 않는가. 수령은 마땅히 따로 염
탐해 살펴서 그중에 불법하게 백성의 고혈을 빠는 사람이 있으
면 불러서 타이르기도 하고, 잡아다가 처벌하기도 하여 횡포한
짓을 하지 않게 해야 한다.

10. 남쪽 지방과 북쪽 지방은 풍속이 달라서 종자(種子)와 세를 혹은 지주가 부담하거나 소작인이 부담한다. 수령은 그 지방의 풍속에 순응하여 처리해서 백성이 원망하는 일이 없게 해야 한다.

**▮원문**

南北異俗 凡種稅 或田主納之 或佃夫納之 牧惟順俗而治 俾
남 북 이 속　범 종 세　혹 전 주 납 지　혹 전 부 납 지　목 유 순 속 이 치　비

民無怨.
민 무 원

**▮주**

**전부(佃夫)** 소작인, 경작자.

▮ 종자와 세미는 북쪽 지방에서는 다 지주가 부담하고, 남쪽 지방에서는 다 소작인이 부담한다. 거기에는 다 그럴만한 이유가 있다. 그러나 한 나라의 백성으로서 남북의 풍속이 다른 것은 좋지 않다. 하지만 이것은 국법으로 전국적으로 일제히 통일해야 할 일이고, 한 고을의 수령이 한 고을에서만 갑자기 재래의 풍속을 변혁해서 백성들의 심정을 동요하게 만드는 것은 좋은 계책이 아니다. 그러므로 수령은 그곳의 풍속에 순응하라는 것이다.

11. 서북 지방과 관동 지방과 경기 북쪽은 본래 전정(田政)이 없다. 오직 토지대장을 살펴서 전례대로 따를 뿐이고 마음 쓸 일이 없다.

西北及關東畿北 本無田政 惟當按籍以循例 無所用心也.
서 북 급 관 동 기 북  본 무 전 정  유 당 안 적 이 순 례  무 소 용 심 야

■ 경기 북쪽과 황해도 북쪽은 모든 전세(田稅)에 본래부터 재감(災減)하는 법이 없다. 마을에 서원(書員)이 없고 가을에는 실지답사(實地踏査)가 없다. 촌민(村民) 가운데 노련한 사람이 그 본총(本總)을 참조해 경작자에게 배정하여 세액에 충당시킨다. 다만 큰 흉년에는 관에 호소하여 감액을 진정한다. 이것은 천하의 좋은 법이다.

대체로 전지제도는 정전(井田)의 91법〔세가 9분의 1인 법〕을 회복하면 최선이나, 그렇지 않으면 서북의 관습법을 의정(議定)해 시행한다면 그다음의 좋은 법이 될 것이다.

12. 화전(火田)의 세곡은 관례에 의거하여 원총(原總)에 따르고, 오직 큰 흉년에는 재량(裁量)해 감액해야 하며, 크게 패산(敗散)한 마을에도 재량해 감액해야 한다.

火粟之稅 按例比總 唯大饑之年 量宜裁減 大敗之村 量宜
화 속 지 세  안 례 비 총  유 대 기 지 년  양 의 재 감  대 패 지 촌  양 의

裁減.
재 감

**화속지세(火粟之稅)** 화전에 경작한 곡식에 부과하는 세곡(稅穀).

■ 화전은 급한 벼랑과 높은 언덕 여기저기에 일궈 놓은 것이어서 경(頃)·묘(畝)로 계산할 수도 없고, 결(結)·부(負)로 따질

수도 없고, 몇 두락(斗落)으로 셀 수도 없으며, 며칠갈이로 계산할 수도 없다. 화전민들에게 물으면 세에는 원래 정한 액수가 있어서 일정한 세액을 평균 분배해서 거두어 충당한다고 말한다. 관청의 장부에 기재된 것은 비록 몇 결, 몇 부로 되어 있으나 마을 사람들의 사사로운 기록에는 다만 몇 석, 몇 두라고 있을 뿐이다. 관에 수납할 때는 다 돈으로 환산하고 일찍이 곡식을 바치는 일이 없다. 몇 보(步) 몇 자[尺]가 1결이 되는지는 옛날부터 아는 사람이 없다. 그 법이 이러하니 오직 관례에 따라 원총(原總)으로 징수할 뿐이다. 그러나 흉년에는 감액해야 할 것이며, 화전을 개간하는 마을의 백성들이 흩어져 마을이 매우 쇠잔해진 곳에도 감액해야 할 것이다.

## ✽ 제3조 곡부穀簿

[환상還上에 관한 일]

1. 환상은 사창(社倉)의 한 변형이다. 파는 것도 사들이는 것도 아니고, 전세(田稅) 이외에 또 하나의 큰 부세가 되어 생민(生民)의 뼈를 깎는 병이 되었다. 백성은 죽고 나라는 망하는 것이 눈앞의 일이 되었다.

▌**원문**

還上者 社倉之一變 非糶非糴 田賦之外 又一大賦 爲生民
환 상 자  사 창 지 일 변  비 조 비 적  전 부 지 외  우 일 대 부  위 생 민

切骨之病 民劉國亡 呼吸之事也.
절 골 지 병  민 류 국 망  호 흡 지 사 야

### ▮주

**환상(還上)** 정부의 곡식을 봄에 백성들에게 빌려주고 가을에 이자를 붙여 받아들이는 것. 환곡(還穀), 환미(還米), 환자(還子)라고도 한다.

**사창(社倉)** 흉년에 빈민(貧民)에게 쌀을 빌려주어 구제하기 위해 설치한 미창(米倉).

**조적(糶糴)** 조(糶)는 곡식을 내다 파는 것, 적(糴)은 사들이는 것.

▮ 《주례(周禮)》 〈여사(旅師)〉에, '곡식을 봄에 나눠주고, 가을에 거두어들인다.'고 하였으니 삼대(三代) 때에도 환상은 없지 않았다. 한(漢)나라, 위(魏)나라의 제도에는 창고에 저장한 곡식을 내다 팔고 사들이고 하는 일이 많았다. 혹은 상평(常平, 값이 쌀 때 사들이고 비쌀 때 팔아서 물가를 조절함) 제도를 쓰기도 하고, 혹은 균수(均輸, 많이 생산되는 곳에서 그 산물을 조세로 징수하여 생산되지 않는 곳으로 옮겨서 곡가의 균형을 도모하는 제도) 제도를 쓰기도 했으나 모두 환상 제도를 쓴 자취는 없다. 〔조적糶糴은 쌀을 팔고 사는 것을 말하는데, 요즘 사람들이 환상을 혹은 조적이라고 함은 잘못이다〕 수(隋)나라 때 탁지상서(度支尙書) 장손평(長孫平)이 의창법(義倉法)을 처음 설립하고, 주자(朱子)가 그것을 수정해 사용하면서 이름을 사창(社倉)이라고 했다. 지금 사람들이 환상을 사창이 남긴 법이라고 하는 사람이 많다. 그러나 사창은 곡식을 저장하고, 곡식을 나누어주는 일이 모두 향사(鄕士, 외촌外村에 있다)에 있고, 관리는 참여하지 않았으니 이것은 백성을 위한 참된 마음으로서 지금의 환상법과는 큰 차이가 있다.

오직 왕안석(王安石)의 청묘법(靑苗法)만은 이름을 진대(賑貸)라고 해 강제로 이식(利殖)을 취한 것이 환상법과 대동소이하다. 저것은 돈으로 하였고 이것은 곡식으로 하고 있으나 실제는 같은 것이다. 백제(百濟) 때에 조적(糶糴)이라는 이름이 있었으니, 이것은 한위(漢魏)의 제도를 그냥 쓴 것이다. 고구려 고국천왕(故國川王)이 처음으로 진대법(賑貸法)을 정해 봄에 빌려주고 겨울에 거두어들였으며, 고려에 최초로 이창(里倉)을 두었고, 성종(成宗) 때 의창(義倉)이라고 고쳤다. 조선 초기에 이르도록 그대로 따르면서 고치지 않았는데, 그 법이 처음은 사창을 모방하였으나 점차로 관고(官庫)가 되어서 지금의 환상이 되었다. 처음에 법을 설정한 본의는 반은 백성의 식량을 위함이고, 반은 거기에서 생기는 이식으로 국용(國用)에 쓰려고 한 것이니, 백성을 학대하고 백성을 가혹하게 대하기 위해 설정된 제도이겠는가. 그러나 지금은 온갖 폐단과 문란이 겹치고 쌓여서 천하에 그 협잡 내용을 누구도 알 수 없는 것이 되고 말았다. 나라 경비에 보태는 것은 10분의 1, 관아가 경비에 충당하는 것이 10분의 2에 불과하고, 고을 아전들이 농간하는 것이 10분의 7이 된다. 한 톨의 곡식도 백성은 일찍이 본 일도 없는데, 터무니없이 쌀과 좁쌀을 바치는 것이 1년에 천, 만으로 이것이 부렴(賦斂)이지 어찌 진대(振貸)이겠는가. 이것은 강탈이다.

2. 환상이 폐해가 되는 것은 그 법의 근본이 문란하기 때문이다. 근본이 이미 문란하니 그 말단이 어찌 다스려질 수 있겠는가.

---

■ 원문 ────────────────

還上之所以弊 其法本亂也 本之旣亂 何以末治.
환 상 지 소 이 폐　기 법 본 란 야　본 지 기 란　하 이 말 치

■ 근본이 문란하다는 것은 무엇인가. 첫째, 곡식의 이름이 문란하고, 둘째, 관청이 문란하고, 셋째, 석수(石數)가 문란하고, 넷째, 모법(耗法)이 문란하고, 다섯째, 순법(巡法)이 문란하고, 여섯째, 분류가 문란하고, 일곱째, 이무(移貿)가 문란하고, 여덟째, 정퇴(停退)가 문란하다. 이 여덟 가지 문란함이 폐단을 낳는 큰 근간이 된다. 그리하여 천 가지 만 가지로 불어나서 지금은 모두 지적하여 말할 수 없게 되었다. 천고(千古)에 재물 처리하는 것을 이렇게 하고도 스스로 다스릴 수 있는 사람은 없을 것이다. 백성은 물과 불에서 울부짖는데, 재상은 조정에 앉아서, '정치는 옛 대로 따라야 한다.(政由舊)'라는 말만을 최상의 방법으로 내세우고 있으니, 아 장차 어찌 되려는가. 이것은 한 고을의 수령이 어찌할 수 없는 일이므로 여기에서는 자세한 것은 생략한다.

3. 감사가 옮겨다가 팔아서 크게 장사하는 길을 열고 있으니, 수령이 법을 어기는 것은 말할 나위도 없다.

■ 원문
上司貿遷 大開商販之門 守臣犯法 不足言也.
상 사 무 천  대 개 상 판 지 문  수 신 범 법  부 족 언 야

■ 주
무천(貿遷) 곡식을 싼 곳에서 비싼 곳으로 옮겨다가 파는 것.

■ 감사가 각 고을의 수령에게 달마다 양곡의 시장 가격을 보고하게 해 곡가가 비싸고 싼 것을 자세히 안 뒤에 장사하는 방법을 쓴다. 가령 벼 한 섬[15두]의 시가(時價)가 갑현(甲縣)에서

70전이고, 을현(乙縣)에서 1냥 40전이면〔산읍과 도회지와 흉풍凶豐에 따라 다르다〕 을현의 벼 2천 석을 팔아서 돈 2천 8백 냥을 마련한다. 그중 반은 착복하고 반은 갑현에 주어서 곡식을 사들이게 해 도로 벼 2천 석을 만든다. 이것을 이무(移貿, 옮겨서 사다)라 하고, 이것을 입본(立本)이라 하며, 이것을 보속(步粟)이라고 한다. 감사가 이러한 일을 하니 무슨 다른 것을 말할 것인가.

4. 수령이 농간을 부려 그 잉여(剩餘)의 이(利)를 훔쳐먹으니, 아전들의 협잡은 말할 나위도 없다.

## ▌원문

**守臣飜弄 竊其贏羨之利 胥吏作奸 不足言也.**
수 신 번 롱　절 기 영 선 지 리　서 리 작 간　부 족 언 야

▌ 수령이 농간을 부리는 것도 여러 가지 방법이 있다. 첫째 번질〔반작反作〕, 둘째 가분(可分), 셋째 허류(虛留), 넷째 입본(立本), 다섯째 증고(增估), 여섯째 가집(加執)이 그 범행의 대략의 명칭이다.

번질은 겨울에 환곡을 받아들이는 것은 본래 연말까지가 기한이다. 연말까지 거두지 못한 것을 징수한 것처럼 문서를 꾸며 상급 관청에 보고하고, 봄에 환곡을 펼 때 본래 받지 않았던 것을 새로 대부한 것처럼 허위문서를 만들어 상급 관청에 보고한다. 이것을 와환(臥還)이라고도 한다. 서도(西道)에서는 와환 1석에 대해 백성에게서 돈 1냥씩을 받는다. 이것을 와환채(臥還債)라고 한다.

가분(可分)은 이식을 탐내어 당연히 창고에 남겨두어야 할 곡

식을 더 대부하여 그 이식을 착복하는 것이다.

허류(虛留)는 아전의 포흠(逋欠, 관官의 물건을 개인적으로 소비한 것)을 숨겨둔 채 없는 곡식을 있는 것처럼 상급 관청에 보고하는데, 창고에는 남아 있는 것이 없다. 수령이 이따금씩 아전을 위협해 뇌물을 받곤 한다.

입본(立本)은 가을에 돈으로 받고, 봄에 돈을 주어 미리 사두는 방법이다. 흉년의 가을에 벼 한 섬의 시가가 2냥이면, 곡식 대신 돈으로 받는다. 다음 해 봄에 '금년은 풍년이니 가을에는 벼 한 섬에 1냥밖에 하지 않을 것이니, 지금 돈을 가져다 쓰고 가을에 벼로 갚아라.'라고 하여 돈을 나누어 준다. 그러면 1섬에 1냥씩 남는다. 천 석이면 천 냥, 2천 석이면 2천 냥이 남는다.

증고(增估)는 상급 관청이 통첩을 보내 곡식 2천 석을 상정례(詳定例, 통상적인 비율에 따름)에 따라 돈으로 마련해 보내라고 하면, 상정례에는 쌀 한 섬에 3냥, 벼 한 섬에 1냥 2전으로 되어 있는데 그 고을의 시가는 쌀 한 섬 값이 5냥, 벼 한 섬 값이 2냥이면, 시가대로 백성들에게 받아서 상정례의 규정대로 상급 관청에 바치고 남는 것은 착복한다.

가집(加執)은 위와 같이 상급 관청이 2천 석을 돈으로 마련하라고 하면 수령은 2천 석을 더 보태서 4천 석을 시가대로 받아들여 상정례보다 남는 것을 착복하고, 가집한 것은 다음 해 봄에 도로 백성들에게 3냥씩 나누어 주고 가을에 곡식을 거두어 본래대로 충당한다. 이러한 일들을 요새 수령들은 전례에 의해 당연히 하는 일로 생각하고 있다. 그러니 아전의 농간을 어떻게 막을 것인가.

5. 윗물이 이미 흐렸으니 아랫물이 맑을 수 없다. 아전들의

협잡은 방법이 갖추지 않은 것이 없다. 간사하고 교활함이 귀신같아서 밝게 살필 수가 없다.

■ 원문

上流旣濁 下流難淸 胥吏作奸 無法不具 神姦鬼猾 無以
상류기탁　하류난청　서리작간　무법불구　신간귀활　무이

昭察.
소　찰

■ 아전의 농간은 천 가지 만 가지여서 그 구멍을 이루 다 셀 수 없으나 그 명칭은 대략 열두 가지가 있다. ① 번질〔반작反作〕 ② 입본(立本) ③ 가집(加執) ④ 암류(暗留) ⑤ 반백(半白) ⑥ 분석(分石) ⑦ 집신(執新) ⑧ 탄정(呑停) ⑨ 세전(稅轉) ⑩ 요합(徭合) ⑪ 사혼(私混) ⑫ 채륵(債勒)이다.

번질은 아전이 훔쳐먹고 미수(未收)라고 수령을 속여서 번질의 문서를 만들어 끌어간다.

입본(立本)은 아전이 상관을 유인하여 입본의 방법을 쓰게 하고, 아전은 그 기회에 몇 배나 더 많이 그 방법을 쓴다.

가집(加執)은 아전이 수령을 유인하여 가집하게 하고 그 기회에 아전도 가집하는 것이다. 수령이 하는 것을 관가(官加)라고 하고, 아전이 하는 것을 이가(吏加)라고 한다.

암류(暗留)는 나누어 줄 것을 나누어 주지 않고 가지고 있는 것이다. 곡가(穀價)가 장차 오르는 추세에 있으면 아전은 수령과 짜고 환곡을 나누어 주지 않았다가 쌀값이 오른 뒤에 팔고, 다음에 곡가가 쌀 때 사서 충당하고 이익을 착복한다.

반백(半白)은 곡식의 반은 아전이 훔쳐먹고, 반은 백성이 바치는 것이다. 봄에 환곡을 분배할 때 아전이 마을 사람을 유인해 말하기를, "너희 마을에서 받아 가야 할 환곡이 40석인데, 축난 것, 겨와 찌꺼기 섞인 것을 키질하면 실은 20석도 못 될 것이다. 그것을 받느라 오고 가고, 이틀은 허비해야 할 것이며, 색락미(色落米, 색은 간색看色, 낙은 낙정미落庭米)나 모타(耗打, 섬질하는 것)가 무슨 이익이 있겠는가. 그것을 모두 나에게 주면 내가 먹고 금년 가을에 자네가 반, 내가 반씩 내서 바치는 것이 좋지 않겠는가. 색락미, 모타는 내가 모두 부담하겠네."라고 하면 마을 사람은 기꺼이 승낙한다. 그런 방법으로 여러 마을 것을 얻은 뒤에 창고에 들어가 가장 품질 좋은 것을 가져간다. 그리고 가을에는 아전은 찌꺼기 섞은 20석을, 백성은 곡식 20석을 창고에 바치게 한다.

분석(分石)은 겨와 쭉정이를 섞어서 한 섬을 두 섬으로, 혹은 석 섬으로 만들고 상품의 알곡식을 훔쳐먹는 것이다.

집신(執新)은 백성에게서 받아들인 새 곡식은 아전들이 훔쳐먹고, 백성들에게 나누어 주는 것은 창고 속의 오래 묵은 곡식을 내주는 일이다.

탄정(呑停)은 큰 흉년의 연말이 되면 언제나 조정에서 환미(還米)의 수납을 연기하라는 명령이 내린다. 노회(老獪)한 아전이 미리 그것을 짐작하고 민간에서 환곡을 징수하는 것을 배나 급박하게 해 매질을 하고 혹독하게 거둬들인다. 그리하여 동짓달 안으로 수납이 끝나게 한다. 감사의 연기하라는 통첩이 오면 아전들은 몰래 저희의 포흠을 미수(未收)라고 일컫고 문서를 속여 수납의 연기 혜택을 받는다. 백성에게는 한 톨의 연기도 없다. 그리고 정퇴(停退, 연기)한 환곡은 대개 나라에 경사가 있을 때 모두 감하게 되는 것이다.

세전(稅轉)은 세미(稅米)를 환곡으로 돌리고, 또 환곡을 세미로 돌려서 이리저리 포흠을 미봉해 가는 방법이다.

요합(徭合)은 민간의 모든 잡부(雜賦)를 환곡과 함께 곡식으로 바치는 일이다. 결환(結環, 전결田結에 따라 나누는 것. 4, 5두 혹은 7, 8두)의 읍에서는 매 결에 잡부가 몇 말, 통환(統環, 호수에 따라 나누는 것) 고을에는 매 호에 잡부 몇 말씩을 수시로 필요할 때 받는다. 혹은 환상과 뒤섞어서 수납하기도 한다. 그런 경우에는 색락미(色落米), 타섬(打苫, 마질하고 남는 것)이니 하는 것을 잡부에도 받는다. 이것만도 이미 민폐가 막대하다. 환곡과 잡부의 곡식을 한 창고에 두기 때문에 수시로 창고를 여닫으며 온갖 농간을 부리는 것이다.

사혼(私混)은 서원(書員)이 마을에 나가서 명목 없는 구걸을 한다. 약한 백성들이 전정(田政)의 권한을 가진 그를 괄시할 수 없어 그 요구에 응한다. 그것이 해마다 그 액수가 불어난다. 두어 해 사이에 이미 매 결당 곡식은 4두에 이르고, 돈이면 5전을 주기에 이르렀다. 가령 그 고을의 전총이 6천 결이면 매 결에 4두를 받으면 1천6백 석이 된다. 이 1천6백 석을 환상 속에 섞어 넣으면 그것을 핑계하여 갖은 협잡의 소굴이 되는 것이다.

채륵(債勒)은 백성이 경주인(京主人)에게 빚졌거나 관약국(官藥局)에 빚졌거나 아전의 빚, 관노의 빚 같은 것이 있으면, 그것을 환상(還上)과 함께 섞어서 받는다. 대체로 받을 빚이 있으면 먼저 아전과 의논하고 창고를 열어 곡식을 끌어내어 비싼 값에 팔아서 이익을 먹고, 10월이 되면 빚 1냥에 매월 10전의 이자를 가산해 그것을 시가로 환산한 곡식으로 계산해 환상에 함께 섞어 받아들인다. 이미 나라의 곡식을 훔쳐서 먼저 그 이익을 먹고 또 이자를 계산해 거듭 이 이식을 먹는다.

앞에서 열거한 열두 가지는 다 해마다 당연한 것처럼 하는 정례 방법이다. 그러나 어찌 한 톨의 좁쌀인들 민간에 나누어 준 일이 있었던가. 혹은 입본하는 돈 30, 50닢으로 나누어 준다고 하지만, 결전(結錢)·군전(軍錢)·요전(徭錢)·세전(稅錢, 어염세魚鹽稅)을 공제하면 실은 한 닢의 돈도 일찍이 나누어 준 일은 없다.

6. 환상의 폐해가 이와 같으니 수령이 구제할 수 있는 일이 아니다. 다만 출납의 수량과 나누어 준 것과 남아 있는 것의 실제 수량만 수령이 밝게 알고 있으면 아전의 횡포가 덜 심할 것이다.

### ▌원문

**弊至如此 非牧之所能救也 惟其出納之數 分留之實 牧能**
폐 지 여 차  비 목 지 소 능 구 야  유 기 출 납 지 수  분 류 지 실  목 능

**認明 則吏橫未甚矣.**
인 명  즉 리 횡 미 심 의

### ▌주

**분류(分留)** 나누어 주는 것과 남아 있는 것.

**이횡(吏橫)** 아전들의 횡포.

# 【목민심서 제14권】

## ✳ 제3조 곡부穀簿 - 계속

1. 만약 단속하기에 간편한 규정을 말한다면 오직 경위표를 작성하는 한 가지 방법이 있을 뿐이다. 그것을 작성하면 눈앞에 벌여 놓은 듯, 손바닥에 보이듯 명료하게 살필 수 있을 것이다.

**▌원문**

若夫團束簡便之規 惟有經緯表一法 眉列掌視 瞭然可察.
약 부 단 속 간 편 지 규  유 유 경 위 표 일 법  미 렬 장 시  요 연 가 찰

**▌주**

**경위표(經緯表)** 경(經)은 세로, 위(緯)는 가로를 의미하는 것으로 종횡(縱橫)으로 살필 수 있는 일람표.

▌ 소관(所管)이 각각 다르고 분류법이 각각 다르며, 새로 받은 모곡(耗穀)을 회록(會錄)하는 법이 각각 다르므로 모두 나열해야 한다. 각종의 양곡을 나누어 제각기 소관 관아에 예속 기재되어 있어서, 쌀의 총 수량이 몇 섬, 서속의 총 수량이 몇 섬, 각 소관 관아별로 얼마인가를 알기 위해서 경위표를 작성하는 것이 가장 좋다. 경위표는 가로로 보면 양곡의 종별 총 수량을 알 수 있고, 세로로 보면 각 관아 소속 양곡의 수량과 분류, 출납을 알 수 있다. 한눈에 명료하게 볼 수 있도록 일람표로 작성

해야 한다.

2. 양곡을 나누어 주는 날에는 그중에 응당 나누어 주어야 할 것과 응당 보관해야 할 것을 정밀하게 조사 검열해서, 명료하게 살펴볼 수 있도록 반드시 분류 경위표를 작성해야 한다.

### ■ 원문

**頒糧之日 其應分應留 査驗宜精 須作經緯表 瞭然可察.**
반 량 지 일 　 기 응 분 응 류 　 사 험 의 정 　 수 작 경 위 표 　 요 연 가 찰

■ 수령이 총명하다면 분류의 실제 숫자는 속일 수 없다. 고을에는 월보(月報)의 원안이 있고, 감영(監營)에서 온 회초〔회답回答〕가 있어서 분(分)과 유(留)는 성책(成冊)이 되니 저절로 공문서가 있어서 속일 수 없다. 그러나 양곡을 나누어 줄 때 한눈에 살펴볼 수 있는 간편한 방법을 사용해야 할 것이다. 그 방법으로 분류의 경위표를 작성한다.

양곡의 종류별로 총수와 1년간의 출납과 재고량, 그중에서 당연히 나누어 주어야 할 것과 남겨 두어야 할 것을 일람표 형식으로 작성해야 할 것이다.

다시 이것을 기초로 해 동리별(洞里別)로 나누어 주어야 할 호수와 곡식의 종류별 수량을 조사해 일람표를 만들고 이에 따라 분배하게 한다.

이 표대로 분배하다가 호수에 차이가 있어서 양곡의 분배를 받지 못하는 사람이 있으면 읍내 호수에 포함하고, 그만큼 관리호를 제외하며, 만약 양곡이 남아서 분배할 수 없을 때는 창고를 지키는 관리에게 주어 먹게 하고 가을에 바치게 한다.

3. 환상(還上)은 수납을 잘해야 분배도 잘 할 수 있는 것이다. 그 수납이 잘되지 않으면, 또 1년은 문란하게 되어 구제할 방법이 없을 것이다.

凡還上 善收而後 方能善頒 其收未善者 又亂一年 無救
범환상 선수이후 방능선반 기수미선자 우란일년 무구

術也.
술 야

■ 추분(秋分)에 수령은 여러 창고의 말[斗]과 간색미(看色米)를 되는 되[升]와 낙정미(落庭米)를 되는 되를 모아다가 그중 크기가 중간 정도인 것을 선택해 표준삼는다. 그 밖의 크고 작은 것들은 모두 관청의 뜰에서 깨뜨리고 새로 개조하여, 읍내 창고와 마을 창고와 모든 국가의 창고와 관주(官廚)에서 사용하는 말과 되를 터럭만큼의 차이도 없게 한다.〔다만 세미稅米를 받을 때 쓰는 휘[斛]는 개조하지 못한다〕 그리하여 낙인(烙印)을 찍고, 모든 창고의 표지를 새겨 각 창고에 나누어 준다. 수납하는 양곡은 반드시 지나치게 정선(精選)도 하지 말고, 지나치게 조잡(粗雜)하게 하지 말 것이며, 겨나 쭉정이가 섞여 있으면 대강 바람에 날리는 정도로 한다. 마질은 평미레(말이나 되에 곡식을 담고 그 위를 평평하게 하는 데 쓰는 방망이 모양의 기구)를 지극히 공평하게 해〔평미레가 혹은 가운데가 굽은 것이 있다〕 너무 심하게 싹 밀지 않게 한다. 색미(色米)는 3되[升]를 넘지 못하며, 낙미(落米)는 5되를 넘지 않게 한다.〔혹은 그 고을의 전례가 예전부터 색미 5되, 낙미 1두로 되어 있는 것은 또한 그대로 따른다〕 타섬(打苫)은 1되를 넘지 않게 한다. 이것

은 창고의 하인이 먹는 것이다.

평미레로 밀어서 넘쳐 떨어진 것은 곡식을 가지고 온 본인에게 주지 말고 즉시 두량(斗量, 되나 말로 곡식 따위를 셈)해 곡식을 가지고 온 사람의 이웃 사람 것을 대신 바치게 하고, 본인에게는 그 증서만을 내준다.〔만약 남은 곡식을 본인에게 돌려주면 창고지기가 중간에서 빼앗는다〕

4. 외촌(外村)에 창고가 없으면 수령은 마땅히 5일에 한 번씩 창고에 나와서 친히 수납해야 하고, 외촌에 창고가 있으면 다만 창고를 열고 수납을 시작하는 날만 친히 나가서 수납 방식을 정해야 한다.

▌원문

**其無外倉者 牧宜五日一出 親受之 如有外倉 唯開倉之日**
기 무 외 창 자  목 의 오 일 일 출  친 수 지  여 유 외 창  유 개 창 지 일

**親定厥式.**
친 정 궐 식

5. 환상은 비록 수납할 때 수령이 친히 받지 못하더라도 나누어 줄 때는 반드시 친히 나가서 나누어 주어야 한다. 한 되 반 홉일지라도 향승(鄕丞)을 시켜서 대신 나누어 주게 해서는 안 된다. 몇 차례씩 나누어 주라는 법은 반드시 그것에 얽매일 까닭은 없다.

▌원문

**凡還上者 雖不親受 必當親頒 一升半龠 不宜使鄕丞代頒**
범 환 상 자  수 불 친 수  필 당 친 반  일 승 반 약  불 의 사 향 승 대 반

## 巡分之法 不必拘也.
순 분 지 법  불 필 구 야

■ **주**

**반약(半龠)** 반 홉.

■ 환곡은 수납도 수령이 하고, 분배도 수령이 하는 것이 좋다. 그러나 외촌에 창고가 많으면 일일이 수령이 수납할 수 없다. 그러나 분배만은 반드시 수령이 해야 한다. 그것은 가을에 받아들이는 것은 시작이고, 봄에 분배하는 것은 결말이다. 결말을 완전하게 하는 것은 시초부터 규정을 정하고 경계와 단속을 해온 결과를 완전하게 성취하는 일이기 때문이다. 분배를 완전히 하면 백성의 피해는 적을 것이다. 또 순분법(巡分法)이라고 하여 한 사람에게 주는 양곡을 몇 차례로 나누어 주는 것은 악법이다. 그것은 백성에게 소중한 시간과 노력과 비용을 허비하게 만들기 때문이다.

6. 환곡을 한 번에 다 나누어 주고자 하는 사람은 마땅히 이 뜻을 사전에 상급 관청에 보고해야 한다.

■ **원문**

## 凡欲一擧而盡頒者 宜以此意 先報上司.
범 욕 일 거 이 진 반 자  의 이 차 의  선 보 상 사

■ 무릇 백성을 편안하게 하는 정사라면 법례(法例)에 반드시 얽매일 필요는 없다. 그러나 법이 있는 이상 무시할 수는 없다. 수령이 순분(巡分)하라는 법에 따르지 않고자 하면, 먼저 감영(監營)에 가서 이 일을 의논해 상급 관청의 양해를 얻은 뒤에

단행하는 것이 좋다.

7. 양곡(糧穀)으로 수납한 것이 총액의 반을 초과한 때에 홀
연히 돈으로 환산해 받으라는 명령이 내리면, 마땅히 사리를
논술해 시행할 수 없음을 방보(防報)하고 받들어 행해서는
안 된다.

■원문 ────────────────────────────────

**收糧過半 忽有糶錢之令 宜論理防報 不可奉行.**
수 량 과 반  홀 유 조 전 지 령  의 론 리 방 보  불 가 봉 행

■주

**조전(糶錢)** 곡식 대신 돈으로 환산해 수납하는 것.
**방보(防報)** 상급 관청의 명령에 따를 수 없는 사유를 변명한 보고.

■ 환곡을 돈으로 환산해서 받는 일이 백성에게 이(利) 되거나
해(害) 되거나 논할 것은 없다. 전 국민에게 이해가 균등하도
록 처리해야 할 것이다. 이미 양곡의 과반수를 받았는데, 갑자
기 돈으로 환산해 받으라는 명이 내린다면 백성에게 이해가 불
균형하게 될 것이다. 또 돈으로 환산하려면 받아들인 양곡은
다시 내다 팔거나 돌려주어야 할 것이니, 혼란과 낭비와 온갖
부정(不正)이 생길 위험이 많기 때문이다.

8. 재해를 당한 해에 다른 곡식을 대신 수납한 것은 따로 그
장부를 정리했다가 곧 본래의 곡식으로 환원시켜야 하고, 오
래 끌어서는 안 된다.

災年之代收他穀者 別修其簿 隨卽還本 不可久也.
재 년 지 대 수 타 곡 자  별 수 기 부  수 즉 환 본  불 가 구 야

▍각종 곡식을 서로 대납하는 법은 ≪대전통편≫(창고조倉庫條)
에 자세히 규정되었다.

다른 곡식으로 서로 대신한다는 것은 문란해지는 근본이 된다.
부득이한 경우가 아니면 경솔하게 허가할 수 없으며, 대곡(代
穀)을 받아들인 때에는 그다음 해 봄에 양곡을 분배하려고 할
때 마땅히 실제 수를 조사해 따로 장부를 만들고, 출고(出庫)
할 때는 특별히 색대〔태관(兌管, 가마니나 섬 속에 들어 있는 곡식
이나 소금 따위의 물건을 찔러서 빼내어 보는 데 사용하는 기구)〕를
사용해야 사슴을 말이라고 하는〔지록위마指鹿爲馬〕잘못을 면
할 수 있다.

9. 산성(山城)의 환곡으로 백성의 고통이 된 것은, 그 백성들
에게는 다른 요역(徭役)을 면제해 백성의 노역 제공을 균형
에 맞게 해야 한다.

其有山城之穀 爲民痼瘼者 蠲其他徭 以均民役.
기 유 산 성 지 곡  위 민 고 막 자  견 기 타 요  이 균 민 역

▍모든 산성에 있는 군대의 곡식은 모두 산 주변에 있는 여러
고을의 백성을 보내어 분배받게 한다. 먼 곳은 2백 리, 가까이
는 백여 리 거리를 백성들은 특별히 사람 한 명을 보내서 그곳
에 가서 곡식 분배를 받는다. 그리고, 그냥 산 밑 가까운 마을
에 팔아서 돈으로 만든다. 가을이 되면 또 한 사람을 보내어 돈

을 짊어지고 산 밑에 가서 곡식을 사서 바친다. 곡식 섬을 지고 산에서 내려오고 산으로 올라가고 하는데, 모름지기 다른 인부가 있어야 하고 혼자 간 사람은 사람을 사기도 매우 어렵다. 드디어 그 성의 아전과 의논해 싼값으로 팔고 비싼 값으로 대납하게 한다. 아전은 그 돈으로 반은 성장(城將)에게 뇌물을 주고 반은 제 주머니에 넣는다. 그리고 창고의 곡식은 묵은 곡식 그대로 두어서 거의 다 먼지와 흙이 되어 버린다. 백성에게는 큰 고통이 되고 나라에 쓸 것이 없다. 이 제도는 당연히 고쳐야 할 것이다. 그 제도를 근본적으로 고칠 동안은 그들의 다른 요역을 면제해 노역의 균형을 우선 생각해야 할 것이다.

10. 한두 사람의 선비가 와서 사사로 창미(倉米)의 대부를 비는 일이 있다. 이것을 별환(別還)이라고 하는데, 허락해서는 안 된다.

▌원문

其有一二士民 私乞倉米 謂之別還 不可許也.
기 유 일 이 사 민  사 걸 창 미  위 지 별 환  불 가 허 야

11. 세시(歲時)에 양곡을 나누어 주는 일은 다만 흉년이 들어 곡식이 귀할 때에만 해야 한다.

▌원문

歲時頒糧 惟年荒穀貴 乃可爲也.
세 시 반 량  유 년 황 곡 귀  내 가 위 야

▌설달그믐날 전에 나누어 주는 것을 세궤(歲饋)라 하고, 정월

대보름날 전에 주는 것을 망궤(望饋)라 한다. 모두 귀찮기만 하고 백성을 수고롭게 할 뿐이니 정치하는 도리가 아니다. 다만 곡식이 귀한 해에만 세궤를 주는 것이 좋다.

12. 혹 백성의 호수(戶數)는 많지 않은데 환곡이 너무 많은 것은 청해서 감액하고, 환곡이 너무 적어서 접수해 구제할 길 없는 것은 신청해 증액(增額)해야 한다.

▌원문

其或民戶不多 而穀簿太溢者 請而減之 穀簿太少 而接濟
기 혹 민 호 부 다  이 곡 부 태 일 자  청 이 감 지  곡 부 태 소  이 접 제

無策者 請而增之.
무 책 자  청 이 증 지

13. 외촌(外村)에 있는 창고에 환곡을 저장하는 것은 마땅히 백성의 호수를 계산해 읍내에 있는 창고의 저장과 그 비율이 같게 해야 한다. 아래 아전에게 맡겨서 자기 마음대로 이리저리 옮기게 해서는 안 된다.

▌원문

外倉儲穀 宜計民戶 使與邑倉 其率相等 不可委之下吏 任
외 창 저 곡  의 계 민 호  사 여 읍 창  기 율 상 등  불 가 위 지 하 리  임

其流轉.
기 류 전

▌ 아전이 창고의 곡식을 임의로 옮기게 하면 거기에서 농간과 협잡이 생긴다. 수령은 마땅히 이를 살펴야 하고, 해마다 손수 나누어 주는 일을 그만두어서는 안 된다.

# 【목민심서 제15권】

## ※ 제3조 곡부穀簿 – 계속

1. 흉년에 환곡의 회수를 연기하는 은택(恩澤)은 마땅히 모든 백성에게 골고루 펴야 할 것이며, 관아의 물품을 사사로이 쓰는 아전이 독차지하게 해서는 안 된다.

### ▌원문

凶年停退之澤 宜均布萬民 不可使逋吏專受也.
흉 년 정 퇴 지 택   의 균 포 만 민   불 가 사 포 리 전 수 야

### ▌주

**정퇴(停退)** 연기(延期)하는 것, 기한을 뒤로 물러주는 것. 환곡에 있어서 1년간 연기하는 것을 정퇴, 2년간 연기하는 것을 잉정(仍停)이라고 한다.

▌ 매우 큰 흉년이 들고 그중에도 본현(本縣)이 더욱 심하다면 그해 겨울에는 반드시 정퇴의 명령이 있을 것을 짐작할 수 있다. 수령은 마땅히 침묵한 가운데 기한보다 앞서서 백성에게 골고루 혜택을 미치게 할 계획을 추진해야 한다.

2. 아전의 포흠(逋欠)은 적발하지 않을 수 없으나 포흠을 징수하는 일은 지나치게 혹독해서는 안 된다. 법을 처리하는 것은 마땅히 준엄하게 해야 하지만 죄인을 생각하는 마

음은 마땅히 가엾게 여겨야 한다.

吏逋不可不發 徵逋不可太酷 執法宜嚴峻 慮囚宜哀矜.
이 포 불 가 불 발  징 포 불 가 태 혹  집 법 의 엄 준  여 수 의 애 긍

▌주

이포(吏逋) 아전의 포흠(逋欠). 포흠은 공용의 금품을 사사로이 소비
    하는 것.

3. 사계절마다 결산한 환상과 그것에 대한 회보의 첩자를
만드는 것은 마땅히 수령이 사실과 이유를 자세히 알아야 하
고, 아전의 손에 맡겨서는 안 된다.

▌원문

每四季磨勘之還 其回草成帖者 詳認事理 不可委之於吏手.
매 사 계 마 감 지 환  기 회 초 성 첩 자  상 인 사 리  불 가 위 지 어 리 수

▌ 상급 관청에서 결산한 것은 본현의 실제 수이다. 이미 분배한
것이 몇 섬, 그냥 보관해 둔 것이 몇 섬, 장차 받아들일 것이
몇 섬이라는 이 실제 수를 수령이 알고 엄중하게 지킨다면 아
전들이 저절로 함부로 하지 못하게 될 것이다.

❊ 제4조 호적戶籍

[정확한 호적 정리]

1. 호적은 모든 부세(賦稅)의 원천이며 온갖 요역(徭役)의

근본이다. 호적이 바르게 된 뒤라야 부세와 요역이 고르게
된다.

▋ 원문

**戶籍者 諸賦之源 衆徭之本 戶籍均而後 賦役均.**
호 적 자  제 부 지 원  중 요 지 본  호 적 균 이 후  부 역 균

2. 호적이 문란하면 아무런 기강(紀綱)이 없다. 큰 역량이 아
니면 이 문란한 호적을 고르게 바로잡을 수는 없다.

▋ 원문

**戶籍貿亂 罔有綱紀 非大力量 無以均平.**
호 적 무 란  망 유 강 기  비 대 력 량  무 이 균 평

▋ 수십 년 동안 수령이 전혀 일을 하지 않아서 아전의 횡포하
고 외람함이 더할 수 없다. 그중에도 호적의 농간이 더욱 심하
다. 호적을 개작(改作)하는 해〔인寅, 신申, 사巳, 해亥년의 여
름과 가을에는 정기적으로 호적부를 개작한다〕가 되면 호적을
맡은 아전은 뇌물을 받고 호수를 줄이며, 뇌물 없는 마을에는
호수를 터무니없이 늘리기도 한다. 뇌물의 다소에 따라 많이 줄
이고 적게 줄이고 하여 막대한 금품을 마을 사람들에게서 빼앗
는다. 그 방법은 악랄하고 간교하기가 이루 말할 수 없다. 호
적은 허위와 가공으로 작성되어 문란하기 그지없으며, 모든 부
세와 요역의 근원은 근거가 없게 되어 버린다. 본래 각 고을의
구실아치는 이방(吏房) 자리가 가장 경쟁 대상이 되는데, 호적
을 개작하는 해가 되면 호적 담당자가 제일 좋은 자리로 치열
한 경쟁 대상이 된다. 대개의 수령은 신임 호적 담당자에게 뇌

물을 받고 있다. 그러므로 뒷날 그의 협잡을 깊이 파고들어 나무라지 못한다.

3. 장차 호적을 정리하려면 가좌(家坐)를 살펴보아서 민호의 허실(虛實)을 고루 안 뒤에 비로소 증감(增減)을 행해야 한다. 그러니 가좌의 장부를 소홀히 할 수는 없다.

### ▌원문

**將整戶籍 先察家坐 周知虛實 乃行增減 家坐之簿 不可**
장 정 호 적　선 찰 가 좌　주 지 허 실　내 행 증 감　가 좌 지 부　불 가

**忽也.**
홀 야

### ▌주
**가좌(家坐)** 집이 앉은 자리. 집이 서 있는 곳.

▌수령이 취임해 열흘쯤 되면 나이든 아전 중에서 유능한 사람을 불러 고을의 지도를 만들도록 명령한다. 주척(周尺) 한 자 길이를 10리로 정한다. 가령 그 고을이 남북이 100리, 동서가 80리라면 지도를 그릴 지면은 길이 10척, 넓이 8척이면 된다. 먼저 읍성(邑城)을 그리고 산림(山林), 구릉(丘陵), 천택(川澤), 시내와 도랑의 형세를 모사(模寫)한다. 그리고 마을을 그린다. 백가촌(百家村)은 △표 백 개를 그리고(△은 집을 상징한 것), 10가촌은 △표 열 개를, 3가촌은 세 개, 외딴집은 한 개를 그린다. 도로 위 굴곡도 각각 본 형태대로 그린다. 기와집은 푸르게, 초가는 누렇게, 산은 녹색, 물은 물빛, 도로는 주홍색으로 연한 채색을 한다. 그것을 정당의 벽에 걸어두고 항상 눈으로 보면 관내의 모든 민가가 눈앞에 있는 것처럼 된다. 공문서

의 발송과 출장시킨 사람의 멀고 가깝고 가고 오는 이정(理程)도 다 손바닥을 가리키는 듯할 것이니 이것은 하지 않을 수 없다. 지면이 넓어야 기재를 자세하게 할 수 있으므로 주척 1척으로 10리를 잡게 한 것이다.

그림이 완성되면 다음으로 가좌책(家坐冊)을 만든다. 가좌책은 송나라 사람이 말한 침기부(砧基簿)이다. 침기부에는 본적(本籍) 전산(田産)을 조그만 것이라도 기록하지 않는 것이 없었다. 지금 가좌책에서도 또한 그것에 따른다. 호적부에는 비록 호적부에 등재하지 않은 여유의 호수를 묵인하는 관대한 법을 사용하더라도 이 가좌책만은 반드시 핵법(覈法, 엄격히 사실대로 밝히는 법)을 사용해 티끌만큼의 어긋남이 있어서는 안 된다.

각 면의 가좌 기록이 다 완성되면 그 기록을 근거로 동리별로 민호(民戶)의 경위표(經緯表)라는 일람표를 작성한다. 그 양식은 동리별로 위 난(欄)에 주민의 성명을 가로 열기하고, 각 개인의 난 아래에 계급, 호주와의 관계, 객지(客地)인가의 여부, 직업, 병역(兵役), 가옥의 종류와 칸수, 경지(耕地), 금전, 장정(壯丁), 남녀, 노약, 구휼 대상 여부, 노비 수, 수목, 가축, 소유 선박 등 신분, 직업, 가족 및 재산 상태를 조사하여 적는다. 이것을 책상 위에 두고 항상 열람하면 호적부의 등재를 균평하게 할 수 있고, 요부를 공평하게 할 수 있으며, 소송을 바르게 판단할 수 있고, 발송과 차인(差人, 관아에서 임무를 주어 파견하던 일. 또는 그런 사람)을 밝게 할 수 있을 것이다.

4. 호적을 개편할 시기가 오면 이 가좌책에 의해서 증감하고 옮겨서 여러 마을의 호적 등기 호수를 매우 균평하고 지극히 충실하게 해 허위가 없게 한다.

戶籍期至 乃據此簿 增減推移 使諸里戶額 大均至實 無有
호 적 기 지　내 거 차 부　증 감 추 이　사 제 리 호 액　대 균 지 실　무 유

虛僞.
허 위

■ 호적을 개편할 때가 되면 곧 전번 식년(式年, 일정한 주기로
정해 놓은 해)에 작성한 각 면, 각 동의 호수를 옮겨 적어 참고
표를 만든다. 그리고 전에 만든 가좌책의 기록과 대조 비교하
면 누락된 것, 허위 조작된 것, 간사한 것, 원통한 것이 모두
드러나게 될 것이다. 가좌책의 기록을 근거로 고을 민호의 총
호수를 계산한다. 고을의 총 호수가 대호(大戶) 2천 호, 중호
4천 호, 소호 8천 호가 되더라도 먼젓번 식년 때 경사(京司)에
서 마감한 호수가 원래 4천 호에 불과하다면, 고을의 총 호수
를 4천 호로 하여 원래의 총 호수와 일치하게 한다. 그리고 각
마을의 호수를 공평하게 안분 비례해 4천 호에 맞도록 줄인다.
호수는 모든 부세와 요역 배정의 기준이 되기 때문이다.

5. 새 호적부가 완성되면 곧 관령(官令)으로 각 마을의 호
적 기재 총 호수의 기록을 각 마을에 나누어 준다. 엄숙하게
금령(禁令)을 세워서 감히 번거롭게 '많으니 적으니' 하고 제
소하지 않게 한다.

新簿既成 直以官令 頒總于諸里 嚴肅立禁令 無敢煩訴.
신 부 기 성　직 이 관 령　반 총 우 제 리　엄 숙 립 금 령　무 감 번 소

6. 만약 민호(民戶)가 줄어들어서 원정(原定)의 호수를 채울 수 없을 때는 사유를 논술해 상급 관청에 보고하고, 또 큰 흉년이 들어서 열 집에 아홉 집은 빈집이 되어 원 호수를 채울 수 없을 때도 사유를 논술해 상급 관청에 보고하여, 호수의 감액을 청구해야 한다.

■ 원문

若烟戶衰敗 無以充額者 論報上司 大饑之餘 十室九空 無以
약 연 호 쇠 패　무 이 충 액 자　논 보 상 사　대 기 지 여　십 실 구 공　무 이

充額者 論報上司 請減其額.
충 액 자　논 보 상 사　청 감 기 액

7. 만약 인구에 따른 수수료의 쌀과 정서(正書) 수수료의 벼 같은 것은 그 예전부터의 관례에 따라 백성에게 받아들이는 것을 허락하지만, 그밖에 빼앗는 것은 모두 엄금해야 한다.

■ 원문

若夫人口之米 正書之租 循其舊例 聽民輸納 其餘侵虐 並
약 부 인 구 지 미　정 서 지 조　순 기 구 례　청 민 수 납　기 여 침 학　병

宜嚴禁.
의 엄 금

■ 주
**인구지미(人口之米)** 호적부를 작성할 때 인구수에 따라 백성에게 받는 쌀.

■ 남쪽 지방의 예로는 인구미(人口米)는 매 1인에 쌀 한 되, 인정전(人情錢)은 매 호 2푼이고, 정서조(正書粗)는 매 호 벼

1두〔서북 지방에서는 조로 대신한다〕씩을 그해의 호구 수에 비례해 각 마을에서 받는다. 쌀은 아전이 먹고, 돈은 경사(京司)의 호적 마감에 쓰이며, 벼는 대장을 등사(謄寫)하는 비용이다.〔종이, 붓, 먹값과 사자생寫字生의 수고비〕 가령 4천 호면 벼가 4천 말, 돈이 80냥, 인구가 1만 6천이면 쌀이 1천6백 두에 조금 부족한 수량이다.

8. 나이를 더 보탠 사람, 나이를 줄인 사람, 유학(幼學)이라 사칭(詐稱)한 사람, 허위 관작을 붙인 사람, 홀아비라고 거짓으로 말한 사람, 본적을 속인 사람은 모두 조사해 금지해야 한다.

▮원문

增年者 減年者 冒稱幼學者 僞戴官爵者 假稱鰥夫者 詐爲
증 년 자   감 년 자   모 칭 유 학 자   위 대 관 작 자   가 칭 환 부 자   사 위

科籍者 並行査禁.
과 적 자   병 행 사 금

9. 모든 호적에 대한 사항으로 순영에서 관례에 따라 통첩해 온 것을 민간에 선포하는 것은 좋지 않다.

▮원문

凡戶籍事目之自 巡營例關者 不可布告民間.
범 호 적 사 목 지 자   순 영 례 관 자   불 가 포 고 민 간

▮주
**순영(巡營)** 감영(監營)과 같다. 즉 감사의 영문.
**예관(例關)** 관례에 따른 관문(關文), 관문은 통첩.

▌ 호적에 대한 사항은 법전(法典, 호전 제2조)에 자세히 기재되어 있는데, 어느 죄는 장(杖) 1백 대, 어느 죄는 도(徒) 3년 등으로 되어 있다. 그러나 모두 그대로 시행하지 않는 법이다. 시행하지 않는 법이지만 감영에서는 관례에 따라 수령에게 통첩을 보내온다. 그것을 민간에 선포하는 것은 백성에게 조정의 명령을 믿지 않으며 국법을 두려워하지 않게 만들 뿐이니, 덮어 두고 선포하지 않는 것이 좋지 않은가.

또 아전들이 이것의 선포를 기화로 마을의 어리석은 백성의 위법 사항을 들춰내어 포학하게 행동하는 자료를 제공하는 일도 있다. 그러니 시행하지 않는 법은 처음부터 선포하지 말아야 한다.

10. 호적은 나라를 다스리는 큰 정사이다. 지극히 엄중하고 지극히 정밀해야 백성의 부세를 바로잡을 수 있다. 그런데 지금 여기에 논술한 것은 시속(時俗)에 따랐을 뿐이다.

▌ 원문

**戶籍者 國之大政 至嚴至精 乃正民賦 今玆所論 以順俗也.**
호적자 국지대정 지엄지정 내정민부 금자소론 이순속야

### ✽ 제5조 평부平賦

[ 부세賦稅와 요역徭役의 균평 ]

1. 부세와 요역을 균평하게 하는 것이 수령의 칠사(七事) 중에 중요한 임무이다. 균평하지 않은 부과는 티끌만큼이라

도 징수해서는 안 된다. 균평하지 않은 것은 정치가 아니다.

▍원문 ─────────────────────────────

賦役均者 七事之要務也 凡不均之賦 不可徵錙銖 不均非
부역균자 칠사지요무야 범불균지부 불가징치수 불균비

政也.
정야

▍주

**칠사(七事)** 수령이 해야 할 일곱 가지 일. 농업과 잠업의 흥성[農桑
盛], 호구의 증가[戶口增], 학교를 세움[學校興], 군정을 바로 함[軍
政修], 사송의 간소[詞訟簡], 간활함의 그침[奸猾息], 부역의 균평
[賦役均].

**치수(錙銖)** 매우 가벼운 무게를 이르는 말. 미소(微少)한 것.

▍ 옛날의 부세와 요역은 전결(田結)과 호(戶)를 표준으로 하여
양면으로 부과 징수하였는데 후세에는 전결만을 부과 대상으
로 삼게 되었다.

우리나라의 전세(田稅)는 본래 가벼운 것이었는데, 중세 이래
로 전결에만 부과하게 되고 그것이 오래된 관례로서 당연한 것
이라고 생각하기에 이르렀다. 그래서 대동(大同)도 전부(田賦),
균역(均役)도 전부, 삼수미(三手米)도 전부, 모량미(毛糧米, 황
해도에서 따로 쌀 3두씩을 거두는데 본래 모문룡毛文龍의 군량미였
다)도 전부, 치계미(雉鷄米, 수령이 쓰는 잡역미雜役米)도 전부이
다. 이상의 것은 조정에서 알고 있는 것이지만 경저미(京邸米)
도 전결에 부과하고, 영저미(營邸米)도 전결에 부과하고, 삭선
(朔膳)공가미(貢價米)도 전결에 부과한다.〔본래는 환미還米로 회
감會減하였는데 지금은 세미稅米를 받아쓴다〕 공문서의 전달 인

부 비용도 전부(전관미傳關米)로 하며, 신관쇄마전(新官刷馬錢, 부임 여비)도 전부로 하고, 구관쇄마전(舊官刷馬錢, 귀향 여비)도 전부로 한다. 수령이 이미 맑지 않으니 아전들도 또한 따라 움직인다. 서원고급(書員考給)의 벼도 전결로 부과하고, 저졸 근수(邸卒勤受)의 벼도 전결로 부과한다. 환상(還上)의 폐해가 이미 극에 달하여 백성들은 곡식이라곤 보지도 못하면서 해마다 몇 섬씩 바치는데 이 몇 섬씩도 전부로 한다. 표류 선박이 우리 해안에 표류하여 도착하면 관계 비용으로 수만의 돈을 걷는데, 그 수만의 돈도 전부로 부과한다. 그리하여 농민은 날로 곤궁하게 되어 굶어서 도랑과 구렁에 쓰러져 죽게 된다.

부세와 요역에 대한 정치는 균평한 정책을 취해야 한다. 지금 열 사람이 술추렴을 하려면 거두는 돈을 균평하게 할 것이며, 열 사람의 나그네가 한 솥에 밥을 지어 먹으려면 모으는 식량을 같게 하려고 할 것이다. 더군다나 천 사람, 만 사람이 한 고을에 살면서 그들이 서속과 쌀과 실과 삼베를 내어서 윗사람을 섬기려고 하는데, 그 사람들의 심정이 균평하게 부담하기를 바라겠는가, 불균평하기를 바라겠는가.

이제 부역이 균평하지 못하여 만 호가 사는 고을에 9천 호는 부역을 도피하고 오직 홀아비, 과부와 병들어 있는 불쌍한 사람들만이 부역에 응하고 있으니, 수령으로서 서서 보고만 있을 수 있겠는가.

'수령칠사(守令七事)'는 누가 정했는지 나는 모르지만, 이와 같은 환경에서는 농업과 잠업의 흥성이라든가, 호구의 증가 같은 일은 힘써 볼 수도 없고, 학교를 세우고, 군정(軍政)을 바로 하는 것도 오히려 급무일 수 없으며, 사송(詞訟)의 간소니, 간활함을 그치게 하는 것은 또한 어떻게 해볼 길이 없다. 오직 부세와 요역을 균평하게 하는 일만은 날마다 손에 들어오는 대로 마음을 다해야 할 것이다. 부역은 가볍게 해주는 것이 제일 귀중하다. 공용의 허실을 살펴서 그 거둬들이는 것을 가볍게 해야 한다. 부역을 균평 되게 하는 것이 제일 귀중하다. 백성 중에서 빠지고 도피하는 것을 끄집어 밝혀내어 그 거둬들이는 것을 균평 되게 해야 할 것이다.

2. 전부(田賦) 이외에 가장 큰 부담을 주는 것은 민고(民庫)이다. 혹은 전부로 부과하고, 혹은 호부(戶賦)로 부과하여 비용은 날로 커지니 백성은 살아갈 수가 없다.

### ▍원문

**田賦之外 其最大者 民庫也 或以田賦 或以戶賦 費用日廣**
전 부 지 외 기 최 대 자 민 고 야 혹 이 전 부 혹 이 호 부 비 용 일 광

**民不聊生.**
민 불 료 생

### ▍주

**전부(田賦)** 전결(田結)을 표준으로 한 부과(賦課).

**민고(民庫)** 지방의 관청에서 임시비에 충당하기 위하여 법규로 정한 공과(公課) 이외에 백성들로부터 거둬들인 물품과 전곡(錢穀)을 저장해두는 창고. 그러나 실은 반드시 창고를 지칭하는 것이 아니고, 그러한 금품을 거둬들이는 일 자체를 총칭하는 말이다.

**호부(戶賦)** 호(戶)를 대상으로 부과하는 것.

▍민고(民庫)의 폐단이 생겨난 근원이 두 가지 있다. 하나는 감사(監司)가 제멋대로 위세를 부리는 데서, 하나는 한 고을의 수령이 마음대로 탐욕 부리는 데서 생긴 것이다. 이 두 가지 근

원이 없다면 본래 민고라는 것이 없었을 것이며, 따라서 아전들이 간계(奸計)를 부릴 여지도 없을 것이다.

감사가 가족을 데려올 수 있게 된 이래로 갑자기 각 도에서는 각기 큰 궁실을 세웠으며, 장막을 쳐서 좌우에 모시며, 음식과 거마와 의복 차림 등 위의(威儀)의 성대함은 왕자(王者)에 비길 만하고, 체모(體貌)의 존귀한 체함은 대신보다 더하게 되었다. 속이 텅 비고 아는 것이 적은 사람일수록 한 번 이 벼슬에 있게 되면 망령되게 스스로 존대하게 구는 것이 마치 본래부터 그러했던 것처럼 한다. 각 고을에서 순종해 모시고 받들어 궤향(饋餉)하는 일이 조금이라도, 부끄러움 없이 아첨하는 무리에 손색이 있으면 발끈 성내어 그 수령을 좌천과 파면시키니 각 고을이 크게 겁내어 감히 비용을 아끼지 않는다. 일이 지나고 나면 한탄하여 손해를 백성에게 돌린다. 이것이 민고가 생기게 된 까닭이다. 또 감사의 복정(卜定, 여러 가지 물품을 각 고을에 바치도록 책임 지우는 것)은 강제로 배정하지 않는 것이 없다. 배정하는 수량은 본래 적지만 받아들이는 물품은 지나치게 많으며, 값은 본래 싸게 정하고 물품을 선택하는 일은 지나치게 까다롭게 한다. 그에 따른 막대한 결손을 수령이 혼자 힘으로는 감당할 수 없다. 이것이 민고가 생기게 된 까닭이다.

또 수령이 자기의 식품과 양곡을 풍성하게 하는 까닭은 수령으로 벼슬자리에 앉으면 저절로 구걸하는 사람이 있게 마련이니, 먹고 남는 것이 있으면 수령은 그 요구에 따를 수도 있을 것이다. 그러나 사람이 슬기롭지 못하면 자기가 달마다 받고 날마다 쓰는 모든 월름(月廩)과 일봉(日俸)은 자기 개인 물건으로 인정하여 차마 공용의 비용에 쓰지 못하고, 모든 공적인 비용을 백성에게서 받아들이니 어찌 한심스러운 일이 아니겠는가.

모든 중앙 관아의 요청도, 사신의 요청도 백성들에게 책임을 돌리니 이것만도 이미 잘못된 처사인데, 마침내 자신의 어머니를 봉양하고 아내를 영접하며 방을 수리하고 가마를 꾸미는 따위의 일체의 규문(閨門) 일까지를 오히려 백성들에게서 그 비용을 받아들이니 이것이 무슨 도리인가. 월름과 일봉은 다만 밭을 사고 집을 사며, 권문세가에 아첨하는 일에만 써야 한다는 것인가. 미혹함이 지나치도다.

근원이 이미 혼탁하니 하류가 맑을 수는 없다. 아전들의 탐오(貪汚)는 수령보다 열 배나 더하다. 그리하여 민고가 늘어나는 비율은 해마다 달마다 증가해 간다. 이러한 상태가 그치지 않는다면 백성들은 반드시 다 죽고 말 것이다.

3. 민고의 예(例)는 고을마다 각기 다르다. 아무런 절제가 없다. 쓸 일이 있으면 그때그때 거둬들이는 것이어서 백성을 못 살게 함이 가장 심하다.

▌원문

**民庫之例 邑各不同 其無節制 隨用隨斂者 其厲民尤烈.**
민 고 지 례   읍 각 부 동   기 무 절 제   수 용 수 렴 자   기 려 민 우 렬

▌맹자(孟子)가 선왕(先王)의 법을 논하여 말하였다. "백성에게서 받아들이는 것은 절제가 있어야 한다." 무릇 받아들이는 데에 절제가 없는 것은 그 도가 오래 갈 수 없다. 규칙을 법으로 정한 것도 오래되면 폐단이 생겨 고치지 않을 수 없는데, 더구나 처음부터 아무런 규정도 제한도 없이 쓸 일이 있으면 언제나 거둬들이는 것으로 법을 삼으니 장차 그 폐해를 누가 감당한단 말인가. 민고의 관례는 고치지 않아서는 안 될 것이다.

4. 그 법례(法例)를 다듬고 그 조리를 밝게 해 백성과 함께 지키기를 국법을 지키는 것과 같게 해야 비로소 절제가 있게 될 것이다.

▎원문
**修其法例 明其條理 與民偕遵守之如國法 乃有制也.**
수 기 법 례　명 기 조 리　여 민 해 준 수 지 여 국 법　내 유 제 야

▎반드시 백성에게서 받아들이지 않아서는 안 될 것이 있다면 그것에 대한 법례를 정하고 조리를 분명하게 하여, 관과 백성이 함께 그것을 국법처럼 지키게 되어야 비로소 민고(民庫)에도 절제가 있게 될 것이다.

5. 계방(契房)은 온갖 폐단의 원천이며 모든 간사한 사람들의 소굴이다. 계방을 없애지 않고는 어떤 일도 해볼 도리가 없을 것이다.

▎원문
**契房者 衆弊之源 群奸之竇 契房不罷 百事無可爲也.**
계 방 자　중 폐 지 원　군 간 지 두　계 방 불 파　백 사 무 가 위 야

▎주
**계방(契房)** 공역(公役)과 잡부(雜賦)의 면제, 기타 원조와 보호를 얻기 위하여 미리 관아의 아전들에게 금전, 재물 등을 제공하는 계.

▎계방에 두 가지가 있다. 하나는 이계(里契)이고, 하나는 호계(戶契)이다. 이계는 한 동리 전체를 계로 만들어 해마다 돈 수백 냥을 거둬들이는 것이고, 호계는 한 호(戶)를 계호(契戶)라고 해서 해마다 돈 백여 냥을 거둬들인다.〔나주羅州, 장성長

城에는 호계가 많다]

향청(鄕廳)·이청(吏廳)·군관청(軍官廳)·장관청(將官廳)·관노청(官奴廳)·조례청(皁隷廳, 사령司令)·통인청(通引廳, 시동侍童)에 각기 계방이 있다. 그중에도 유독 이청에 제일 많다. 큰마을 10여 곳을 골라잡아 다 계방을 삼는다. 그 밖의 다른 청(廳)들도 혹은 둘, 혹은 셋씩 계방을 갖고 있어서 일정한 수가 없다.

모든 계방이 된 마을은 환곡(還穀)의 강제 분배가 면제되고, 군적(軍籍)의 등록이 면제되며, 민고(民庫)로서 내야 할 것과 모든 요역(徭役)을 다 면제받는다. 돈 수백 냥을 내고는 1년 동안 편안히 살게 되니 이 때문에 백성들은 계방 되기를 즐겨한다. 그러나 그것은 반드시 그 마을에 본래 부유하며 호세하고 권력 있는 백성이 있어야 될 수 있다. 잔약한 빈촌의 어리석은 백성과 홀아비와 과부와 병든 사람들의 마을에서야 어찌 계가 있을 수 있겠는가.

계호(契戶) 또한 그러하다. 계호가 되려면 한 고을의 유력한 사람으로 전지(田地)가 10결(結)이 넘고, 호는 백 집을 비호할 만해야 비로소 한 계호를 얻어 할 수 있는 것이다. 그렇게 되니 부촌과 부호의 요부(徭賦)는 다 아전이 먹고, 다만 영세하고 외롭고 불쌍한 백성들만이 공부(公賦)에 응해야 하고, 고을의 집부(雜賦)에 응해야 된다. 그리하여 만 호가 부담해야 할 요부는 천 호(戶)에 몰리고, 천 호의 요역은 백 호에 몰리게 된다. 옛날에는 한 호의 요역이 한 해에 백 전(錢)을 넘지 않던 것이 지금은 수천 전으로도 오히려 부족하다. 울부짖고 잇따라 쓰러져 가는 모습이 생선이 썩어가는 것 같고, 하수(河水)의 제방을 터놓은 것 같다. 지금 구제하지 않으면 이 백성들은 장차 살아남는 사람이 없을 것이다. 계방을 없애는 것이 오늘의 급무가 아니겠는가.

6. 이에 궁전·둔전·교촌·원촌을 조사해 그들이 숨기고 있는 모든 것이 그 전지(田地)를 경작할 만한 호수(戶數)를 초과할 때는, 모두 적발해 모두 분산시켜 공부(公賦)를 균등하게 해야 한다.

**▌원문**

**酒查宮田 酒查屯田 酒查校村 酒查院村 凡厥庇隱 踰其所**
내 사 궁 전　내 사 둔 전　내 사 교 촌　내 사 원 촌　범 궐 비 은　유 기 소

**田　悉發悉敷　以均公賦.**
전　실 발 실 부　이 균 공 부

**▌주**

**교촌(校村)** 향교가 있는 마을. 모든 요역이 면제된다.

**원촌(院村)** 서원(書院)이 있는 마을. 모든 요역이 면제된다.

**비은(庇隱)** 덮어 보호해 숨겨 주는 것.

▌ 대체로 1결의 전지라면 실호(實戶) 두 집만 얻어서 경작을 시키면 넉넉한 것이다. 그러니 궁결(宮結) 10결이면 20집만을 제외하고 나머지는 모두 적발해 요역을 부담시켜야 할 것이며, 둔결(屯結)이 6결이라면 12집만을 제외하고 나머지는 모두 요역을 부담시켜야 한다. 교촌의 교노(校奴), 교비(校婢)는 향교에서 가까이 부리고 있으니 요역을 면제함이 좋지만, 세력 있는 집에 의지한 사람과, 허호(虛戶)로 중첩된 사람은 모두 적발해 그 실제를 밝혀야 할 것이다. 사액서원(賜額書院)의 면세전(免稅田)은 3결을 넘지 못하며, 그에 딸린 보인(保人)과 솔정(率

丁)의 명칭은 법전에 실려 있지 않으니, 사당을 수호하고 창고를 맡는 일은 10호를 넘지 않아도 넉넉할 것이며, 개인 사당과 영당(影堂, 영정을 모셔둔 사당)은 5, 6집 이내면 넉넉할 것이다. 그런데 지금은 널리 다른 지방에서 와서 사는 사람의 집을 모아서 숨겨 거느리는 무리로 삼아 같은 백성으로 볼 수 없게 하고 있으니 또한 억지가 아닌가. 마땅히 온화한 말로 천천히 공정한 사리를 타일러서 객기를 부리지 말며, 국법을 업신여기지 말고 수령이 요역을 균평 되게 하려는 뜻을 방해하지 않게 해야 할 것이다.

7. 이에 역촌·참촌·점촌·창촌을 조사해 그곳에서 숨겨 주고 있는 민호(民戶)로서 법리(法理)에 맞지 않는 것은 모두 적발해 골고루 공부(公賦)를 부담시켜야 한다.

▌원문

**乃査驛村 乃査站村 乃査店村 乃査倉村 凡厥庇隱 匪中法**
내 사 역 촌　내 사 참 촌　내 사 점 촌　내 사 창 촌　범 궐 비 은　비 중 법

**理 悉發悉賦 以均公賦.**
리　실 발 실 부　이 균 공 부

8. 결렴(結斂)은 호렴(戶斂)만 못하다. 결렴하면 근본인 농민이 피폐해지고, 호렴하면 공장(工匠)과 상인이 고통을 당한다. 놀고먹는 자가 고통을 당하는 것은 농민을 후하게 하는 길이다.

▌원문

**結斂不如戶斂 結斂則本削 戶斂則工商苦焉 遊食者苦焉**
결 렴 불 여 호 렴　결 렴 즉 본 삭　호 렴 즉 공 상 고 언　유 식 자 고 언

# 厚本之道也.
후 본 지 도 야

∎**주**
**결렴(結斂)** 전결(田結)에 따라 받아들이는 부과 방법.
**호렴(戶斂)** 민간의 호수에 따라 받아들이는 부과 방법.
**본삭(本削)** 본은 근본이니 농민을 의미한다. 즉 농촌이 피폐하게 된다
는 뜻.

∎ 사람 중에는 경지(耕地)가 없는 사람은 있으나 집이 없는 사람은 없다. 민호(民戶)를 대상으로 하여 부렴(賦斂)하는 것이 또한 좋지 않겠는가. 그러나 호적이 난잡하게 된 것이 오래되었다. 호렴 방법을 시행하려면 먼저 호적을 바로잡아야 할 것이다. 바야흐로 혼란한 호적을 무릅쓰고 무리하게 호렴을 강행해서는 안 될 것이다.

아전은 호렴을 반드시 극력 방해할 것이다. 거기에는 세 가지 돌아보는 것이 있기 때문이다. 첫째는 방고(防顧), 둘째는 적고(籍顧), 셋째는 계고(契顧)이다.

방고란 무엇인가? 전결에 대한 부역이 중하면 그것을 방지해주는 대가가 높고, 결역(結役)이 감하게 되면 그것을 방지해주는 대가도 깎일 것이다. 아전은 이것을 돌아다보며 못내 아쉬워한다.

적고란 무엇인가? 호렴을 시행하게 되면 허호(虛戶)가 드러나고, 호적의 행정이 밝게 되면 마을의 뇌물이 끊어지게 된다. 아전은 이것을 아쉬워한다.

계고란 무엇인가? 호렴이 시행되면 계방이 깨진다. 계방이 깨지면 전결을 빼돌리기가 어렵게 된다. 아전은 이것을 아쉬워하

는 것이다. 그러나 호렴은 결렴보다 좋은 것이다. 결렴은 나라
의 근본인 농민을 괴롭히는 제도이기 때문이다.

9. 쌀로 거두는 것은 돈으로 거두는 것만 못하다. 본래부터
쌀로 부렴하고 있는 것은 마땅히 돈으로 부렴하도록 고쳐야
할 것이다.

■원문

米斂不如錢斂 其本米斂者 宜改之爲錢斂.
미 렴 불 여 전 렴　기 본 미 렴 자　의 개 지 위 전 렴

■ 돈의 수량은 속이기 어렵다. 그 꿰미가 이미 차면 다시 흠잡
을 방법이 없다. 그러나 쌀은 품질의 등급이 많고 마질이 넘치
며 한없이 좋은 쌀을 요구할 수 있고, 떨어진 쌀이 뜰에 가득하
나 주울 길이 없으며, 정미한 쌀이 옥과 같건만 호소할 방법이
없다. 돌이켜보건대 돈으로 바치는 것이 편리하지 않은가.

10. 교묘하게 명목을 정해서 수령의 주머니에 들어가게 만
든 잡부(雜賦)는 감면하고, 곧 여러 가지 잡부의 조목에 대
하여 그 지나치고 허위인 것을 삭제해 백성의 부담을 가볍
게 해야 한다.

■원문

其巧設名目 以歸官囊者 悉行蠲減 乃就諸條 刪其濫僞 以
기 교 설 명 목　이 귀 관 낭 자　실 행 견 감　내 취 제 조　산 기 람 위　이

輕民賦.
경 민 부

■ 고을의 절목(節目)에는 지나친 것, 허위의 것이 이루 다 셀

수 없을 만큼 많다. 자세히 검토해 삭제할 것은 삭제하고, 감액할 것은 감액을 단행해야 할 것이다.

11. 조관(朝官)의 호(戶)에 요역을 면제하는 규정은 법전에 실려 있지 않다. 문명한 곳에서는 면제하지 말아야 하고, 먼 지방에서는 적절하게 면제해야 한다.

### ▮원문

**朝官之戶 蠲其徭役 不載於法典 文明之地勿蠲之 遐遠之地**
조 관 지 호　견 기 요 역　부 재 어 법 전　문 명 지 지 물 견 지　　하 원 지 지

**權蠲之.**
권 견 지

### ▮주
**조관(朝官)** 관원의 총칭.

▮ 경기에는 조관의 호에 요역을 면제하는 법이 없다. 먼 남쪽 지방에 가면 이러한 관례를 볼 수 있는데 또한 아름다운 풍속이라 하겠다. 경기도와 충청도에는 조관이 많으니 그들에게 모두 요역을 면제할 수는 없다. 그러나 먼 지방에서 한 고을에 한두 명의 조관이 있을 때는 전례에 의해 요역을 면제하는 것이 좋을 것이다.

12. 대체로 민고(民庫)의 폐단은 개혁하지 않을 수 없다. 마땅히 본읍(本邑)에서 한 가지 좋은 방책을 생각해서 한 공전(公田)을 세워서 이 민고의 요역을 방지하는 것이 좋을 것이다.

大抵民庫之弊 不可不革 宜於本邑 思一長策 建一公田 以
대 저 민 고 지 폐  불 가 불 혁  의 어 본 읍  사 일 장 책  건 일 공 전  이

防斯役.
방 사 역

**주**

**공전(公田)** 백성이 공동으로 경작해 수확을 세로 바치는 공유의 밭.

▌ 남방의 여러 고을에는 제방을 쌓고 도랑을 내면 공전으로 삼을 만한 곳이 매우 많으며, 바닷가 고을에서는 그 소속 섬의 수익을 거두면 또한 민고를 대신할 만한 것이 있다. 수령이 진실로 마음을 다하여 계획한다면 어찌 길이 없겠는가.

13. 민고의 지출 장부를 향유(鄕儒)를 불러서 검사하게 하는 것은 예가 아니다.

**원문**

民庫下記之招鄕儒査檢 非禮也.
민 고 하 기 지 초 향 유 사 검  비 례 야

**주**

**하기(下記)** 지출을 기록한 장부.
**향유(鄕儒)** 향촌(鄕村)의 유생(儒生).

▌ 매년 연말이 되면 민고의 초과 지출한 돈이 혹은 천 냥에 가깝게 된다. 향촌의 유생들을 초청해 향회(鄕會)를 열게 하고는 지출 장부를 가져다가 자세히 훑어보아, 그중 지나치거나 허위 조작한 것을 살펴보라 하고는, 돼지를 잡고 생선을 익혀 모인

사람들을 대접한다. 한동안 계산하다가는 모두, '허위가 없다'라고 말한다. 이에 백성의 전결에 풀어 징수하기를 결정한다. 이러한 일을 군자는 예가 아니라고 말한다. 민고의 하기(下記)는 수령이 손수 서명한 것이다. 이미 서명하고 이미 결재한 것은 수령이다. 수령이 백성들에게 말하기를, "내가 도둑질을 했는지 청백한지, 너희들이 판결하라. 나의 장부가 여기 있으니 너희들이 감사해보라."라고 하는 것이니 천하에 이보다 더 위신이 손상되는 일이 있겠는가.

더군다나 향유(鄕儒)는 민고의 장부를 볼 줄도 모르는 사람들이다. 그들이 어떻게 그 교묘하고 변화불측하게 만들어 놓은 지출 기록의 잘못을 적발할 수 있단 말인가. 설혹 마음속에 의심나는 일이 있다 한들 승냥이와 호랑이가 노려보는 위엄 앞에 감히 말할 수 있단 말인가. 융숭한 대접까지 받고 그들이 다시 무슨 말을 하겠는가. 대체로 향회라는 것은 다 이러한 것이니 수령이 만약 백성을 사랑한다면 향회를 열어 민고의 지출을 검사하게 하라는 명령을 내릴 수는 없을 것이다.

# 【목민심서 제17권】

## ✖ 제5조 평부平賦 – 계속

1. 고마법(雇馬法)은 국가의 법전(法典)에는 없는 것이다. 이름 없는 부과(賦科)로서 폐해가 없는 것은 전례대로 따르지만 폐해가 있는 것은 폐지해야 한다.

### ▌원문

雇馬之法 國典所無 其賦無名 無弊者因之 有弊者罷之.
고 마 지 법　국 전 소 무　기 부 무 명　무 폐 자 인 지　유 폐 자 파 지

### ▌주

**고마(雇馬)** 지방 관아에서 민간으로부터 징발하던 말.

▌수령이 임지로 내려갈 때 쇄마비(刷馬費)로 이미 공금으로 3백 냥을 받았으며, 수령의 행차에는 저치미(儲置米) 4, 5석의 지급 계산이 있는데, 고마(雇馬)라는 것은 또 무슨 명목인가. 수령이 서울에 있을 때는 집에 사흘 먹을 양식이 없어도 오히려 말 한 필을 길러서 출입할 때 이용했는데, 지금은 콩과 보리가 관가의 창고에 쌓여 있고, 꼴과 짚이 현(縣)의 헛간에 차 있다. 또 한두 명의 노복(奴僕)이 안채에 딸려 있으면서 대낮에도 한가로이 잠자고 있다. 수령이 어찌 스스로 말 두 필을 사서 기르지 않고 반드시 백성의 고혈로써 고마를 가져야 마음이 유쾌하단 말인가. 수령이 집에 있을 때는 말 한 필과 한 사람의

하인만을 데리고 영남으로, 호남으로 두루 다니더니, 지금은 잠깐 이웃 고을에 나가는 데에도 반드시 말 이외에 또 안마(鞍馬, 안장을 얹은 말)를 세우고, 옷과 이불과 자리와 음식, 기명(器皿) 등으로 또 말 세 필을 세우니 사치하지 않은가.

수령이 행차할 때는 마땅히 교마(轎馬) 한 필〔수령이 타는 말〕, 짐 싣는 말〔옷과 이불과 자리와 기명을 싣는 말〕 한 필은 관사 안에서 기르는 말을 사용하는 외에 수행하는 아전〔형방刑房〕이 타는 말 한 필, 통인이 타는 말 한 필을 고용하면 될 것이다. 말은 이만하면 만족한데 구태여 고마고(雇馬庫, 고마의 계정計定)를 만들어서 1년에 천여 냥씩 거두어 8, 9필의 말을 세워야 한단 말인가. 고마고는 반드시 폐기해야 할 것임에 의심의 여지가 없다.

2. 균역법(均役法) 이래로 어염선세(魚鹽船稅)는 다 일정한 세율이 있는데, 법이 오래되니 폐단이 생겨서 아전들이 농간을 부린다.

▌원문
均役以來 魚鹽船稅 皆有定率 法久弊生 吏緣爲奸.
균 역 이 래  어 염 선 세  개 유 정 률  법 구 폐 생  이 연 위 간

▌어세(魚稅), 염세(鹽稅), 선세(船稅)의 세제를 처음 정찰할 때 다각도의 사사로운 관례를 따라 구차하게 정했기 때문에 세율이 각 도, 각 읍이 제각기 다르다. 정해진 하나의 국법이 없는 채 오랜 세월을 버려두고 단속도 하지 않아서 아전들의 농간이 날로 불어나고 있다. 바닷가 고을에 수령으로 가는 사람은 이 일에 유의하지 않아서는 안 된다.

3. 배에는 등급이 많은데 도(道)마다 각각 다르니 배를 점
검할 때는 오직 예전부터의 관례를 따를 것이며, 세금을 받
아들일 때는 중첩해 징수하는 일이 없는지 살피도록 해야
한다.

**▐ 원문**

船有多等 道各不同 點船唯循舊例 收稅但察疊徵.
선 유 다 등  도 각 부 동  점 선 유 순 구 례  수 세 단 찰 첩 징

▐ 배에 물건을 싣는 능력은 그 힘에 있다. 높이와 넓이가 이미
다르고 싣는 용적이 같지 않은데, 다만 배 길이의 길고 짧은 것
만을 도수(度數)로 해 세율을 정한 것은 본래 제대로 갖추지
않은 법이다. 만약 그 당시에 다만 쌀 몇 섬을 실을 수 있는 것
으로 등급을 정했더라면 사리에 맞는 법이 되었을 것인데, 아
까운 일로 지금은 어쩔 수 없다. 그러나 수령이 배를 점검할 때
는 마땅히 이 뜻을 가지는 것이 좋을 것이다. 세율은 각 도가
서로 달라서 전국적으로 통일된 법이 없으니 한 고을의 수령으
로서는 어쩔 수 없다. 세금이 중첩되지 않았는지 살필 뿐이다.

4. 어세(魚稅)를 받는 곳은 모두 바다에 있으니 자세히 살
펴볼 수는 없다. 오직 세액이 원정(原定)의 총액에 달하기
를 도모할 것이며, 때때로 세를 함부로 가로채는 일이 없는
지 살펴보아야 할 것이다.

**▐ 원문**

魚稅之地 皆在海中 無以細察 唯期比總 時察橫斂.
어 세 지 지  개 재 해 중  무 이 세 찰  유 기 비 총  시 찰 횡 렴

5. 염세(鹽稅)는 본래 가벼워서 백성에게 고통이 되지 않으니 오직 세액이 원정(原定) 총액에 달하기를 도모할 것이며, 때때로 무법(無法)하게 거둬들이는 일이 없는지 살펴보아야 할 것이다.

■ 원문

**鹽稅本輕 不爲民病 唯期比總 時察橫斂.**
염세본경  불위민병  유기비총  시찰횡렴

6. 본토의 선박이나 관선(官船)을 이용하는 물고기 장수, 소금 장수, 김·미역 장수로서 원통한 일이 있으나 호소할 곳이 없는 것은 바로 저세(邸稅)이다.

■ 원문

**土船官船 魚商鹽商 苔藿之商 厥有深寃 無處告訴 邸稅**
토선관선  어상염상  태곽지상  궐유심원  무처고소  저세

**是也.**
시 야

■ 주

**저세(邸稅)** 저점(邸店), 즉 배 주인이니 물산객주(物産客主)라는 사람에게 중매 수수료, 위탁료, 기타의 세금처럼 강제로 거두는 상인의 부담을 일컫는 말.

■ 저세(邸稅)는 저점(邸店)에게 바치는 수수료 등을 말한다. 저점은 지금의 소위 배 주인을 말한다. 포구의 배가 정박하는 곳에는 어디나 세력 있는 백성이 있어서 물산객주라는 점포를 차리고 있다. 모든 상선이 도착해 정박하면 그 화물을 주관해

함부로 이동하지 않게 하고, 스스로 거간꾼이 되어 움츠리기도 하고 펴기도 하면서 조종해 그 값을 올렸다 내렸다 한다. 혹은 몰래 상인을 도와주고는 자기 덕택이라면서 상인에게서 돈을 뜯어서 묵은 빚에서 벗어나게 하기도 하고, 혹은 몰래 육지 상인을 도와 억지로 싼값을 정해 그 이익을 나누어 먹기도 한다. 술과 고기를 마련해 상인을 대접하는 체하고는 자기의 저세(邸稅)를 더 받기도 한다. 배가 떠나는 날 계산하면 상인의 이익은 반은 저점으로 돌아가고, 나머지는 삼분오열(三分五裂)된다. 이런 까닭에 상선은 모여 오지 않고 물화는 모자라게 된다. 모든 바닷가 고을 수령은 마땅히 부임 초에 포구의 고을에 타이르는 글을 게시해 엄중하게 금령을 세우고 상인이 먹은 연가(煙價, 주막이나 여관의 밥값) 이외에는 터럭만큼도 백성을 괴롭히고 못살게 굴지 않게 해야 한다.

7. 장세·관세·진세·점세(店稅)와 승혜·무녀포를 지나치게 징수하는 사람을 살펴보아야 한다.

▌원문

**場稅 關稅 津稅 店稅 僧鞋 巫女布 其有濫徵者 察之.**
장세 관세 진세 점세 승혜 무녀포 기유람징자 찰지

▌주

**장세(場稅)** 시장세.

**관세(關稅)** 관문(關門)을 통과할 때 징수하는 세금. 관문은 높은 고개[嶺]의 좁은 곳에 문을 설치한 것.

**진세(津稅)** 강이나 바다를 건너가는 나루터에서 징수하는 세금.

**점세(店稅)** 여관세.

**승혜(僧鞋)** 절의 중들이 매월 바치는 짚신, 미투리 등의 신발.

**무녀포(巫女布)** 무당이 바치는 포목. 형조(刑曹)에서 귀신의 제사를 금지하기 위해 생긴 것이다.

8. 백성의 노력이 필요한 공사를 일으키는 일은 신중히 하여 줄여야 한다. 백성에게 이익이 되는 일이 아니면 해서는 안 된다.

## ▌원문

**力役之政 在所愼惜 非所以爲民興利者 不可爲也.**
역 역 지 정   재 소 신 석   비 소 이 위 민 흥 리 자   불 가 위 야

## ▌주

**역역(力役)** 백성의 노력이 필요한 공사의 뜻.

▌백성의 노력이 필요한 행정으로는 방파제를 축조하는 것, 보를 막고 도랑을 내는 것, 못 안에 쌓인 모래 따위를 파내는 것, 객지에서 죽은 관원의 상여를 메어 관내로 넘겨주는 일, 강선(江船)으로 옮기는 상여를 끌어 주는 일, 통나무를 끌어내는 것[임금의 관을 만드는 데 쓰이는 소나무나 관용재官用材, 선재船材 등], 공물을 수송하는 일[제주의 토산물], 말을 몰고 가는 일[제주의 공마貢馬], 얼음을 창고에 넣을 때, 장사(葬事)를 돕는 일, 고개[嶺]를 넘을 때 가마를 메는 일, 노임(路任, 길짐을 지는 것), 그 밖의 자질구레한 일은 이루 다 열거할 수 없다. 수령은 이러한 일을 될 수 있는 대로 덜어 주어야 할 것이며, 그것이 백성을 위하여 이익이 되는 일일지라도 신중히 생각하고 백성의 힘을 줄여서 처리해야 할 것이다.

9. 명목도 없는 요부(徭賦)가 한때의 잘못된 전례에서 생긴

것은 마땅히 급히 폐지해야 하고, 그대로 따라서는 안 된다.

其無名之物 出於一時之謬例者 亟宜革罷 不可因也.
기 무 명 지 물 　출 어 일 시 지 류 례 자 　극 의 혁 파 　불 가 인 야

10. 혹은 조요곡(助徭穀)이나 보역전(補役錢)이 민간에 퍼져 있는 것을 세력 있는 집에서 먹어 버린 것이 있을 때는 조사해 뿌리 뽑을 수 있는 것은 징수하고, 추궁할 수 없는 것은 감면하고 보조해 주어야 한다.

或有助徭之穀 補役之錢 布在民間者 每爲豪戶所吞 其可查
혹 유 조 요 지 곡 　보 역 지 전 　포 재 민 간 자 　매 위 호 호 소 탄 　기 가 사

拔者徵之 其不可追者 蠲而補之.
발 자 징 지 　기 불 가 추 자 　견 이 보 지

**조요지곡 보역지전(助徭之穀 補役之錢)** 요역(徭役)이 있을 때 보조해 주기 위한 곡식, 또는 돈.

▌옛사람이 수령으로 있을 때는 다 보역전이라는 것을 민간에 뿌려 둔 것이 있었으며, 또 혹은 감사가 돈 수만을 내어 소를 사서 민간에 빌려주는 일이 있었다. 그 시초에는 백성이 모두 계를 모아 그 돈을 늘이더니 세월이 흐름에 따라 세력 있는 집과 간사한 백성이 그 본전을 먹어버리고 드디어 헛된 기록이 되어 버린다. 이러한 것은 마땅히 조사해 그 뿌리를 뽑고 규약을 개정해 준수하게 해야 할 것이다. 그러나 혹은 큰 흉년을 당

하여 민호(民戶)가 흩어져 없어져서 결손이 된 것은 추징할 수 없을 것이니 모두 감면하고, 그 남아 있는 것을 가져다가 새로 돈을 보조해 백성의 요역을 도와주어야 할 것이다.

11. 부세와 요역을 크게 균평하게 하고자 하면 반드시 호포(戶布), 구전(口錢)의 법을 강구 시행해야 민생이 안정될 수 있을 것이다.

▌원문

欲賦役之大均 必講行戶布口錢之法 民生乃安.
욕 부 역 지 대 균  필 강 행 호 포 구 전 지 법  민 생 내 안

▌주

**호포(戶布)** 집집마다 봄과 가을에 무명이나 모시 등으로 내던 세.
**구전(口錢)** 여기에서는 인구에 대하여 부과 징수하는 세를 말한다.

▌《균역사실(均役事實)》에 말하였다. '변통론(變通論)에 네 가지 종류가 있으니 호포, 결포(結布, 전결田結에 부과하는 세), 구전(口錢), 유포(游布, 문文도 아니고 무武도 아니면서 놀고먹는 사람에게서 받는 세)가 그것이다. 각기 자기의 주견을 내세우므로 하나로 귀결될 수 없다.'〔전결만을 과세 기준으로 하지 말고 호포, 구전 등의 세법을 시행해야 부담이 평등하게 될 것이다〕

❈ 제6조 권농勸農
[농사를 권장함]

1. 농사는 백성에게 이로운 것이니 백성이 스스로 힘쓸 것

이지만, 더할 수 없이 어리석은 것이 백성이다. 그러므로 옛 임금들은 농사를 권장하였다.

■ 원문
農者 民之利也 民所自力 莫愚者民 先王勸焉.
농자 민지리야 민소자력 막우자민 선왕권언

2. 옛날의 현명한 목민관은 농사를 권장하는 일을 부지런히 해 그것으로 명성과 치적(治績)으로 삼았다. 그런 까닭에 농상성(農桑盛)이 수령이 해야 할 일곱 가지 일 가운데에서 첫째가 된다.

■ 원문
古之賢牧 勤於勸農 以爲聲績 故農桑爲七事之首.
고지현목 근어권농 이위성적 고농상위칠사지수

3. 농사는 먹는 것의 근본이고, 뽕나무는 입는 것의 근본이다. 그러므로 백성에게 뽕나무를 심게 하는 것이 수령의 중요한 임무이다.

■ 원문
農者食之本 桑者衣之本 故課民種桑 爲守令之要務.
농자식지본 상자의지본 고과민종상 위수령지요무

4. 재목을 심고 채소와 과목(果木)을 심으며, 육축을 번식시키는 것은 농사를 보조하는 일이다.

■ 원문
樹之材木 樹之荣果 滋其六畜 所以輔農也.
수지재목 수지채과 자기육축 소이보농야

육축(六畜) 여섯 가지 가축이니 즉 소, 말, 양, 돼지, 개, 닭.

5. 농사를 권장하는 요긴한 방법은 또 부세를 경감해 그 근본을 배양하는 데에 있다.

■원문

勸農之要 又在乎蠲稅薄征 以培其根.
권 농 지 요  우 재 호 견 세 박 정  이 배 기 근

■주

견세박정(蠲稅薄征) 세(稅)나 정(征)은 모두 세(稅)라는 뜻으로 세를 감면하며 가볍게 해주는 것이다.

6. 총체적으로 말하면 농사를 권장하는 정사는 마땅히 먼저 직책을 주어야 한다. 직책을 나누어 주지 않고 여러 가지 직책을 뒤섞어서 권장하는 것은 선왕(先王)의 법이 아니다.

■원문

總之勸農之政 宜先授職 不分其職 雜勸諸業 非先王之法也.
총 지 권 농 지 정  의 선 수 직  불 분 기 직  잡 권 제 업  비 선 왕 지 법 야

■ 대체로 옛날 어진 제왕(帝王)의 권농법은 직책을 분업적으로 구분해 그 한 가지의 직책에 전력을 다하게 했으며, 여러 가지 일을 뒤섞어서 한 사람에게 온갖 농사와 그 부업을 한꺼번에 권장하는 일을 하지 않았다. 곡식 농사하는 사람은 채소나 재목 심는 일을 시키지 않았으며, 양잠하는 사람에게는 목축을 시키지 않았다. 한 농가에 곡식 농사를 시키고 양잠을 권하고, 목축을 장려하며, 채소와 과수를 재배하게 하며, 산림을 가꾸

어 재목을 기르며, 길쌈을 권한다면 농가가 그것을 감당할 수 있겠는가. 또 그 일들에 최선을 다할 수 있겠는가. 그러니 먼저 한 농가 한 농가에 한 가지 전문적인 직책을 주어 거기에 전력을 다하게 해야 한다.

7. 대체로 농사를 권장하는 정책은 마땅히 여섯 가지 분과(分科)로 분류해 각각 그 직책을 주고, 각각 그 공적을 조사하여 높은 벼슬에 올려 백성의 생업을 권장해야 할 것이다.

▌ **원문**

**凡勸農之政 宜分六科 各授其職 各考其功 登其上第 以勸**
범 권 농 지 정  의 분 륙 과  각 수 기 직  각 고 기 공  등 기 상 제  이 권

**民業.**
민 업

▌ 이 일은 요즈음의 수령이 곧 해야 한다는 것은 아니다. 만약 전지(田地)에 대한 정책이 크게 바로 서고, 온갖 제도가 다 갖추어지며, 직공(職貢)이 법대로 실행되고 모든 백성이 내가 전제고(田制考)에서 논술한 것처럼 된 후라면 이것을 논의할 수 있을 것이다. 이 조항을 붙여서 전제고의 미비한 것을 보충하고자 한 것이고, 지금의 수령들이 의거해 시행하라는 것은 아니다.

농정(農政)의 6개 분과는 다음과 같다. 논밭 농사[전농田農]를 한 분과[온갖 곡식을 생산한다], 원전(園廛)을 한 분과[온갖 과수를 심는다], 포휴(圃畦)를 한 분과[온갖 채소를 심는다], 빈공(嬪功)을 한 분과[베와 명주를 생산해낸다], 우형(虞衡)을 한 분과[온갖 재목을 심어 기른다], 목축(牧畜)을 한 분과[여

러 가축을 기른다]로 한다. 이 6개 분과에다 공업(工業)·상업(商業)·신첩(臣妾, 노비)을 합해 9개 분과의 직분으로 한다. 이 6개 분과의 공적을 일정한 규정에 의해 조사하고 그중 우수한 사람을 뽑아 벼슬을 주도록 한다는 것이다.

8. 매년 춘분에는 여러 향촌(鄕村)에 통첩을 내려 농사를 제때 일찍 한 것과 시기를 늦춘 것을 심사해 상벌을 시행한다는 것을 약속하라.

▌**원문**

**每春分之日 下帖于諸鄕 約以農事早晚 考校賞罰.**
매 춘 분 지 일　하 첩 우 제 향　약 이 농 사 조 만　고 교 상 벌

▌모든 농사는 일찍 짓는 것이 제일 좋다. 그런데 게으른 농부는 번번이 때를 놓친다. 또 가난한 농가에서는 소[牛]가 없어서 시기를 놓치기 마련이다. 만약 이 법을 시행한다면 반드시 밤낮을 가리지 않고 힘써 농사를 지을 것이니, 소를 빌리고 조력을 얻어 가면서 서로 다투어 경쟁할 것이니 또한 좋지 않겠는가.

9. 오직 상전(桑田)이나 모시[苧] 심는 밭은 마땅히 따로 관전(官田)을 설치하고, 그 수입은 민고(民庫)에 귀속시켜서 백성의 요부(徭賦)에 보조하게 하는 것이 좋을 것이다.

▌**원문**

**唯桑苧之田 宜別置官地 屬之民庫 以補民徭.**
유 상 저 지 전　의 별 치 관 지　속 지 민 고　이 보 민 요

▌개간하지 않은 묵정밭이 얼마든지 있으니 수령이 싼값으로 사들여서 거기에 뽕나무를 심고, 모시를 심어서 그것이 이루어지면 민고에 귀속시켜, 해마다 그 소작료를 받아 백성의 요부(徭賦)를 보조해 준다면 좋을 것이다.

# 제7장 예전육조禮典六條

이 장에서는 국법의 육전(六典) 중에서 예전에 규정된 사항으로서 군현(郡縣)에 관계되는 중요한 사항들을 논술하고 있다.

제사(祭祀), 빈객(賓客), 교민(敎民), 흥학(興學), 변등(辨等), 과예(課藝)의 여섯 조목으로 되어 있다.

## ✖ 제1조 제사祭祀

### [수령이 지내야 할 제사]

1. 군현에서 제사 지내야 할 곳은 3단(壇), 1묘(廟)가 있다. 그 제사 지내야 할 바를 알면 마음이 향하는 데가 있을 것이고, 마음이 향하는 데가 있으면 재계하고 공경하게 될 것이다.

**▍원문**

**郡縣之祀 三壇一廟 知其所祭 心乃有嚮 心有所嚮 乃齊乃敬.**
군현지사 삼단일묘 지기소제 심내유향 심유소향 내제내경

▍ 수령이 고을에서 거행해야 할 제사는 사직단(社稷壇)·성황단(城隍壇)·여단(厲壇)의 3단과 문묘(文廟)가 있다. 이 3단 1묘가 제사 지내야 할 곳이라는 것을 알면 어째서 제사 지내야 하는가를 생각할 때 마음은 저절로 그리로 향할 것이며, 마음이 그리로 향하게 되면 저절로 재계하게 되고 공경하게 될 것이다.

2. 문묘의 제사는 수령이 마땅히 몸소 거행해 경건하고 정성스러운 마음으로 목욕재계해 여러 선비의 선도(先導)가 되어야 할 것이다.

**▍원문**

**文廟之祭 牧宜躬行 虔誠齋沐 爲多士倡.**
문묘지제 목의궁행 건성재목 위다사창

■ 주
**문묘(文廟)** 공자(孔子)의 묘.
**창(倡)** 앞에 서서 인도하다.

■ 향교의 석전(釋奠)에는 헌관(獻官)과 집사(執事)들 이외에도 제사에 참례하는 사람들이 또한 백 명을 넘는다. 그중에는 거칠고 비천한 무리도 섞여 있어서 난잡하고 혼란한 상태를 빚는 일이 많으니, 그런 일이 없도록 금하지 않아서는 안 된다. 교임(校任, 향교의 직무를 맡아 하던 사람)이 뇌물을 받고 집사를 정하기 때문에 천한 무리도 모두 참여하게 된 것이다. 이것은 금해야 할 것이다.

석전을 지내기 10일 전에 향교에 통첩을 보내 헌관과 집사들을 다 본토(本土)의 상족(上族) 중에서 단정하고 위의(威儀) 있는 사람을 뽑아 정하게 한다. 바로 차첩(差帖)을 쓰지 않게 하고 먼저 명단을 수령에게 제출해, 수령이 며칠 동안 알아본 뒤에 차첩에 도장을 찍게 해야 한다.

3. 사당이 퇴락(頹落)하였거나, 제단(祭壇)이 무너졌거나, 제복이 좋지 않거나, 제기가 깨끗하지 못한 것이 있으면 모두 수리하고 고쳐서 신(神)에게 부끄러움 없게 해야 한다.

■ 원문
**廟宇有頹 壇墠有毀 祭服不美 祭器不潔 並宜修葺 無爲**
묘 우 유 퇴　단 선 유 훼　제 복 불 미　제 기 불 결　병 의 수 즙　무 위

**神羞.**
신 수

■주

**묘우(廟宇)** 신위(神位)를 모신 집. 사당.

**단선(壇墠)** 제단. 흙을 쌓아 올린 것을 단(壇), 땅을 깨끗이 다듬은 것
을 선(墠)이라 한다.

4. 관내에 서원(書院)이 있어서 그 제사를 공식으로 하사받
으면, 또한 마땅히 경건하고 정결하게 받들게 해 선비의 기
대에 실망을 주지 말아야 할 것이다.

■원문

**境內有書院 公賜其祭者 亦須虔潔 無失士望.**
경 내 유 서 원　공 사 기 제 자　역 수 건 결　무 실 사 망

■ 나라의 사액서원(賜額書院)이 아닌 사삿집의 사당에, 혹은 수
령의 사사로운 안면 때문에 한 번 그 제찬(祭饌)을 제공하면 그
것이 드디어 법이 되어 버린다. 그러나 지금 사삿집의 사당의
폐단이 날마다 달마다 늘어나서 백 리 고을에 사사(私祠)가 혹
은 수십에 이르고, 한 가문 안에 부자 형제가 들어앉아 향사
(享祀)를 받는 사람이 혹은 12, 3명에 이르게 되었다. 대체로
사사는 국법에서 금하는 것이니 수령은 장차 금지, 억제해야 할
것이다. 하물며 조장해서야 되겠는가.

5. 관내에 있는 사(祠)나 묘(廟)는 그것을 수리하고 관리하
는 것을 또한 마땅히 예전과 같게 해야 할 것이다.

■원문

**其有祠廟在境內者 其修葺庀治 宜亦如之.**
기 유 사 묘 재 경 내 자　기 수 즙 비 치　의 역 여 지

▌가령 평양의 기자묘(箕子廟), 경주(慶州)의 숭덕묘(崇德廟), 순천(順川)의 충민사(忠愍祠), 강진(康津)의 탄보묘(誕報廟) 같은 것이 있으면 그 집을 수리하고 지붕을 덮으며, 제기(祭器) 관리하는 일은 다 수령의 책임이다. 신(神)이 이것을 슬퍼하는 일이 없게 해야 현명한 수령이다.

6. 희생(犧牲)은 야위었거나 옴에 걸린 것이 아니고, 자성(粢盛)이 저장되어 있어야 현명한 수령이라고 할 수 있다.

▌원문

**牲不瘠癩 粢盛有儲 斯可曰賢牧也.**
생 불 척 라　자 성 유 저　사 가 왈 현 목 야

▌주

**생(牲)** 희생(犧牲). 제사에 쓰는 짐승. 소, 양, 돼지.
**척라(瘠癩)** 파리하게 야위고 옴에 걸린 것.
**자성(粢盛)** 향사에 쓸 기장과 피[서직黍稷].

7. 기우제(祈雨祭)는 하늘에 기원하는 제사이다. 지금의 기우제는 희롱 삼아 아무렇게나 하는 태도로 신을 모독하고 있으니 매우 예에 어긋나는 일이다.

▌원문

**祈雨之祭 祈于天也 今之祈雨 戲慢褻瀆 大非禮也.**
기 우 지 제　기 우 천 야　금 지 기 우　희 만 설 독　대 비 례 야

▌요즈음 수령들이 가뭄을 만나면 짚으로 용(龍)을 만들고 붉은 흙을 칠해서 아이들이 끌고 다니면서 매질해 욕보이게 하

고, 혹은 뼈를 묻어놓고 주문(呪文)을 외우게 하는 등 기괴한 짓들이 도무지 아무런 도리도 없으니 진실로 탄식할 만하다. 가뭄을 만나면 수령은 경건한 마음으로 목욕재계하고 묵묵히 기도해야 할 것이다.

8. 기우제의 제문은 마땅히 수령이 새로 지어야 할 것이다. 어떤 사람은 예전 제문의 기록을 베껴서 사용하기도 하는데 매우 예에 어긋나는 일이다.

■ 원문
祈雨祭文 宜自新製 或用舊錄 大非禮也.
기 우 제 문   의 자 신 제   혹 용 구 록   대 비 례 야

9. 일식이나 월식 때에 거행하는 구식(救食) 예절은 또한 마땅히 장중하고 엄숙하게 해야 할 것이며, 감히 희롱 삼아 아무렇게 하는 일이 없어야 할 것이다.

■ 원문
日食月食 其救食之禮 亦宜莊嚴 無敢戱慢.
일 식 월 식   기 구 식 지 례   역 의 장 엄   무 감 희 만

■ 주
**구식(救食)** 일식이나 월식이 있을 때 각 관아의 당상관(堂上官)과 낭관(郎官) 각 한 사람이 엷고 맑은 빛깔의 옷을 입고 기도를 올리는 예식(禮式).

## 【목민심서 제19권】

### 제2조 빈객賓客

[공적인 손님 접대]

1. 빈객을 접대하는 일은 오례(五禮) 중의 하나이다. 그들을 대접하는 음식이 너무 후하면 재물을 낭비하고, 너무 박하면 환대(歡待)의 예를 잃게 된다. 그러므로 옛날의 어진 임금은 중용에 맞게 예를 제정해 후한 경우는 지나치지 않게 하고, 박한 경우도 정한 것을 감(減)하지 않게 하였다. 그러니 그 예를 제정한 본의를 소급해 생각하지 않으면 안 될 것이다.

**원문**

**賓者 五禮之一 其餼牢諸品 已厚則傷財 已薄則失歡 先王**
빈자 오례지일 기희뢰제품 이후즉상재 이박즉실환 선왕

**爲之節中制禮 使厚者不得踰 薄者不得減 其制禮之本 不**
위지절중제례 사후자부득유 박자부득감 기제례지본 불

**可以不遡也.**
가이불소야

**주**

**오례(五禮)** 길례(吉禮, 제례祭禮), 흉례(凶禮, 장례葬禮), 빈례(賓禮), 군례(軍禮), 가례(嘉禮)의 다섯 가지 예절.

**희뢰(餼牢)** 음식 대접.

▌ 빙례(聘禮)와 공사례(公食禮)는 모두 옛날의 손님 대접하는 예의이다. 그 음식의 그릇 수와 접시 수는 벼슬의 높고 낮음을 비교해 각기 일정한 법식이 있다. 주인이나 손님이 조심해 지켜서 조금도 넘지 않는 것이 옛날부터 지켜야 하는 도리였다. 그 당시에는 공경(公卿)·대부(大夫)가 이웃 나라에 사신으로 가서 향응을 받을 때도 술 한 잔, 고기 한 접시라도 혹시나 지나침이 있으면 두려워하고 머뭇거리면서 감히 마음 놓고 대접받지 못했다.

2. 옛날에는 손님을 대접하는 찬(饌)은 원래 정한 5등급이 있어서 위로는 천자(天子)로부터 아래로는 삼사(三士)에 이르기까지 길흉 간에 사용하는 바를 이것과 어긋나는 일이 없게 하였다.

▌ **원문**

古者燕饗之饌　原有五等　上自天子　下至三士　其吉凶所用　無
고자 연 향 지 찬　원 유 오 등　상 자 천 자　하 지 삼 사　기 길 흉 소 용　무

以外是也.
이 외 시 야

▌ **주**

**삼사(三士)** 사(士)는 낮은 벼슬하는 사람인데, 관제(官制)에 상사(上士)·중사(中士)·하사(下士)로 되어 있으므로 삼사라고 한 것이다.

▌ 태뢰(大牢)로 대접하는 예절에 상·하 2가지 등급이 있고, 소뢰(少牢), 특생(特牲), 특돈(特豚)의 5가지 등급이 정해져 있어 어기거나 지나치지 않는 것이 옛날의 예제(禮制)였다.

3. 요즈음 감사가 각 고을을 돌아다니는 일은 천하의 큰 폐단이다. 이 폐단이 고쳐지지 않으면 부세와 요역은 번거롭고 무거워서 백성은 모두 못살게 될 것이다.

**▌원문**

今監司巡歷 天下之巨弊也 此弊不革 則賦役煩重 民盡
금 감 사 순 력　천 하 지 거 폐 야　차 폐 불 혁　즉 부 역 번 중　민 진

劉矣.
류 의

**▌주**

**순력(巡歷)** 감사가 맡아 다스리는 도내의 각 고을을 돌아다니는 것.

▌≪산거방언(山居放言)≫에서 말하였다. '감사가 순력할 때는 큰 기를 들고 커다란 일산을 받치며 큰 북을 치고 대각(大角, 태평소 즉 날라리)을 불며, 쌍마교(雙馬轎, 말 두 필이 끄는 가마, 쌍교雙轎)를 타고, 옥로모(玉鷺帽, 옥으로 흰 갈매기를 만들어 모자 위에 단다. 높은 관리가 사용한다)를 쓴다. 그를 따르는 사람은 부(府)가 2명, 사(史)가 2명, 서(胥)는 부·사의 수에 2명을 더해 그 무리가 수십 명이 된다. 여(輿)·조(皁)·예(隷)·대(儓) 등 하인의 무리가 수십 수백 명이다. 여러 현(縣)과 역(驛)에서 문안드리고 영접하러 온 아전과 그 무리가 수십 수백 명이다. 말은 사람이 탄 것이 백 필, 짐 실은 것이 백 필이나 된다. 아름다운 부인의 옷을 입고 곱게 단장한 사람이 수십 명이며, 비장(裨將)이 동개(화살 넣는 통)를 짊어지고 앞에서 달리는 사람이 2명, 뒤에서 따라가는 사람이 3명이다. 수행하는 역관(驛官)이 1명, 향정(鄉亭)의 관원으로서 말 타고 따라가는 사람이

3명, 병부(兵符) 주머니를 차고 인끈[印綬]을 늘어뜨린 채 숨 죽이고 겁에 질린 모습으로 말 타고 따라가는 사람이 4, 5명이 며, 차꼬[桁], 도끼[揚], 큰 몽둥이[棓], 몽둥이[杖] 등의 형구 (刑具)들을 혹은 붉게, 혹은 희게 칠한 것으로 사람들을 겁내 게 하는 사람이 4명이고, 횃불[炬]과 초[燭]를 짊어지고 손에 푸른 비단 초롱을 잡은 채 사용하기를 기다리는 사람이 수백 명이며, 손에 채찍을 쥐고 백성이 감사에게 호소하는 것을 금 지하는 사람이 8명이다. 길가에서 관람하며 탄식하고 부러워 하는 자는 수천 수백 명이다. 가는 곳마다 화포(火砲)를 터뜨 려 여러 사람을 놀라게 한다. 진공(進供)은 태뢰(大牢)와 같은 것 열 배나 갖추었건만, 그중에 한 가지 음료나 한 가지 음식이 혹시나 간이 맞지 않거나 따뜻함이 알맞지 않은 사람은 몽둥이 를 맞는다. 장형(杖刑)을 담당하는 사람이 모두 10여 명이나 되는데, 죄를 들추어 말하기를 길에 돌이 있어서 나의 말이 돌 을 찼다거나, 시끄럽게 구는 것을 금하지 않았다거나, 영접 나 온 부인의 수가 적다거나, 병풍과 장막과 돗자리가 소박하다거 나, 횃불이 밝지 않다거나, 온돌이 따뜻하지 않다거나 하는 그 런 것들뿐이다. 〔중간 생략〕 그리고는 물가를 강제로 조작하고 백성을 속이고 억압해 곡식을 매매해 큰 사리(私利)를 취하며 죄인들에게서 법을 굽혀 벌금을 받아 착복하고 사(私)를 두어 나라의 중죄인을 모르는 채 놓아주곤 한다. 그리하여 임금을 속인다. 어찌 그 위의(威儀)는 장엄한데 그 하는 짓은 이러한 가. 백성들은 의혹스럽게 여긴다.'

생각해보건대, 전결(田結)에 대한 잡부(雜賦)가 날로 늘어나는 이유를 물으면 순력 때문이라고 한다. 민고(民庫)의 거둬들임 이 지나친 이유를 물으면 순력 때문이라고 한다. 아전의 인원

수를 왜 줄이지 않느냐고 물으면 순력 때문이라고 한다. 계방(契房)을 폐지하지 못하는 것도 순력 때문이며, 옹기점의 백성들이 흩어지는 것도, 화로 만드는 민호가 날로 파산하는 것도 순력 때문이고, 점촌(店村)이 날로 쇠퇴하고, 절[寺]이 날로 피폐하는 것도 순력 때문이라고 한다. 어부는 물고기를 잃고, 양계하는 사람은 닭을 잃고, 바다 상인은 조개와 전복을 잃으며, 산촌의 백성은 그들의 삼[麻]과 메밀을 잃는 것도 순력 때문이다. 순력의 법을 고치지 않고는 도탄(塗炭, 진구렁에 빠지고 숯불에 탄다는 뜻으로 몹시 곤궁하여 고통스러운 지경)에 빠진 민생을 구할 수 없을 것이다.

4. 내찬(內饌)을 제공하는 것은 빈객을 예로써 대하는 것이 아니다. 그 실제는 있더라도 그 명칭은 없애는 것이 마땅할 것이다.

**▌원문**

內饌非所以禮賓 有其實而無其名 抑所宜也.
내 찬 비 소 이 례 빈  유 기 실 이 무 기 명  억 소 의 야

**▌주**

**내찬(內饌)** 내아(內衙)의 부인이 손수 차린 밥상.

▌ 감사가 고을에 도착하면 대찬(大饌, 큰 상)을 대접하는 이외에 따로 진수성찬의 큰 밥상을 준비한다. 그것을 이름하여 내찬이라고 하는데 감사가 먹는 것은 이것뿐이다. 부녀(婦女)가 안에 있는데, 어찌 공사(公事)에 참여한단 말인가. 공식(公式)의 빈객을 대접하는 일에 내사(內舍)의 부인이 밥상을 차리는 것은 예의가 아니다. 그러나 감사 일행은 오랫동안 기름진 음

식에 싫증이 나서 마른안주와 산적 등 여러 가지 반찬이 조금이라도 향기롭고 맑은 맛이 없으면 목에 넘어가지 않을 것이니 그것도 또한 주인으로서는 걱정이다. 그러니 내찬을 마련하는 것은 좋으나 공적인 접대로 차리고 내찬이라는 명칭을 붙이지 않으며, 자취도 보이지 않으며 오직 빈객이 배부르기를 바랄 뿐, 나의 덕(德)이라는 생색을 내지 않는다면 거의 부끄러움이 없을 것이다.

5. 감사의 주전(廚傳) 법식은 조종(祖宗)이 남긴 훈계가 나라의 기록에 실려 있으니, 마땅히 공손히 준수하고 무너뜨려서는 안 될 것이다.

■ 원문

監司廚傳之式 厥有祖訓 載在國乘 義當恪遵 不可毁也.
감사주전지식 궐유조훈 재재국승 의당각준 불가훼야

■ 주

**주전(廚傳)** 역점(驛店)에서의 음식 대접. 여관에서의 음식 대접.

■ 숙종(肅宗) 9년 계해(癸亥)에 팔도에 유서(諭書)를 내려 말하였다. '감사가 순력할 때에 역점에서 음식을 제공하는 일이 오히려 소란과 동요를 끼치는 폐단이 있다. 모름지기 한 필 말에 한두 사람만을 데리고 갈 것이며, 군관(軍官)을 거느리고 다니지 않는다면 폐단이 있을 수 없을 것이다.…'

6. 일체 빈객의 대접은 마땅히 예전의 예에 따라서 엄중하게 그 법식을 정해야 할 것이다. 법이 비록 정해져 있지 않더라도 예는 마땅히 항상 강론해야 할 것이다.

**▌원문**

一應賓客之饗 宜遵古禮 嚴定厥式 法雖不立 禮宜常講.
일 응 빈 객 지 향 의 준 고 례 엄 정 궐 식 법 수 불 립 예 의 상 강

▌대체로 대신과 정경(正卿) 1품인 신하는 향연(饗宴, 대접하는
일)에는 태뢰(太牢, 칠정七鼎)를 사용하고, 사례(食禮, 식사하는
것)에는 소뢰(少牢)를 사용한다. 관찰사·순무사(巡撫使)·위유
사(慰諭使)·절도사 등 모든 중하대부(中下大夫) 당상관인 신
하는 향연에는 소뢰를 사용하고, 사례에는 특생(特牲)을 사용
한다. 어사·경시관(京試官)·접위관(接慰官)·서장관(書狀官)
은 비록 품계가 높지 않더라도 또한 같이해야 할 것이다. 금부
랑(禁府郎)·반사관(頒赦官)·비변랑(備邊郎)·선전관(宣傳官)
등 모든 지위가 낮은 신하의 향연에는 특생, 사례에는 특돈(特
豚)을 써야 한다. 이것은 모름지기 대신이 자세히 아뢰어 법제
로 반포 시행해야 비로소 준행할 수 있을 것이다. 그러나 지금
비록 그렇지 않더라도 수령은 마음속으로 선왕(先王)의 예제
(禮制)가 본래 이러하다는 것을 밝게 알고 있어서, 그 음식의
그릇과 접시 수를 묵묵히 스스로 참작해 주공(周公)과 공자(孔
子)의 예에 따른다면 또한 좋지 않겠는가.

## 【목민심서 제20권】

### 제2조 빈객賓客 – 계속

1. 옛날의 현명한 목민관은 상관을 접대하는 데에 감히 예를 넘지 않았다. 향기롭고 아름다운 사적이 있어서 책에 널리 실려 있다.

**원문**

**古之賢牧 其接待上官 不敢踰禮 咸有芳徽 布在方冊.**
고지현목 기접대상관 불감유례 함유방휘 포재방책

**주**

**방휘(芳徽)** 꽃답고 아름다움, 즉 아름다운 사적.
**방책(方冊)** 책.

2. 비록 상관이 아닐지라도 때로 지나가는 모든 사성(使星)에게는 당연히 경의를 표해야 할 것이다. 그러나 횡포한 사람은 받아들이지 말 것이며, 그 밖의 사람들에게는 마땅히 정성껏 공손히 접대해야 할 것이다.

**원문**

**雖非上官 凡使星之時過者 法當致敬 其橫者勿受 餘宜恪恭.**
수비상관 범사성지시과자 법당치경 기횡자물수 여의각공

**주**

**사성(使星)** 사신(使臣). 임금의 명으로 지방에 출장 가던 벼슬아치.

**횡자(橫者)** 횡포한 사람.

3. 옛사람은 내시(內侍)가 지나갈 때도 오히려 혹은 의(義)로써 항거했으며, 심한 사람은 임금의 행차가 지나갈 때도 감히 백성을 괴롭히면서까지 잘 보이려고 하지 않았다.

**▌원문**

古人於內侍所過 猶或抗義 甚者車駕所經 猶不敢虐民以
고 인 어 내 시 소 과　유 혹 항 의　심 자 거 가 소 경　유 불 감 학 민 이

求媚.
구 미

**▌주**

**내시(內侍)** 대궐에서 봉사하는 관원.
**거가(車駕)** 임금이 타는 수레, 즉 임금의 행차.

## �֎ 제3조 교민敎民

[백성을 가르치는 일]

1. 목민관의 직책은 백성을 가르치는 일뿐이다. 그들의 농지와 재산을 균등하게 하는 것은 장차 그늘을 가르치기 위함이며, 그들의 부세와 요역을 공평하게 하는 것도 장차 그들을 가르치기 위함이고, 고을을 설치하고 수령을 두는 것도 장차 그들을 가르치기 위함이며, 형벌을 밝히고 법을 경계함도 장차 가르치기 위한 것이다. 여러 가지 정치가 닦아지지 않으면 교화를 펼 겨를이 없다. 이것은 백대(百代)를 통

하여 선한 정치가 없는 까닭이다.

■ 원문

民牧之職 教民而已 均其田産 將以教也 平其賦役 將以教
민 목 지 직  교 민 이 이  균 기 전 산  장 이 교 야  평 기 부 역  장 이 교

也 設官置牧 將以教也 明罰飭法 將以教也 諸政不修 未
야  설 관 치 목  장 이 교 야  명 벌 칙 법  장 이 교 야  제 정 불 수  미

遑興教 此百世之所以無善治也.
황 흥 교  차 백 세 지 소 이 무 선 치 야

■ ≪주례(周禮)≫에서 말하였다. '족사(族師, 백 집이 족族이고,
5족이 당黨이 된다)는 매월 초하루에 백성에게 방법(邦法, 나라의
법)을 읽게 하고, 그중에 효도하고 우애 있고 화목하고 인척(姻
戚)끼리 화목하고 뛰어난 행동이 있는 사람을 기록한다. 당정
(黨正)은 사계절 첫 달의 초하루에 백성에게 방법을 읽게 하
고, 그 가운데 덕행과 도예(道藝) 있는 사람을 기록한다. 주장
(州長)은 정월 초하루에 방법을 읽고, 백성들의 덕행과 도예를
살피고 그들의 과실(過失)과 악행을 규찰(糾察)한다. 향대부
(鄕大夫)는 정월 초하루에 교법(教法)을 사도(司徒)에게 받아
서 물러 나와 이것을 마을에 반포한다.'
생각해보니 주(周)나라 시대에는 백성을 가르치는 일을 달마다
과제를 주고 때때로 독려했으며, 그들의 덕행에 등급을 매기기
를 공적을 고사(考査)하듯이 하고, 그들의 과실과 악행을 규찰
하는 것을 납세를 독촉하듯이 하였다. 이것이 이른바, '향삼물
(鄕三物)로 만민을 가르치고, 향팔형(鄕八刑)으로 만민을 규찰
한다.'라고 한 것이다. 그렇게 한 뒤라야 왕자(王者)의 정치라
고 할 수 있다. 요즈음의 수령은 오래면 3년, 짧으면 1년이면

바뀌니, 이것은 지나가는 나그네와 같다. 30년이 지나야 인(仁)을 이룩할 수 있고, 백 년이 지나야 예악(禮樂)이 일어난다고 한다. 백성을 가르치는 일은 지나가는 나그네가 할 수 있는 일이 아니다. 그러나 이미 백성의 목자(牧者)가 된 이상 백성이 오랑캐와 금수(禽獸)의 지경에 있는 것을 서서 보고만 있을 수야 있겠는가. 또한 이른바 하루의 책임은 아니니, 예속(禮俗)을 권해 실행하게 하고, 힘써 향약(鄕約)을 닦게 하는 것을 또 어찌 그만둘 수 있겠는가.

2. 가르치지 않고 형벌하는 것은 백성을 속이는 일이다. 말다툼과 소송을 좋아하면서 부끄러움을 모르는 사람이 있을지라도 우선 가르칠 것이지 갑자기 형벌해서는 안 된다.

## ▌원문

不教而刑 謂之罔民 其有囂訟 不知羞恥者 姑惟教之 不可
불 교 이 형　위 지 망 민　기 유 은 송　부 지 수 치 자　고 유 교 지　불 가

遽刑.
거 형

## ▌주

**망민(罔民)** 백성을 속이는 것.
**은송(囂訟)** 말다툼과 소송.

# 【목민심서 제21권】

## ✖ 제3조 교민敎民 - 계속

1. 먼 지방과 변방은 임금의 교화에서 멀다. 그들에게 예속
(禮俗)을 권하여 행하게 하는 일도 또한 목민관이 먼저 해
야 할 임무이다.

### ▮원문
**遐陬絶徼 遠於王化 勸行禮俗 亦民牧之先務也.**
하 추 절 요  원 어 왕 화  권 행 례 속  역 민 목 지 선 무 야

### ▮주
**하추절요(遐陬絶徼)** 서울에서 멀리 떨어져 있는 지방 마을과 변방.

▮ 판중추부사(判中樞府事) 기건(奇虔)이 제주목사(濟州牧使)가
되었는데, 그곳 풍속에 그 부모의 시체를 장사하지 않고 죽으
면 곧 구렁에 버렸다. 공이 아직 부임하기 전부터 먼저 주(州)의
아전에게 말해 관(棺)을 준비해두고, 염(斂)하고 매장하는 법
을 가르쳤다. 제주에서 그 부모를 장사 지내는 법은 공 때부터
시작되었다. 하루는 그의 꿈에 3백여 명이 와서 머리를 조아리
며 사례해 말하였다. "공의 은혜에 힘입어 해골을 드러내는 일
을 면하고도 은혜를 갚지 못했습니다. 공은 금년에 어진 손자
를 볼 것입니다." 그 꿈은 과연 맞았다.〔공의 세 아들이 모두 아
들이 없었는데 이 해에 장령掌令 축軸이 아들 찬襸을 낳았다.

벼슬이 응교應教에 이르렀다]

2. 백성을 반을 편성해 향약을 실시하는 것 또한 옛날의 향
당주족(鄉黨州族)이 남긴 뜻이 될 것이다. 위신(威信)과 은
혜가 이미 흡족하게 된 뒤라면 힘써 실행하는 것이 좋을 것
이다.

### ▋원문

束民爲伍 以行鄉約 亦古鄉黨州族之遺意 威惠旣洽 勉而
속 민 위 오　이 행 향 약　역 고 향 당 주 족 지 유 의　위 혜 기 흡　면 이

行之可也.
행 지 가 야

### ▋주

**속민(束民)** 백성을 결속함.

**향당주족(鄉黨州族)** 옛날 백성들의 조직 명칭. 1만 2천5백 집이 향(鄉),
　5백 집이 당(黨), 5당이 주(州), 백 집이 족(族)이다.

▋ 한연수(韓延壽)가 동도태수(東都太守)가 되었을 때, 오장(伍
長)을 두어 효제(孝悌)로써 서로 이끌게 해 간사한 사람이 끼
어 살 수 없게 했으며, 동리에 비상(非常)한 일이 있으면 곧 보
고해 알리게 하였다. 처음에는 번거로운 것 같았으나 나중에는
아전이 쫓아다니며 체포하는 고통이 없어졌다고 한다. 후세의
향약이 아마 여기에 근본을 둔 것 같다.

남전(藍田) 《여씨향약(呂氏鄉約)》에서 말하였다. '무릇 약속
을 같이하는 사람들은 덕업(德業)을 서로 권하고[덕업상권德業
相勸], 과실을 서로 규간(規諫)하며[과실상규過失相規], 예속(禮
俗)으로 서로 사귀고[예속상교禮俗相交], 환난(患難)에 서로 도

우며〔환난상휼患難相恤〕, 선행(善行)이 있으면 책에 적고, 과실이나 규약을 위반하는 일이 있을 때는 또한 적어서 세 번 어기면 벌을 주고, 그리고도 고치지 않는 사람은 내쫓는다.'

# 【목민심서 제22권】

## ※ 제3조 교민敎民 – 계속

1. 효자·열녀와 충신·절사가 있을 때는 그 드러나지 않은 빛을 밝혀, 선행을 드러내어 여러 사람에게 알리는 일도 또한 목민관의 직책이다.

#### ▮원문

**孝子烈女 忠臣節士 闡發幽光 以圖旌表 亦民牧之職也.**
효 자 열 녀  충 신 절 사  천 발 유 광  이 도 정 표  역 민 목 지 직 야

#### ▮주

**천발(闡發)** 드러내 밝힘.

**유광(幽光)** 그윽한 빛. 밖으로 드러나지 않은 광채.

**정표(旌表)** 선행을 드러내어 여러 사람에게 알림. 정문(旌門)을 세워 표창함.

2. 무릇 교격한 행동과 편협한 의리는 숭상하고 장려하여 폐단을 남기는 길을 열어서는 안 된다. 그 뜻은 정미(精微)한 것이다.

#### ▮원문

**若夫矯激之行 偏狹之義 不宜崇獎 以啓流弊 其義精也.**
약 부 교 격 지 행  편 협 지 의  불 의 숭 장  이 계 류 폐  기 의 정 야

#### ▮주

**교격지행(矯激之行)** 지나치게 격렬한 행동.

▌지나치게 격렬한 행동은 그것이 선한 행동일지라도 이것을 숭상 장려해서는 안 된다. 그것은 자칫 잘못하면 폐단을 남기기 때문이다. 가령 손가락을 끊고 허벅지 살을 베어 위독한 부모 혹은 남편을 구한 것은 선행임에 틀림없다. 그러나 이것은 순(舜)이나 증삼(曾參)이 행한 일은 아니었으며, 주공(周公)이나 공자(孔子)가 말한 것도 아니다. 이러한 격렬한 행위를 군자는 진실로 벌벌 떨며 말하기 난처하게 여기는 일이다. 혹은 부모의 병에 쓰려고 효자가 지성으로 걱정하는데 참새가 저절로 집안에 날아들고, 얼음이 깨지며 잉어가 뛰어올랐다는 이야기와 같은 일은 이것은 진정 몇천 년에 한 번 있을까 말까 한 기적으로 지성이 하늘을 감동하게 하여 생긴 일일 것이다. 그런데 요즈음 집안마다 그러한 일을 글로써 올리고 고을마다 그러한 공문을 보내니 나는 하늘이 기적을 내리는 일이 그렇게 어지럽게 많으리라고는 생각지 않는다. 만약 터럭만한 허위라도 그 속에 감추고 있다면 지선(至善)을 도모해 얻으려다가 도리어 큰 죄악에 빠지게 될 것이니, 남의 자손 된 사람은 삼가야 할 일이다.

또 먼 시골의 야인(野人)이 임금의 상사(喪事)를 당하여 스스로 참최복(斬衰服)을 만들어 입고, 아침저녁으로 망곡(望哭)하여 3년을 마치는 사람이 있다고 하여 향리(鄕里)에서 훌륭한 인사라고 천거하는 일이 있으나 이것도 또한 예가 아니다. 국상에 대한 복제는 국법으로 정한 예제가 있는데 어찌 시골의 야인이 참최 3년을 입는단 말인가. 모든 선행에 있어서 교격하고 편협한 행동은 숭상하고 장려해서는 안 될 것이다.

# 【목민심서 제23권】

## ✳ 제4조 흥학興學

[학교를 흥기興起시킴]

1. 옛날의 학교는 예(禮)를 익히고 음악을 익혔는데, 지금
은 예가 무너지고 음악이 무너져서 학교의 가르침은 글을
읽는 일뿐이 되었다.

**▌원문**

**古之所謂學校者 習禮焉 習樂焉 今禮壞樂崩 學校之敎 讀**
고 지 소 위 학 교 자  습 례 언  습 악 언  금 례 괴 악 붕  학 교 지 교  독

**書而已.**
서 이 이

▌옛날 제후(諸侯)의 나라에는 모두 학궁(學宮)이 있었으니 그
가르치는 법은 왕성(王城)의 태학(太學)과 다름이 없었다. 봄
과 가을에는 예(禮)와 악(樂)을 가르치고, 여름과 겨울에는 시
(詩)와 서(書)를 가르쳤다. 그중에서도 떳떳한 학업으로 연습
하고 학습하는 것은 음악과 춤과 악기와 노래를 주로 하였다.
그런 까닭에 요순(堯舜)시대에는 전악(典樂, 악樂을 맡은 관원)
이 그 가르침을 주관했고, 주(周)나라 제도에서는 사악(司樂)
이 그 가르침을 주관했다. 지금 군현(郡縣)의 학교는 곧 옛날
제후의 학교이다. 그러나 음악과 춤은 이미 없어지고 악기와

노래는 이미 끊어졌다. 후세에 학교를 일으킨다고 말하는 것은 모두 헛된 이름뿐이다. 현악(絃樂)은 거문고와 비파〔금슬琴瑟〕이고, 노래는 풍아(風雅, 《시경詩經》 국풍國風과 대아大雅, 소아小雅)이다. 공자의 문하에서 사람을 가르치는 일도 오히려 악기 연주와 노래〔현가絃歌〕를 주로 하였다. 그런 까닭에 자로(子路)가 비파를 탈 적에 승당입실(升堂入室)이라는 말이 있었다. 승당은 당상(堂上)의 음악이고, 입실은 방중(房中)의 음악이다. 백어(伯魚)가 시를 배우는데 주남(周南), 소남(召南)이란 말이 있다. 《시경》 주남편과 소남편을 노래로 부르고, 거문고로 타던 것을 말함이고, 《시경》을 읽어서 그 뜻만을 아는 것을 말한 것은 아니다. 현가(絃歌)가 이미 끊어졌으니 학교는 당연히 폐지되어야 할 것이다. 그러나 중용(中庸)의 덕을 강론하며 효도하고 우애하는 행실에 힘쓰며, 시를 외우고 글을 읽으며, 때로는 활쏘기를 익히고, 때로는 향음지례(鄕飮之禮)를 행하는 것도 또한 흥학(興學, 학교를 일으킴)이라고 말할 수 있을 것이다.

옛날 태학에서는 양로(養老)의 예를 행하여 그것으로 효도를 흥기시켰으며, 치학지례(齒學之禮, 학교에 참렬參列하는 예)를 행하여 그것으로 제(弟, 공경하는 것)를 일으키고, 향고지례(饗孤之禮, 고아에게 음식을 대접하는 예)를 행하여 백성이 저버리지 않도록 하였다. 이것은 효(孝)·제(第)·자(慈)가 태학의 주지(主旨)가 되는 까닭이다. 수령은 마땅히 이 뜻을 생각해 학궁에서 양로지례와 향음지례를 거행해 효제를 일으키며, 혹은 새로 외구(外寇)의 난을 겪어서 백성 중에 나랏일로 죽은 사람이 있으면 그 고아(孤兒)를 돌봐주어서 고아를 구휼하는 뜻을 두게 한다면 또한 예문을 갖추기에 넉넉할 것이다. 만약 난을 겪은 지

이미 오래되었으면 의병을 일으킨 집안의 자손을 찾아서 봄에
학궁에서 음식 대접을 한다면, 이 또한 충의를 권장하는 요긴
한 일이 될 것이다.

2. 문학은 소학(小學)에서 가르치는 것이다. 그러면 후세의
소위 흥학(興學)은 소학을 하는 것과 같은 것인가.

### ▌원문

**文學者 小學之教也 然則後世之所謂興學者 其猶爲小學乎.**
문 학 자　소 학 지 교 야　연 즉 후 세 지 소 위 흥 학 자　기 유 위 소 학 호

3. 학교는 스승에게서 배우는 곳이다. 스승이 있은 뒤라야
학교가 있을 수 있다. 오랫동안 덕을 닦은 사람을 초빙해 스
승으로 삼은 뒤라야 학교의 규례(規禮)를 의논할 수 있다.

### ▌원문

**學者 學於師也 有師而後有學 招延宿德 使爲師長然後 學**
학 자　학 어 사 야　유 사 이 후 유 하　초 연 숙 덕　사 위 사 장 연 후　학

**規乃可議也.**
규 내 가 의 야

▌ 중국의 주학(州學)에는 모두 교수(教授)가 있다. 우리나라
군현(郡縣)의 학교에도 또한 훈도(訓導)가 있었는데 지금은 이
교관(教官) 제도마저 폐했으니 지금 생도들을 모아 배우기를
권장하려면 반드시 오랫동안 덕행을 쌓은 큰선비가 있어서 스
승이 되어야 할 터이니 어려운 일이 되었다.
≪경국대전≫에서 말하였다. '향교 교관을 대우하는 일에 마음
쓰지 않는 사람은 관찰사가 사실을 조사해 성적의 우열(優劣)

을 평정하는 데 자료로 삼으라.'

4. 학교 건물을 수리하고 쌀 주는 것을 잘 보살펴 관리하며 널리 서적을 비치하는 일도 또한 현명한 수령이 유의해야 할 일이다.

▐ 원문
修葺堂廡 照管米廩 廣置書籍 亦賢牧之所致意也.
수 즙 당 무  조 관 미 름  광 치 서 적  역 현 목 지 소 치 의 야

▐ ≪속대전(續大典)≫에서 말하였다. '주부(州府)의 향교에는 학전(學田, 학교를 위한 전지)이 7결(結)이고, 군현의 향교에는 학전이 5결이며, 사액서원에는 학전이 3결이다.〔모두 면세免稅이다〕 모든 향교의 논밭은 수령이 검사하고 보살핀다.'
학전을 수령이 검찰(檢察)하는 것은 법전(法典)에 있다. 어찌 감히 소홀히 할 수 있겠는가.

5. 단아(端雅)하고 방정(方正)한 사람을 골라 뽑아서 향교의 장(長)이 되게 하여 사표(師表)로 삼고, 예로 대우하여 그 염치를 기르게 해야 한다.

▐ 원문
簡選端方 使爲齋長 以作表率 待之以禮 養其廉恥.
간 선 단 방  사 위 재 장  이 작 표 솔  대 지 이 례  양 기 렴 치

▐ 주
**단방(端方)** 단아방정(端雅方正)한 사람.
**재장(齋長)** 재임(齋任)의 우두머리라는 뜻. 장의(掌議).
**표솔(表率)** 남의 스승, 모범이 될 만한 인물, 남의 모범이 됨.

## ✽ 제4조 흥학興學 - 계속

1. 늦가을에 양로의 예(禮)를 행하여 노인을 노인으로 섬기는 도리를 가르치고, 첫 겨울에 향음(鄕飮)의 예를 행하여 어른을 어른으로 대하는 도리를 가르치며, 중춘(仲春)에 향고(饗孤)의 예를 행하여 고아를 구휼하는 도리를 가르친다.

**▌원문**

季秋行養老之禮 教以老老 孟冬行鄕飮之禮 教以長長 仲
계 추 행 양 로 지 례　교 이 로 로　맹 동 행 향 음 지 례　교 이 장 장　중

春行饗孤之禮 教以恤孤.
춘 행 향 고 지 례　교 이 휼 고

**▌주**

**향음지례(鄕飮之禮)** 온 고을 안의 유생(儒生)이 모여서 나이 차례로
　　서열을 정하고 읍양(揖讓)의 예를 지켜 술 마시는 잔치. 예의절차
　　(禮儀節次)를 정한 법이 있다.

2. 때로는 향사(鄕射)의 예를 행하고, 때로는 투호(投壺)의 예를 행해야 한다.

**▌원문**

以時行鄕射之禮 以時行投壺之禮.
이 시 행 향 사 지 례　이 시 행 투 호 지 례

**향사지례(鄕射之禮)** 고을의 수령이 학교에서 선비들을 모아 활을 쏘는 예의.

**투호지례(投壺之禮)** 주인과 손님이 재예(才藝)를 강론하는 예의의 한 가지. 연회석에서 주인과 손님이 화살을 병에 던져 넣어 승부를 겨루는 예의. 이긴 사람이 진 사람에게 술을 먹인다.

## ✳ 제5조 변등辨等
### [신분을 구분함]

1. 신분을 구분하는 것은 백성을 편안하게 하고 뜻을 안정시키는 요긴한 일이다. 신분의 등급에 따른 위의(威儀)가 분명하지 않고 지위 계급이 문란하면, 백성의 〔마음이〕흩어져서 기강(紀綱)이 없어질 것이다.

**▌원문**

辨等者 安民定志之要義也 等威不明 位級以亂 則民散而
변 등 자　안 민 정 지 지 요 의 야　등 위 불 명　위 급 이 란　즉 민 산 이

無紀矣.
무 기 의

**▌주**

**등위(等威)** 신분의 등급에 따른 위의(威儀).

**위급(位級)** 지위 계급, 지위 등급.

▌≪역경(易經)≫에서 말하였다. '상하를 구분해 백성의 뜻을 안정시킨다. 이(履)는 예(禮)다.(辨上下定民志. 履者, 禮也.)'≪예기(禮記)≫에서 말하였다. '군신과 상하는 예(禮)가 아니면 정하지 않는다.(君臣上下, 非禮不定.)'옛날 성인(聖人)이 만물의 뜻을 개통(開通)하여 천하의 모든 일을 성취하려 할 때 문장(文

章, 문장紋章과 같은 뜻)으로 귀천을 표시하였다. 이른바 황제(黃帝)와 요순(堯舜)이 옷을 늘어뜨리고 있는 것만으로 천하가 다스려졌다고 하는 것은 이것을 말한 것이다. 복장(服章, 의복의 문장)에 등급이 있고[9장章에서 1장까지], 기유(旗斿, 깃발의 술)에 등급이 있으며[9유斿에서 1유까지], 타는 수레에 등급이 있고[옥로玉輅에서 만거縵車까지], 옥류(屋霤, 지붕의 물받이)에 등급이 있으며[비천한 사람은 지붕의 물받이를 이중으로 만들지 못한다], 제사에 등급이 있고, 음식에 등급이 있다. 이에 질서정연하게 늘어서서 상하의 구분이 분명하니, 이것이 성인이 세상을 통어(統御)하고 백성을 안정시키는 대권(大權)이었다. 우리나라 풍속은 신분의 등급을 구분함이 매우 엄중하여 상하 질서를 유지하고 각각 그 본분을 지켰는데, 근세(近世) 이래로 작록(爵祿)이 한편으로 치우쳐 귀족은 쇠퇴하여 부유한 아전이나 세력 있는 백성이 시세(時勢)를 타고 기세를 부리게 되었다. 그들의 집과 말과 안장의 사치함과 의복·음식의 호사함이 모두 궤도(軌度)를 넘고 있다. 윗사람의 권위는 떨어지고 아랫사람이 윗사람을 능가(凌駕)하게 되어서 다시 등급이 없다. 장차 어떻게 유지하고 이어져 나라의 원기(元氣)를 붙들어 일으키고 혈맥을 통하게 하려는가. 신분의 구분은 오늘의 급무이다.

2. 씨족(氏族)에 귀천이 있으니 마땅히 그 등급을 구분해야 할 것이고, 세력에는 강약이 있으니 마땅히 그 정상(情狀)을 살펴야 한다. 이 두 가지는 어느 하나도 하지 않으면 안 될 것이다.

■ 원문

族有貴踐 宜辨其等 勢有强弱 宜察其情 二者不可以偏廢也.
족유귀천 의변기등 세유강약 의찰기정 이자불가이편폐야

■ 수령은 신분·등급의 귀천을 구분하고, 한편으로는 약자를 붙들어 주고, 강자를 억제해야 할 것이다. 그러니 귀천의 등급만 엄격히 구분한다고 하여 신분 높은 자가 낮은 자를 침학(侵虐)하게 할 수 없으며, 강한 것을 누르고 약한 것을 도와준다고 하여 신분 질서를 무시해서는 안 된다. 그러니 두 가지를 다 잘 살펴서 처리하지 않을 수 없다는 것이다.

3. 대체로 신분을 구분하는 정책은 오직 비천한 백성만을 징계할 뿐 아니라, 중인(中人)이 윗사람을 범하는 것도 또한 미워해야 한다.

■ 원문

凡辨等之政 不唯小民是懲 中之犯上 亦可惡也.
범변등지정 불유소민시징 중지범상 역가악야

■ 주

**소민(小民)** 상사람, 비천한 백성.

**중(中)** 중인(中人), 즉 양반과 평민의 중간에 있던 신분 계급.

4. 가옥·수레·의복·기용(器用)의 참람되고 사치함이 제도를 넘는 것은 마땅히 모두 엄금해야 한다.

■ 원문

宮室車乘衣服器用 其僭侈踰制者 悉宜嚴禁.
궁실거승의복기용 기참치유제자 실의엄금

**궁실(宮室)** 가옥(家屋).

**기용(器用)** 기구(器具)와 용품(用品).

▌ ≪대명률(大明律)≫에서 말하였다. '모든 관민(官民)의 주거
·수레·의복·기물(器物) 등은 각기 등급의 차례가 있다. 만약
법을 어기고 참람하게 사용하면 관직이 있는 사람은 장(杖) 1
백 대를 쳐서 파면시키고 다시 등용하지 않는다. 관직이 없는
사람은 태(笞) 50대를 치고 가장(家長)을 처벌한다. 그것을
만들어 준 공장(工匠)도 아울러 태 50대를 치며, 금령을 어긴
물품은 모두 관에서 몰수한다.'

### ✖ 제6조 과예課藝
[과거를 위해 재예才藝를 권장함]

1. 과거를 위한 학문은 사람의 마음을 파괴한다. 그러나 사
람을 뽑아 쓰는 법을 고치지 않는 한 이를 익히는 일을 권장
하지 않을 수 없다. 이것을 과예라고 한다.

▌원문

**科擧之學 壞人心術 然選擧之法未改 不得不勸其肄習 此**
과 거 지 학  괴 인 심 술  연 선 거 지 법 미 개  부 득 불 권 기 이 습  차

**之謂課藝.**
지 위 과 예

▌주
**심술(心術)** 마음 쓰는 법, 마음씨.

**이습(肄習)** 연습, 실습, 익힘.

▌과거제도는 원래 결함이 많은데, 더군다나 과거에 수반된 여러 가지 폐단과 허위와 농간(弄奸)이 많아서 사람의 마음을 파괴하는 일이 많다. 그러나 국가에서 인재를 선발하는 방법이 이것뿐이니, 이 제도가 고쳐지기 전에는 과거 보기 위한 재예(才藝)를 익히는 것을 권장하지 않을 수 없다.

2. 과예(課藝)에도 또한 마땅히 뽑는 사람의 정해진 수가 있어야 할 것이다. 먼저 천거하고 선발해 시험하고 편성해 이에 비로소 과예해야 할 것이다.

▌**원문**

**課藝宜亦有額 旣擧旣選 乃試乃編 於是乎課之也.**
과 예 의 역 유 액　기 거 기 선　내 시 내 편　어 시 호 과 지 야

▌과거 보는 데에 필요한 여러 가지 재예(才藝) 중에서 한 가지 재예를 능히 해낼 수 있는 사람을 문명한 고을이면 2백 명, 질박한 고을은 1백 명, 작은 읍이면 5, 60명을 선발한다. 그중에서 특별히 뛰어난 사람은 시험을 면제하고, 그보다 못한 사람은 면전에서 시험을 보여서 글을 제대로 만들지 못하면 내쫓으며, 혹은 원통한 누명을 써서 억울하게 누락되었다고 스스로 나서는 사람이 있으면 역시 면전에서 시험 보는 것을 허락한다. 시험이 끝나면 몇십 명을 선정하여 정원으로 하고 '사림생(詞林生)'이라고 이름을 붙인다. 따로 명부를 만들어 두고 죽는 사람이 생기면 대신해 보충하며, 상(喪) 당한 사람, 병든 사람, 멀리 여행간 사람이 있어도 모두 임시로 보충한다. 그리하여

번번이 시험답안을 거두어들이는 수는 가감 없이 항상 이 정원에 차게 한다.

시(詩)·부(賦)·표(表)·책(策)·논(論)·의(議)를 과문(科文)의 6체(體)라고 한다.〔오경사서五經四書의 뜻은 본래 묵의墨義를 말한다〕 이 6체에 모두 능숙한 사람을 1등, 4체 이하에 능한 사람을 2등, 2체와 1기(技)에만 능한 사람은 하등으로 하여 모두 명부에 그의 능력을 기록해둔다.

그리하여 순제(旬題, 열흘에 한 번씩 글제를 내어 시험하는 일)와 매월 한 번씩 백일장(白日場)을 열어 연습을 쌓게 하고, 다음 해에는 시험하여 등급을 다시 정하게 한다.

3. 근세 이래로 문체가 비루하고 격이 낮으며, 글귀 만드는 법이 박(薄)하고 어그러졌으며, 편(篇)을 구성하는 법이 짧고 촉박하니 바로잡지 않을 수 없다.

▌**원문**

**近世以來 文體卑下 句法澆悖 篇法短促 不可以不正也.**
근세이래 문체비하 구법요패 편법단촉 불가이부정야

▌'문체에는 각기 옛날의 법칙이 있는데 지금은 법이 문란해지고 잘못되어 있으니 옛 법대로 바로잡아야 한다.'라는 것이다.

4. 아이 중에 총명하고 기억력이 뛰어난 아이는 따로 뽑아서 교육하게 한다.

▌**원문**

**童蒙之聰明强記者 別行抄選 敎之誨之.**
동몽지총명강기자 별행초선 교지회지

▌어릴 때부터 수재(秀才) 교육을 따로 시행할 것을 제의한다.

5. 과예에 힘써서 과거 급제하는 사람이 잇따라 나와서 드디어 문명한 고을이 되면, 또한 목민관의 더할 수 없는 영광이다.

▌원문

**課藝旣勤 科甲相續 遂爲文明之鄕 亦民牧之至榮也.**
과 예 기 근  과 갑 상 속  수 위 문 명 지 향  역 민 목 지 지 영 야

▌주

**과갑(科甲)** 과거 급제하는 것, 과거에 상위 성적으로 급제한 사람.

## 제8장  병전육조兵典六條

이 장에서는 육전(六典) 중 병전에 속한 사항의 일부를 논술하고 있다. 병전은 군정(軍政)과 군사에 관한 일체의 사항을 규정한 법전이다. 본 장에서는 첨정(簽丁), 연졸(練卒), 수병(修兵), 권무(勸武), 응변(應變), 어구(禦寇) 등 군정에서 가장 중요하고 또 직접적인 부분으로서 수령의 직책에 속하는 부분을 다루고 있다.

# �֎ 제1조 첨정簽丁

## [병적兵籍에 관한 일]

1. 병적(兵籍)을 작성해 군포(軍布)를 받아들이는 법은 양연(梁淵)에게서 시작되어 오늘에 이르렀다. 그 여파가 크고 넓게 흘러 퍼져서 백성의 뼈를 깎는 병폐가 되었다. 이 법을 고치지 않으면 백성은 다 죽어 없어질 것이다.

▌**원문**

**簽丁收布之法 始於梁淵 至于今日 流波浩漫 爲生民切骨**
첨 정 수 포 지 법  시 어 양 연  지 우 금 일  유 파 호 만  위 생 민 절 골

**之病 此法不改而民盡劉矣.**
지 병  차 법 불 개 이 민 진 류 의

▌**주**

**양연(梁淵)** 중종(中宗) 때의 문신. 김안로(金安老), 채무택(蔡無擇) 등의 문정왕후(文貞王后) 폐비(廢妃) 음모를 들춰내어 그들을 처형당하게 하였다. 대사헌 때에 군적수포(軍籍收布) 법을 처음으로 주청(奏請)해 시행하게 하였다.

▌ 조선 초기에는 호포(戶布)가 있었으나 군포(軍布)는 없었는데 중종(中宗)에 이르러 대사헌 양연(梁淵)이 주청(奏請)해 군적(軍籍)을 작성해서 현역에 복무하지 않는 사람에게서 베〔布〕로 받아들이는 법을 시행하도록 하였다. 그러나 군적에 따른 수포(收布) 이름은 공포(貢布)로, 번포(番布)라고 이름 붙이지

않았었다. 그러므로 율곡(栗谷) 이이(李珥)가 상소해 군적(軍籍) 법을 고치기를 주청해 말하였다. "군졸이 공포 바치는 부담을 줄이고 전결(田結)에 옮기게 하십시오." 이것으로 알 수 있다. 그 당시에는 오직 기병(騎兵)과 정병(正兵)만이 있었다. 기병과 정병은 본래 세조진법(世祖陣法)을 사용하였고, 척씨(戚氏, 명나라의 장군 척계광戚繼光의 저서 ≪기효신서紀效新書≫는 우리나라 군사제도의 교본이 되었다)의 법은 아니었다. 그러므로 지금 그 군안(軍案)에는 아직도 여(旅)·수(帥)·대정(隊正)이라 하였고, 부사(部司)·기초(旗哨)라는 명칭은 없으니 이것으로 알 수 있다.

임진왜란 이후에 오위(五衛)를 폐지하고 오영(五營)을 설치하였으니, 첫째 훈련도감(訓鍊都監, 선조 무술년에 처음 설치), 둘째 어영(御營, 인조 갑자년에 처음 어영사御營使를 두고 효종 임진년에 처음으로 영을 두었다), 셋째 금위영(禁衛營, 숙종 임술년에 훈련도감의 군총軍總을 감하여 설치), 넷째 수어청(守禦廳, 인조 병인년에 설치), 다섯째 총융청(摠戎廳, 인조 갑자년에 설치)이니 이것이 이른바 오군문(五軍門)이다. 수어청, 총융청의 두 영(營)에서는 그 첨군(簽軍)이 경기(京畿) 밖으로는 나가지 않았으나, 훈련도감, 어영, 금위영의 세 영에서는 그 첨군(簽軍), 수포(收布)가 고루 각 도에까지 미쳤다. 정군(正軍)을 호(戶)로 하고, 호에는 각각 두 사람 혹은 세 사람의 보호(保戶)가 있어서 그들에게서 쌀과 포목을 거두어 군장(軍裝) 경비에 충용(充用)하게 하였다. 쌀을 바치면 12두, 포목을 바치면 2필, 돈을 바치면 4냥(兩)이었다. 남한산성에서 청(淸)나라 병사가 물러간 뒤로는 사방 근교에 군루(軍壘)가 없어지니 정군(正軍)의 번상(番上)을 정지하였다. 번상을 정지하는 정군에게 제공할

물자와 장비 충용의 비용도 지급할 필요가 없게 되었다. 이에 보호(保戶)에서 받는 물자와 장비 충용의 군포를 수납하여 서울의 본영에 바쳤으며 정번(停番)한 정병들에게 또한 복역하지 않는 대가로 신포(身布)라는 것을 받아서 경영(京營)에 바쳤으니, 혹은 서울 거리에서 군인을 고용해 대리로 번을 세우기도 하고, 혹은 본영(本營)에 보충해 쓰고 그 비용에 충당하기도 하였다.

영조(英祖) 9년에 처음으로 변경하기를 논의하였는데 우의정 김흥경(金興慶)은 구전(口錢, 인구수에 따라 세금을 받는 것)을 주장하고, 영성군(靈城君) 박문수(朴文秀)는 진보(鎭堡) 폐지를 주장했으며, 이조판서 송인명(宋寅明)은 대동세(大同稅)를 감액해 결전(結錢)에 더 받기를 주장하였는데, 영조 26년에 이르러서 처음으로 균역법(均役法)을 시행하게 되었다. 그것을 논의할 때도 혹은 결포(結布, 전결에 따라 포목을 받는 것)를 주장하고, 혹은 구전(口錢)을 주장하며, 혹은 유포(游布, 문인도 무인도 아니면서 놀고먹는 사람에게서 받는 세)를 주장하다가 결국은 은결(隱結)을 밝혀내고, 어염세(魚鹽稅)를 받으며, 유포(游布, 선무군관選武軍官)를 설치하고, 결전을 걷기로 하였다. 그리하여 균역청(均役廳)을 설치하고 드디어 군포의 반액(半額)을 감면했으니 2필은 1필이 되고, 4냥은 2냥이 되었으며 12두는 6두가 되었다. 이에 백성의 힘이 조금은 펴이게 되었다.

군포 1필을 감하였으니 백성의 힘이 조금은 펴야 마땅하다. 그러나 첨군(簽軍)의 수가 해마다 증가하고 달마다 불어나서 양군(良軍, 양민 병역의무자)에게 받는 포목이 숙종 초년에는 30만 명분에 지나지 않던 것이 영조가 균역법을 시행할 때는 이미 50만 명이 되었다. ≪양역실총(良役實總, 균역세를 실시할 때 편찬한 책 이름)≫에 실려 있는 배정한 수가 큰 고을에는 혹은 수만에 이르고 작은 고을에도 오히려 1천을 초과하였다. 경영(京營)에 바치는 것 이외에도 순영(巡營), 병영(兵營)의 군사, 본군(本郡)의 제번(除番)한 군사, 제고(諸庫)·제청(諸廳)의 개인이 모집한 군인, 학궁(學宮), 서원(書院)의 보솔(保率, 정병이 거느리던 보인保人과 솔정率丁을 아울러 이르던 말), 사령과 관노의 봉족(奉足)의 군인, 경주인(京主人) 보솔, 영주인(營主人) 보솔, 포호(浦戶) 보솔, 연군(烟軍) 보솔, 그 밖의 이상야릇한 천 가지 만 가지 명목이 생겼으니 오늘에 이르러서는 만약 조정에서 강직하고 밝은 어사(御史)를 보내어 공사(公私)의 온갖 종류의 군인을 모두 조사해 하나도 숨김없이 밝힌다면 각 도를 통하여 그 수가 넉넉히 수백만 명이 넘을 것이다. 50만 명이 각각 4냥씩을 바치면 그 돈이 2백만 냥이고, 2백만 명이 각각 2냥씩을 바친다면 그 돈이 4백만 냥이 된다. 임금은 반액을 감면하는 은혜가 있었는데, 주현(州縣)에서 거두어들이는 것은 배로 늘려 부과하니 그 어찌 나라에 법이 있다고 말할 수 있겠는가. 지금 백성의 부담은 균역법을 처음 시행할 때보다 장차 4배가 될 것이니 백성이 어찌 곤궁하지 않을 수 있으며 힘이 다하지 않을 수 있겠는가. 만약 영조의 뜻으로 오늘의 상태를 당해 본다면 불쌍히 여기고 놀라고 슬퍼하는 조치(詔勅)이 반드시 그때보다 배나 더함이 있을 것이다.

무릇 군포는 그 이름부터가 이미 옳지 않다. 상고(上古)의 황제(黃帝)가 병기를 사용하기 시작한 이래로 군사를 기른다는 말은 들었으나, 군사에게서 군포를 받았다는 말은 듣지 못하였다. 당우삼대(唐虞三代) 제도에는 백성을 뽑아서 군인으로 삼고 전지(田地)를 주었으니 이른바 정전(井田)은 하나도 군전(軍

田) 아닌 것이 없다. 그 군사를 기르는 것이 이와 같았다. 한
(漢)나라·위(魏)나라 이후로는 둔전(屯田)을 주어서 군사를
길렀으며, 그중에 혹 무법(無法)한 사람은 차라리 온 천하의
재물을 다 가져다가 군사를 기른 일은 있을지언정 그들에게서
군포를 거둬들였다는 것은 듣지 못하였다. 집에 있는 사람은
재물을 바치고, 군인은 목숨을 바치는 것이 옛날의 법이었다.
장차 목숨 바치기를 요구하려는데 먼저 재물 바치기를 요구하
니 이러한 이치가 있을 수 있는가.

지금 쇠잔한 마을의 가난한 민호(民戶)에서 아이를 낳으면 첫
울음소리가 나기 바쁘게 병적에 올리라는 붉은 종이가 도착한
다. 아이를 낳기만 하면 당장에 반드시 첨정(簽丁)하니 나라
안의 모든 부모의 천지가 만물을 낳는 이치를 원망하는 소리
와, 집마다 슬퍼하고 울고 있으니 나라에 법이 없어짐이 어찌
이 지경에 이르렀는가. 심한 경우 배 속에 있는 아이를 가리켜
서 이름을 짓고, 혹은 여자를 남자로 바꿔 놓으며, 더욱 심한
것은 강아지라는 이름이 혹은 군안(軍案)에 실려 있으니, 이것
은 사람의 이름이 아니고 진정 개를 가리킨 것이다. 방앗고〔방
앗공이〕라는 이름이 관첩(官帖)에 나오기도 하는데, 그것도 사
람이 아니고 정말 방앗고이다. 국법에는 4부자(父子)가 모두 군
역에 해당하면 그중 한 사람은 면제하기로 되어 있다. 그러나
지금 백성의 실정은 적어도 몸만 있으면 비록 8부자(父子)에
게 군역을 부과하여도 감히 원망하지 못한다.

국법에는 황구(黃口, 어린아이)를 병역의무자로 병적에 올리면
수령을 처벌한다고 되어 있다. 그러나 지금 백성의 실정은 적
어도 몸만 있으면 비록 생후 3일 안에 첨정을 해도 감히 원망
하지 못한다. 법에는 백골(白骨, 죽은 사람)에 군포를 징수하면

수령을 처벌한다고 하였다. 그러나 백성의 실정은 모든 백골징
포(白骨徵布)를 지극한 소원으로 여기고 크게 기뻐한다. 무슨
까닭인가. 아비가 죽고 아들이 아버지를 대신하려면 물고채(物
故債)·부표채(付標債)·사정채(査正債)·도안채(都案債)라 하
여 군포 내는 것은 이미 같은데, 따로 거둬 가는 것이 이와 같
으니 어찌 백골징포를 편하다고 하지 않을 수 있겠는가. 이 법
을 고치지 않으면 백성은 반드시 다 죽고야 말 것이다.

2. 대(隊)니 오(伍)니 하고 군의 편대(編隊)를 일컫는 것은
이름뿐이고 쌀을 받고 포목을 걷는 것이 실지의 목적이다.
실지의 목적이 이미 거두어지는데 이름은 또 따져 무엇 한
단 말인가. 이름을 장차 따지려고 하면 백성이 그 해독을 받
게 된다. 그런 까닭에 군정(軍政)을 잘 다스리는 수령은 다
스리지 않고, 첨정(簽丁)을 잘하는 사람은 첨정을 하지 않
는다. 헛이름을 조사하고 죽은 것을 밝히며 결원을 보충하
고 대신할 사람을 요구하는 것은, 아전들의 이익이 될 뿐이
니 어진 수령은 하지 않는다.

▌**원문**

**隊伍名也 米布實也 實之旣收 名又奚詰 名之將詰 民受其**
대 오 명 야　미 포 실 야　실 지 기 수　명 우 해 힐　명 지 장 힐　민 수 기

**毒 故善修軍者不修 善簽丁者不簽 查虛覈故 補闕責代者**
독　고 선 수 군 자 불 수　선 첨 정 자 불 첨　사 허 핵 고　보 궐 책 대 자

**吏之利也 良牧不爲也.**
이 지 리 야　양 목 불 위 야

▌대(隊)·오(伍)로 군대 편성을 말하는 것은 이미 이름뿐이

고, 쌀과 베를 거두어들이는 것이 실지의 목적일 뿐이다. 지금
과 같은 정세에서 새삼스레 대오를 바로잡는다고 하여 허위로
기록을 조사하고 도망간 것, 노인, 죽은 사람을 밝혀내어 군정
(軍政)을 정돈하겠다는 생각으로 명을 내리기만 하면, 그것을
기화로 아전들이 갖은 악랄한 방법으로 백성을 괴롭히고 재물
을 빼앗아 평지에 큰 풍파를 일으키게 될 것이다. 그러니 그런
일을 할 생각은 하지 말아야 한다는 것이다.

3. 그중에 한두 명 병적(兵籍)을 보충하지 않을 수 없는 것
이 있을 때는, 마땅히 부유한 민호(民戶)로서 군적(軍籍)에
빠진 사람을 찾아내 역전(役田)을 보충하게 하고, 그것으로
실제의 군인을 고용하도록 한다.

**▮원문**

**其有一二不得不簽補者 宜執饒戶 使補役田 以雇實軍.**
기 유 일 이 부 득 불 첨 보 자  의 집 요 호  사 보 역 전  이 고 실 군

**▮주**

**역전(役田)** 군전(軍田). 병역 의무자에게 경작하게 하는 공전(公田).

▮ 도망하였거나 죽은 사람이 군포계(軍布契, 군포를 마련하기 위
한 계)에 들지도 않고 군전(軍田)을 경작하지도 않은 사람이어
서 그 대신 쌀과 포목을 바칠 사람이 없어진 것은 다른 사람으
로 보충하지 않을 수 없다. 이에 부유한 민호로서 군적에 빠진
사람을 찾아내 특히 역전(役田)으로 밭 3두락(斗落) 정도를 바
치게 하고, 실제로 군인을 고용하여 경작하게 하는 것이 좋은
방법이다. 대체로 한번 군보(軍保)에 들면 당장 바치는 것이

거의 10냥이며, 뒷날 모면하려면 반드시 백 냥은 들 것이다. 그 위에 수치스러움〔병역 의무를 갖는 것은 양반계급이 아님을 뜻하는 것이므로 수치로 여기는 것이다〕이 천 냥 값어치는 될 것이다. 한 필의 좋은 전지를 바치게 하면 기꺼이 따르지 않는 사람이 없을 것이다. 한편 군전(軍田)이 있으므로 이 군적에는 폐해가 없을 것이다.

4. 한 사람의 병역을 근거로 5, 6명을 첨정(簽丁)해두고 모두 쌀과 베를 거둬서 아전의 주머니에 들어가는 것이 있다. 이것을 살피지 않아서는 안 된다.

**▌원문**

**軍役一根 簽至五六 咸收米布 以歸吏囊 斯不可不察也.**
군 역 일 근　첨 지 오 륙　함 수 미 포　이 귀 리 낭　사 불 가 불 찰 야

▌ 군역(軍役)을 논평하는 세상 사람들은 다만 결원(缺員)을 보충하기 어려운 것만 알고, 원래 숫자가 중첩된 것을 찾아내기 어려움은 알지 못하니 정말 한심한 일이다. 가령 포보(砲保, 포병의 보호保戶) 이득춘(李得春)이라는 사람이 죽은 지 몇 해 되었으며, 또 자손이 없으면 신포(身布)를 매년 그 과부에게서 받는다. 그러니 이미 한 번 받은 것이다. 그런데 이득춘의 조카가 타향〔타면他面〕에 살고 있으면 관에 보고해 공문을 보내어 그 신포를 징수한다. 수령이 총명하지 못해 중첩해 받는 것을 알지 못하고 또 한 번 징수한 것이다. 이득춘의 대신으로는 이미 새로 다른 사람을 첨정하여 보충한 지 오래여서 그에게서 또 신포를 받는다. 이런 식으로 한 사람의 군역을 근거로 해 5, 6명을 첨정해 아전의 배를 불리는 일이 있다.

5. 군안(軍案)과 군 관계의 장부는 모두 정당(政堂)에 보관해, 자물쇠를 엄중히 잠가두고 아전의 손에 들어가지 않게 해야 한다.

▌원문

**軍案軍簿 竝置政堂 嚴其鎖鑰 無納吏手.**
군 안 군 부  병 치 정 당  엄 기 쇄 약  무 납 리 수

▌ 10식년(式年) 동안의 군(軍)의 도안(都案)과, 상영(上營)에 마감(磨勘)된 안(案)과, 본읍(本邑)에서 올리기를 보류한 안과, 도안의 초안과 척적(尺籍)과 식년 이래의 베를 징수한 장부, 쌀을 징수한 장부〔소위 봉상성책捧上成冊〕를 모두 거두어 모아서 한 궤에 넣고 그 자물쇠를 엄중히 해두었다가 소송이 있을 때면 끌어내 조사하며, 또 간사한 일이 있을 때마다 끌어내 조사한다.

대체로 군안은 매 식년마다 고친다. 식년 안에 결원이 있어서 보충하면 본래의 이름 위에 누런빛 부전(附箋)을 붙이고 묵인(墨印, 상아로 만든 작은 도장)을 찍는다. 자주 결원이 되어 자주 보충하면 3년 안에 누런 부전이 혹은 3, 4겹 된다. 군리(軍吏)가 농간하는 것은 대체로 이 부전 붙인 것에 있다. 혹은 부유한 백성이 있어서 아전과 공모해 그 이름을 빼버리고는 그 흔적을 없애려고 해 부전을 떼버리면 단서가 없어져서 조사해 낼 방법이 없게 된다. 수령이 묵묵히 부전의 좌우를 살펴보아서 묵인 흔적이 있어서 반은 없어지고 반은 남아 있는 것은〔부전에 찍힌 부분은 없어졌으나 원안에 찍힌 부분은 남았을 것이다〕그 중간에서 부전 한 개를 뗀 것을 알 수 있어서 조사해 내기가 어렵지 않을 것이다. 비록 칼로 긁었더라도 그 흔적은 없어지지

않아서 속일 수가 없다.

6. 위엄과 은혜가 이미 고루 미쳐서 아전은 두려워하고, 백성들은 은혜를 사모하게 되면 척적(尺籍)을 비로소 고칠 수 있을 것이다.

▌**원문**

## 威惠旣洽 吏畏民懷 尺籍乃可修也.
위 혜 기 흡　이 외 민 회　척 적 내 가 수 야

▌ 척적은 본현(本縣)의 호수 총계와 본현에 배정된 군인수의 총계를 가지고 고르게 배정한 것이다. 가령 순창군(淳昌郡)의 총 호수가 6천3백, 군 총수도 6천3백이면 1호에 군인 한 사람이라는 비율을 먼저 정하여 각 면, 각 마을의 호수에 따라 배정한다. 또 남평현(南平縣)의 총 호수는 5천4백, 군 총수는 2천7백이면 2호에 군 한 사람이라는 비율을 먼저 정하여 각 면, 각 마을의 호수에 따라 배정한다. 그리하여 작은 군적(軍籍)을 만들어서 각 마을에 나누어 준다. 이것을 척적이라고 한다. 그러나 군역(軍役)에는 중역(重役)이 있고 경역(輕役)이 있으며, 양역(良役)이 있고 천역(賤役)이 있다. 포수보(砲手保)·군향보(軍餉保)·어영보(御營保)·금위보(禁衛保) 등은 쌀과 베를 바치고, 또 잡징(雜徵, 물고채物故債·부표채付標債·사정채査正債·개안채改案債 등을 말함)이 있는 것을 중역이라 한다. 악공보(樂工保)·관장보(官匠保)·선무군관(選武軍官) 등은 1년에 2냥만 바치고 잡징도 또한 적다. 이것을 헐역(歇役, 즉 경역)이라고 한다. 기병·보병·경포수(京砲手)·어영군·금위군 등을 양역(良役, 역시 중역임)이라 하고, 속오군(束伍軍)·별대군(別隊軍)·

수군(水軍) · 아병(牙兵, 본영本營에서 대장을 수행하던 병사) 등을 천역이라고 한다. 그 경역 · 중역 · 양역 · 천역도 또한 반드시 고르게 배정해야 사리에 맞다.

본읍(本邑)에서 사사로이 정한 군역(軍役)으로서 또 제번군관(除番軍官)이 있고, 제고제청(諸庫諸廳)에서 모집한 교생(校生) · 원생(院生) · 교보(校保) · 원보(院保) · 경주인보 · 영주인보 등 온갖 종류가 있어서 고을마다 같지 않다. 조정의 명령이 없으면 나 자신이 그것을 없앨 수는 없다. 오직 고르게 배정할 뿐이다.

## ✖ 제1조 첨정簽丁 – 계속

1. 척적(尺籍)을 수정하고자 하면 먼저 계방(契房)을 깨뜨려야 한다. 그리고 서원, 역촌, 세력 있는 집의 분묘(墳墓) 등 모든 병역을 피하는 소굴을 검사하지 않을 수 없다.

----

**▌원문**

**欲修尺籍 先破契房 而書院驛村 豪戶大墓 諸凡逃役之藪**
욕 수 척 적　선 파 계 방　이 서 원 역 촌　호 호 대 묘　제 범 도 역 지 수

**不可不查括也.**
불 가 불 사 괄 야

▌계방의 폐해는 이미 앞에서〔제6장 호전육조戶典六條 제5조 평부平賦〕자세히 설명하였다. 지금 백성의 고통이 군첨(軍簽)보다 더한 것은 없다. 이것을 균형에 맞게 하지 않으면 어진 목민관이라고 말할 수 없다.

계방촌에도 또한 군호(軍戶)가 있다. 이것은 계방이 생기기 이전부터 있었던 군역(軍役)으로 아직 다른 마을에 모두 옮기지 못한 것과, 또 혹은 다른 마을의 백성이 병역을 지닌 채 이사 온 것이다. 그 이사 온 사람은 전에 살던 마을에 그대로 넣어두어 본솔(本率)에 충당하게 하고, 만약 아직 보충하지 않아 금년의 결원으로 대신하지 않은 사람은 본촌에 옮겨 넣어서 영

구히 본촌의 군액으로 만들고 그 본솔에 충당하여 척적에 싣게
한다.

그리고 서원촌, 역촌 등의 면첨(免簽) 특전이 있는 마을과, 세
력 있는 집이 병역이 있는 사람을 자기 집에 두고 비호하고 있
는 사람과, 묘호(墓戶) 등을 조사해 정원 이외의 민호가 세력
에 힘입어 군적을 피하고 있는 사람의 유무를 조사해 부정한
것을 찾아내야 한다. 그러나 그 수가 많지 않으면 굳이 조사할
필요는 없다.

2. 군포(軍布)를 받는 날에는 수령이 마땅히 친히 받아들여
야 한다. 아래 아전들에게 맡기면 백성의 비용이 배나 되게
마련이다.

▌**원문**

**收布之日 牧宜親受 委之下吏 民費以倍.**
수 포 지 일  목 의 친 수  위 지 하 리  민 비 이 배

▌돈은 정해진 수가 있고, 쌀도 폐단이 적다. 오직 포목(布木)
만은 넓은 것, 좁은 것이 있고, 긴 것, 짧은 것이 있으며, 거친
것, 고운 것, 두꺼운 것, 얇은 것이 있어서 흠을 잡으려면 핑계
가 없지는 않다. 그런 까닭에 아전에게 맡기면 백성에게 여러
가지 폐해를 끼쳐서 비용이 배나 더하게 된다. 그러니 수령 자
신이 받아야 한다.

3. 족보를 위조하고 직첩(職牒)을 훔쳐 사서 군적에 이름 올
리는 일을 면하려고 한 사람은 징계하지 않아서는 안 된다.

**僞造族譜 盜買職牒 圖免軍簽者 不可以不懲也.**
위조족보 도매직첩 도면군첨자 불가이부징야

■ 주

**직첩(職牒)** 관원의 임명 사령장.

■ 군적이 백성의 고통이 되므로 온갖 계략으로 면하기를 꾀하여 어떤 죄라도 범하지 않는 것이 없다. 간악하고 교활한 사람들이 그 심정을 알고 분수 밖의 일로 유인하여 마침내 귀족(貴族)의 족보를 훔쳐다가 그중 후손이 없는 파를 찾아 같은 무리가 아닌 겨레를 갖다 붙여서 아비를 바꾸고 조상을 바꿔서 대나무에 소나무를 접하듯이 붙인다. 또 어떤 사람은 남의 조상 직첩(職牒)을 비싼 값에 사서 자기 조상으로 해 호적을 고친다. 그리하여 모두 현관(顯官)이나 선현(先賢)의 후예라고 자칭하고 군적의 면제를 호소한다. 인륜을 손상하고 도리를 어기며, 분수를 벗어나고 법을 업신여김이 이보다 더 심한 것은 없다. 수령은 이런 것을 자세히 살펴서 허위를 적발하고 엄중하게 징계해 풍화(風化)를 바로잡아야 할 것이다.

4. 상번군(上番軍)을 마련해 보내는 것은 온 고을의 큰 폐단이다. 십분 엄중하게 살펴야 비로소 백성의 피해가 없을 것이다.

■ 원문 ─────────────

**上番軍裝送者 一邑之巨弊也 十分嚴察 乃無民害.**
상번군장송자 일읍지거폐야 십분엄찰 내무민해

**■ 주**

**상번군(上番軍)** 번상군인(番上軍人). 번상은 지방의 군사를 골라 뽑아
　서 차례로 서울의 군영에 보내어 숙직 또는 당직하는 것.

■ 각종 군인의 번상(番上)에 대한 규정은 ≪속대전(續大典)≫
에 자세히 있다.

승호포수(陞戶砲手, 매년 각 도의 향군鄕軍에서 선발해 훈련도감訓
錬都監의 정군正軍이 되는 군사)는 가기를 원하는 사람이 많으나,
뽑아서 보낼 인원은 한 고을에 한두 사람에 불과하다. 아전들
이 가려고 머리를 동이고 다투니 민폐는 되지 않는다. 다만 신
수(身手, 체격과 풍채)가 적합하지 않은 사람이 무리하게 가고
자 할 때는 살펴서 거절하면 된다.

기병(騎兵), 어영군, 금위군의 번상법(番上法)은 큰 고을에서
는 혹은 5, 60명, 작은 고을에서도 또한 3, 40명을 뽑는다. 번
번이 상영(上營)의 통첩이 도착하면 군리(軍吏)는 좋아 날뛰며
끝없는 사욕을 채울 것을 생각한다. 이에 수리(首吏)에게 아첨
하고 향갑(鄕甲, 면面에서 호적과 사무를 맡아보던 사람)과 저졸(邸
卒, 면주인面主人)들과 공모해 안팎에서 서로 호응하면서 하지
않는 짓이 없다. 이에 한 명을 첨정(簽丁)하는 데 백 집을 침범
하고, 열 명을 뽑는 데에 천 집을 뒤흔들어, 온 고을이 떠들썩
하기가 난리를 만난 것 같다. 심한 사람은 수령이 이 일에서 또
한 뇌물을 먹으려고 한다. 수령이 뇌물 10관을 먹으면 아전은
백 관을 먹는다. 그리고 모든 말썽과 허물은 수령에게 돌아간
다. 수령은 장차 어찌하려는가.

대체로 이 종류의 군인은 본래부터 결원이 많다. 비록 결원이
아니더라도 임시로 해 여러 가지 사고가 있기 마련이다. 관에

서 붉은 종이에 쓴 소집통지를 보내면 백성이 발괄〔白活, 방언에 소송장을 발괄이라 한다〕하는 일이 있다. 그 사정을 들어 봐서 어쩔 수 없는 것이면 면제하는 것을 허락하는 일이 있다. 관에서는 공정하게 면제한 것인데, 아전은 그것이 제힘으로 된 것이라고 하여 많은 뇌물을 받아먹는다. 한 사람에게 그렇게 하고 또 다른 한 사람에게 그렇게 하여 잇달아 뇌물을 받는다. 이것은 드러내놓고 침탈하는 방법이다. 또 열심히 농사짓는 백성으로 일에 얽매여서 하루도 집을 떠나 사정을 호소할 겨를조차 없는 사람에게는 아전이 저졸(邸卒)을 몰래 찾아가 위협하고 달래서 막대한 뇌물을 받아먹고 보내는 일에서 빼준다. 이것은 몰래 빼앗는 방법이다. 수령은 이러한 폐단을 십분 엄중히 살펴 금지해야 할 것이다.

## 제2조 연졸練卒

[군사를 훈련함]

1. 지금의 소위 연졸은 헛된 일이다. 첫째 속오(束伍), 둘째 별대(別隊), 셋째 이노대(吏奴隊), 넷째 수군(水軍)의 법이 이미 갖추어져 있지 않으니, 훈련을 해도 유익하지 않다. 공문에 회납이나 할 뿐 반드시 요란하게 할 까닭은 없다.

**원문**

今之所謂 練卒虛務也 一曰束伍 二曰別隊 三曰吏奴隊 四
금지소위 연졸허무야 일왈속오 이왈별대 삼왈리노대 사

曰水軍 法旣不具 練亦無益 應文而已 不必擾也.
왈수군 법기불구 연역무익 응문이이 불필요야

■주

속오(束伍) 속오군(束伍軍). 지방에 거주하는 15세 이상의 남자를 군
  적에 편입해, 평상시에는 군포를 바치고 때때로 훈련을 받으며 유사
  시에는 현역에 복무하는 군인.
별대(別隊) 기병(騎兵).

■ 나라 다스리는 법은 먹을 것이 풍족하고 군사가 넉넉해야 한
다. 먹이는 것으로 안에서 백성을 기르고, 군대로 밖의 적을
방어하니 나라의 큰 정사는 군사를 훈련하는 데에 있다. 그러
므로 군대는 반드시 길러야 하므로, 선대(先代)의 어진 왕자
(王者)들은 전지(田地)를 주어 길렀으며, 후세에는 쌀로 길렀
다. 비록 기르는 방법은 다르나 기르지 않음이 없었다. 장차 목
숨 바칠 것을 요구하려면 반드시 먼저 잘살게 하여 백성이 병
적(兵籍)에 오르는 것을 관원의 명부에 오르는 것처럼 머리를
동이고 팔을 걷어붙이며 앞다투어 불합격될 것을 두려워하게
해야 한다. 그렇게 한 뒤라야 그 군대를 쓸 수 있을 것이다.
지금 소위 속오군(束伍軍)은 사삿집의 종과 천한 사람들로 구
차하게 그 수를 채웠으며, 어린아이와 백발노인을 뒤섞어 대오
(隊伍)를 편성하였다. 그리하여 전립(氈笠)은 찌그러지고 우그
러졌으며, 전복(戰服)은 갈가리 찢어져서 어지러운 칡덩굴로
감아 엮어 놓은 것 같은 모습들이다. 백년 묵은 옛 칼은 자루는
있으나 날이 없고, 3대를 내려오는 깨진 총은 불을 붙여도 소
리가 나지 않는다. 그나마 또 대오를 오래도록 비워 두었기 때
문에 명부에는 산 사람과 죽은 사람의 이름이 뒤섞여 있다. 연
졸하는 날이면 임시로 사람을 사서 하루의 복무에 응한다. 이
것은 이미 입법(立法)하던 처음부터 쇠폐하기가 이와 같았던
것으로서 요즈음 와서 그렇게 된 것은 아니다.

남쪽 지방에서는 별대(別隊)라고 하고, 황해도와 평안도에서는 무학(武學)이라고 부르는 군대가 있다. 이것은 기병(騎兵)을 일컫는다. 기병을 처음 설치하였을 때는 관(官)에서 말 한 필씩을 주었는데 오랜 세월 동안에 흩어져 없어지고 지금은 백에 하나도 남아 있지 않다. 번번이 조련(操練, 훈련) 날이 되면 말을 세내려고 사방을 헤매어 빠른 사람이 먼저 구하게 되는 상황이다. 그렇게 모아 온 말이기에 큰 것은 트기 같고 작은 것은 쥐만 하다. 빈한한 선비가 기르고 있는 것도, 상인이나 나그네가 몰고 다니는 것도 모두 군마(軍馬)라고 일컫고 관아의 뜰로 끌고 들어온다. 얼룩말이 코가 찢어졌어도 그 나이를 다섯 살이라고 말하면 상하가 호응해 그것을 취점(聚點, 모아서 점검하는 것)이라고 한다. 그 안장을 보면 가슴걸이가 없고, 말다래(말 안장 양쪽에 늘어뜨려 놓아 흙이 튀지 않게 하는 기구)가 없으며, 등자(鐙子)가 없으며, 북두(마소의 등에 실은 짐을 배에 한데 얽어매는 줄)가 없다. 저는 놈, 옴 오른 놈, 놀라 달아나는 놈, 부스럼 난 놈, 난잡하고 쓸쓸해 차마 바로 볼 수가 없다.

비록 남쪽에서 외구(外寇)가 오고, 북쪽에서 적이 쳐들어오는 내일의 위급이 있은들 이 군사를 이끌고 나가서 싸울 수 있단 말인가. 절대로 그럴 수는 없다. 이미 그렇다면 연졸은 다 헛된 일이다. 이미 헛된 일임을 알았으면 오직 마땅히 손을 모아 잡고 눈을 감은 채 문서에 응답하여 수나 채울 뿐이지, 어찌 헛된 기염(氣焰)을 토로해 담당 군무를 새롭게 정비하기를 생각함으로써 다만 백성을 곤란하고 고통스럽게 만들 것인가. 수령이 한번 헛된 기운을 내면 아전이 이미 그 얼굴빛을 엿보고 온갖 병폐를 일으켜 한바탕 소요(騷擾)가 생길 것이니, 행오(行伍)를 충실하게 하고자 하여, 복장을 깨끗하게 하고자 하여,

기계를 예리하게 하고자 하여, 안장과 마필을 보충하고자 하여, 입술이 타고 발을 굴러 보아도 결국은 모두가 간사한 허위에 속을 뿐이고, 오직 군리(軍吏)만 살찌게 될 것이니, 백성의 목자(牧者)인 수령이 어찌 이 일을 할 것인가.

군을 점호하는 날에는 비밀히 가까운 장교에게 타일러서 갖추어져 있지 않더라도 다 덮고 적발하지 말게 해 순탄하고 무사하게 할 것이며, 번거롭고 요란스럽게 하지 않기를 기도해야 할 것이다.

2. 오직 그 기(旗)와 북으로 하는 호령에 따라 나아가고 정지하고, 나누고 합하는 법만은 마땅히 상세하고 익숙하게 연습해야 할 것이다. 그것은 군사를 가르치고자 하는 것이 아니고, 아관(衙官)과 장교들이 규례(規例)에 익숙하게 하기 위한 것이다.

**▌원문**

惟其旗鼓號令 進止分合之法 宜練習詳熟 非欲教卒 要使
유 기 기 고 호 령  진 지 분 합 지 법  의 련 습 상 숙  비 욕 교 졸  요 사

衙官列校 習於規例.
아 관 렬 교  습 어 규 례

**▌주**

**아관(衙官)** 군관(軍官).

▌ 척계광(戚繼光)의 ≪기효신서(紀效新書)≫는 병가(兵家)의 주옥같은 규범으로, 지금 사용하고 있는 ≪병학지남(兵學指南)≫은 그 요점을 뽑은 것이다. 그 포호(砲號), 선패(筅牌) 등은 비록 나중에 나온 것이지만 징과 북으로 나아가고 물러가

는 것을 호령하고, 부서를 나누고 합하는 제도는 다 황제(黃帝) 시대 이래로 내려오는 옛 법이다. 이 법을 본받아야 할 것이다. 〔중략〕

군사를 점열(點閱)하는 법에 하루는 모이고, 하루는 사습(私習)하고, 하루는 조련(操練)한다. 그 사습하는 날에는 전례대로 수교(首校)가 대신 대장이 된다. 수령이 만약 병법을 알면 사습하는 날에도 마땅히 수령이 친히 여러 가지 병법을 가르쳐야 할 것이다. 수령이 병법에 어둡다면 마땅히 수교를 엄중히 타일러서 전례의 문서대로 따르는 외에 갖추어 여러 가지 호령을 시험하게 하며, 그 부서를 분합(分合)하는 법도 또한 여러 번 그 형세를 변경하게 하여 혹은 원앙대(鴛鴦隊)라고 하여 두 줄이 되고, 혹은 삼재대(三才隊)라고 하여 세 줄이 되며, 혹은 오마대(五馬隊)라 하여 다섯 줄이 되고, 혹은 둘러싸서 오영(五營)이 되며, 혹은 흩어져서 육화(六花)가 되고, 혹은 변하여 팔진(八陣)이 되게 한다. 요컨대 모두 기병(奇兵)과 정병(正兵)이 서로 섞이고, 수미(首尾)가 서로 연락되게 한다. 혹은 물 건너는 연습을 하고, 혹은 험한 곳을 통과하는 법도 익힌다. 혹은 야영(夜營)도 해보고, 혹은 당보(塘報, 적의 정세를 기旗로 알리는 신호)를 연습하기도 하여 아관(衙官)과 장교가 여러 가지 법을 익히게 하는 것은 또한 좋지 않은가.

3. 아전과 관노(官奴) 부대의 훈련은 가장 필요한 일이다. 기일(期日) 사흘 전에 마땅히 미리 연습하여야 한다.

**▌원문**

**吏奴之練 最爲要務 前期三日 宜預習之.**
이 노 지 련  최 위 요 무  전 기 삼 일   의 예 습 지

▌ 우리나라의 군사제도에 수령의 수하(手下)에는 한 사람의 친병(親兵)도 없다. 소위 속오군이니 별대니 하는 것들은 만약 전란(戰亂)이 있게 되면 수령이 다 거느리고 진관(鎭管, 조선시대에 두었던 지방 방위 조직)에 가서 바치면, 진관에서는 그것을 받아 진영(鎭營, 영장營將)에 바친다. 수령은 돌아와서 아전과 관노로 대오를 만들고, 초소를 지키는 병사도 만들어 고을을 지킬 뿐이다. 그러니 아전과 관노의 군사훈련은 실로 중요한 일이다. 각 고을의 군사 훈련하는 날을 보면 번번이 필요하지 않는 것처럼 여겨, 명부에 의하여 한 차례 이름이나 부르고 물러날 뿐 아무런 훈련하는 것이 없으며, 희롱으로 여기고 있다. 이러한 일이 다른 날 성을 버리고 수령을 배반한 채, 물고기처럼 놀라 달아나고 짐승처럼 숨게 될 장본인이다. 어찌 한심한 일이 아닌가.

마땅히 속오군이 모이기 전에 따로 하루를 정하여 이노(吏奴)의 훈련하는 기일로 하고, 부서의 분배와 앉고 서고 나아가고 물러가는 것을 모두 군법에 맞게 해야 한다. 숙정패(肅靜牌)를 내걸고 상벌의 명령을 엄중하게 하여 감히 희롱하는 일이 없게 하여 규례(規例)에 맞게 한다면, 비록 한때의 정사(政事)가 끝까지 실효(實效)는 없을지라도 군법이 엄중하다는 것은 알게 될 것이다.

4. 만약 풍년이 들고 무비(武備)가 해이한 때에는 조정에서 정지하라는 명령만 없으면 연습 조련(操練)을 시행해야 하며, 그 대오 인원을 보충하고 장비를 갖추는 일에 힘쓰지 않아서는 안 될 것이다.

若年豊備弛 朝令無停 以行習操 則其充伍飾裝 不得不致力.
약년풍비이 조령무정 이행습조 즉기충오식장 부득불치력

5. 군중에서 돈을 걷는 일은 군율이 지극히 엄중하다. 사사
로운 연습 때나 공식 조련 때에 이러한 폐단이 없도록 잘 살
펴야 할 것이다.

▌원문 ────────────────

軍中收斂 軍律至嚴 私練公操 宜察是弊.
군중수렴 군율지엄 사련공조 의찰시폐

▌ 군중에서 새로 들어온 군사의 신입례(新入禮), 지면례(知面
禮)라 하여 돈을 걷는 것은 엄금하여야 할 것이다.

6. 수군(水軍)을 산군(山郡)에 두는 것은 본래 잘못된 일이
다.

▌원문 ────────────────

水軍之置於山郡 本是謬法.
수군지치어산군 본시류법

▌ 수군은 바닷가 고을에 두어야 할 것인데 산중의 고을에 많이
두는 것은 본래 잘못된 법이다. 순찰사(巡察使) 이정암(李廷馣)
이 다음과 같은 장계(狀啓)를 올린 것이 있다.
'수군은 마땅히 바닷가에 있어야 하는데 산군(山郡)에 많이 있
습니다. 공문을 보내어 독촉하고 군포(軍布)를 마구 거두어들
여 다른 곳으로 떠돌게 되고, 이웃과 일족에 해를 끼치게 되는

것은 실로 이 때문입니다. 신(臣)의 어리석은 생각으로는 여러 진(鎭)의 입번(入番)하는 수군의 수를 고려하여 바닷가의 각 고을에 있는 육군(陸軍)과 바꾸어 배정하여, 사는 곳이 소속된 수군 진지까지 하루 일정을 넘지 않게 하면 배 부리는 데 익숙하게 되어 급한 경우에 쓸 수 있을 것이며, 변란이 있어 징발할 때도 반드시 시일에 늦지 않을 것이고, 육군은 나누어 육로를 방어하게 하면 양쪽이 다 편리할 것 같으니 급히 결재하여 시행하게 하십시오.'

7. 수군의 조련은 법령이 있으니 마땅히 '수조정식(水操程式)'을 가져다가 매일 연습하여 빠지는 일이 없게 해야 할 것이다.

▌**원문**

水操有令 宜取水操程式 逐日肄習 俾無闕事.
수조유령 의취수조정식 축일이습 비무궐사

## 【목민심서 제28권】

### 제3조 수병修兵

[병기兵器의 정비]

1. 병(兵)은 병기(兵器)이다. 병기는 백년을 쓰지 않아도 좋다. 그러나 하루라도 정비하지 않아서는 안 된다. 병기를 수리하는 일은 수령의 직무이다.

**원문**

兵者 兵器也 兵可百年不用 不可一日無備 修兵者 土臣之職也.
병자 병기야 병가백년불용 불가일일무비 수병자 토신지직야

**주**

**토신(土臣)** 땅을 지키는 신하라는 뜻이니 곧 수령을 일컫는 말.

2. 전죽(箭竹)을 옮겨 나누어 주는 것과, 월과화약(月課火藥)을 나누어 보내오는 것은 마땅히 법의 본의를 생각하여 그 출납을 조심해야 할 것이다.

**원문**

箭竹之移頒者 月課火藥之分送者 宜思法意 謹其出納.
전죽지이반자 월과화약지분송자 의사법의 근기출납

**전죽(箭竹)** 화살 만드는 대나무.

**월과화약(月課火藥)** 매월의 연습용 화약.

■ ≪경국대전≫에서 말하였다. '매년 전죽(箭竹)을 양계(兩界)에 보낸다.〔함경도에는 영남과 영동의 대나무를 보내고, 평안도에는 호남과 호서의 대나무를 보낸다〕 절도사는 그 대를 받아서 속진(屬鎭)에 나누어 주고, 화살 만든 수와 장사(將士)에게 내준 수를 기록하여 보고한다.'

≪속대전(續大典)≫에서 말하였다. '삼남(三南, 충청도·전라도·경상도)과 황해도의 조총과 화약, 탄환을 만들기 위한 월과미(月課米)는 상평청에서 관리하고, 월과계공물(月課契貢物)을 창설한다.'

조총(鳥銃, 화승총)은 군기시(軍器寺)에서 공물(貢物)의 대가를 받아 제조한다. 화약과 탄환은 본년에는 삼군문(三軍門)이 공인(貢人)과 반을 나누어 대가를 받아 제조한다. 삼군문에서 제조한 것은 그대로 군문에 두고, 공인이 만든 것은 삼남과 황해도에 나누어 보낸다.

≪대전통편(大典通編)≫에서 말하였다. '지금은 수어청(守禦廳)과 총융청(摠戎廳)에서 주관하여 각 고을에 나누어 보낸다.'

3. 만약 조정의 명령이 엄중하면 때때로 병기를 수리하고 보충하는 일을 하지 않을 수 없을 것이다.

■ 원문
**若朝令申嚴 以時修補 未可已也.**
약 조 령 신 엄　이 시 수 보　미 가 이 야

## ※ 제4조 권무權務

### [무예武藝를 권장함]

1. 우리나라의 풍속은 부드럽고 근신하여 무예를 좋아하지
않고 익히는 것은 오직 활쏘기뿐이다. 요즈음은 그것도 또한
익히지 않으니 무예를 권장하는 것은 오늘의 급무(急務)이다.

**▌원문**

東俗柔謹 不喜武技 所習惟射 今亦不習 勸武者 今日之急
동속유근 불희무기 소습유사 금역불습 권무자 금일지급

務也.
무야

2. 수령으로서 오래 재임하는 사람은 혹은 6년에 이른다. 이
러한 것을 헤아려서 수령이 무예를 권장한다면 백성들도 힘
쓸 것이다.

**▌원문**

牧之久任者 或至六朞 憴能如是者 勸之而民勤矣.
목지구임자 혹지육기 췌능어시자 권지이민근의

▌먼 시골의 백성들은 향임(鄕任), 교임(校任)을 벼슬로 알고,
순제(旬題), 월과(月課)를 과거로 생각한다. 과거의 규정이 무
너지고 문란해졌으나, 수령이 권과(勸課)하면 백성들은 반드시
힘쓰게 될 것이다. 5, 6년 동안을 힘써 권장해 점차로 습속(習
俗)이 이루어지면 마침내 국가에 보탬이 있을 것이다.

3. 강력한 쇠뇌를 장치하고 발사하는 방법은 익히지 않아서는 안 된다.

**원문**

**强弩之張設發放 不可不習.**
강 노 지 장 설 발 방  불 가 불 습

**주**

**강노(强弩)** 강력한 쇠뇌. 쇠뇌는 기계장치로 화살을 발사하는 활.

4. 호령하고 좌작진퇴(坐作進退)하는 법, 달리고 격돌(激突)하고 치고 찌르는 자세와 같은 무예는 모름지기 큰 근심이 있는 것처럼 그 일을 애써야 비로소 익힐 수 있을 것이다.

**원문**

**若夫號令坐作之法 馳突擊刺之勢 須有隱憂 乃可肄習.**
약 부 호 령 좌 작 지 법  치 돌 격 자 지 세  수 유 은 우  내 가 이 습

**주**

**좌작지법(坐作之法)** 군사를 훈련하는 모든 동작을 일컫는 말. 좌작진퇴(坐作進退)로, 좌(坐)는 앉는 것, 작(作)은 일어서는 것, 진(進)은 나아가는 동작, 퇴(退)는 물러가는 것.

## 제5조 응변應變

[변란變亂에 대처함]

1. 수령은 병부(兵符)를 차고 있는 관원이다. 기밀한 일에

는 뜻밖의 변고가 많으니 임기응변의 방법을 미리 강구하지 않을 수 없다.

■원문 ────────────────

守令乃佩符之官 機事多不虞之變 應變之法 不可不預講.
수 령 내 패 부 지 관  기 사 다 불 우 지 변  응 변 지 법  불 가 불 예 강

■ 인품의 크고 작음은 그 사람의 도량의 깊고 얕음에 달린 것이다. 도량이 얕고 좁은 사람은 혹은 작은 일에 몹시 놀라거나 뜬소문에 마음이 동요되어 드디어 여러 사람의 마음을 소란하게 만들며, 혹은 여러 사람의 비웃음을 사게 된다. 큰 인물이 이런 경우를 만난다면 대체로 침착하게 담소(談笑)하면서 대처할 것이다. 그러니 모름지기 평소에 차례로 예전의 역사를 살펴서 옛사람이 한 일이 마음속에 배어 있게 해야 거의 임박하여 두려워하지 않고 알맞게 처리할 수 있게 될 것이다.

2. 유언비어가 일어나는 것은 혹은 아무런 근거 없이 저절로 일어나기도 하고, 혹은 조짐이 있어서 발생하는 일도 있으니, 수령이 이것에 대처하는 태도는 혹은 고요히 진압하기도 하고, 혹은 묵묵히 그 동향을 살피기도 하는 것이다.

■원문 ────────────────

訛言之作 或無根而自起 或有機而將發 牧之應之也 或靜
와 언 지 작  혹 무 근 이 자 기  혹 유 기 이 장 발  목 지 응 지 야  혹 정

而鎭之 或默而察之.
이 진 지  혹 묵 이 찰 지

■주
와언(訛言) 유언비어(流言蜚語).

■ 근년 이래 부역이 번거롭고 무거우며, 관리들이 횡포하고 포악하여 백성들이 편안히 살 수 없으므로, 대부분이 난리를 생각하여 요망한 말과 망령된 이야기가 여기저기에서 일어나 서로 주고받곤 하는 경우가 많다. 그러나 우리나라 속담에, '유언비어는 보리 뿌리에 들어가 버린다.'라는 것이 있다. 보리 뿌리가 내려서 농사에 바빠지면 백성들이 서로 오고 가지 않기 때문에 유언비어는 저절로 없어진다는 것이다. 이런 것은 들어도 못 들은 척하고 그냥 두면 저절로 진압될 것이다. 그러나 혹은 장차 반역의 음모를 꾸미는 사람이 있어서 미리 유언비어를 퍼뜨려 민심을 혼란스럽게 하려는 고의에서 조작된 것이라면, 수령은 비밀히 그 근원을 정탐하고 그 소굴을 찾아내는 데 힘써야 할 것이다. 그러한 유언비어는 먼저 묵묵히 그 동향을 살피면 그 낌새를 알아차릴 수 있을 것이다.

3. 모든 괘서(掛書)와 투서(投書) 등은 혹은 태워서 없애버리고, 혹은 비밀히 조사해야 한다.

■ 원문 ─────────────────────

**凡掛書投書者 或焚而滅之 或默而察之.**
범 괘 서 투 서 자   혹 분 이 멸 지   혹 묵 이 찰 지

■ 주
**괘서(掛書)** 이름을 숨긴 게시문(揭示文).

■ 괘서 혹은 투서가 만약 흉역(兇逆)에 관계된 것으로서 놀랄 만한 기미가 있다고 염려되는 것이면 큰 것은 영문(營門)에 달려가서 감사와 면대하여 상의할 것이며, 작은 것이면 수리(首

吏)와 수향(首鄕)을 보내어 비밀히 감사에게 보고해야 할 것이다. 그래서 투서가 혹은 고을 사람이 자기들끼리 서로 모함하거나, 혹은 고을의 아전들이 서로 무고(誣告) 날조(捏造)하여 사사로운 원한을 분풀이하려고 한 것이면 즉시 불태워 버려서 감히 전파되지 않게 해야 할 것이다. 혹은 그 말이 비록 사사로운 원한에서 나왔더라도 실지의 증거가 있고, 중요한 일에 관련된 일이면 비밀히 조사해 그 근원을 캐내야 한다.

4. 강도(强盜)나 유적(流賊)이 불을 지르고 집을 파괴하는 일이 있을지라도, 마땅히 가볍게 행동하지 말고 침착하게 그 귀추(歸趨)를 생각해 그 변고에 대처해야 할 것이다.

### ▌원문

**或有强盜流賊 放火打家 宜勿驚動 靜思歸趨 以應其變.**
혹 유 강 도 류 적  방 화 타 가  의 물 경 동  정 사 귀 추  이 응 기 변

### ▌주

**유적(流賊)** 여러 곳으로 떠돌아다니면서 노략질하는 도둑.

▌ 송(宋)나라의 우윤칙(虞允則)이 일찍이 군사들에게 잔치를 베풀고 있는데 갑장고(甲仗庫, 병기고)에 불이 났다. 우윤칙이 풍악을 울리며 술 마시는 일을 그치지 않으니 조금 뒤에 불이 꺼졌다. 어떤 사람이 나무라니 우윤칙이 대답하였다. "병기고에는 불조심을 매우 엄중히 하고 있는데 바야흐로 연회를 열고 있는 때에 불이 일어난 것은 반드시 간악한 사람이 방화한 것이다. 만약 연회를 버리고 불을 끄러 갔었다면 어떤 일이 생겼을지 모를 것이다."

5. 혹 지방의 풍속이 모질고 악독하여서 관장(官長)을 살해 음모하는 사람이 있으면, 혹은 잡아서 죽이거나 혹은 고요히 진압하든가 하여 사기(事機)를 밝게 살펴서 간악함을 꺾을 것이고, 어느 한 방법에만 얽매여서는 안 될 것이다.

**▌원문**

或土俗獷猂 謀殺官長 或執而誅之 或靜而鎭之 炳幾折奸 不
혹토속광한 모살관장 혹집이주지 혹정이진지 병기절간 불

可膠也.
가 교 야

**▌주**

광한(獷猂) 모질고 악독함.
병기절간(炳幾折奸) 기(幾)는 기(機)와 같으니 일의 기틀, 즉 일의 기틀을 밝게 살펴서 기틀에 따라 간악함을 꺾는 것.

6. 강도와 떠돌아다니는 도둑 떼가 서로 모여서 변란을 일으킨 때에는, 혹은 타일러서 항복시키거나 혹은 계략을 써서 사로잡아야 한다.

**▌원문**

强盜流賊 相聚爲亂 或諭以降之 或計以擒之.
강도류적 상취위란 혹유이항지 혹계이금지

7. 지방의 도둑이 이미 평정된 뒤에 인심이 죄에 걸릴 것을 의심하고 두려워하거든, 마땅히 정성을 다하고 믿음을 보여서 백성의 불안해하는 마음을 안정시켜야 한다.

土賊旣平 人心疑懼 宜推誠示信 以安反側.
토 적 기 평  인 심 의 구  의 추 성 시 신  이 안 반 측

■ 주

**반측(反側)** 불안하여 근심하는 모양.

## ❋ 제6조 어구禦寇

### [외적의 침입을 막음]

1. 변란이 있는 때를 만나면 수령은 마땅히 맡은 땅을 지켜
야 한다. 그가 방어하는 책임은 장수(將帥)와 같은 것이다.

■ 원문 ──────────────────

値有寇難 守土之臣 宜守疆域 其防禦之責 與將臣同.
치 유 구 난  수 토 지 신  의 수 강 역  기 방 어 지 책  여 장 신 동

■ 주

**장신(將臣)** 장수(將帥), 군사를 거느리는 우두머리, 장령(將領).

# 【목민심서 제29권】

## �֎ 제6조 어구禦寇 − 계속

1. 병법에 말하기를, '허(虛)하면서 실(實)한 것처럼 보이고, 실(實)하면서 허(虛)한 것처럼 보이라.'고 하였다. 이것도 또 수어(守禦)하는 사람이 마땅히 알아야 할 것이다.

**▌원문**

兵法曰 虛而示之實 實而示之虛 此又守禦者 所宜知也.
병 법 왈  허 이 시 지 실  실 이 시 지 허  차 우 수 어 자  소 의 지 야

**▌주**

**허(虛)** 빈 것. 공허한 것.
**실(實)** 충실한 것.
**수어(守禦)** 밖에서 쳐들어오는 적의 침입을 막음.

2. 지키기만 하고 공격하지 않아 적이 지경을 지나가게 한다면, 이것은 적을 임금에게 보내는 것이다. 추격하는 것을 어찌 그만둘 수 있겠는가.

**▌원문**

守而不攻 使賊過境 是以賊而遺君也 追擊庸得已乎.
수 이 불 공  사 적 과 경  시 이 적 이 유 군 야  추 격 용 득 이 호

3. 높은 충성심과 장렬한 절개로 사졸(士卒)을 격려하여 조

그만 공(功)을 세우는 것이 최상의 도리이고, 형세가 궁하고 힘이 다하도록 싸우다가 전사(戰死)하여 삼강오륜(三綱五倫)의 떳떳함을 세우는 것도 또한 분수에 맞는 일이다.

危忠凜節 激勵士卒 以樹尺寸之功 上也 勢窮力盡 繼之以
위 충 름 절　격 려 사 졸　이 수 척 촌 지 공　상 야　세 궁 력 진　계 지 이

死 以扶三五之常 亦分也.
사　이 부 삼 오 지 상　역 분 야

4. 임금의 행차가 피란길에 오르면 지방을 지키는 수령이 그 지방의 음식을 올려 충성심을 표시하는 것도 또한 직분상 떳떳한 일이다.

乘輿播越 守土之臣 進其土膳 表厥忠愛 亦職分之常也.
승 여 파 월　수 토 지 신　진 기 토 선　표 궐 충 애　역 직 분 지 상 야

**승여(乘輿)** 임금이 탄 수레. 임금의 행차.
**파월(播越)** 임금이 도성을 떠나 피란하는 일.

▌ 한강(寒岡) 정구(鄭逑)가 통천군수(通川郡守)가 되었을 때, 왜구(倭寇)가 깊이 침입하여 임금이 평양에 왔다가 다시 전전해 가산군(嘉山郡)에 이르렀다. 그때 각 도의 공헌(貢獻)이 다 끊어졌는데 오직 통천군에서만 사자를 보내어 식선(食膳)을 올렸다.

5. 적병이 미치지 않은 곳에서는 백성을 위무해 안정시키고, 기재(器材)의 생산을 힘쓰며 농사를 가르쳐서 군용(軍用)을 넉넉하게 하는 것도 또한 지방을 지키는 수령의 직책이다.

## █ 원문

**兵所不及 撫綏百姓 務材訓農 以贍軍賦 亦守土之職也.**
병소불급 무수백성 무재훈농 이섬군부 역수토지직야

█ 변란이 일어난 때에 그 침략이 비록 날카롭더라도 한 지역에 침입하므로, 반드시 일시에 온 천하를 뒤덮는 것은 아니다. 그러니 적병이 미치지 않은 곳에서는 안정하기에 힘써야 할 것이다. 만약 하찮은 뜬소문에도 물고기처럼 놀라고 짐승처럼 숨거나, 백성들이 흩어져 달아나는 대로 내버려두고 거두어 안무(安撫)시키지 않는다면 이미 화를 입고 있는 곳이 무엇을 믿고 의지하겠는가.

수령은 마땅히 백성들을 불러서 이(利) 되고 해(害) 되는 점을 타일러서 각기 안정시키고, 기재(器材)를 생산하고 농사에 힘써서 군대에 물자를 공급하게 함으로써 백성을 편안하게 하고 나라를 방위한다면, 몸소 총탄과 화살을 무릅쓰고 싸운 사람과 비교하여 그 공이 다를 것이 없을 것이다. 만약 당시의 사세가 적병이 아침에 올지 저녁에 올지 모르는 급박한 경우라면 성(城)을 수리하고, 참호를 파고, 무기를 수선하여 방어하기를 도모해야 할 것이다.

만약 읍성(邑城)이 낮고 넓어서 적의 공격을 방어할 수 없으면 요해(要害)한 곳을 골라서 막힌 곳과 끊어진 곳을 찾고, 물과 샘을 살펴서 민병(民兵)의 보루(堡壘)를 많이 설치하고, 굴려 떨어뜨릴 나무토막과 둥근 돌을 많이 모아둔다. 양곡을 많이 저장해두고, 들을 말끔히 치워서 적병이 은폐할 곳이 없게 해 대비 태세를 갖춘 뒤에, 한편으로는 산에서 내려가 농사에 힘쓰며, 한편으로는 척후병을 멀리까지 배치한다면 적이 올 때는 넉넉히 방어할 수 있을 것이고, 오지 않는다면 드디어 흩어져 살 수 있어서 양쪽이 다 실패하지 않을 것이다. 그 향토를 버리고 산으로 들어가고 바다로 달려가는 사람들은 낭패해 의거할 곳을 잃어버리고 길에서 죽을 것이다. 마땅히 이 뜻을 거듭 백성들에게 타일러서 경솔히 동요하지 않게 해야 할 것이다.

# 제9장  형전육조刑典六條

이 장에서는 형전(刑典)에 속하는 사항 중에서 군현(郡縣)에 관계되는 중요한 청송(聽訟), 단옥(斷獄), 신형(愼刑), 휼수(恤囚), 금포(禁暴), 제해(除害)의 여섯 가지 조목을 들어 수령이 대처해야 할 태도를 제시하고 있다.

# ✳ 제1조 청송聽訟

[송사訟事를 잘 판단함]

1. 송사를 듣고 옳고 그른 것을 잘 판단하는 근본은 성의(誠意)에 달렸고, 성의의 근본은 혼자 있을 때 행동을 삼가는 데에 있다.

▌**원문**

**聽訟之本 在於誠意 誠意之本 在於愼獨.**
청 송 지 본　재 어 성 의　성 의 지 본　재 어 신 독

▌**주**

**신독(愼獨)** 혼자 있을 때 행동을 삼가는 일.

▌송사를 듣고 그 옳고 그른 것을 바르게 판단하려면 무엇보다도 백성을 바르게 인도하려고 하는 성의가 있어야 할 수 있다. 그러니 청송(聽訟)의 근본은 성의에 있다. 그리고 그 참된 마음, 즉 성의는 보는 사람이 있건 없건 오직 진실하기만 한 마음이라야 진정 성의라고 할 수 있을 것이다. 그러한 상태를 신독(愼獨)이라고 한다. 혼자 있을 때도 행동을 삼가는 마음이 바로 성의의 근본이다. 그러한 진실한 성의가 있으면 백성의 송사를 바르게 판단할 수 있을 것이다. 그러나 신독하는 성의로 자신의 몸을 닦게 되면 백성은 저절로 감화되어 소송은 일어나는 일이 없게 될 것이다. 그러기에 공자(孔子)는, "나도 송사를 듣는 것을 남처럼 하지만, 반드시 송사가 없게 할 것이다.(聽

訟, 吾猶人也, 必也使無訟乎.)"라고 하였다. 송사를 올바르게 판단하는 것은 훌륭한 일이다. 그러나 처음부터 송사가 일어나지 않게 하는 것이 가장 이상적인 정치이다.

2. 송사를 듣고 그것을 판단해 처리하는 것을 물 흐르듯이 술술 쉽게 해내는 것은 하늘에서 타고난 재능이 있어야 한다. 그러나 그러한 방법은 위험하다. 송사를 처리하는 데는 반드시 사람의 마음을 여지없이 밝혀내야 한다. 그 방법은 확실하다. 그런 까닭에 소송이 간소하기를 바라는 사람은 그 판단하는 것이 반드시 더디다. 그것은 한번 판결하면 다시 소송이 일어나지 않게 하기 때문이다. 그리고 소송을 처리하는 마음가짐은 오직 공정하게 할 뿐이다. 공정은 현명한 판단을 낳는다.

**▌원문**

聽訟如流 由天才也 其道危 聽訟必核盡人心也 其法實 故
청 송 여 류　유 천 재 야　기 도 위　청 송 필 핵 진 인 심 야　기 법 실　고

欲詞訟簡者 其斷必遲 爲一斷而不復起也 若夫處心 惟公
욕 사 송 간 자　기 단 필 지　위 일 단 이 불 복 기 야　약 부 처 심　유 공

而已 公生明.
이 이　공 생 명

**▌주**

**핵진인심(核盡人心)** 핵(核)은 핵(覈)과 같으니, 사람의 마음을 남김없이 알아낸다는 뜻이다.

▌수령의 성품이 번거로운 것을 견디지 못하는 사람은 소장을 받을 때마다 처음부터 자세히 조사하여 밝힐 생각은 하지 않

고, 다만 눈앞에 제출된 소장에만 의하여 어름어름 분명하지 않게 더듬어 찾아보고는 옳은 것 반, 그른 것 반으로 바쁘게 판결문을 써서 내리면 아전과 하인이 소송하는 사람을 큰소리로 내쫓는다. 눈앞이 깨끗해진 것을 다행으로 여기지만, 이 한 사건이 관(官)에서 보면 비록 작은 일 같으나 백성에게는 실로 중대한 일이다. 반드시 한 번 명확한 판결을 내려 한편은 승소(勝訴)하고, 한편은 패소(敗訴)한 뒤라야 소송이 끝날 수 있다. 관의 위엄은 비록 여러 번 모독하기는 어려우나, 적대자(敵對者)의 원수가 어찌 저절로 평정해질 수야 있겠는가. 풀을 베는데 뿌리를 남겨둔 것처럼 해마다 다시 소송은 일어나게 되어 한 사건으로 서로 소송하는 일이 다섯 번도 되고 열 번도 된다. 이 때문에 소송은 날로 번거로워져서 처리할 수 없게 되는 것이다.

3. 막고 가려 통하지 못하면 백성의 심정은 답답해지니, 달려와 호소하는 백성이 부모의 집에 들어오는 것처럼 하게 한다면 이것이 어진 목민관이다.

**∥원문**

雍蔽不達 民情以鬱 使赴愬之民 如入父母之家 斯良牧也.
옹 폐 부 달　민 정 이 울　사 부 소 지 민　여 입 부 모 지 가　사 량 목 야

**∥주**

옹폐(雍蔽) 막고 가림.

∥ 호태초(胡大初)가 말하였다. "백성이 수령 보기를 하늘같이 먼 것으로 생각할 뿐 아니라, 신명(神明)처럼 두려운 것으로 여긴다. 원통함을 머금고 괴로움을 씹으면서도 수령이 있는 문을

들어갈 방법이 없다. 어쩌다 다행히 그의 앞에 가게 되면 아전과 하인이 금지해 꾸짖고, 형구(刑具)가 뒤섞여 있어서 겁쟁이는 이미 정신이 아득해지고 기운을 잃고 만다. 그러므로 문을 활짝 열어 놓고 아전과 하인들을 물리친 뒤에 수령이 친히 자리 앞에 불러들여서 편안한 얼굴빛으로 따져 물어서, 그가 하고자 하는 말을 다 하게 하는 것만 못하다. 그리고도 막고 가려 통하지 못한 사람이 있을 때는 고을의 문밖에 징을 매달아 두어서 스스로 치게 한다. 이렇게 하면 민정(民情)이 자신의 하고싶은 말을 다 하지 못하는 일이 없을 것이다."

4. 싸워서 구타당하였다고 하면서 급히 달려와서 고소하는 것을 전적으로 믿지 말고, 본촌(本村)에 가두어 두고 천천히 한 열흘 동안 기다리는 것이 좋다.

**▮ 원문**

鬪毆之訟 急疾奔告者 不可傾信 本村保囚 徐待旬日.
투 구 지 송　급 질 분 고 자　불 가 경 신　본 촌 보 수　서 대 순 일

**▮ 주**

**보수(保囚)** 맡겨 가두어 두는 일.

▮ 모든 구타사건으로 고소하는 것은, '범인을 그 마을에 가두어 두고 10여 일 뒤에 양편이 대질하게 하라.'라고 지령을 내리면 결국은 오는 사람이 한 사람도 없게 된다. 비록 정말 구타한 일이 있더라도 천천히 처리해도 늦지 않을 것이며, 혹은 비록 구타하여 죽는 일이 있더라도 범인을 마을에 맡겨 가두어 두었으니 근심할 것이 없다.

5. 한마디 말로 옥사(獄事)를 판단하여 결정하는 것을 귀신같이 하는 것은 따로 하늘에서 타고난 재질이 있어야 하니, 보통 사람이 본받을 것이 아니다.

**▮ 원문**

片言折獄 剖決如神 別有天才 非凡人之所宜傚也.
편 언 절 옥　부 결 여 신　별 유 천 재　비 범 인 지 소 의 효 야

**▮ 주**

**부결(剖決)** 판결, 판단.

## 【목민심서 제30권】

### 제1조 청송聽訟 – 계속

1. 인륜에 대한 소송으로서 오륜(五倫)에 관계되는 것은 마땅히 명백하게 가려내야 하고, 골육상쟁(骨肉相爭)으로서 풍속과 교화에 관계되는 것은 마땅히 엄중하게 징계해야 할 것이다.

**원문**

**人倫之訟 係關天常者 辨之宜明 骨肉相爭 係關風化者 懲之宜嚴.**
인륜지송 계관천상자 변지의명 골육상쟁 계관풍화자 징지의엄

**주**

**천상(天常)** 오상(五常)의 도(道). 오륜(五倫).
**골육상쟁(骨肉相爭)** 부자, 형제 사이에 서로 다투는 것.

2. 증거문서나 계약서 같은 것이 선에는 없어서 증빙할 것이 없는 것은, 그 진정(眞情)과 허위를 살피면 사실이 숨겨질 수 없을 것이다. 풍화(風化)를 바로잡고 숨겨진 간사함을 적발하는 것은 다 지성(至誠)으로 되는 일이다. 허명(虛明)이 사물을 비추는 것은 말로 설명할 수 없다.

詞證俱絶 券契無憑者 察其情僞 物無遁矣 正其風化 發其
사 증 구 절　권 계 무 빙 자　찰 기 정 위　물 무 둔 의　정 기 풍 화　발 기

隱慝 咸由至誠 虛明照物 不可以言傳也.
은 특　함 유 지 성　허 명 조 물　불 가 이 언 전 야

▌주

**사증(詞證)** 증거문서.

**권계(券契)** 계약서 따위.

**허명(虛明)** 물욕도 사심도 선입견도 없는 텅 빈 마음의 밝음.

▌ 아무런 증거로 삼을 만한 것이 없을지라도 사물을 올바르게
판단하려는 진실한 성심이 있으면, 물욕(物慾)도 사심(私心)도
선입견도 없는 사람의 텅 비고도 맑은 마음은 사물을 밝게 비
치는 신비한 힘이 있다. 그것은 말로 설명할 수 없는 것이다.
그러한 허령한 마음은 반드시 사건의 단서를 찾아낼 수 있을
것이다.

설선(薛宣)이 임회태수(臨淮太守)로 있을 때 일이다. 한 사람
이 비단을 가지고 시장에 갔다가 비를 만나 비단을 덮어쓰고
있었다. 나중에 한 사람이 와서 같이 쓰기를 청하므로 한 끝을
주어 같이 쓰게 하였더니, 비가 개어 헤어질 때 그 사람이 비단
을 자기 비단이라고 하였다. 그리하여 각기 관부(官府)에 가서
그 일을 고소하였다. 설선이 아전을 불러 비단을 끊어서 반씩
주었다. 그리고는 아전을 시켜서 뒤쫓아가 엿듣게 하였더니 나
중에 왔던 사람은 기뻐하며, "태수(太守)의 은혜야, 태수의 은
혜지."라고 말하고, 비단 주인은 원통하다는 말을 그치지 않았
다. 설선이 그 진상을 알아차리고 고문(拷問)하니, 나중에 왔던

사람이 마침내 죄를 인정하였다고 한다.

3. 묘지에 관한 송사는 지금은 폐해(弊害)가 되는 풍속이다. 구타, 살인사건의 반은 이 일 때문에 일어난다. 남의 묘를 파버리는 변고를 저지르는 행위를 스스로 효행(孝行)이라고 생각하기도 한다. 묘지에 관한 송사는 사정을 명백히 알아서 판결하지 않아서는 안 될 것이다.

**▌원문**

墓地之訟 今爲弊俗 鬪毆之殺 半由此起 發掘之變 自以爲
묘지지송 금위폐속 투구지살 반유차기 발굴지변 자이위

孝 聽斷不可以不明也.
효 청단불가이불명야

4. 우리나라 법전(法典)의 조문에는 일정하게 결정된 법령이 없어서 좌(左)가 옳다, 우(右)가 옳다 하여 오직 관(官)에서 하고 싶은 대로 하므로, 백성의 마음이 안정되지 못하고 분쟁하는 일이 많이 일어난다.

**▌원문**

國典所載 亦無一截之法 可左可右 惟官所欲 民志不定 爭
국전소재 역무일절지법 가좌가우 유관소욕 민지부정 쟁

訟以繁.
송이번

**▌주**

국전(國典) 나라의 법전(法典).

▌ ≪경국대전≫에서 말하였다. '분묘(墳墓)에는 땅의 한계를 정하여 경작이나 목축(牧畜)을 금지한다. 종친(宗親)인 경우에는 1품관(品官)은 사방 백 보(步)를 한계로 하고, 2품은 90보, 3품은 80보, 4품은 70보, 5품은 60보, 6품은 50보이고, 문무관은 차례로 종친의 경우에서 10보씩 차례로 감(減)하고, 7품 이하와 생원(生員)·진사(進士)·유음자제(有蔭子弟)는 6품과 같다. 여자는 남편의 관직에 따른다. 경작이나 개간을 장사(葬事)하기 전부터 해온 것은 금하지 않는다. 인가의 백 보 이내에는 장사하지 못한다.'〔예전禮典 상장조喪葬條〕

생각해보면 여기에 규정한 보수(步數)는 원래 경작이나 목축을 제한한 것인데 지금은 장사를 금지하는 제한이 되었다.

≪속대전≫에서 말하였다. '유음사인(有蔭士人)은 비록 보수(步數)의 제한은 없으나 청룡·백호의 수목을 기른 산에는 타인이 매장하지 못한다. 청룡·백호 이외의 곳은 비록 산림을 보양(保養)했다 하더라도 넓게 점령하는 것을 허락하지 않는다. 인가의 백 보 이내에는 매장하지 못한다.'〔비록 한 사람의 집만 있어도 금지한다〕

상고해보니 예전(禮典)에서는 유음자제는 그 보수가 6품과 같다고 하고, 형전(刑典)에서는 보수가 없다고 해 서로 같지 않다. 그러나 유음자(有蔭者)는 사족(士族)이니 10대 이하에 현관(顯官)이 있어야 유음사족이라고 말할 수 있는 것으로서, 향승(鄕丞)의 일가는 여기에 포함되지 않는다.

5. 탐욕과 의혹이 이미 깊어서 강탈하는 일이 서로 이어지면, 그 소송을 판단해 처리하는 것은 다른 소송보다 배나 어렵다.

貪惑旣深 攘奪相續 聽理之難 倍於他訟.
탐 혹 기 심  양 탈 상 속  청 리 지 난  배 어 타 송

6. 빚을 징수하는 소송은 마땅히 권형(權衡)이 있어야 한다.
혹은 사납게 해 빚을 독촉하기도 하고, 혹은 자애를 베풀어
빚을 탕감하게도 해야 하고, 어느 한 가지 방법만 정해 놓아
서는 안 된다.

■ 원문

徵債之訟 宜有權衡 或尙猛以督債 或施慈以已債 不可膠也.
징 채 지 송  의 유 권 형  혹 상 맹 이 독 채  혹 시 자 이 이 채  불 가 교 야

■ 주

권형(權衡) 물건의 무게를 달 때 저울추를 올렸다 내렸다 하는 것처럼
  알맞게 조정하는 것.

■ ≪경국대전≫에서 말하였다. '사채(私債)를 지나치게 징수한
사람은 장(杖) 80대에 처한다〔금제조禁制條〕고 하였고, 그 주
(註)에 10분(分) 비율로 매월 1분을 취득하니 열 되에 한 되
를 받는 것과 같다. 매년 5분을 받는 것은 열 되에 5되를 받는
것과 같다. 햇수와 달수가 비록 많더라도 1배(倍)를 초과하지
못한다.'
상고해보건대 위에서 말한 것은 요즈음 대돈변(大頓邊, 방언에
10전을 대돈大頓이라고 한다)이고, 아래에 말한 것은 요즈음 5푼
변리(五分邊利)이다. 그 두 가지가 모두 지나치게 받는 것이므
로 형전(刑典)에서 금지한 것이다. 해〔年〕와 달이 비록 많더라
도 1배를 초과하지 못한다는 것은 비록 매월 2분(分)의 이식

(利息)을 받더라도 이미 여러 해가 되면 당연히 3, 4배에 이르게 될 것이므로, 이것을 제한하여 1배를 초과하지 않게 한 것이다. 지금 사람들이 이것을 이름하여 자모정식(子母定式)이라고 한다.

≪속대전≫에서 말하였다. '모든 빚을 징수하는 것은 공전(公錢)이나 사채를 막론하고 10분의 2를 초과하는 사람은 장(杖) 80대, 도(徒, 죄인을 중노동 시키던 형벌) 2년에 처한다.〔곡식으로 빚을 주고 돈으로 이자를 징수하는 사람은 빚진 사람의 고발을 허락하고, 위법한 사람은 장 1백 대, 유流(죄인을 귀양 보내던 형벌) 3천 리에 처하며 그 돈은 속공屬公한다〕 사사로 갑리(甲利, 방언에 배倍를 갑리라고 한다)로 빚을 준 사람은 장 1백 대를 집행하고 정배(定配, 장소를 정하여 귀양 보내는 것)한다. 비록 10년이 되었더라도 다만 1년의 이식만 받는다. 위반하여 초과 징수한 사람은 장 1백 대에 처한다.'

대체로 부유한 백성이 이식(利息)을 얻기 위하여 빚 놓은 것을 가난한 백성이 힘이 부족하여 갚지 못한 것은 가을을 기다리거나 풍년을 기다리게 하며, 전액 감면해야 할 것은 관아의 뜰에서 문서를 불살라서 뒷말이 없게 하는 것이 좋다. 그러나 혹은 가난한 백성이 전지를 팔았을 때, 간사한 거간꾼이나 교활한 상인이 그 돈 있는 것을 알고 빌려다가 이자를 놓아 그 남은 돈을 스스로 받아먹으면서 본전을 갚지 않는 사람은, 마땅히 강도를 다루듯 엄중히 단속해 조금도 너그럽게 다스리지 않아야 한다. 봄이나 여름에 얽매이지 말고 불같이 독촉해 돌려주는 것이 좋다. 다만 그 이자는 국법(國法)의 제한을 넘지 않게 해야 할 것이다.

## ✳ 제2조 단옥斷獄

[중대한 범죄를 결정함]

1. 중대한 범죄를 판결하는 요점은 밝고 신중하게 하는 것 뿐이다. 사람이 죽고 사는 것이 내가 한 번 살피는 데에 달렸으니, 어찌 밝게 살피지 않을 수 있겠는가. 사람이 죽고 사는 것이 내가 한 번 생각하는 데에 달렸으니, 어찌 신중히 생각하지 않을 수 있겠는가.

**▌원문**

斷獄之要 明愼而已 人之死生 係我一察 可不明乎 人之死
단 옥 지 요  명 신 이 이  인 지 사 생  계 아 일 찰  가 불 명 호  인 지 사

生 係我一念 可不愼乎.
생  계 아 일 념  가 불 신 호

2. 혹독한 관리로 형벌 쓰기를 좋아한 사람으로서 역사와 전기에 실려 있는 사람을 보면 자신이 극형(極刑) 받은 것이 많으며, 혹은 자손이 창성하지 못한다.

**▌원문**

酷吏尙刑 其在史傳者 多身被極刑 或子孫不昌.
혹 리 상 형  기 재 사 전 자  다 신 피 극 형  혹 자 손 불 창

**사전( 史傳)** 역사와 전기(傳記).

**극형( 極刑)** 사형.

▮ 형벌은 요순(堯舜)도 폐지하지 못하였다. 형벌을 어찌 쓰지 않을 수 있겠는가. 다만 어진 사람이 형벌을 쓸 때는 슬퍼하고 불쌍히 여긴다. 법에 정해져 있는 것을 내가 감히 놓아줄 수는 없지만, 법에 없는 것을 내가 감히 할 수는 없다. 우선 가르치고 가르쳐도 따르지 않는 사람이라야 비로소 형벌을 사용하는 것이 옛날의 도(道)이다. 한때의 폭발하는 분노(憤怒)로 법 외의 가혹한 형(刑)을 하거나, 형벌의 정한 방법을 어기고, 혹은 매 세 개를 한 가닥으로 겹치거나, 혹은 태장(笞杖)을 거꾸로 하여 굵은 머리로 치거나, 혹은 팔을 뒤로 묶어 돌 위에 꿇어 앉히거나, 혹은 나무에 거꾸로 매단다거나, 혹은 머리털을 꺼들러서 상투의 목을 뺀다거나, 혹은 단근질(불에 달군 쇠로 몸을 지지는 일)한다거나, 주리를 트는 것 모두 나라에서 금지하는 방법이다. 경솔하게 이런 악형을 사용해 죄를 인정할 것을 강요하며 몽둥이로 치는 것은 조종(祖宗)이 못하게 훈계한 것인데, 따져 묻는 데에 사용하니 이것 또한 자기 마음대로 할 수 있단 말인가. 옛날 혹독한 형벌 쓰기를 좋아하던 질도(郅都), 의종(義縱), 감선(減宣)의 무리는 다 자기 자신이 극형을 받았으며, 자손이 창성하지 못하였다. 원망과 저주가 신상에 모이고 업보가 눈앞에 닿았는데 목민관이 무엇 때문에 이 일을 한단 말인가.

3. 큰 옥사(獄事)가 있는 때를 만나면, 자기 힘이 미치는 데까지 음(陰)으로 구제해 빼내 준다면 덕(德)을 심고 복을 맞

이하는 일이 이보다 더 큰 것은 없을 것이다.

遇有大獄 己力所及 陰爲救拔 種德邀福 未有大於是者也.
우 유 대 옥　기 력 소 급　음 위 구 발　종 덕 요 복　미 유 대 어 시 자 야

4. 살옥(殺獄)사건이 일어나면 아전과 군교가 제멋대로 횡포를 부려서 집을 파괴하고 빼앗아 그 마을이 드디어 망하게 된다. 제일 먼저 염려해야 할 것은 이것이다. 부임한 처음에 마땅히 '이러한 일을 하지 못하도록' 약속함이 있어야 할 것이다.

獄之所起 吏校恣橫 打家劫舍 其村遂亡 首宜慮者此也 上
옥 지 소 기　이 교 자 횡　타 가 겁 사　기 촌 수 망　수 의 려 자 차 야　상

官之初 宜有約束.
관 지 초　의 유 약 속

■ 대체로 살옥사건이 일어나면 범인으로서 당연히 죽어야 할 사람은 마땅히 사형을 당해야 할 것이다. 그러나 관련자, 목격자, 이웃 사람 등은 본래부터 죄가 있지 않은데 한 번 목록에 오르면 반드시 두 번 검문을 받아야 하고, 불행하면 4, 5, 6번의 검문을 받고 칼을 쓰고 옥에 갇혀 여러 해를 끌어야 한다. 그동안 온갖 악형을 당하고 재물을 약탈당한다. 이것은 아전과 군교의 횡포와 간악한 계략에서 생기는 일이다. 이런 일이 없도록 수령은 사전에 엄중한 단속과 약속을 해야 할 것이다.

5. 옥사의 체제가 지극히 무겁기는 하나 사체검안(死體檢案)

하는 곳에서 진술을 받을 때는 본래 형벌을 사용하는 법이
없었다. 요즈음 수령들은 법례(法例)에 통달하지 못하여 함
부로 형장(刑杖)을 사용하는 것은 크게 잘못된 일이다.

▌원문

獄體至重 檢場取招 本無用刑之法 今之官長 不達法例 雜
옥 체 지 중  검 장 취 초  본 무 용 형 지 법  금 지 관 장  부 달 법 례  잡

施刑杖 大非也.
시 형 장  대 비 야

▌주

검장(檢場) 사체(死體)를 검안(檢按)하는 곳.

6. 검장(檢場)의 취초(取招)가 여러 날 걸린 것을 같은 날
에 한 것처럼 기록하고 있으나, 이것은 마땅히 고쳐야 할 일
이다.

▌원문

檢招彌日 錄之以同日 此宜改之法也.
검 초 미 일  녹 지 이 동 일  차 의 개 지 법 야

▌ 검장에서 취초하는 것이 혹은 5, 6일이 걸렸는데 검안(檢案)
에는 보통으로 다 같은 날 다시 문초했다고 쓴다. 혹은 첫 번의
공술에서는 실지대로 하고 뒤에는 거짓말로 변경하기도 하며,
혹은 첫 번의 공술에서는 실정을 숨겼다가 나중 공술에는 바로
말하는 일도 있다. 그 날짜의 많고 적음과 시간의 오래고 잠깐
인 것으로 사실을 추구하며 진정과 허위를 구별할 수도 있는
데, 모두 같은 날이라고 말하는 것은 크게 잘못된 일이다. 수

령은 마땅히 감사와 의논해 이 잘못된 관례를 고쳐야 한다.

7. 남을 무고(誣告)해 형옥(刑獄)을 일으킨 사람은 엄중히
벌을 주고 놓아주지 말아야 하며, 반좌(反坐)의 율(律)에 비
추어 벌금을 받거나, 혹은 마침내 유형(流刑)에 처해야 할
것이다.

■ **원문**

**誣告起獄者 嚴治勿赦 照反坐之律 以收罰金 或遂行遣.**
무 고 기 옥 자  엄 치 물 사  조 반 좌 지 율  이 수 벌 금  혹 수 행 견

■ **주**

**무고(誣告)** 죄 없는 사람을 죄 있다고 속여서 고발한 것.

**반좌지율(反坐之律)** 무고(誣告)한 사람에게 무고한 죄로써 처벌하는
법률.

■ ≪대명률(大明律)≫에서 말하였다. '모든 무고한 사람에게는
각각 그가 무고한 죄에 2등 혹은 3등을 가중하고, 죽을죄에 이
르는 죄를 무고한 사람은 무고 당한 사람이 이미 단죄(斷罪)되
었으면 사형으로써 무고한 사람을 처단한다. 미결인 때는 장
(杖) 1백 대, 유(流) 3천 리, 가역(加役) 3년의 형에 처한다.
그 율에 장 1백 대, 유 3천 리라고 한 사람은 범죄의 정상이 중
한 사람은 유형을 보내고, 가벼운 사람은 속전(贖錢, 죄를 면하
기 위하여 바치는 돈)을 받는 것이 좋다.'

8. 어인(御印), 관인(官印)을 위조하였거나 속여 찍은 사람
은 그 정상과 범행의 정도를 살펴서 그 처벌의 경중을 결단
해야 할 것이다.

■ 원문

**御印官印 僞造僞搨者 察其情犯 斷其輕重.**
어 인 관 인  위 조 위 탑 자  찰 기 정 범  단 기 경 중

■ 주
**어인(御印)** 임금의 인장.
**위탑(僞搨)** 속여서 찍음.

## �֎ 제3조 신형愼刑

[형벌을 신중히 시행함]

1. 수령이 형벌을 시행하는 것은 마땅히 3등으로 나누어야 한다. 민사(民事)에는 상등의 형벌을 쓰고, 공사(公事)에는 중등의 형벌을 쓰며, 관사(官事)에는 하등의 형벌을 쓰고, 사사(私事)에는 형벌을 쓰지 않아야 할 것이다.

■ 원문

**牧之用刑 宜分三等 民事用上刑 公事用中刑 官事用下刑 私**
목 지 용 형  의 분 삼 등  민 사 용 상 형  공 사 용 중 형  관 사 용 하 형  사

**事無刑焉 可也.**
사 무 형 언  가 야

▌ 민사(民事)는 무엇인가. 전정(田政)·부역(賦役)·군정(軍政)·곡부(穀簿)·송옥(訟獄) 등 일체가 아래 백성에 관계되는 일이다. 관리와 향갑(鄕甲) 등이 혹 농간을 부려서 백성에게 포학하게 하여 해 끼치는 것을 민사라고 한다. 공사(公事)는 무

엇인가. 조운(漕運)·세납(稅納)·물선(物膳)의 공물(貢物)로서
서울의 상급 관청에 바치는 물건과, 문서의 보고 기한과, 모든
봉공(奉公)의 임무에 있어서 관리나 향갑이 포흠(逋欠)이 많
은 것, 미루고 지체하여 기한을 어긴 것을 공사라고 한다. 관
사(官事)는 무엇인가. 제사(祭祀)·빈객(賓客)·전수(典守)·책
응(策應)·조알(朝謁)의 예절·공봉(公奉)의 직무와 일체의 본
현(本縣)에서의 직무로서, 관부(官府)를 유지하는 것을 아관
(衙官)과 아전이 삼가지 않고 부지런하지 않아서 법령을 위반한
것을 관사라고 한다.

상형(上刑)은 무엇인가. 내 생각이 형벌을 가볍게 해 다만 법
을 준수하게 하려는 데 있다면 태(笞) 30대를 집행해 피를 보
는 것을 상형으로 하고, 태 20대를 쳐서 거듭 경계하는 데에
힘쓰는 것을 중형(中刑)이라고 하며, 태 10대를 치고 온화한
말로 법을 타이르는 것을 하형(下刑)이라고 한다. 법은 이만하
면 족한 것이다. 만약 수령의 생각이 형벌을 준엄하게 해 위엄
을 세우는 데에 있다면 태 50대를 쳐서 피를 보게 하며, 군무
(軍務)인 경우는 작은 곤장(棍杖)을 사용해 일곱 번 치는 것을
상형으로 하고, 태 30대를 쳐서 경계하는 데 힘쓰며, 법을 어
긴 사람인 경우는 신장(訊杖, 신문할 때 쓰는 몽둥이)을 열 번 치
는 것을 중형으로 하며, 태 20대 혹은 태장(笞杖) 15대 치는
것을 하형으로 한다. 법은 이만하면 족하다. 이 한계를 초과하
면 남형(濫刑, 형벌 규정을 넘어서 함부로 형벌을 가하고 고문하는
것)이 된다.

2. 형장(刑杖)을 잡은 하인을 현장에서 성내어 꾸짖어서는
안 된다. 평소에 거듭 엄중하게 언약하고 단속하는 한편, 일

이 지나간 뒤에 그 죄과(罪過)를 징계해 다스리는 것을 반
드시 실행한다면, 소리를 높이거나 얼굴빛을 변하는 일 없
이 매질하는 것을 너그럽게 하고 사납게 하는 것을 수령의
뜻대로 할 수 있을 것이다.

執杖之卒 不可當場怒叱 平時約束申嚴 事過懲治必信 則
집 장 지 졸   불 가 당 장 노 질   평 시 약 속 신 엄   사 과 징 치 필 신   즉

不動聲色 而杖之寬猛唯意也.
부 동 성 색   이 장 지 관 맹 유 의 야

3. 수령이 쓸 수 있는 형벌은 태(笞) 50대 이내를 자신의 재
량으로 결정하는 데에 지나지 않는다. 이것을 초과하면 모
두 지나친 형벌이다.

守令所用之刑 不過笞五十自斷 自此以往 皆濫刑也.
수 령 소 용 지 형   불 과 태 오 십 자 단   자 차 이 왕   개 람 형 야

▌ 우리나라에서 지금 사용하고 있는 매질하는 형벌에 대략 세
종류가 있다. 첫째 태(笞), 둘째 장(杖), 셋째 곤(棍)이다. 대
벽(大辟, 죽을죄)은 죽인다.
태(笞)에 두 가지가 있으니 작은 것을 태(笞)라 하고, 큰 것을
태장(笞杖)이라고 한다. 실은 다 태(笞)이다.
장(杖)에 세 가지가 있으니 작은 것을 신장(訊杖, 얇은 것을 법
장法杖, 두꺼운 것을 반주장半朱杖이라고 한다), 그 중간치를 성장
(省杖, 삼성三省에서 사용하는 것), 그 큰 것을 국장(鞫杖, 금부禁

府에서 사용하는 것)이라고 한다. 실은 다 신장(訊杖)이다.

곤(棍)에 다섯 가지가 있다. 대, 중, 소곤 이외에 또 중곤(重棍), 치도곤(治盜棍)의 2종이 있다.〔국초國初에는 가죽 채찍을 사용하였다. ≪대전大典≫에 보이나 지금은 쓰지 않는다〕

상고해보니 수령이 쓸 수 있는 형벌은 태 50대를 스스로 결정하는 데에 지나지 않는다. 신장(訊杖), 군곤(軍棍)은 수령이 감히 쓸 수 없다.

# 【목민심서 제32권】

## ✻ 제3조 신형愼刑 - 계속

1. 백성을 바로잡는 데 있어서 형벌을 사용하는 것은 최하의 방법이다. 수령이 자기 몸을 다스려 법을 준봉(遵奉)하고 신중하고 의젓한 태도로 있으면, 백성은 법을 어기지 않을 것이니 형벌은 폐지해도 좋을 것이다.

**∥ 원문** ─────────────────────

刑罰之於以正民 末也 律己奉法 臨之以莊 則民不犯 刑罰
형 벌 지 어 이 정 민　말 야　율 기 봉 법　임 지 이 장　즉 민 불 범　형 벌

雖廢之 可也.
수 폐 지　가 야

2. 옛날의 어진 수령은 반드시 형벌을 너그럽게 하였다. 그러한 사적은 역사책에 실려 있어 꽃다운 향기를 드날린다.

**∥ 원문** ─────────────────────

古之仁牧 必緩刑罰 載之史冊 芳徽馥然.
고 지 인 목　필 완 형 벌　재 지 사 책　방 휘 복 연

3. 부녀자는 큰 죄를 지은 사람이 아니면 매질하는 형벌을 집행하지 못한다. 신장(訊杖)을 사용할 수 없으며, 볼기치는 것은 더욱 외설(猥藝)한 일이다.

## 婦女非有大罪 不宜決罰 訊杖不可 笞臀尤藝.
부 녀 비 유 대 죄  불 의 결 벌  신 장 불 가  태 둔 우 설

█ 부녀자는 비록 살인사건을 저질렀더라도 그가 임신 중이 아
닌가를 살핀 뒤에 형장(刑杖)을 사용하는데, 하물며 다른 죄이
겠는가. 부녀자를 볼기 칠 때는 치마와 바지를 벗기고 속옷에
물을 부어 옷이 살에 착 붙게 하는데, 법정(法庭)에서도 보기
에 좋지 않다. 근래에는 수령들이 혹은 볼기를 드러내게 하며,
혹은 곤장(棍杖)을 사용하는 등 여러 가지 놀랄 만한 일들을
감행하고 있다. 수령은 삼가 예법을 지켜야 할 것이다.

≪대명률≫에서 말하였다. '모든 부인의 범죄에 있어서 간음죄
를 범한 사람과 죽을죄를 지은 사람을 제외하고 그 밖의 잡범
(雜犯)은 본 남편에게 책임을 지워 거두어 관리하게 하고, 남
편이 없는 사람은 친속에게 책임을 지운다. 만약 부인이 임신
하였으면 산후(産後) 백 일을 기다려서 고문을 결행한다. 만약
해산하기 전에 고문을 결행하여 그 때문에 낙태치사(落胎致死)
시킨 사람에게는 장(杖) 1백 대, 도(徒) 3년의 형에 처한다.'

4. 노인과 어린이를 고문하지 않는 것은 율(律)의 조문에 실
려 있다.

## 老幼之不拷訊 載於律文.
노 유 지 불 고 신  재 어 율 문

█ 주

**고신(拷訊)** 매를 쳐서 심문하는 것. 고문.

▌≪대명률≫에서 말하였다. '나이 70세 이상, 15세 이하 또는 폐질(廢疾)이 있는 사람은 고문하지 말라. 이 법을 범한 사람은 태(笞) 50대를 때린다.'

## 제4조 휼수恤囚

[옥에 갇힌 죄수를 불쌍히 여김]

1. 옥은 이 세상의 지옥이다. 옥에 갇힌 죄수의 고통을 어진 사람은 마땅히 살펴야 할 것이다.

**▌원문**

**獄者 陽界之鬼府也 獄囚之苦 仁人之所宜察也.**
옥자 양계지귀부야 옥수지고 인인지소의찰야

**▌주**

**양계(陽界)** 인간 세상. 이 세상.
**귀부(鬼府)** 저승. 지옥.

▌옥중의 온갖 고통은 이루 다 기술할 수 없다. 그 가장 큰 것만을 들어보면 대체로 다섯 가지 고통이 있다. 첫째 칼을 쓰고 차꼬와 수갑을 차는 고통, 둘째는 토색(討索, 재물을 침탈하는 것) 당하는 고통, 셋째는 질병의 고통, 넷째는 얼고 굶주리는 고통, 다섯째는 오래도록 머무는 고통이다. 이 다섯 가지가 근간(根幹)이 되어 여기에서 천 가지 만 가지가 곁에서 생긴다. 사형수는 장차 사형을 당할 것인데 먼저 이 고통을 당하니 그 정상이 가엾다. 가벼운 죄수는 그 죄가 중하지 않은데 같이 이

고통을 받으며, 원통하고 억울한 죄수는 잘못 무함(誣陷)을 입어 죄 없이 이 고통을 받으니 3자가 다 가엾은 일이다. 목민관으로서 어찌 이것을 살피지 않을 수 있겠는가.

2. 나무칼을 목에 씌우는 법은 후세에 생긴 것으로, 선왕(先王)의 법은 아니다.

### ▌원문

枷之施項 出於後世 非先王之法也.
가 시 시 항   출 어 후 세   비 선 왕 지 법 야

### ▌주

가(枷) 죄수의 목에 씌우는 나무칼.

▌ 한마디로 말해서 '가(枷)'라는 글자는 구경(九經)에는 보이지 않으니 그것이 후세에 생긴 형구(刑具)인 것은 분명하다.
≪대명률≫에서 말하였다. '가(枷)는 마른 나무로 만든다. 죽을죄를 지은 죄수에게 씌우는 것은 무게가 25근(斤), 도죄(徒罪)·유죄(流罪)의 죄수는 무게가 20근, 장죄(杖罪)의 죄수는 무게가 15근이다.'
나무칼은 옥졸(獄卒)을 위하여 만든 것이다. 나무칼을 씌워 놓으면 쳐다볼 수도 굽어볼 수도 없고, 숨도 쉴 수가 없다. 한 시각도 반 시각도 사람이 견딜 수 있는 것이 아니다. 죽이면 죽일지언정 나무칼을 씌우는 일은 옳지 않다. 성인(聖人)은 지혜가 많았으므로 반드시 이것을 만들지 않았을 것이다. 죄수는 당장에 죽고 사는 것이 달려 있고, 옥졸은 그것을 조종하는 것을 자기 마음대로 할 수 있다. 죄수가 이 경우에 무엇이 아깝겠는가.

이 나무칼은 옥졸에게 죄수의 재물을 침탈하게 하는 도구일 뿐이다.

3. 옥중에서 토색 당하는 것은 남이 알지 못하는 원통한 일이다. 수령이 이 원통한 것을 살필 줄 안다면 밝다고 말할 수 있을 것이다.

### ▌원문

**獄中討索 覆盆之寃也 能察此寃 可謂明矣.**
옥 중 토 색　복 분 지 원 야　능 찰 차 원　가 위 명 의

### ▌주

**토색(討索)** 재물을 빼앗는 것.
**복분지원(覆盆之寃)** 동이를 엎어 놓은 속은 광명이 비치지 않는 것처럼, 남이 알지 못하는 가운데에서 당하는 원통한 일.

▌옥중에서는 옥졸(獄卒)과 오래된 죄수가 공모하여 새로 들어온 죄수에게 갖은 잔인하고 혹독한 사형(私刑)과 온갖 기괴한 명목으로 재물을 빼앗는다. 그러나 이것은 옥중에서 하는 일이므로 옥 밖에서는 알지 못한다. 동이를 엎어 놓은 속에는 해와 달이 비치지 않는 것처럼, 그 암흑 속에서 당하는 죄수의 고통과 빼앗김은 아는 사람도 없는 원통한 일이다. 수령이 이것을 알아 살핀다면 그야말로 명찰(明察)한 수령일 것이다.
수령은 마땅히 이것을 알고 모든 촌민(村民)의 범죄는 가두지 말아야 하고, 혹 부득이하여 가둘 때에는 특별히 형리(刑吏)와 옥졸을 단속해 포학하게 하지 않게 할 것이며, 또 작은 죄목을 붙여서 임시로 통인(通引)을 가두어 그들이 하는 짓을 살펴보게 하는 것이 좋을 것이다.

4. 질병의 고통은 비록 조용한 집에 편안히 거처해도 오히려 견딜 수 없는데, 하물며 옥중이겠는가.

**▌원문**

疾痛之苦 雖安居燕寢 猶云不堪 況於犴狴之中乎.
질 통 지 고　수 안 거 연 침　유 운 불 감　황 어 안 폐 지 중 호

**▌주**

연침(燕寢) 조용한 전각(殿閣).

안폐(犴狴) 옥(獄).

▌《대명률》에서 말하였다. '옥에 갇힌 죄수가 병으로 앓을 때 당연히 나무칼과 차꼬를 벗겨 주어야 할 것을 벗겨 주지 않았거나, 보석(保釋)해야 할 것을 보석하지 않으면 옥관(獄官)과 옥졸을 태(笞) 50대의 형에 처한다.'

《속대전》에서는 이렇게 말하였다. '옥은 죄 지은 사람을 징계하기 위한 것이고, 본래 사람을 죽게 만드는 곳은 아니다. 그런데 심한 추위와 큰 더위에 얼고 굶주리고 병들어서 간혹 비명(非命)에 죽는 사람이 있다. 중앙과 지방의 관리는 옥중을 깨끗이 청소하며 질병을 치료하게 할 것이며, 보호 부양할 집안사람이 없는 죄수는 관(官)에서 옷과 식량을 주게 하라. 만약 게으르고 완만(緩晩)하게 굴면서 명령을 받들어 시행하지 않는 사람이 있으면 엄중하게 규찰하여 치죄하라.'〔영조英祖 을묘년의 하교〕

5. 옥은 이웃 없는 집이고, 죄수는 다니지 못하는 사람이다. 한 번 추위에 얼고 굶주리게 되면 죽음이 있을 뿐이다.

■ 원문 ─

**■ 원문** ─

獄者 無隣之家也 囚者 不行之人也 一有凍餒 有死而已.
옥자 무린지가야 수자 불행지인야 일유동뇌 유사이이

**■ 주**

**동뇌(凍餒)** 추위에 얼고 굶주리는 것.

■ ≪대명률≫에서 말하였다. '옥에 갇힌 죄수에게 당연히 청구하게 해 지급해야 할 옷과 식량을 청구해 지급하지 않으면, 옥관(獄官), 옥졸을 태(笞) 50대의 형에 처한다. 옥졸이 죄수에게 줄 옷과 양식을 중간에서 떼어먹은 사람은, 장물로 계산해 감수자도율(監守自盜律)로 논죄(論罪)한다.'

6. 옥에 갇힌 사람은 옥에서 풀려나기를 기다림은 긴 밤에 새벽을 기다리는 것처럼 한다. 옥에 갇힌 사람의 다섯 가지 고통 중에서 머물러 지체하는 것이 가장 고통스러운 것이다.

**■ 원문** ─

獄囚之待出 如長夜之待晨 五苦之中 留滯其最也.
옥수지대출 여장야지대신 오고지중 유체기최야

■ 옥에 갇힌 사람의 처리는 신속히 해야 한다. 사건 처리를 지체해 죄 없는 사람을 오랫동안 옥고(獄苦)를 당하게 하는 일이 많다.

7. 옥의 벽을 허술하게 하여 중죄수(重罪囚)를 탈주(脫走)하게 하고, 상급 관청으로부터 문책당하는 일도 또한 공무를 수행하는 수령으로서 근심할 일이다.

墙壁疎豁　重囚以逸　上司督過　亦奉公者之憂也.
장 벽 소 활　중 수 이 일　상 사 독 과　역 봉 공 자 지 우 야

8. 설이나 명절에는 죄수를 그들의 집에 돌아가도록 허락한
다. 은혜와 믿음이 이미 정성스러우면 도망하는 일이 없을
것이다.

歲時佳節　許其還家　恩信旣孚　其無逃矣.
세 시 가 절　허 기 환 가　은 신 기 부　기 무 도 의

9. 오래된 죄수가 집을 떠나 있어서 자녀 생산이 마침내 끊
어지게 된 사람은 그의 진심에서 나오는 소원을 들어서 자
애와 은혜를 베풀어 주도록 한다.

久囚離家　生理淺絶者　體其情願　以施慈惠.
구 수 리 가　생 리 수 절 자　체 기 정 원　이 시 자 혜

10. 유배된 사람은 집을 떠나서 멀리 귀양 온 사람이니 그
정상이 슬프고 가엾다. 집과 양곡을 주어 편안히 지내게 하
는 것도 수령의 직책이다.

流配之人　離家遠謫　其情悲惻　館穀安揷　牧之責也.
유 배 지 인　이 가 원 적　기 정 비 측　관 곡 안 삽　목 지 책 야

■ 주

유배(流配) 귀양 보내는 것.

# 【목민심서 제33권】

## ✳ 제5조 금포禁暴

### [횡포한 것을 금지함]

1. 횡포한 것을 금지하고 난동을 중지시키는 것은 백성을 편안하게 하기 위한 것이다. 호세(豪勢)하고 강한 사람을 치고, 권귀(權貴)와 근시(近侍)를 꺼리지 않는 것도 또한 수령이 힘써야 할 일이다.

**■ 원문**

**禁暴止亂 所以安民 搏擊豪强 毋憚貴近 亦牧民之攸勉也.**
금포지란 소이안민 박격호강 무탄귀근 역목민지유면야

■ 호세하고 강성한 무리가 통틀어 일곱 종류 있다. 첫째 귀척(貴戚), 둘째 권문(權門), 셋째 금군(禁軍), 넷째 내신(內臣), 다섯째 토호(土豪), 여섯째 간리(奸吏), 일곱째 유협(遊俠)이다. 대체로 이 일곱 가지 무리는 제재(制裁)하고 억압하여 백성을 편안하게 해야 한다. 사람이 능히 강자를 두려워하지 않아야 홀아비와 과부를 업신여기지 않을 수 있을 것이다. 횡포를 금하는 것은 어진 일을 하는 방법이다.

2. 지방의 세력 있는 사람이 위세 부리는 것은 약한 백성에게는 승냥이와 호랑이 같은 것이다. 해로운 짐승을 제거하고 양(羊)을 생존하게 하는 사람을 목자(牧者)라고 한다.

土豪武斷 小民之豺虎也 去害存羊 斯謂之牧.
토 호 무 단  소 민 지 시 호 야  거 해 존 양  사 위 지 목

■ 주
**토호(土豪)** 지방의 세력 있는 사람.

■ ≪속대전≫에서 말하였다. '호강(豪强)한 사람과, 관원이 시골에서 위세를 부리고 백성을 업신여기며 포학하게 행동하는 사람은 장(杖) 1백 대, 유(流) 3천 리의 형에 처한다.'

3. 포악한 젊은이들이 마음대로 협기(俠氣)를 부리며 백성의 재물을 노략질해 빼앗고, 포학한 행동은 마땅히 급히 금지해야 한다. 금지하지 않으면 장차 난동을 일으킬 것이다. 돈을 걸고 도박하는 것도 또한 반드시 엄금해야 한다.

■ 원문

惡少任俠 剽奪爲虐者 亟爲戢之 不戢 將爲亂矣 搏戲賭錢
악 소 임 협  표 탈 위 학 자  극 위 즙 지  부 즙  장 위 란 의  박 희 도 전

者 亦須嚴禁.
자  역 수 엄 금

■ 주
**악소(惡少)** 악한 소년. 포악한 젊은이.
**임협(任俠)** 협기(俠氣)에 내맡겨 마음대로 협기를 부림.
**표탈(剽奪)** 노략질해 빼앗음. 위협해 빼앗음.

4. 사사로이 말과 소를 도살(屠殺)한 사람, 시가(市街)의 큰길에서 술주정한 사람은 모두 법에 금지하는 조문이 있다.

▌**원문**

**私屠牛馬者 街路酗酒者 並有法禁.**
사도우마자 가로후주자 병유법금

▌**주**

**후주(酗酒)** 술주정함.

▌≪대명률≫에서 말하였다. '자기 말이나 소를 사사로이 잡은 사람은 장(杖) 1백 대에 처하고, 잘못해 죽인 사람은 처벌하지 않는다. 만약 병들어 죽은 것을 관에 신고하지 않고 가죽을 벗긴 사람은 태(笞) 40대를 치고, 힘줄과 뿔과 껍질은 관에서 몰수한다.'

또 ≪속대전≫에는 말하였다. '소나 말을 사사로이 도살한 사람은 장(杖) 1백 대, 도(徒) 3년에 처한다.'

≪대전통편(大典通編)≫에서 말하였다. '시가지의 큰길에서 술주정한 사람은 장(杖) 1백 대의 형에 처한다.'

## 제6조 제해除害

[위해危害를 제거함]

1. 백성을 위하여 위해(危害)를 제거하는 일은 수령이 힘써야 할 일이다. 첫째 도둑, 둘째 잡귀(雜鬼), 셋째 호랑이다. 이 세 가지가 없어지면 백성의 근심은 덜게 될 것이다.

▌**원문**

**爲民除害 牧所務也 一曰盜賊 二曰鬼魅 三曰虎狼 三者**
위민제해 목소무야 일왈도적 이왈귀매 삼왈호랑 삼자

息而民患除矣.
식 이 민 환 제 의

**▮주**

**귀매(鬼魅)** 도깨비와 두억시니. 잡귀(雜鬼).

▮ 사람들이 모여 한담(閑談)할 때 세 가지(도적·잡귀·호랑이) 중
에 어느 것이 가장 무서운지 물으면 사람들의 의견은 일정하지
않다. 어떤 사람은 도둑이 무섭다고 하고, 어떤 사람은 귀신이
무섭다고 하며, 어떤 사람은 호랑이가 무섭다고 한다. 이 세
가지가 백성에게 해가 되는 것임을 알 수 있다. 귀신의 근심이
생기는 것은 반드시 사람들이 사신(邪神)을 제사하는 사당과
요망한 무당을 불러들이기 때문에 생기는 것이다. 그것이 없으
면 귀신이 붙을 곳이 없을 것이다. 그러니 귀신의 근심을 없애
는 데에는 요사한 것을 제거하는 것이 근본이 된다.

2. 도둑이 생기는 것은 거기에 세 가지 이유가 있다. 위에서
는 본보기가 단정하지 않고, 중간에서는 명령을 받들지 않
고, 아래에서는 법을 두려워하지 않기 때문이다. 비록 도둑
이 없고자 한들 될 수 있겠는가.

**▮원문**

盜所以作 厥有三繇 上不端表 中不奉令 下不畏法 雖欲無
도 소 이 작　궐 유 삼 요　상 부 단 표　중 불 봉 령　하 불 외 법　수 욕 무

盜 不可得也.
도　불 가 득 야

▮ 위에서 본보기가 단정하지 않다는 것은 사신(使臣), 수령 등

고관들의 탐오(貪汚)한 행위는 국민의 모범이 될 수 없고, 중간에서 명령을 받들지 않는다는 것은 토포군관(討捕軍官)들로 도둑들과 내통하고 있으며, 아래에서 법을 두려워하지 않는다는 것은 도둑의 와주(窩主, 도둑이나 노름꾼 따위 소굴의 우두머리)는 다 성읍(城邑)의 근저(根底)와 저점(邸店) 사이에 있다. 도둑들은 그곳을 소굴로 삼아 호응하고 공모하고 숨고, 장물을 숨기고 매매하곤 한다. 그러니 도둑이 없어질 수 없는 것이다.

3. 인주나 먹으로 그들의 옷 뒷자락에 표시하는 방법은 예전부터 말이 있다. 시험해 볼 만한 일이다.

▌원문

**朱墨之識 表其衣据 自古有說 頗可試也.**
주 묵 지 지　표 기 의 거　자 고 유 설　파 가 시 야

▌성창(盛昶)이 현령으로 있을 때, 도둑 수백 명이 밤에 창고를 약탈하였다. 성창이 몰래 뜰에 있는 나무에 올라가 숨어 앉아서 붉은 물감과 먹물 두 가지를 가지고 도둑이 드나들 때를 엿보아 붓을 적셔 그의 옷에 뿌렸다. 이튿날 아침에 성문을 닫아둔 채, 비밀히 나졸(邏卒)을 시켜서 옷에 물감 자국이 있는 사람을 모두 잡게 해 한 사람도 놓치지 않았다고 한다.

4. 지혜를 움직이고 기틀을 만들어서 그윽하고 숨은 것을 적발하는 일은 그들을 포획할 길을 깊이 생각하는 데에 있다. 그렇게 하면 잡지 못하는 일이 없을 것이다.

▌원문

**運智設機 發其幽隱 在乎覃思以求獲 靡不得矣.**
운 지 설 기　발 기 유 은　재 호 담 사 이 구 획　미 부 득 의

**담사(覃思)** 깊이 생각함.

■ 장오(張鰲)가 하양령(河陽令)으로 있을 때, 나귀를 잃고 사흘 동안 찾았으나 찾지 못한 사람이 있었다. 현(縣)에 고발하므로 급히 도둑을 체포하라는 명령을 내리니, 도둑이 밤에 나귀는 내놓고 그 안장만을 숨겼다. 장오가 나귀 주인에게 나귀에게 먹이를 주지 않게 했다가 밤에 나귀를 놓아주니, 나귀가 전에 먹이를 먹던 곳을 향하여 갔다. 드디어 그 집을 수색해 풀을 쌓아둔 속에서 안장을 찾아냈다. 사람들이 장오의 지혜에 탄복하였다고 한다.

5. 덕화(德化)로 감복시키면 감동하지 않을 사람은 없다. 이것이 ≪역경(易經)≫ 췌괘(萃卦) 육효(六爻)의 효사(爻辭)에서 '다 허물이 없다.'라고 말한 까닭이다.

■ 원문 ─────────────
**德化攸感 物無不格 此萃六爻之所以 皆无咎也.**
덕 화 유 감 물 무 불 격 차 췌 륙 효 지 소 이 개 무 구 야

■ 주
**덕화(德化)** 덕행의 감화(感化).
**격(格)** 여기에서는 감통(感通)한다는 뜻.
**췌(萃)** ≪역경≫ 64괘 중의 하나. 그 효사(爻辭)는 성의(誠意)와 미더움을 강조하고 있다.
**육효(六爻)** ≪역경≫ 64괘의 한 괘를 구성하는 여섯 개의 획수(劃數).

■ 후한(後漢)의 정의(鄭毅)가 추(騶) 땅의 수령이 되어 덕화(德化)를 펴니, 사람이 길에서 보물을 주워 가지고 주인을 찾아

돌려주었다.

염헌(閻憲)이 면죽(綿竹)의 수령이 되어 예(禮)와 사양하는 미덕으로 백성을 감화시키니, 어떤 남자가 밤길에 떨어뜨린 자루를 주워서 그 속에 들어 있는 포목을 주인을 찾아 돌려주며 말하였다. "고을에 현명한 관장(官長)이 있으니 어찌 감히 그 교화(敎化)를 저버릴 수 있겠는가."

6. 흉년에는 젊은이들이 횡포하게 되는 일이 많으니, 하찮은 좀도둑은 크게 징계할 것이 되지 않는다.

**▌원문** ───────────────

**凶年 子弟多暴 草竊小盜 不足以大懲也.**
흉년  자제다포  초절소도  부족이대징야

**▌주**

**초절소도(草竊小盜)** 좀도둑.

7. 무고(誣告)로 세력 있는 큰 부자를 도둑의 일당이라고 끌어넣는 것을 수령이 그대로 믿고, 잘못 그에게 잔학(殘虐)한 형벌을 시행해 도둑에게는 원수를 갚게 하고, 아전과 교졸(校卒)에게 재물을 빼앗게 만든다면, 그러한 사람이야말로 사리에 어두운 수령이라고 할 것이다.

**▌원문** ───────────────

**誣引富民 枉施虐刑 爲盜賊報仇 爲吏校征貨 是之謂昏牧也.**
무인부민  왕시학형  위도적보구  위리교정화  시지위혼목야

▌도둑 무리가 체포되었을 때, 엉뚱하게 평소에 자기네와 원한

있는 사람을 자기네와 같은 무리라고 무고해 끌어넣는 일이 있다. 수령은 그러한 간악한 계략에 속지 말아야 할 것이다.

8. 귀신이 변괴(變怪)를 일으키는 것은 무당이 유도하는 것이다. 무당을 베어 죽이고 그 사당을 헐어 버리면 요사(妖邪)한 귀신이 의지할 곳이 없을 것이다.

▋**원문**

**鬼魅作變 巫導之也 誅其巫 毁其祠 妖無所憑也.**
귀 매 작 변 무 도 지 야 주 기 무 훼 기 사 요 무 소 빙 야

9. 호랑이와 표범이 사람을 물어가며, 자주 소·돼지를 해칠 때에는, 틀과 노도(弩刀)와 함정과 덫을 설치해 그 근심을 없애야 한다.

▋**원문**

**虎豹噉人 數害牛豕 設機弩穽攫 以絶其患.**
호 표 담 인 삭 해 우 시 설 기 노 정 확 이 절 기 환

▋ 호랑이를 잡는 방법으로 가장 좋은 것이 노도(弩刀, 모양이 반달 같고 안팎에 칼날이 있다)이고, 그다음은 함정(檻穽)이고, 또 다음이 정창(阱槍, 구덩이를 파고 창 5, 6개를 세운 뒤에 위에 삼대〔麻骨〕를 걸치고 흙을 덮어서 만든 함정)이며, 최하의 방법은 화포(火砲)를 쓰는 것이다. 포수가 사냥하는 것은 열 명씩 백 명씩 떼를 지어 마을을 돌아다니며 술과 밥을 억지로 달라고 하여, 그 피해가 도리어 호랑이보다 더하니 절대로 해서는 안 된다. 마을마다 노도 등을 설치해 대여섯 마리만 잡으면 호랑이 떼는 멀리 달아날 것이다.

## 제10장 공전육조工典六條

이 장에서는 공전(工典)에 관계되는 사항으로서 고을의 주관에 속하는 주요한 사항을 산림(山林), 천택(川澤), 선해(繕廨), 수성(修城), 도로(道路), 장작(匠作)의 여섯 가지 조목으로 나누어 제시하고 있다.

# ※ 제1조 산림山林

### [산림 행정에 관한 일]

1. 산림은 나라의 부공(賦貢)이 나오는 곳이다. 산림 행정을 어진 임금은 소중히 여겼다.

**▮원문**

**山林者 邦賦之所出 山林之政 聖王重焉.**
산 림 자　방 부 지 소 출　산 림 지 정　성 왕 중 언

2. 봉산(封山)에 소나무를 기르는 것은 엄중한 벌채(伐採) 금지의 법령이 있으니 수령은 마땅히 삼가 지켜야 할 것이다. 거기에 아전들의 농간하는 폐단이 있으면 수령은 마땅히 자세히 살펴야 할 것이다.

**▮원문**

**封山養松 其有厲禁 宜謹守之 其有奸弊 宜細察之.**
봉 산 양 송　기 유 려 금　의 근 수 지　기 유 간 폐　의 세 찰 지

**▮주**
**봉산(封山)** 나라에서 지정한 벌채를 금지한 산.
**여금(厲禁)** 엄중한 금지.

▮ ≪속대전≫에서 말하였다. '여러 도(道)의 황장봉산(黃腸封山, 임금의 관棺으로 쓸 나무를 기르는 봉산封山) 등이 있는 곳에는 경차관(敬差官)을 보내어 경상도·전라도에서는 10년에 한 번,

강원도에서는 5년에 한 번씩 나무를 골라 재궁(梓宮, 임금의 관)을 만들 재목을 벌채한다.' 또, '각 도의 봉산에 금양(禁養, 함부로 베지 못하도록 하여 가꿈)한 소나무를 벤 사람은 중죄(重罪)로 처리한다.〔사형에서 장杖 60대까지 있다〕 소나무를 금양하는 산의 조선재(造船材)를 병사(兵使)·수사(水使)·수령이 임의로 벌채를 허가하거나, 임의로 벌채한 사람은 군기(軍器)를 사사로이 판매한 율(律)을 적용해 처벌한다.〔중앙·지방의 관용 건물 수리에도 또한 벌채를 허가하지 않는다〕 소나무밭에 방화한 사람은 사형에 처한다.〔《통편通編》에는 감관監官과 산지기는 중곤重棍을 치고, 수령을 파면시키지 않는다고 하였다〕 영액(嶺阨)의 소나무 금양하는 곳의 지정한 한계 안에 함부로 경작하거나 방화한 사람은 소나무밭과 같은 율(律)을 적용한다.'라고 하였다.

《금송절목(禁松節目)》에서 말하였다. '바닷가 근처 30리에는 비록 개인이 금양하는 산일지라도 일체 금단(禁斷)한다.' 《대전(大典)》의 주(註)에서는 말하였다. '생소나무를 벌채한 사람에게 사사로이 속전(贖錢)을 받은 수령이나 변장(邊將)은 장물의 수량을 헤아려 죄를 논한다.'

상고해보건대 우리나라에는 좋은 재목이 없으므로 오직 소나무만을 재목으로 사용한다. 궁실도, 관곽(棺槨)도 모두 소나무로 만든다. 그래서 벌채를 금지하는 조문이 광범위하고 세밀하다. 그러나 이러한 법이 어떻게 시행될 수 있겠는가. 국가의 소용과 민생의 온갖 생활 자료를 여기에 의존하는데 이렇게 빈틈없이 금지만 했으니 이 법이 시행되지 못할 것은 당연한 일이다. 그러니 법 제도 그 자체가 이미 완비하지 않은 것으로 고쳐야 할 것이 많다. 그러나 한 고을의 수령이 어떻게 할 수는 없다.

수령은 마땅히 이러한 뜻을 알고 금지하기는 금지하더라도, 금하는 것을 범하는 사람이 있을 때는 관대히 처리하는 것이 좋을 것이다.

3. 나무 심는 행정은 또한 보람 없는 헛된 방법일 뿐이다. 스스로 헤아려 보아서 오래도록 재임할 수 있을 때는 마땅히 법전에 따라 나무를 심어야 하지만, 빨리 바뀔 것을 안다면 헛된 수고를 하지 말아야 한다.

▌원문

**裁植之政 亦徒法而已 量可久任 宜遵法典 知其速遞 無自**
재 식 지 정　역 도 법 이 이　양 가 구 임　의 준 법 전　지 기 속 체　무 자

**勞矣.**
로 의

4. 서북도(西北道)의 삼(蔘)과 초피(貂皮)의 세금은 마땅히 너그럽게 처리해야 한다. 혹 금하는 것을 범하는 사람이 있을 때는 너그럽게 용서하는 방법에 따라야 청렴한 관리라고 말할 수 있을 것이다.

▌원문

**西北蔘貂之稅 宜從寬假 其或犯禁 宜從闊略 斯可日清**
서 북 삼 초 지 세　의 종 관 가　기 혹 범 금　의 종 활 략　사 가 왈 청

**吏也.**
리 야

▌초피와 삼은 우리나라의 귀중한 산물이다. ≪한서(漢書)≫와 ≪남북사(南北史)≫ 이래로 모든 낙랑(樂浪), 현토(玄菟), 고구려, 발해의 재화를 논한 사람은 모두 초피와 삼을 첫째로 삼

고 있다. 이것이 금지조문을 엄밀하게 하지 않을 수 없는 까닭일 것이다. 그러나 나라에서 받는 것은 오직 강계(江界)로 가는 삼(蔘) 장수에게 허가증을 내어주는 때에 받는 황체(黃帖) 세 3냥뿐이고, 그 밖의 법을 어긴 사람에게서 몰수하는 소위 속공(屬公, 임자 없는 물건이나 금제품, 장물 따위를 관부官府의 소유로 넘기던 일)은 모두 탐관오리의 주머니에 들어갈 뿐, 국용(國用)에 도움 됨이 없고, 한갓 백성의 재물만 강탈하는 것이 되니 무슨 유익함이 있겠는가. 수령은 마땅히 이러한 실정을 알고 나라의 공헌품(貢獻品)에 대하여는 모두 정당한 값을 주며, 남는 것을 훔쳐먹는 일을 하지 말아야 하며, 그 나머지는 그들 자신이 마음대로 팔게 하고, 한 조각도 빼앗지 말아야 할 것이다. 그중에 간혹 금하는 것을 범한 사람이 있을 때는 정상과 사리를 자세히 살펴서 피폐하고 잔약하여 가엾은 사람은 법에 구애받지 말고 너그럽게 처리해야 하며, 간사하고 외람되어 미워할 만한 사람은 법에 비추어 물건을 속공하게 하고, 사실대로 상급 관청에 보고해 개인이 가지는 일이 없게 해야 한다. 그중에 보고하지 않은 것이 있을 때는 보류해두고 공용에 보태어, 혹은 군기(軍器)를 수리하고, 혹은 무예(武藝)의 상품으로 쓸 것이며, 터럭만큼도 자신이 착복하지 않아야 청백하다는 이름에 거의 부끄러움이 없을 것이다.

5. 금은동철(金銀銅鐵)의 채광(採礦)으로서 예전부터 광산이 개설된 곳은 거기에 간악한 무리가 모여 있지나 않은가 살펴야 하고, 새로 채광하고자 하는 곳에서는 제련(製鍊)을 금지해야 한다.

金銀銅鐵 舊有店者 察其奸惡 新爲鑛者 禁其鼓冶.
금 은 동 철   구 유 점 자   찰 기 간 악   신 위 광 자   금 기 고 야

■ 주

고야(鼓冶) 풀무와 대장간.

■ 지금의 채광장(採鑛場)은 모두 간악한 백성이 개인적으로 설치한 것으로서, 호조(戶曹)가 세금을 거두는 것은 매우 적은 액수이다. 그런데 거기에는 도망한 사람이 숨고 간악한 사람이 감춰졌으며, 도둑 떼를 모아 난(亂)을 일으켜서 농가에서는 일꾼을 고용할 수 없고, 상인은 물화(物貨)를 골고루 균평하게 공급할 수 없다. 좋은 밭은 날로 줄어들고,〔금점金店에서 밭을 사서 금을 채취한다〕대지는 날로 뚫린다.〔은점銀店은 산을 백 길이나 뚫는다〕다른 날 비록 조정의 고관들이 관(官)에서 채광할 법을 의정(議定)하더라도 산의 정기가 쇠폐해서 다시는 생산되지 않을 것이다. 지금의 계책으로는 새로운 채광은 엄금하는 것이 가장 좋을 것이다. 그리고 예전부터 있는 채광장에 대하여는 그 간악(奸惡)을 살펴서 뜻밖의 사태에 대비해야 할 것이다.〔가산嘉山의 역적 홍경래洪景來도 또한 본래 금점으로 무리를 모았다〕그리고 새로 난 채광장은 그 주모자를 잡아 가두어서 변란의 싹을 꺾는 일을 하지 않을 수 없을 것이다.

## ※ 제2조 천택川澤
[치수治水 행정에 관한 일]

1. 천택은 농리(農利)의 근본이다. 천택에 대한 행정을 어진 임금은 중하게 여겼다.

**■원문**

川澤者 農利之所本 川澤之政 聖王重焉.
천 택 자  농 리 지 소 본  천 택 지 정  성 왕 중 언

2. 냇물이 고을을 지나고 있으면 도랑을 파서 물을 끌어다가 논에 물을 대고, 백성과 더불어 공전(公田)을 만들어 백성의 부담을 돕는 것은 선정(善政)이다.

**■원문**

川流逕縣 鑿渠引水 以漑以灌 與作公田 以補民役 政之
천 류 경 현  착 거 인 수  이 개 이 관  여 작 공 전  이 보 민 역  정 지

善也.
선 야

3. 차례로 예전 역사를 보면 훌륭한 목민관의 사적(事蹟)은 모두 이 일에 있었다.

**■원문**

歷觀前史 良牧之蹟 都在此事.
역 관 전 사  양 목 지 적  도 재 차 사

4. 만약 지세(地勢)를 살피지 않고 함부로 물길을 뚫었다가 그 일이 성취되지 못하면 도리어 웃음거리가 되고 말 것이다.

---

**▌원문** ────────────────────────

若夫不度地勢 妄鑿渠路 其事不集 反或貽笑.
약 부 불 탁 지 세　망 착 거 로　기 사 부 집　반 혹 이 소

# 【목민심서 제35권】

## ✳ 제2조 천택川澤 — 계속

1. 작은 물을 지소(池沼)라 하고, 큰물을 호택(湖澤)이라 한다. 물을 막는 것을 피(陂) 또는 제(堤)라고 한다. 물을 절약하기 위한 것이다. 이것이 ≪역경(易經)≫에서 못에 물이 있는 괘상(卦象)을 절(節)이라고 한 까닭이다.

**▮원문**

小曰池沼 大曰湖澤 其障曰陂 亦謂之堤 所以節水 此澤上
소 왈 지 소  대 왈 호 택  기 장 왈 피  역 위 지 제  소 이 절 수  차 택 상

有水之 所以爲節也.
유 수 지  소 이 위 절 야

**▮주**

**피(陂)** 방축.

**제(堤)** 제방(堤防).

**절수(節水)** 물을 절약함. 못을 막아서 물을 절약한다는 뜻.

**절(節)** ≪역경≫의 절괘(節卦)로, 괘상(卦象)이 못에 물이 있는 것을 상징한다.

2. 만약 바닷가에 조수(潮水)가 들어오는 것을 막는다면 안에 기름진 전지(田地)를 만들 수 있을 것이다. 이것을 바다의 둑이라고 한다.

**원문**

若瀕海捍潮 內作膏田 是名海堰.

약 빈 해 한 조  내 작 고 전  시 명 해 언

3. 토호(土豪)와 귀족이 수리(水利)를 독점해 자기네 논에
만 관개(灌漑)하는 것은 엄금해야 한다.

**원문**

土豪貴族 擅其水利 專漑其田者 嚴禁.

토 호 귀 족  천 기 수 리  전 개 기 전 자  엄 금

4. 큰 강물의 물가가 해마다 물결에 받쳐 무너져서 백성의
큰 근심거리가 된 것은, 제방을 만들어서 그들이 안심하고
살게 해야 한다.

**원문**

江河之濱 連年衝決 爲民巨患者 作爲堤防 以安厥居.

강 하 지 빈  연 년 충 결  위 민 거 환 자  작 위 제 방  이 안 궐 거

5. 상인과 나그네가 다니는 곳과 선박이 모여드는 곳으로서
수축(修築)할 수 있는 것은 수축해야 한다.

**원문**

商旅所行 船舶所聚 凡可以修築者 修築之.

상 려 소 행  선 박 소 취  범 가 이 수 축 자  수 축 지

6. 못에서 생산되는 물고기와 자라, 연(蓮), 마름, 부들 등
속은 엄중히 지켜서 백성의 부담에 보조해야 하고, 수령 자
신이 취하여 자기의 이(利)로 해서는 안 된다.

▮ 원문

**池澤所産 魚鼈蓮芡菱蒲之屬 爲之厲守 以補民役 不可自**
지택소산 어별연검릉포지속 위지여수 이보민역 불가자

**取以養己.**
취이양기

▮ 주

**별(鼈)** 자라.

**검(芡)** 가시연. 못이나 늪에서 나는 연꽃.

**능(菱)** 마름.

**포(蒲)** 부들.

## 제3조 선해繕廨

[관아官衙의 사옥을 수리함]

1. 관아의 사옥이 쓰러지고 무너져서 위로는 비가 새고 옆으로는 바람이 들어오건만, 수선하지 않고 헐어서 무너지게 버려두는 것은 또한 수령의 큰 허물이다.

▮ 원문

**廨宇頹圮 上雨旁風 莫之修繕 任其崩毁 亦民牧之大咎也.**
해우퇴비 상우방풍 막지수선 임기붕훼 역민목지대구야

2. ≪대명률≫에는 함부로 공사 일으키는 것을 금하는 조문이 있고, 나라에는 사사로이 건설하는 것을 금지하는 규정이 있으나, 선배들은 이에 태연하게 수리하고 기공(起工)하

곤 하였다.

**律有擅起之條 邦有私建之禁 而先輩於此 自若修擧.**
율 유 천 기 지 조　방 유 사 건 지 금　이 선 배 어 차　자 약 수 거

■ 비록 함부로 기공(起工)을 금지하는 법령의 조문도 있으나
무너지고 훼손되는 것을 그대로 버려두는 죄를 규정한 법령도
또한 엄중한 것이 있다. 어찌 저것을 핑계하여 이것을 버릴 수
있겠는가. 오직 회계(會計)나 정당하게 할 뿐이다.

3. 누대, 정자 등 한가하게 조용히 관상(觀賞)할 수 있는 것
은 또한 고을에 없을 수 없다.

**樓亭閒燕之觀 亦城邑之所不能無者.**
누 정 한 연 지 관　역 성 읍 지 소 불 능 무 자

4. 공사(工事)를 일으켰을 때에는 아전과 군교(軍校)와 노
예 무리는 마땅히 부역에 나와야 하며, 중[僧]의 무리를 모
집해 공사를 돕게 하는 일도 또한 한 방법일 것이다.

**吏校奴隷之屬 宜令赴役 募僧助事 是亦一道.**
이 교 노 예 지 속　의 령 부 역　모 승 조 사　시 역 일 도

5. 재물을 모으고 기술자를 모집할 때는 모두를 자세히 헤
아려 생각함이 있어야 할 것이나, 폐단이 생길 구멍부터 먼

저 막지 않을 수 없으며, 노력과 비용이 덜 들도록 생각하지
않아서는 안 될 것이다.

---

**▌ 원문**

鳩材募工　總有商量　弊竇不可不先塞　勞費不可不思省.
구 재 모 공　총 유 상 량　폐 두 불 가 불 선 색　노 비 불 가 불 사 생

# 【목민심서 제36권】

## ✵ 제4조 수성修城

[성을 수축修築하는 일]

1. 성을 수축하고 호(濠)를 파서 국방을 굳게 하고 백성을 보호하는 일도 또한 수령의 직책이다.

**▌원문**

修城浚濠 固國保民 亦守土者之職分也.
수 성 준 호  고 국 보 민  역 수 토 자 지 직 분 야

**▌주**

**호(濠)** 해자(垓子). 적의 침입을 막기 위해 성 밖을 둘러 파서 못을 만든 곳.

2. 전란(戰亂)이 일어나서 적이 오게 되었을 때 긴급히 성을 쌓는 일은 마땅히 지세를 살피고 민정(民情)에 순응해야 할 것이다.

**▌원문**

兵興敵至 臨急築城者 宜度其地勢 順其民情.
병 흥 적 지  임 급 축 성 자  의 탁 기 지 세  순 기 민 정

3. 성을 쌓을 때가 아닌데 성을 쌓는 것은 성을 쌓지 않는 것만 못하다. 반드시 농한기(農閑期)를 이용하는 것이 옛날

의 법이다.

城而不時 則如勿城 必以農隙 古之道也.
성 이 불 시　즉 여 물 성　필 이 농 극　고 지 도 야

▌주
농극(農隙) 농한기(農閑期).

4. 옛날의 이른바 성을 쌓는 것은 흙으로 쌓은 성이었다. 변란을 당하여 적을 방어하는 데는 흙성 만한 것이 없다.

▌원문

古之所謂築城者 土城也 臨難禦寇 莫如土城.
고 지 소 위 축 성 자　토 성 야　임 난 어 구　막 여 토 성

▌돌로 쌓는 성은 다만 노력과 비용이 매우 많이 들 뿐 아니라, 실은 오래 견디지도 못하고 적을 방어하지도 못한다. 겉은 단단해 보이나 속은 물러서 비고 빠져서 구멍이 난다. 두어 해를 넘기지 못하여 봄에는 녹고, 여름에는 물러 빠져서 잇달아 무너진다. 그런데 또 적이 성을 공격하는 법을 알면 등이 높은 갑옷을 짊어지고 쇠로 만든 용의 발톱 같은 갈고리를 걸어서 그 돌부리를 파서 여러 사람이 잡아당기면 잠깐 사이에 무너지게 될 것이다. 장차 무엇에 쓰겠는가. 그런 까닭에 외구(外寇) 침입의 경보가 있어서 아침인가 저녁인가 하고 변란을 준비할 때는 마땅히 급히 흙으로 쌓은 성을 수리해 대비해야 할 것이다.

5. 보루(堡壘) 제도는 마땅히 윤경(尹耕)의 ≪보약(堡約)≫에 따를 것이며, 그 치첩(雉堞)과 적대(敵臺) 제도는 더욱

개량해서 해야 할 것이다.

▌원문

堡垣之制 宜遵尹耕堡約 其雉堞敵臺之制 宜益潤色.
보 원 지 제　의 준 윤 경 보 약　기 치 첩 적 대 지 제　의 익 윤 색

▌주
**보원(堡垣)** 보루(堡壘).
**치첩(雉堞)** 성 위에 쌓은 성가퀴.
**적대(敵臺)** 망대(望臺), 망루(望樓).

▌윤경의 ≪보약≫에서 말하였다. '보루 제도에는 크고 작은 것에 한계가 없고, 굽고 곧은 것에 구애됨이 없다. 다만 안에는 많은 군대를 수용할 수 있고, 밖으로는 멀리까지 굽어보며 경비할 수 있으면 좋다.'

그러나 큰 것은 작은 것만 못하다. 작으면 견고하다. 곧은 것이 굽은 것만 같지 못하다. 굽으면 지키기 쉽다. 그런 까닭에 송(宋)나라 예조는 붓으로 조한왕(趙韓王)의 성 도면을 뭉개서 곧은 것으로 하지 않게 했으며, 금(金)나라의 점몰갈(粘沒喝)은 변성(汴城)을 한 번 보고 곧 공격하기 쉽겠다고 말하였다.

6. 평상시에 성곽을 수축하여 길 다니는 나그네의 관광 거리로 하려는 것은 마땅히 옛것에 따라 돌로 보수하는 것이 좋다.

▌원문

其在平時 修其城垣 以爲行旅之觀者 宜因其舊 補之以石.
기 재 평 시　수 기 성 원　이 위 행 려 지 관 자　의 인 기 구　보 지 이 석

▌≪다산필담(茶山筆談)≫에서 말하였다. '남쪽 변방의 바닷가 땅에는 군현(郡縣)의 모든 성이 하나도 지킬 만한 것이 없으니 수축할 가치가 없다. 다만 그 무너져 이지러지고 파괴된 모습은 사람에게 쓸쓸하고 슬프게 하니, 마땅히 이지러진 것을 보수하고, 끊어진 것을 이어서 보기에 아름답게 해야 할 것이다. 이러한 것은 돌을 쌓아서 담을 만들면 그만이다.'

## ❈ 제5조 도로道路

[도로 행정에 관한 일]

1. 도로를 수리해 길 다니는 나그네가 그 길로 나가기를 원하게 하는 일도 또한 훌륭한 수령의 행정이다.

▌**원문**

修治道路 使行旅願出於其路 亦良牧之政也.
수 치 도 로  사 행 려 원 출 어 기 로  역 량 목 지 정 야

2. 교량은 사람을 건너게 하는 시설이다. 날씨가 추워지면 마땅히 곧 설치해야 한다.

▌**원문**

橋梁者 濟人之具也 天氣旣寒 宜卽成之.
교 량 자  제 인 지 구 야  천 기 기 한  의 즉 성 지

3. 나루터에는 언제나 배가 준비되어 있고, 역정(驛亭)에는 돈대가 없는 곳이 없으면, 또한 상인이나 나그네가 즐거워

하는 일이다.

津不闕舟 亭不缺堠 亦商旅之所樂也.

진 불 궐 주  정 불 결 후  역 상 려 지 소 락 야

**정(亭)** 10리마다 하나씩 두는 여관.

**후(堠)** 돈대. 5리마다 흙을 쌓아서 단(壇)을 만들고 표목을 세워 이수 (里數)를 기록해 놓은 곳.

4. 점(店)에서는 길짐〔전임傳任〕을 지지 않게 되고, 고개〔嶺〕에서는 가마를 메지 않게 되면 백성은 어깨를 쉴 수 있을 것이다. 점(店)에서 간악한 사람을 숨기지 않고, 원(院)에서 함부로 음란한 짓을 하지 않는다면 백성들의 마음은 밝아질 수 있을 것이다.

店不傳任 嶺不擡轎 民可以息肩矣 店不匿奸 院不恣淫 民

점 부 전 임  영 부 대 교  민 가 이 식 견 의  점 불 닉 간  원 부 자 음  민

可以淑心矣.

가 이 숙 심 의

**점(店)** 주막, 여관, 여점(旅店).

**전임(傳任)** 여점(旅店)에서 여점으로 차례차례 물건을 져 나르는 것. 길짐.

**대교(擡轎)** 고개 밑에 사는 백성이 고개를 통과하는 고관(高官)의 가마를 메어 넘어가게 하는 것.

**원(院)** 숙사(宿舍), 여관.

5. 길에는 황토(黃土)를 깔지 않고, 길가에는 횃불을 세우지 않으면 예(禮)를 안다고 말할 수 있을 것이다.

▌원문
路不鋪黃 畔不植炬 斯可曰知禮矣.
노 불 포 황　반 불 치 거　사 가 왈 지 례 의

▌주
**포황( 鋪黃 )** 길에 황토(黃土)를 펴는 것.
**치거( 植炬 )** 길가에 횃불을 세워 두는 것.


▌ ≪다산필담(茶山筆談)≫에서 말하였다. '임금이 행차하는 길 복판에는 황토(黃土)를 편다. 그 시초는 알 수 없다. 어떤 이는 말하기를 태양의 황도(黃道)를 상징한 것이라고 하나 그런지 아닌지 알지 못한다. 봉명사신(奉命使臣)이 군현(郡縣)에 들어올 때 특별히 황토 한 삼태기를 길 양쪽 가에 뿌리는데, 또한 오리정(五里亭)에서부터 관사(館舍)에 이르는 사이에만 한다. 요즈음 감사가 순력(巡歷)할 때 바로 임금이 행차하는 길 한가운데에 황토를 펴는 법을 그대로 쓰며, 또 오직 임금의 행차 때에만 횃불을 세워 두는 법인데 요즘은 감사의 순력 때에 다 치거(植炬, 길가에 세워 두고 사람이 들지 않게 한다)를 사용한다. 감사의 순력에 황토를 깔고 횃불을 세우는 일은 이것을 하는 사람은 아첨함이고, 이것을 받는 사람은 참람한 일이니 그대로 따를 수 없는 것이다.'

## 제6조 장작匠作

[기물器物을 제조하는 일]

1. 물건 만드는 일을 번거롭게 일으키고, 기교 있는 장인(匠人)을 모두 모으는 것은 탐욕이 드러나는 일이다. 비록 온갖 기술자가 다 갖추어져 있을지라도 절대로 사용(私用)의 물건을 만드는 일이 없어야 청렴한 선비의 관부(官府)이다.

**원문**

**工作繁興 技巧咸萃 貪之著也 雖百工具備 而絶無製造者**
공작번흥 기교함췌 탐지저야 수백공구비 이절무제조자

**淸士之府也.**
청사지부야

**주**

**공작(工作)** 물건 만드는 것.

2. 설혹 물건 만드는 일이 있을지라도 탐욕스럽고 비루한 마음이 기명에까지 뻗치게 하지는 말아야 할 것이다.

**원문**

**設有製造 毋令貪陋之腸 達於器皿.**
설유제조 무령탐루지장 달어기명

≪다산필담≫에서 말하였다. '내가 옛 그릇을 보니 구리가 매우 얇으며, 옛 서적을 보니 그 종이가 매우 얇다. 근세에는 욕심을 내는 풍습이 날로 성해서 구리그릇의 무게는 예전 것보다

3배나 되고[구리숟가락은 두껍기가 도끼머리만 해서 입이 작은 사람은 입에 넣을 수가 없다], 서적의 종이가 두껍기는 예전 것의 배(倍)나 된다. 그 글씨 쓴 머리 쪽의 여백과 아래쪽 여백의 크기가 호적대장(戶籍大帳)만 하다. 시험 삼아 그 까닭을 물어보니, 다른 날 빈핍(貧乏)하게 되어 장차 내다 팔게 되면 본질이 무겁고 두꺼우므로 그 값도 반드시 비쌀 것이기 때문이라고 말한다. 마음가짐이 이와 같으니 돌아보건대 어찌 길이 그 복을 누릴 수 있겠는가. 이 두 가지 일을 나는 매우 부끄러운 일로 여긴다.'

3. 모든 기물(器物)을 만들 때는 반드시 인첩이 있어야 한다.

▌원문 ────────────────────────────

凡器用製造者 宜有印帖.
범 기 용 제 조 자    의 유 인 첩

▌주
**인첩(印帖)** 관인(官印)을 찍은 증서.

▌관에서 기물을 제조할 때 그 기회를 악용해 아전, 관노 등이 개인 물건을 제조하며, 혹은 내사(內舍)나 책방(冊房)에서 사사로이 아전에게 부탁해 함부로 기물을 제작할 염려가 있다. 그러니 일정한 형식의 증서를 만들어서 하나하나 관인을 찍게 해서 농간의 여지가 없게 해야 한다.

4. 농기구를 제작하여 백성에게 농사를 권장하고, 베 짜는 기구를 만들어서 부녀자들에게 길쌈을 권장하는 일은 수령의 직책이다.

■원문

作爲農器 以勸民耕 作爲織器 以勸女功 牧之職也.
작 위 농 기  이 권 민 경  작 위 직 기  이 권 녀 공  목 지 직 야

5. 전거(田車)를 만들어서 농사를 권장하고, 병선(兵船)을
만들어서 군비(軍備)를 마련하는 것은 수령의 직책이다.

■원문

作爲田車 以勸農務 作爲兵船 以設戎備 牧之職也.
작 위 전 거  이 권 농 무  작 위 병 선  이 설 융 비  목 지 직 야

■주

전거(田車) 농가에서 사용하는 간단한 수레.

6. 벽돌 굽는 법을 강습하고, 또한 기와도 구워서 읍의 성내
가 모두 기와집이 되게 한다면, 또한 선정이 될 것이다.

■원문

講燒甓之法 因亦陶瓦 使邑城之內 悉爲瓦屋 亦善政也.
강 소 벽 지 법  인 역 도 와  사 읍 성 지 내  실 위 와 옥  역 선 정 야

7. 말과 저울이 집마다 다른 것을 비록 하나하나 바로잡을
수는 없으나, 모든 창고와 모든 시장의 것은 마땅히 같게 해
야 할 것이다.

■원문

量衡之家異戶殊 雖莫之救 諸倉諸市 宜令畫一.
양 형 지 가 이 호 수  수 막 지 구  제 창 제 시  의 령 획 일

## 제11장  진황육조賑荒六條

이 장에서는 흉년에 빈민을 구제하는 행정을 비자(備資), 권분(勸分), 규모(規模), 설시(設始), 보력(補力), 준사(竣事)의 여섯 조목으로 나누어 기술하고 있다.

# ✖ 제1조 비자備資
[구황救荒 행정]

1. 황정(荒政)은 옛날 임금들이 마음을 다한 것이다. 목민관의 재능이 여기에 드러난다. 황정을 잘하면 목민관 일을 다했다고 할 것이다.

**▌원문**

荒政先王之所盡心 牧民之才 於斯可見 荒政善而牧民之
황 정 선 왕 지 소 진 심   목 민 지 재   어 사 가 견   황 정 선 이 목 민 지

能事畢矣.
능 사 필 의

**▌주**

**황정(荒政)** 흉년에 빈민을 구제하는 행정.
**능사(能事)** 해야 할 일. 할 수 있는 일.

2. 구황 행정은 미리 준비해놓는 것만 한 것이 없다. 만약 미리 준비하지 않은 구황 행정은 모두 구차할 뿐이다.

**▌원문**

救荒之政 莫如乎預備 其不預備者 皆苟焉而已.
구 황 지 정   막 여 호 예 비   기 불 예 비 자   개 구 언 이 이

3. 양곡 장부 속에 따로 있는 진곡(賑穀)과, 본현(本縣)에서 저축한 진곡의 유무와 허실(虛實)을 마땅히 급히 조사해야

할 것이다.

穀簿之中 別有賑穀 本縣所儲 有無虛實 亟宜査檢.
곡 부 지 중   별 유 진 곡   본 현 소 저   유 무 허 실   극 의 사 검

▌주
**진곡(賑穀)** 빈민구제용 양곡.

▌ 진곡(賑穀)에는 여러 가지가 있다. 상진곡(常賑穀)은 호조 (戶曹)의 진곡이고, 군자곡(軍資穀)은 역대의 임금이 일찍이 진 휼(賑恤) 구제에 사용하던 것이며, 군작미(軍作米)·보환곡(補 還穀)은 본래 진제(賑濟)하기 위하여 설치한 것이다. 교제곡(交 濟穀)·제민곡(濟民穀)·산산곡(蒜山穀)은 본래 이웃 도(道)와 서 로 구제하기 위하여 설치한 것이다. 감사가 흉년을 위하여 준 비한 양곡을 영진곡(營賑穀)이라 이름하고, 수령이 흉년에 대비 해 저축한 양곡을 사비곡(私備穀)·자비곡(自備穀)·사진곡(私 賑穀)이라 한다. 지금 큰 흉년을 만났는데 어째서 쓰지 않는가. 다만 그 나누어 준 것, 보류해 둔 것의 실지 수량과 포흠(逋欠) 의 많고 적은 것만이라도 자세히 조사하지 않으면 반드시 허물 과 문책(問責)이 있을 것이다. 만약 본래 허류(虛留, 없는 것을 재고인 것처럼 문서를 허위로 기록한 것)인 것을 상급 관청에서는 실제 재고 수량으로 알고 그것을 구제용으로 배정해 온다면 장 차 어떻게 할 것인가. 그러니 감히 먼저 조사하지 않을 수 없 다.

4. 조령(詔令)을 기다리지 않고 편의로 창고 곡식을 내주는 것은 옛날의 도리이나, 그것은 사신(使臣)이 행할 일이다.

지금의 현령이 어찌 감히 할 수 있겠는가.

不俟詔令 便宜發倉 古之義也 使臣之行也 今之縣令 則何
불사조령 편의발창 고지의야 사신지행야 금지현령 즉하

敢焉.
감언

**조령(詔令)** 임금의 명령. 조서와 명령.
**발창(發倉)** 창고의 곡식을 내줌.

■ 태종(太宗) 16년에 영길도(永吉道)에 흉년이 들었다. 도순문사(都巡問使) 조흡(曹洽)이 창고 곡식을 내주어 진대(賑貸)하기를 아뢰니 임금이 말하였다. "진제(賑濟)는 백성들의 위급을 구제하는 일이다. 왕명(王命)이 내리기를 기다린다면 늦어서 일이 제때를 잃을 것이니 지금부터는 때에 맞추어 진휼(賑恤)하게 하라."

5. 흉년이 이미 판정되면 급히 감영에 가서 양곡을 옮겨 올 것을 의논하고, 조세를 감면할 것도 의논해야 할 것이다.

歲事旣判 亟赴監營 以議移粟 以議蠲租.
세사기판 극부감영 이의이속 이의견조

**감영(監營)** 감사의 영문.

6. 흉년 들 것이 이미 판정되면 마땅히 논을 밭 대신으로 하여 일찍 다른 곡식을 심도록 해야 하며, 가을이 되어서는 보리 심기를 거듭 권유해야 한다.

■ 원문

**歲事旣判 宜飭水田代爲旱田 早播他穀 及秋申勸種麥.**
세 사 기 판   의 칙 수 전 대 위 한 전   조 파 타 곡   급 추 신 권 종 맥

■ 이것이 이른바 대파(代播, 원래 심으려던 곡식 대신 다른 곡식의 씨앗을 뿌리는 일)이다. 대파할 수 있는 곡식은 차조, 메밀, 늦콩 등 두어 가지뿐이다. 마땅히 평년에 각각 수백 석을 모아두어서 뜻밖의 흉년에 종자로 쓰도록 준비해 두어야 할 것이다. 만약 그렇게 하지 못하면 마땅히 백성들에게 타일러서 각기 준비하였다가 가뭄에 종자로 쓰도록 할 수밖에 없을 것이다.

7. 이웃 고을에 양곡이 있으면 수령은 마땅히 즉시 사적(私糴)하는 것이 좋다. 그러나 모름지기 조정의 명령이 있어야 막지 않을 것이다.

■ 원문

**隣境有粟 宜卽私糴 須有朝令 乃毋遏也.**
인 경 유 속   의 즉 사 적   수 유 조 령   내 무 알 야

■ 주

**사적(私糴)** 조정이나 감사의 명령 없이 수령이 공사(公私)의 전포(錢布)로 사람을 보내어 곡식을 사들이는 일.

8. 강이나 바다의 포구(浦口)에서는 반드시 저점(邸店)을 조

사하고 그들의 횡포를 금지해 상선(商船)이 모여들게 해야
한다.

---

**▌원문**

**其在江海之口者 須察邸店 禁其橫暴 使商船湊集.**
기 재 강 해 지 구 자　수 찰 저 점　금 기 횡 포　사 상 선 주 집

▌저점(邸店)에서 횡포를 부리면 상선(商船)이 모여들지 않고,
상선이 모여들지 않으면 양곡 반입이 없게 된다.

# 【목민심서 제38권】

## ※ 제2조 권분勸分
### [나누어 주기를 권유함]

1. 중국의 권분법(勸分法)은 모두 곡식 팔기를 권하는 것이고 굶주린 백성을 먹이기를 권하는 것이 아니었다. 모두 백성에게 베풀기를 권하고 관에 바치기를 권하지는 않았다. 모두 자신이 몸소 먼저 실행하고, 입으로만 하는 것은 아니었다. 모두 상을 주어 권장하고 위협하는 것은 아니었다. 요즈음 우리나라의 권분은 지극히 예가 아니다.

**▌원문**

中國勸分之法 皆是勸糶 不是勸饎 皆是勸施 不是勸納 皆
중국권분지법 개시권조 불시권희 개시권시 불시권납 개

是身先 不是口說 皆是賞勸 不是威脅 今之勸分者 非禮之
시신선 불시구설 개시상권 불시위협 금지권분자 비례지

極也.
극야

**▌주**

**권분(勸分)** 나누어 주기를 권유한다는 뜻이니, 수령이 관내의 부잣집에 권유해 굶주린 사람을 구제하게 하는 것.

**권조(勸糶)** 곡식을 내다 팔기를 권함.

**권희(勸饎)** 굶주린 백성을 먹이기를 권함.

▌증공(曾鞏)이 통판(通判)이 되었을 때 흉년이 들었다. 상평창(常平倉)의 양곡으로는 구제해 주기에는 부족하며, 농촌에 사는 사람들이 다 성내에 올 수도 없고, 온다면 무리 지어 모이기 때문에 전염병이 퍼질 염려도 있다고 생각하였다. 그래서 먼저 부유한 사람들을 불러서 각자의 양곡을 신고하게 하여 15만 석을 마련해 상평곡(常平穀)보다는 조금 값을 올려서 가난한 백성들에게 주게 하였다. 백성들은 편리한 곳에서 식량을 받게 되므로 농촌 밖으로 나오지 않고도 곡식을 얻을 수 있었고, 곡가(穀價)는 평정되었다. 또 돈을 내어서 양곡 5만 석을 사서 백성에게 빌려주어 종자와 식량을 마련하게 하니, 농사가 그 힘을 입어 부족하지 않았다고 한다.

상고해보니 이것은 곡식을 내다 팔기를 권유한 것이고, 또 그 값은 상평곡보다 조금 비싸고 시가보다는 특히 헐하게 하였을 뿐이다. 요즈음의 권분(勸分)이라는 것은 반드시 값도 주지 않고 터무니없이 그냥 빼앗고 있으니, 도대체 무슨 근거에서 그런 일을 하는 것일까. 옛날의 지방관들은 백성에게 권분할 때에는 자기 자신이 먼저 사재(私財)를 내놓았는데, 지금의 권분하는 사람들은 한 푼의 돈도 내는 일이 없고 오직 백성에게만 강권하고 있으니 또한 부끄럽지 않은가.

2. 어진 사람이 이재민(罹災民)을 구제하는 것은 오직 그들을 가엾게 여길 뿐이다. 다른 곳에서 흘러 들어오는 사람은 받아들이고, 내 고을에서 떠돌며 나가는 사람을 머무르게 하여, 내 고을 백성이니 네 고을 사람이니 하는 차별을 두지 않았다.

**원문**

仁人之爲賑也 哀之而已 自他流者受之 自我流者留之 無此
인인지위진야 애지이이 자타류자수지 자아류자류지 무차

疆爾界也.
강이계야

옛날부터 중국의 진휼법(賑恤法)은 이웃 지방의 백성을 차별하지 않았다. 우리나라에서는 이웃 고을의 백성을 다른 나라 백성처럼 냉담하게 보는 것은 잘못된 관습이다.

3. 그러니 요즈음에는 떠돌아다니는 백성은 가야 갈 곳이 없다. 마땅히 불쌍히 여기고 권유해 경솔하게 고향을 떠나는 일이 없게 해야 한다.

**원문**

今之流民 往無所歸 惟宜惻怛勸諭 俾勿輕動.
금지류민 왕무소귀 유의측달권유 비물경동

중국의 법에는 떠돌아다니는 모든 백성을 진휼(賑恤)하기를 그곳 주민과 같게 하므로 그 사람들은 진휼하는 곳에서는 어디에서나 곡식을 받을 수 있으나, 우리나라에서는 한 번 집을 떠나게 되면 죽음이 있을 뿐이다.

## 제3조 규모規模

[진휼賑恤 행정]

1. 진휼(賑恤)하는 데에는 두 가지 보아야 할 것이 있다. 첫

째 시기에 맞추어야 하고, 둘째 규모가 있어야 한다. 불에 타는 사람을 구출하고 물에 빠진 사람을 건짐과 같은 위급한 경우인데 어찌 시기를 늦출 수 있으며, 여러 사람을 다스리고 물자를 균평하게 하려는 것인데, 어찌 규범이 없을 수 있겠는가.

### ▌원문

**賑有二觀 一曰及期 二曰有模 救焚拯溺 其可以玩機乎 馭**
진 유 이 관　일 왈 급 기　이 왈 유 모　구 분 증 닉　기 가 이 완 기 호　어

**衆平物 其可以無模乎.**
중 평 물　기 가 이 무 모 호

### ▌주

**급기(及期)** 시기에 알맞게 함.

**완기(玩機)** 여기에서는 시기를 잃는다는 뜻.

▌진휼은 지금 당장 위급한 사람들을 대상으로 하는 것이니 시기를 잃지 않는 것이 가장 중요하다. 그리고 많은 사람을 대상으로 다루며, 물자를 균평하게 처리해야 할 일이므로 일정한 규범, 즉 방식을 정하여 그것에 근거하여 실시해야 할 것이다.

2. 진조법(賑糶法) 같은 것은 국법에 없지만, 현령이 사적으로 사들인 곡식이 있으면 또한 진조를 시행하는 것이 좋을 것이다.

### ▌원문

**若夫賑糶之法 國典所無 縣令有私糶之米 亦可行也.**
약 부 진 조 지 법　국 전 소 무　현 령 유 사 적 지 미　역 가 행 야

**진조(賑糶)** 빈민구제를 위하여 양곡을 파는 것.

**사적(私糴)** 법령이나 조정의 명령에 의하지 않고 수령이 독단으로 사
들인 양곡.

3. 진장(賑場)의 설치는 작은 고을에서는 한두 곳에 그치는
것이 좋으나, 큰 고을에서는 모름지기 10여 곳에 이르게 하
는 것이 옛 법이다.

■**원문**

**其設賑場 小縣宜止一二處 大州須至十餘處 乃古法也.**
기 설 진 장　소 현 의 지 일 이 처　대 주 수 지 십 여 처　내 고 법 야

■**주**
**진장(賑場)** 진휼(賑恤)을 실시하는 곳.

■ 우리나라의 진법(賑法)은 비록 큰 고을이라도 오직 읍내에만
진장(賑場)을 설치하고, 간혹 외창(外倉)이 있는 경우에만 거
기에는 진장을 개설할 뿐이어서 매우 불편하다. 금방 쓰러지게
된 굶주린 백성이 말이나 되로 주는 겉곡식(겉껍질을 벗겨 내지
않은 곡식)을 바라서 멀리 읍내까지 들어갈 수 있겠는가. 큰 고
을의 지역이 넓은 곳에서는 마땅히 상급 관청에 청하여 8,9곳
에 설치하는 것이 좋겠다.

## 【목민심서 제39권】

### 제3조 규모規模 - 계속

1. 구제 양곡을 나누어 파는 일과 굶주린 백성에게 나누어 먹이는 법은, 마땅히 널리 고전(古典)을 상고해 법식으로 삼아야 할 것이다.

**원문**

**其分糶分餼之法 宜博考古典 取爲楷式.**
기분조분희지법 의박고고전 취위해식

**주**

**분조(分糶)** 곡식을 나누어 파는 것.
**분희(分餼)** 굶주린 여러 사람에게 먹이는 것.
**해식(楷式)** 법식, 모범.

2. 부유한 집을 골라 3등급으로 나누고, 3등급 안에서 또 각기 세분(細分)한다.

**원문**

**乃選饒戶 分爲三等 三等之內 又各細剖.**
내선요호 분위삼등 삼등지내 우각세부

**주**

**요호(饒戶)** 부유한 집.

3. 굶주리는 가구를 골라 3등급으로 나누어 그 상등은 또 3등급으로 세분하고, 중등과 하등은 각기 1등급으로 한다.

■ 원문

乃選飢口 分爲三等 其上等 又分爲三級 中等下等 各爲一級.
내 선 기 구　분 위 삼 등　기 상 등　우 분 위 삼 급　중 등 하 등　각 위 일 급

■ 주

**기구(飢口)** 굶주린 가구(家口).

4. 이에 양곡을 정선해 그 실제 수량을 계산하고, 구제해야 할 인원수를 계산하여 실제 인원수를 결정한다. 그리고는 소금과 장(醬)을 계산하고, 해채(海菜)를 검사한다.

■ 원문

乃簸穀粟 以知實數 乃算饑口 以定實數 乃算鹽醬 乃閱海菜.
내 파 곡 속　이 지 실 수　내 산 기 구　이 정 실 수　내 산 염 장　내 열 해 채

■ 주

**파(簸)** 키질하다, 까부르다.
**해채(海菜)** 바다 식물. 미역 등.

■ 나누어 줄 수 있는 양곡 수량과 구제해야 할 인원수를 결정한 뒤에는 소금과 장(醬), 해초 등 부식물을 조사해 구제 계획 일람표 같은 것을 만들고 일정한 법식에 따라 실행에 옮긴다.

# 【목민심서 제40권】

## ❇ 제4조 설시設施
[진휼 사무소 설치와 행정]

1. 진청을 설치하고 감독하는 아전을 두고, 가마솥을 준비하고 소금과 장과 다시마와 마른 새우를 준비한다.

### ▌원문

乃設賑廳 乃置監吏 乃具錡釜 乃具鹽醬海帶乾鰕.
내 설 진 청　내 치 감 리　내 구 기 부　내 구 염 장 해 대 건 하

### ▌주
**진청(賑廳)** 진휼 사무소.
**감리(監吏)** 감독하는 아전.
**기부(錡釜)** 가마솥.
**해대(海帶)** 다시마.

2. 이에 진패를 만들고, 진인을 새기며, 진기를 만들고, 진두를 만들며, 혼패를 만들고, 진력을 마련한다.

### ▌원문

乃作賑牌 乃作賑印 乃作賑旗 乃作賑斗 乃作閻牌 乃修
내 작 진 패　내 작 진 인　내 작 진 기　내 작 진 두　내 작 혼 패　내 수

賑曆.
진 력

**진패(賑牌)** 진휼대상자 증명서.

**진인(賑印)** 진장(賑場)에서 사용할 인장.

**진기(賑旗)** 진휼을 받을 일정한 수의 사람들이 들고 오는 기.

**진두(賑斗)** 진장에서 사용할 말.

**혼패(閽牌)** 진장에 출입을 허가하는 증명서.

**진력(賑曆)** 진휼을 실시하는 동안의 매일의 계획과 진행 상황을 기록
하는 일력(日曆).

# 【목민심서 제41권】

✳ 제4조 설시設施 - 계속

1. 소한 열흘 전에 진제 조례와 진력 일부를 여러 마을에 나누어 준다.

**▌원문**
小寒前十日　書賑濟條例及賑曆一部　頒于諸鄕.
소 한 전 십 일　서 진 제 조 례 급 진 력 일 부　반 우 제 향

**▌주**
**진제조례(賑濟條例)** 구제 규정.

2. 소한에는 수령이 일찍 일어나서 패전(牌殿)에 나아가 우러러 배례하고, 이어 진장(賑場)에 나아가 이재민에게 죽을 먹이고 곡식을 나누어 준다.

**▌원문**
小寒之日　牧夙興詣牌殿瞻禮　仍詣賑場　饋粥頒餼.
소 한 지 일　목 숙 흥 예 패 전 첨 례　잉 예 진 장　궤 죽 반 희

**▌주**
**패전(牌殿)** 궐패(闕牌)를 모신 고을의 객사(客舍). 궐패는 임금을 상징하는 '궐(闕)'자를 쓴 위패(位牌).

3. 입춘에는 진력(賑曆)을 새로 만들고, 진패(賑牌) 등 각종

증명을 새로 배부하여 그 규모를 크게 정비하며, 경칩에는
대여곡(代與穀)을 나누어 주고, 춘분에는 매출 양곡을 나누
어 주며, 청명에는 또 대여곡을 나누어 준다.

▌원문

立春之日 改曆修牌 大展其規 驚蟄之日 頒其貸 春分之日
입 춘 지 일  개 력 수 패  대 전 기 규  경 칩 지 일  반 기 대  춘 분 지 일

頒其出糶 淸明之日 頒其貸.
반 기 출 조  청 명 지 일  반 기 대

▌주

**개력(改曆)** 묵은 진력(賑曆)을 버리고 새 진력을 만듦.

**수패(修牌)** 진패(賑牌) 등 증명서를 고침.

**대(貸)** 대여곡(代與穀). 환곡(還穀)을 의미한다.

**조(糶)** 유상(有償)으로 나누어 주는 곡식.

4. 유리걸식(流離乞食)하는 사람은 천하의 가장 곤궁한 백
성으로서 하소연할 곳 없는 사람이니, 어진 목민관은 이들의
구제에 마음을 다해야 하며, 소홀히 여겨서는 안 된다.

▌원문

流乞者 天下之窮民而無告者也 仁牧之所盡心 不可忽也.
유 걸 자  천 하 지 궁 민 이 무 고 자 야  인 목 지 소 진 심  불 기 홀 야

5. 사망한 사람의 명부는 보통 백성과 굶주린 백성을 각각
한 책씩 만들어야 한다.

▌원문

死亡之簿 平民飢民 各爲一部.
사 망 지 부  평 민 기 민  각 위 일 부

6. 흉년 든 해에는 반드시 전염병이 퍼지기 마련이니 그들의 구제, 치료법과 거두어 매장(埋葬)하는 행정에 마땅히 더욱 마음을 다해야 할 것이다.

■원문

饑饉之年 必有癘疫 其救療之方 收瘞之政 益宜盡心.
기근지년 필유려역 기구료지방 수예지정 익의진심

■주

**기근(饑饉)** 흉년.
**여역(癘疫)** 전염병, 유행병.
**수예(收瘞)** 거두어 매장함.

7. 버려진 갓난아이를 길러서 자녀로 삼고, 떠돌아다니는 소년을 길러서 노비로 삼도록 모두 국법의 규정을 거듭 설명하고, 상호(上戶)에 알아듣도록 이른다.

■원문

嬰孩遺棄者 養之爲子女 童穉流離者 養之爲奴婢 並宜申
영해유기자 양지위자녀 동치류리자 양지위노비 병의신

明國法 曉諭上戶.
명국법 효유상호

■주

**상호(上戶)** 원시 계급 사회의 지배층. 군(君), 후(侯) 따위를 이르는 말.

# 【목민심서 제42권】

## ✳ 제5조 보력補力
### [흉년에 대비함]

1. 봄날이 이미 길어지면 공사(工事)를 일으킬 수 있을 것이니, 공청(公廳)의 사옥(舍屋)이 무너진 것과 모름지기 수리해야 할 것은 마땅히 이때 보수하는 것이 좋다.

**▌원문**

春日旣長 可興工役 公廨頹圮 須修營者 宜於此時補葺.
춘 일 기 장  가 흥 공 역  공 해 퇴 비  수 수 영 자  의 어 차 시 보 즙

2. 흉년에 구황용(救荒用)으로 백성의 식량을 보조할 만한 것은 마땅히 좋은 품종을 선택해, 학궁(學宮)의 여러 선비가 두어 가지 종류를 골라 각각 전해서 알리게 한다.

**▌원문**

救荒之草 可補民食者 宜選佳品 令學宮諸儒 抄取數種 使
구 황 지 초  가 보 민 식 자  의 선 가 품  영 학 궁 제 유  초 취 수 종  사

各傳聞.
각 전 문

3. 흉년에는 도둑 막는 정치에 힘써야 할 것이며 소홀히 해서는 안 된다. 굶주린 백성이 방화(放火)하는 것도 또한 엄

금해야 할 것이다.

■ 원문

凶年除盜之政 在所致力 不可忽也 飢民放火者 宜亦嚴禁.
흉 년 제 도 지 정   재 소 치 력   불 가 홀 야   기 민 방 화 자   의 역 엄 금

4. 양곡을 소모하는 것 중 술보다 더한 것은 없다. 술을 금
지하는 일은 그만둘 수 없다.

■ 원문

糜穀莫如酒醴 酒禁未可已也.
미 곡 막 여 주 례   주 금 미 가 이 야

5. 세금을 적게 하고 공채(公債)를 탕감하는 것이 옛날 어
진 임금의 법이다. 겨울에 받아들이는 양곡과, 봄에 거둬들
이는 세금과, 민고잡부(民庫雜賦)와, 저리(邸吏)의 사채를
모두 너그럽게 늦추어 주고 독촉해서는 안 될 것이다.

■ 원문

薄征已責 先王之法也 冬而收糧 春而收稅 乃民庫雜徭 邸
박 정 이 채   선 왕 지 법 야   동 이 수 량   춘 이 수 세   내 민 고 잡 요   저

吏私債 悉從寬緩 不可催督.
리 사 채   실 종 관 완   불 가 최 독

■ 주
박정(薄征) 세금을 적게 함.
이채(已責) 공채(公債)를 탕감하는 것.

## 【목민심서 제43권】

### 제6조 준사竣事

[진휼 행정의 마무리]

1. 진휼하는 일을 장차 마치게 되면 처음부터 끝까지 점검하고, 죄과 범한 것을 하나하나 반성해 살펴본다.

**원문**

**賑事將畢 點檢始終 所犯罪過 一一省察.**
진사장필 점검시종 소범죄과 일일성찰

# 【목민심서 제44권】

## ✳ 제6조 준사竣事 – 계속

**1. 망종에는 진장을 폐쇄하고 파진의 연회를 연다. 기악을 쓰지 않는다.**

▌원문

芒種之日　既罷賑場　乃設罷賑之宴　不用妓樂.
망종지일　기파진장　내설파진지연　불용기악

▌주

**파진지연(罷賑之宴)** 진장(賑場)의 일을 다 끝내고 여는 연회.
**기악(妓樂)** 기녀(妓女)와 풍악.

**2. 큰 흉년이 지나간 뒤에는 백성의 피폐함이 큰 병을 치르고 난 사람 같아서 원기가 회복되지 않았으니, 어루만져 편안하게 안정시키는 일을 소홀히 해서는 안 된다.**

▌원문

大饑之餘　民之綿綴　如大病之餘　元氣未復　撫綏安集　不可
대기지여　민지면철　여대병지여　원기미복　무수안집　불가

忽也.
홀야

## 제12장 해관육조解官六條

이 장에서는 수령이 해면(解免)된 때의 태도와, 그 뒤에 남긴 치적(治積) 등을 설명하고 있다. 수령으로서의 총결산을 의미한다. 수령은 이 최후 순간을 더욱 깨끗하게 해 유종의 미를 거둘 것을 권한다.

체대(遞代), 귀장(歸裝), 원류(願留), 걸유(乞宥), 은졸(隱卒), 유애(遺愛)의 여섯 조목으로 되어 있다.

# ✖ 제1조 체대遞代
## [수령의 교체]

1. 벼슬이란 반드시 교체되는 것이다. 교체되어도 놀라지 않으며, 벼슬을 잃고도 못내 아쉬워하지 않으면 백성들은 그를 존경할 것이다.

**▮원문**

**官必有遞 遞而不驚 失而不戀 民斯敬之矣.**
관 필 유 체　체 이 불 경　실 이 불 련　민 사 경 지 의

**▮주**

**체(遞)** 체임(遞任). 벼슬이 바뀜. 해임(解任).

2. 벼슬 버리기를 헌 신 버리는 것처럼 하는 것이 예전의 도리였다. 해임(解任)되어서 슬퍼한다면 또한 부끄럽지 않겠는가.

**▮원문**

**棄官如蹝 古之義也 旣遞而悲 不亦羞乎.**
기 관 여 사　고 지 의 야　기 체 이 비　불 역 수 호

3. 평소에 문서를 정리했다가 해임 발령이 나면, 다음날 곧 떠날 수 있다면 맑은 선비의 태도이며, 장부(帳簿)를 청렴하고 명백하게 마감하며 뒷걱정이 없게 한다면 지혜 있는 선비의 행동이다.

治簿有素 明日遂行 淸士之風也 勘簿廉明 俾無後患 智士
치부유소　명일수행　청사지풍야　감부렴명　비무후환　지사

之行也.
지행야

4. 고을의 부로(父老)들이 교외까지 전송 나와서 술을 권하며 보내기를, 어린이가 어미를 잃은 것 같은 심정이 말에 드러난다면, 수령으로서 또한 인간 세상에서 더할 수 없는 영광일 것이다.

■원문

父老相送 飮餞于郊 如嬰失母 情見于辭 亦人世之至榮也.
부로상송　음전우교　여영실모　정현우사　역인세지지영야

5. 해관(解官)하고 돌아가는 길에서 완악(頑惡)한 무리를 만나 그들의 꾸짖고 욕함을 받고 악하다는 소문이 멀리 퍼진다면, 이것은 인간 세상에서 더할 수 없는 치욕이다.

■원문

歸路遘頑 受其叱罵 惡聲遠播 此人世之至辱也.
귀로구완　수기질매　악성원파　차인세시지욕야

■주

**구완(遘頑)** 완악(頑惡)한 사람을 만나는 것.

## 제2조 귀장歸裝

[벼슬을 그만두고 돌아갈 때의 행장]

1 맑은 선비가 벼슬을 그만두고 돌아갈 때의 행장은 뛰어나게 청고(淸高)해서, 해진 수레에 파리한 말로 맑은 회오리바람이 사람을 덮는 것과 같다.

**원문**

**淸士歸裝 脫然瀟灑 弊車羸馬 其淸飇襲人.**
청사귀장 탈연소쇄 폐거리마 기청표습인

**주**

**탈연소쇄(脫然瀟灑)** 티끌 세상에서 벗어난 것처럼 맑고 고고(孤高)한 모습.

**청표(淸飇)** 맑은 회오리바람.

2. 상자와 농에는 새로 만든 그릇이 없고, 구슬과 비단은 토산물이 없으면 청렴한 선비의 행장이다.

**원문**

**笥籠無新造之器 珠帛無土產之物 淸士之裝也.**
사롱무신조지기 주백무토산지물 청사지장야

3. 못에 던지고 불에 태워서 하늘이 낸 물건을 함부로 천대해 스스로 청렴결백함을 소리치려고 하는 사람은, 이 또한 천리(天理)에 맞지 않는다.

**▌원문** ───────────────────────

若夫投淵擲火 暴殄天物 以自鳴其廉潔者 斯又不合於天理

약부투연척화　포진천물　이자명기렴결자　사우불합어천리

也.

야

**▌주**

**포진천물(暴殄天物)** 물건을 아까운 줄 모르고 함부로 내버리는 행위.

4. 집에 돌아갔을 때 재물이 없어서 예전처럼 맑고 검소하
다면 상등(上等)이고, 방편을 베풀어서 종족을 넉넉하게 하
는 것이 그다음일 것이다.

**▌원문** ───────────────────────

歸而無物 淸素如昔 上也 設爲方便 以瞻宗族 次也.

귀이무물　청소여석　상야　설위방편　이섬종족　차야

## 【목민심서 제46권】

### ※ 제3조 원류願留

[수령이 머무르기를 원함]

1. 백성들이 수령 떠나는 것을 애석해함이 절실하여 길을 막고 머무르기를 원하는 그러한 빛을 역사책에 남겨서 후세에 비치게 하는 일은, 소리나 겉모양만으로는 할 수 있는 일이 아니다.

**원문**

**惜去之切 遮道願留 流輝史冊 以照後世 非聲貌之所能爲也.**
석거지절 차도원류 유휘사책 이조후세 비성모지소능위야

2. 대궐 아래에 달려가서 수령이 유임(留任)하기를 빌면 허락해 민정(民情)에 순응하는 것은, 예전에 선(善)을 권장하는 왕자(王者)의 대권(大權)이었다.

**원문**

**奔赴闕下 乞其借留 因而許之 以順民情 此古勸善之大柄也.**
분부궐하 걸기차류 인이허지 이순민정 차고권선지대병야

**주**

**대병(大柄)** 큰 권력. 대권(大權).

3. 수령의 명성(名聲)이 높아 혹은 이웃 고을에서 그를 수령으로 임명해주기를 빌고, 혹은 두 고을이 서로 다투는 일이 생기면 이것은 어진 목민관의 빛나는 가치이다.

**▌원문**

聲名所達 或隣郡乞借 或二邑相爭 此賢牧之光價也.
성 명 소 달　혹 린 군 걸 차　혹 이 읍 상 쟁　차 현 목 지 광 가 야

4. 혹은 오랫동안 재임해 서로 편안하며, 혹은 이미 늙었으나 애써 유임하게 하기도 하는데, 오직 백성의 소원에 따를 뿐이고 법에 구애받지 않는 것은 잘 다스려진 세상의 정사(政事)이다.

**▌원문**

或久任以相安 或旣老而勉留 唯民是循 不爲法拘 治世之
혹 구 임 이 상 안　혹 기 로 이 면 류　유 민 시 순　불 위 법 구　치 세 지

事也.
사 야

5. 백성들이 사랑하고 사모하는 등 그 명성과 공적으로 다시 그 고을에 취임하게 되는 것은, 또한 사책(史冊)의 광채가 될 것이다.

**▌원문**

因民愛慕 以其聲績 得再莅斯邦 亦史冊之光也.
인 민 애 모　이 기 성 적　득 재 리 사 방　역 사 책 지 광 야

6. 친상(親喪)을 당하여 돌아간 사람을 오히려 백성들이 놓

지 않거나, 혹은 기복(起復)해 임지에 돌아온 사람도 있고,
혹은 상을 마치고 다시 임명된 사람도 있다.

## ▎원문

**其遭喪而歸者 猶有因民不舍 或起復而還任 或畢喪而復除.**
기 조 상 이 귀 자  유 유 인 민 불 사  혹 기 복 이 환 임  혹 필 상 이 부 제

## ▎주

**기복(起復)** 부모의 상중에 있는 사람이 관직에 출사(出仕)하는 것.

7. 몰래 아전과 공모하고 간사한 백성들을 유인해 움직여서
궐하(闕下)에 나아가 유임을 빌게 만든 사람은, 임금을 속
이고 상관을 속인 것이니 그 죄는 매우 크다.

## ▎원문

**陰與吏謀 誘動奸民 使之詣闕而乞留者 欺君罔上 厥罪甚大.**
음 여 리 모  유 동 간 민  사 지 예 궐 이 걸 류 자  기 군 망 상  궐 죄 심 대

## 【목민심서 제47권】

### 제4조 걸유乞宥

[백성이 수령의 죄를 용서할 것을 빎]

1. 문서나 법령에 저촉되어 벌 받는 것을 백성들이 슬프게 여겨, 서로 이끌고 가서 임금에게 호소해 그 죄를 용서하기를 바라는 것은 전고(前古)의 선량한 풍속이다.

**원문**

**文法所坐 黎民哀之 相率籲天 冀宥其罪者 前古之善俗也.**
문법소좌 여민애지 상솔유천 기유기죄자 전고지선속야

**주**

**여민(黎民)** 예전에 민중이나 백성을 이르던 말.

**유천(籲天)** 하늘에 부르짖음, 즉 임금에게 호소하는 것.

## 【목민심서 제48권】

### 제5조 은졸隱卒

[수령의 죽음을 애통해함]

1. 수령이 재직 중에 죽어서 맑은 향기가 더욱 강렬해 아전과 백성이 슬퍼하며 상여를 붙잡고 울부짖고 오래도록 잊지 못한다면, 어진 목민관의 유종의 미가 될 것이다.

**▮ 원문**

在官身沒 而淸芬益烈 吏民愛悼 攀輀號咷 旣久而不能忘
재관신몰 이청분익렬 이민애도 반이호도 기구이불능망

者 賢牧之有終也.
자 현목지유종야

**▮ 주**

**반이호도(攀輀號咷)** 상여를 붙잡고 울부짖음.

2. 이미 병들어 누우면 마땅히 즉시 방을 옮겨서 거처하고, 정당(政堂)에서 죽어서 남에게 싫어하는 바가 되어서는 안 된다.

**▮ 원문**

寢疾旣病 宜卽遷居 不可考終于政堂 以爲人厭惡.
침질기병 의즉천거 불가고종우정당 이위인염오

**▮ 주**

**침질(寢疾)** 병들어 눕다.

**고종(考終)** 제 명대로 살다가 죽음.

3. 초상에 사용할 쌀은 이미 나라에서 주는 것이 있으니 백성의 부의(賻儀)를 어찌 반드시 이중으로 받는단 말인가. 유언을 해두는 것이 좋을 것이다.

▌**원문**

喪需之米 旣有公賜 民賻之錢 何必再受 遺令可矣.
상 수 지 미  기 유 공 사  민 부 지 전  하 필 재 수  유 령 가 의

▌≪속대전≫에서 말하였다. '지방관이 죽거나 친상(親喪)을 당한 사람에게는 상수미(喪需米)를 차등을 두어 준다. 관찰사와 수령이 임지에서 상을 당하면 호남·영남은 40석, 호서는 30석이고, 본인의 사망에는 호남·영남은 40석, 호서는 35석, 해서(海西)는 친상과 본인의 사망에는 35석을 주며, 부인의 상에는 모두 본인이 사망한 때에 비하여 반액을 준다.'

### ※ 제6조 유애遺愛
[사랑을 남김]

1. 죽은 뒤에 백성들이 수령을 사모해 사당을 세우고 제사한다면, 그가 백성에게 사랑을 남겼음을 알 수 있다.

▌**원문**

旣沒而思 廟而祠之 則其遺愛 可知矣.
기 몰 이 사  묘 이 사 지  즉 기 유 애  가 지 의

2. 산 사람의 사당을 짓는 것은 예(禮)가 아니다. 어리석은
백성이 그것을 하여 서로 이어 풍속이 되었다.

▌원문

生而祠之非禮也　愚民爲之　相沿而爲俗也.
생 이 사 지 비 례 야　우 민 위 지　상 연 이 위 속 야

3. 돌에 새겨 덕정(德政)을 칭송해 영구히 전해 보이는 것
을 선정비(善政碑)라고 한다. 마음속으로 반성해 부끄럽지
않기는 어렵다.

▌원문

刻石頌德　以示悠遠　卽所謂善政碑也　內省不愧　斯爲難矣.
각 석 송 덕　이 시 유 원　즉 소 위 선 정 비 야　내 성 불 괴　사 위 난 의

4. 나무 비를 세워 은혜를 칭송하는 것은, 비난하는 사람도
있고 아첨하는 사람도 있다. 즉시 제거하고 곧 엄금하여 치
욕에 이르지 않게 한다.

▌원문

木碑頌惠　有誦有詔　隨卽去之　卽行嚴禁　則毋底乎恥辱矣.
목 비 송 혜　유 송 유 첨　수 즉 거 지　즉 행 엄 금　즉 무 저 호 치 욕 의

5. 수령이 떠나간 뒤에 백성들이 그를 사모해 나무를 심는
것은, 오히려 사람들이 사랑하고 아끼는바 되는데 감당(甘
棠)의 유풍(遺風)이다.

▌원문

旣去而思　樹木猶爲人愛惜者　甘棠之遺也.
기 거 이 사　수 목 유 위 인 애 석 자　감 당 지 유 야

**감당(甘棠)** ≪시경(詩經)≫ 소남(召南)의 편명(篇名). 주(周)나라 소
공(召公)이 남국(南國)을 순행할 때 감당나무 아래에 머물며 백성들
의 아픈 곳을 잘 어루만져 주었다. 소공이 떠난 뒤에 백성들이 그의
덕을 사모하여 감당나무를 사랑했다고 한다.

■ 남일(南軼)이 칠원현감(漆原縣監)이 되어 사랑을 남김이 있었
는데, 지금까지 사람들이 그가 심은 나무를 가리켜 남정자(南
亭子)라고 한다.

6. 사모하여 잊지 못하고 수령의 성(姓)을 따서 아들 이름
으로 한 것은 민정(民情)이 큼을 볼 수 있다.

■원문

**愛之不諼 爰取侯姓 以名其子者 所謂民情大可見也.**
애 지 불 훤　원 취 후 성　이 명 기 자 자　소 위 민 정 대 가 견 야

■주
**불훤(不諼)** 잊지 못함.
**후성(侯姓)** 수령의 성(姓).

■ 강조(江祚)가 안남태수(安南太守)가 되었는데, 백성들이 그
의 덕을 사모하여 강(江)으로 아들의 이름을 지었다. 맹종(孟
宗)이 예장태수(豫章太守)가 되었는데, 사람들이 그의 은혜를 생
각해 아들을 낳으면 맹(孟)이라 이름을 지었다고 한다.

7. 이미 떠나간 지 오랜 뒤에 다시 그 고을을 지나갈 때, 백
성들이 반갑게 맞아주고 술병과 도시락이 앞에 가득하다면
또한 하인들까지도 빛날 것이다.

既去之久 再過玆邦 遺黎歡迎 壺簞滿前 亦僕御有光.
기 거 지 구　재 과 자 방　유 려 환 영　호 단 만 전　역 복 어 유 광

■ 한(漢)나라의 곽급(郭伋)이 일찍이 형주(荊州)의 수령을 지냈는데, 나중에 그가 고을 안에 들어가니 아이들이 죽마(竹馬)를 타고 나와 맞이했다고 한다.

유정원(柳正源)이 통천군수(通川郡守)가 되었을 때, 은혜로운 다스림이 많았다. 체임된 지 몇 해 뒤에 감시(監試, 생원시와 진사시를 아울러 이르는 말)의 시관(試官)이 되어 회양(淮陽)에 이르니, 통천의 백성 50여 명이 수백 리 길을 멀다 하지 않고 서로 이끌고 와서 절하면서 눈물을 흘리는 사람까지 있었다고 한다. 〔≪대산집大山集≫〕

8. 고을에 있을 때는 그다지 혁혁(赫赫)한 명예가 없고, 떠나간 뒤에 백성들이 사모하는 것은 그가 자랑하지 않고 남모르게 선정(善政)하였기 때문일 것이다.

居無赫譽 去而後思 其唯不伐而陰善之乎.
거 무 혁 예　거 이 후 사　기 유 불 벌 이 음 선 지 호

**혁예(赫譽)** 혁혁한 명예. 빛나는 명예.

**불벌(不伐)** 자랑하지 않음.

9. 그에 대한 헐뜯음과 칭찬함의 진실과 선과 악의 판단은, 반드시 군자의 말을 기다려서 공안(公案)으로 정해야 할 것

이다.

▋원문

若夫毀譽之眞 善惡之判 必待君子之言 以爲公案.
약 부 훼 예 지 진　선 악 지 판　필 대 군 자 지 언　이 위 공 안

▋주
**공안(公案)** 공론에 의거해 결정한 안건.

# 정약용 소전小傳

다산(茶山) 정약용은 조선 영조(英祖) 38년 임오년(壬午年, 1762년)에 경기도 광주(廣州)에서 목사(牧使) 정재원(丁載遠)의 셋째 아들로 출생하였다. 어머니는 해남윤씨(海南尹氏)로 다산의 외증조(外曾祖) 공재(恭齋) 윤두서(尹斗緖)는 해남 사람으로 고산(孤山) 윤선도(尹善道)의 후예이다.

아버지 정재원은 나주(羅州) 사람으로 장자인 정약종(丁若鍾)과 차남 정약전(丁若銓)은 정조(正祖) 신유년(辛酉年, 1801년) 교옥(教獄) 사건 때 이승훈(李承薰), 이가환(李家煥) 등과 같이 사교(邪教)의 수령으로 지목되었다.

다산은 어릴 때부터 출중한 총명과 두뇌로 7, 8세 때 이미 시문(詩文)에 능하여 그 비판이 높았으며, 14, 5세 때 사서육경(四書六經)과 백자제집(百子諸集)에 정통해 장차 대가로서 촉망이 높았다.

아버지 정재원은 당시의 여러 고을 수령(守令)으로서 많은 치적을 남겼으며, 다산은 어려서부터 아버지를 따라다니며 치민(治民)의 식견을 넓혔다. 실학자(實學者)로 유명한 성호(星湖) 이익(李瀷)을 사숙해 실사구시(實事求是)의 훈도를 받아 장차 묘당(廟堂)의 동량(棟樑)이 될 기초를 닦았다.

정조 기유년(己酉年, 1789년)에 진사(進士) 장원에 올랐으며,

곧 전시(殿試)에 들어가서 임자년(壬子年, 1792년)에 옥당(玉堂)에 들어갔다. 그해 겨울에 왕명을 받고 수원성(水原城)을 지을 때 기중가설(起重架設)을 지어 활차(滑車)를 만들어서 작은 힘으로 큰 것을 옮기는 역사(役事)로 많은 경비가 절약되었다. 여기서 인정받은 다산은 부교리(副校理), 부승지(副承旨), 병조참의(兵曹參議) 등으로 승진되었으나, 당시에 당화(黨禍)의 뿌리 깊은 정국은 노론(老論)이 득세하고 다산이 속해 있던 남인(南人)은 실각했다.

이후 다산은 미미한 외관(外官)으로 불우한 생애를 보내다가 신유교옥(辛酉敎獄)이 일어나, 사문난적(斯門亂賊)이란 죄명으로 큰형인 정약종 집안이 전멸되고 다산만이 간신히 모면하여 강진(康津)으로 정배(定配) 당했다. 그 후 순조(純祖)가 즉위하자, 다산의 앞날은 소생의 여지도 없이 18년이란 긴 세월을 강진의 다산 윤박(尹博)의 산정(山亭)에서 문하생들과 강도(講道)하며 저술에 들어갔다. 그리하여 호를 다산(茶山), 사암(俟菴), 탁옹(籜翁), 자하도인(紫霞道人), 또는 여유당(與猶堂)이라 하였다. 자(字)는 미용(美庸·美鏞) 또는 송보(頌甫)라고도 한다.

만년은 응교(應敎) 이태순(李泰淳)의 상소로 방면되어 옛 고향인 열수(洌水)에 돌아와서 살다가, 헌종(憲宗) 2년 병신년(丙申年, 1836년)에 75세로 생을 마감했다.


## [정약용의 저서]

다산의 저작은 방대해 ≪목민심서≫를 비롯하여 5백여 권의 많은 저술로, 조선 5백 년의 문화사에서 볼 때 위대한 업적이라 할 수 있다. 그의 저술을 열거하면 다음과 같다.

1. 모시강의(毛詩講義) 12권

2. 강의보(講義補) 3권

3. 매씨서평(梅氏書平) 9권

4. 상서고훈(尙書古訓) 6권

5. 상서지원록(尙書知遠錄) 7권

6. 상례사전(喪禮四箋) 50권

7. 상례외편(喪禮外篇) 12권

8. 사례가식(四禮家式) 9권

9. 악서고존(樂書孤存) 12권

10. 주역심전(周易心箋) 24권

11. 역학제언(易學諸言) 12권

12. 춘추고징(春秋考徵) 12권

13. 논어고금주(論語古今注) 40권

14. 맹자요의(孟子要義) 9권

15. 중용자잠(中庸自箴) 3권

16. 중용강의보(中庸講義補) 6권

17. 대학공의(大學公議) 3권

18. 희정당대학강록(熙正堂大學講錄) 1권

19. 소학보전(小學補箋) 1권

20. 심경밀험(心經密驗) 1권

이상 경집만 232권이다.

21. 시율(詩律) 6권
22. 잡문전편(雜文前編) 36권
23. 후편(後編) 24권
24. 경세유표(經世遺表) 44권
25. 목민심서(牧民心書) 48권

26. 흠흠신서(欽欽新書) 30권

27. 아방비어고(我邦備禦考) 30권

28. 아방강역고(我邦疆域考) 10권

29. 전례고(典禮考) 2권

30. 대동수경(大東水經) 2권

31. 소학주관(小學珠串) 3권

32. 아언각비(雅言覺非) 3권

33. 마과회통(麻科會通) 12권

34. 의령(醫零) 1권

35. 여유당전서(與猶堂全書) 154권 – 정약용의 저술을 정리한 문집

이상 문집이 260여권이다.

이 방대한 저술이 18년간의 유배 생활에서 이루어졌으며, 그 내용은 조선 후기에 와서 실학파의 집대성을 이루었다.

# 연 보

**[1762년]**

6월 16일, 경기도 광주(廣州, 지금의 남양주시)에서 나주정씨(羅州丁氏) 가문의 진주목사(晉州牧使) 정재원(丁載遠)의 셋째 아들로 태어남.

자(字)는 미용(美鏞), 송보(頌甫), 초자는 귀농(歸農), 호는 다산(茶山), 삼미(三眉), 여유당(與猶堂), 사암(俟菴). 천주교 세례명은 요한. 어려서부터 아버지에게 경사(經史)를 배워 실학자로서의 길이 트이기 시작했음.

**[1776년 _ 15세]**

서울로 올라옴. 이 상경(上京)은 그에게 인생으로서만이 아니라 학문에 있어서도 큰 전환의 계기가 됨.

**[1777년 _ 16세]**

성호(星湖) 이익(李瀷)의 유고를 접하게 되어 민생(民生)을 위한 경세(經世)의 학문에 뜻을 두고 이벽(李檗)을 찾아 서학(西學)을 배우기 시작함.

**[1789년 _ 28세]**

식년문과(式年文科)에 갑과(甲科)로 급제해 가주서(假注書) 벼슬에 오름.

## [1790년 _ 29세]

검열(檢閱)이 되었으나 천주교인이라 하여 같은 남인(南人)인 공서파(攻西派)의 탄핵으로 해미(海美)로 유배됨. 10일 만에 풀려나와 곧 지평(持平), 수찬(修撰)이 됨.

## [1792년 _ 31세]

기중가설(起重架說)을 지어 활차(滑車)를 만들어 수원성(水原城) 수축에 기여함.

## [1794년 _ 33세]

경기도 암행어사로서 경기도관찰사 서용보(徐龍輔), 연천현감(漣川縣監) 김양직(金養直)의 비리를 고발함.

## [1795년 _ 34세]

동부승지(同副承旨), 병조참의(兵曹參議)가 되었으나 주문모(周文謨) 사건에 연루되어 금정도찰방(金井道察訪)으로 좌천됨. 그 뒤 곡산부사(谷山府使), 병조참지(兵曹參知), 부호군(副護軍), 형조참의(刑曹參議)를 지냈음. 유득공(柳得恭), 박제가(朴齊家) 등과 함께 규장각(奎章閣)의 편찬사업에 참여함.

## [1799년 _ 38세]

공서파(攻西派)로부터 서학(西學)에 대한 문제로 탄핵을 받자 자명소(自明疏)를 바치고 사직함.

## [1801년 _ 40세]

신유박해(辛酉迫害) 때 장기(長鬐)로 유배되었으나 '황사영(黃嗣永) 백서(帛書) 사건'으로 다시 강진(康津)으로 이배(移配)됨. 유배지의 다산(茶山) 기슭에 있는 윤박(尹博)의 산정에서 18년간

경서학(經書學)에 전념함. 이때 학문적인 체계를 완성했으며 저술도 많이 함.

## [1818년 _ 57세]

이태순(李泰淳)의 상소로 유배에서 풀려나왔으나 관직에는 오르지 않고 향후 18년간 향리에서 여생을 보내며 저술에 몰두함. ≪목민심서≫ 완성.

## [1836년 _ 75세]

≪목민심서≫, ≪경세유표≫, ≪흠흠신서≫ 등 많은 저술을 남기고 2월 22일 생애를 마침. 1910년에 규장각제학(奎章閣提學)으로 추증됨. 시호는 문도(文度).

## 牧民心書 목민심서

초판 발행 – 2021년 9월 30일
2쇄 발행 – 2023년 2월 15일

저  자 – 丁 若 鏞
역  자 – 남 만 성
발행인 – 金 東 求
발행처 – 명 문 당(창립 1923년 10월 1일)
　　　　서울시 종로구 윤보선길 61(안국동)
　　　　우체국 010579-01-000682
　　　　전화 (02) 733-3039, 734-4798
　　　　FAX (02) 734-9209
　　　　Homepage　www.myungmundang.net
　　　　E-mail　mmdbook1@hanmail.net
　　　　등록 1977.11.19. 제1-148호

▦

* 낙장 및 파본은 교환해 드립니다.
* 불허 복제
* 정가 20,000원
ISBN　979-11-91757-19-4　93150